Bender / Nack

Tatsachenfeststellung vor Gericht

Band II

Vernehmungslehre

Tatsachenfeststellung vor Gericht

Band II
Vernehmungslehre

von

Rechtsanwalt Professor

ROLF BENDER

Vorsitzender Richter am Oberlandesgericht a. D.

und

ARMIN NACK

Richter am Bundesgerichtshof

unter Mitwirkung von Susanne Röder und Mitgliedern
der Praktikerforschungsgruppe Stuttgart des Instituts für
Rechtstatsachenforschung der Universität Konstanz

2. Auflage

C.H.BECK'SCHE VERLAGSBUCHHANDLUNG
MÜNCHEN 1995

ISBN 3 406 37005 5 für diese Ausgabe
ISBN 3 406 39657 7 für die zweibändige Ausgabe

C. H. Beck'sche Verlagsbuchhandlung (Oscar Beck), München
Satz: C. H. Beck'sche Buchdruckerei, Nördlingen
Druck und Bindung: GraphyCems, Morentin (Navarra), Spanien
Gedruckt auf säurefreiem,
aus chlorfrei gebleichtem Zellstoff hergestelltem Papier

Inhaltsverzeichnis nach Randnummern

Band I: Glaubwürdigkeits- und Beweislehre

1. Teil

Glaubwürdigkeitslehre

2. Teil

Beweislehre

Band II: Vernehmungslehre

3. Teil

Vernehmungslehre

Literaturverzeichnis

Altavilla, Enrico:	Forensische Psychologie, (deutsche Übersetzung hrg. von Bohne und Sax). Graz Wien Köln 1955
Altmann, Robert u. Berndt, Günther:	Grundriß der Führungslehre, Bd. 1. Lübeck 1976
Anderson, John R.:	Kognitive Psychologie. Heidelberg 1989 (2. Aufl.)
Argyle, Michael:	Die Sprache der Augen. Psychologie Heute, Jan. 1980 S. 20.
Arntzen, Friedrich:	Vernehmungspsychologie. München 1989 (2. Aufl.)
	Psychologie der Zeugenaussage. München 1993 (3. Aufl.)
Arntzen, Friedrich u. Michaelis-Arntzen, Else:	Die Psychologie der Kindervernehmung. Wiesbaden 1970
	Forensische Aussagepsychologie. In: Eisen, Georg (Hrg.): Handwörterbuch der Rechtsmedizin, Band III, S. 391, Stuttgart 1977
Baddeley, Alan:	Working Memory. Oxford 1986
Bahrs, August:	Die Vulgärlüge in der gerichtlichen Praxis. Berlin 1977
Blau, Günter:	Der psychologische Sachverständige im Strafprozeß. In: Blau, Müller-Luckmann (Hrsg.) Gerichtliche Psychologie. Darmstadt 1962
Banscherus, Jürgen:	Polizeiliche Vernehmung: Formen, Verhalten, Protokollierung. Wiesbaden 1977
Bartley, Howard S.:	Perception in every day life. New York 1972
Barton, Stephan:	Der psychowissenschaftliche Sachverständige im Strafverfahren. Heidelberg 1983
Baumann, Jürgen:	Prima facie Beweis im Strafverfahren. MDR 1976, S. 19
Bender, Hans-Udo:	Merkmalskombinationen in Aussagen. Tübingen 1987
Bender, Rolf:	Das Beweismaß. In: Festschrift für Fritz Baur. Tübingen 1981, S. 247
	Der Irrtum ist der größte Feind der Wahrheitsfindung vor Gericht. StV 1982, S. 484
	Die lebendige Erinnerung und der gewordene Sachverhalt in der Zeugenaussage. StV 1984, S. 127
	Die häufigsten Fehler bei der Beurteilung von Zeugenaussagen. SchwJZ 1985, S. 53
Bender, Rolf, Belz, August u. Wax, Peter:	Das Verfahren nach der Vereinfachungsnovelle und vor dem Familiengericht. München 1977
Bender, Rolf u. Schumacher, Rolf:	Erfolgsbarrieren vor Gericht. Tübingen 1980
Bender, Rolf u. Nack, Armin:	Grundzüge einer allgemeinen Beweislehre. DRiZ 1980, S. 121
	Vom Umgang der Juristen mit der Wahrscheinlichkeit. In: Justiz und Recht. Festschrift aus Anlaß des 10jährigen Bestehens der Deutschen Richterakademie in Trier. Heidelberg 1983, S. 263

Beneke, Bernhard:	Das falsche Geständnis als Fehlerquelle im Strafverfahren unter kriminologischen, speziell kriminalpsychologischen Aspekten. Frankfurt/M. u. a. 1990
Bentham, Jeremias:	Theorie des gerichtlichen Beweises. Aus dem Französischen des Etienne Dümont. Berlin 1838
Berelson, Bernard u. Steiner, Gary A.:	Menschliches Verhalten, Bd. I: Forschungsmethoden und individuelle Aspekte, Weinheim Basel 1974 Bd. II: Soziale Aspekte. Weinheim 1972 (deutschsprachige Bearbeitung von Franz und Frauke Buggle)
Bernouilli, Jakob:	Die Werke von Jakob Bernoulli. Band 3. Hrg.: Naturforschende Gesellschaft in Basel. Basel 1975
Bingham, Walter u. A.:	The Interview in Legal Practice and Law Enforcement. In: Bingham, W. u. a. (Hrg.) How to interview. New York 1959
Black, James M.:	How to interview. New York 1970
Blau, Günther:	Der psychologische Sachverständige im Strafprozeß. In: Blau, G. und Müller-Luckmann, E. (Hrg.): Gerichtliche Psychologie. Neuwied Berlin 1962
Bohne, Gotthold:	Zur Psychologie der richterlichen Überzeugungsbildung. Köln 1948
de Bono, Edward:	Der Denkprozeß. Reinbek 1975
Bräutigam, Walter:	Reaktionen, Neurosen, Psychopathien. Stuttgart 1968
Brandt, Arthur:	Unschuldig verurteilt. Düsseldorf Wien 1982
Bruns, Rudolf:	Beweiswert. ZZP Bd. 91 (1978), S. 64.
Bühler, Charlotte:	Psychologie im Leben unserer Zeit. München Zürich 1975
Bürkle, Jürgen	Richterliche Alltagstheorien im Bereich des Zivilrechts. Tübingen 1984
Buhlmann, H., Loeffel, H. u. Nievergelt, E.:	Einführung in die Theorie und Praxis der Entscheidung bei Unsicherheit. Berlin Heidelberg 1969
Bull, Hans-Joachim:	Die Frage prägt die Antwort. DRiZ 1976, S. 53
Burghard, Waldemar:	Die Vernehmung. Taschenbuch für Kriminalisten. Bd. 36. Hilden 1986, S. 21
Busam, Gerhard:	Das Geständnis im Strafverfahren. Lübeck 1983
Cantrill, Hadley u. Rugg, Donald:	Die Formulierung von Fragen. In: René König (Hrg.): Das Interview. Form, Technik, Auswertung. Köln 1972
Ceci, Stephen J., Ross, David F. u. Toglia, Michael P.:	Children's eyewitness memory. New York u. a. 1987
Chapman, A. H.:	Regeln gegen Mitmenschen. Reinbek 1972
Crisand, Ekkehard:	Psychologie der Gesprächsführung. Heidelberg 1990 (3. Aufl.)
Dahs, Hans:	Der Eid – noch ein zeitgemäßes Instrument zur Wahrheitsermittlung im Strafprozeß? FS Rebmann, 1989, S. 161
Delvo, Matthias:	Der Lügendetektor im Strafprozeß der USA. Königstein/Ts. 1981
Dettenborn, Harry, Fröhlich, Hans. H. , Szewczyk, Hans:	Forensische Psychologie. Berlin 1989
Diedrichsen, Iwer:	Wahrnehmungsmotivation und Zeugenaussage. Meisenheim am Glan 1972
v. Dithfurth, Hoimar:	Der Geist fiel nicht vom Himmel. Hamburg 1976

Döhring, Erich: Die Erforschung des Sachverhalts im Prozeß. Berlin 1964

Dürkop, Marlies: Der Angeklagte. Eine sozial-psychologische Studie zum Verhalten vor Gericht. München 1977

Eggleston, Richard: Evidence, Proof and Probability. London 1983 (2. Aufl.)

Ekelöf, Per Olof: Beweiswürdigung, Beweislast und Beweis des ersten Anscheins, ZZP 75 (1962), S. 289
Beweiswert, in Festschrift für Fritz Baur. Tübingen 1981, S. 343–363

Ekman, Paul: Weshalb Lügen kurze Beine haben, Berlin 1989

Eipeldauer, Hans: Die sichere Zeugenaussage, Kriminalistik 1975, S. 564

Eisenberg, Ulrich: Vernehmung und Aussage (insbesondere) im Strafverfahren aus empirischer Sicht. JZ 1984, S. 912, 961
Persönliche Beweismittel in der StPO. München 1993

Feuerbach, Anselm von: Lehrbuch des gemeinen in Deutschland gültigen peinlichen Rechts (Neudruck der 14. Aufl. Gießen 1847). Aalen 1973

Fischer, Johann: Die polizeiliche Vernehmung. Bundeskriminalamt Wiesbaden 1975

Fischer, Thomas: Glaubwürdigkeitsbeurteilung und Beweiswürdigung. NStZ 1994, S. 1

Franke, Herbert W.: Sehen und Erkennen. Bild der Wissenschaft, Mai 1975, S. 32

Freud, Anna: Das Ich und die Abwehrmechanismen. München 1980

Freud, Sigmund: Abriß der Psychoanalyse. Frankfurt/M. Hamburg 1963
Massenpsychologie. In: Gesammelte Werke Bd. 13, S. 73
Das Fakultätsgutachten im Prozeß Halsmann. In: Gesammelte Werke Bd. 14, S. 542, London 1948

Geerds, Friedrich: Vernehmungstechnik. Lübeck 1976 (5. Aufl.)
Besondere Situationen der Vernehmung in Strafsachen. ArchKrim 1978, S. 168

Geisler, Erika: Aussagepsychologie aus psychiatrischer Sicht. In: Eisen, Georg (Hrg): Handwörterbuch der Rechtsmedizin. Stuttgart 1977

Gley, Christa: Psychologische Grundlagen und Kriterien der Beurteilung von Zeugenaussagen bei Kindern und Jugendlichen. StV 1987, 403

Göppinger, Hans: Kriminologie. München 1980

Gößweiner-Saiko, Theodor: Vernehmungskunde. Graz 1979

Goode, William, J. u. A.: Beispiel für den Aufbau eines Fragebogens. In: René König (Hrg.): Das Interview. Form, Technik, Auswertung. Köln 1972

Goossens, Franz: Konferenz- Und Verhandlungstechniken. München 1974

Graßberger, Roland: Psychologie des Strafverfahrens. Wien New York 1968

Greger, Reinhard: Beweis und Wahrscheinlichkeit. Köln u. a. 1978

Greuel, Luise: Zur Beurteilung der Qualität von Glaubwürdigkeitsgutachten in Vergewaltigungsprozessen. MSchrKrim 1982, 321

Gross, Hans: I: Handbuch fur Untersuchungsrichter, Teil 1. München Berlin Leipzig 1914 (6. Aufl.)
II: Kriminalpsychologie. Leipzig 1905

Gross, Hans u. Geerds, Friedrich: Handbuch der Kriminalistik. Berlin 1978

Gundlach, Rainer: Die Vernehmung des Beschuldigten im Ermittlungsverfahren. Frankfurt/M. 1984

Haft, Fritjof: Verhandeln, die Alternative zum Rechtsstreit, München 1992

Häcker, Hartmut: Psychologie. Brugg Stuttgart Olten 1972

Hanack, Ernst-Walter: Maßstäbe und Grenzen richterlicher Überzeugung im Strafprozeß. JuS 1977, S. 727

Harnischmacher, Robert u. Müther, Josef: Das sexuell mißbrauchte Kind. Kriminalistik 1988, S. 151

Hastorf u. Cantril: They saw a Game; A Case Study, 49, Nr. 1, Journal of Abnormal und Social Psychology, S. 129, 1954. (Zitiert nach: Marshall, James: Law and Psychologie in Conflict. Indianapolis Cansas City New York 1966, S. 24)

Hauser, Robert: Der Zeugenbeweis im Strafprozeß mit Berücksichtigung des Zivilprozesses. Zürich 1974

Hebb, Donald O.: Einführung in die moderne Psychologie (übersetzt von Hermann Rademacker). Weinheim Basel 1975

Hellwig, Albert: Psychologie und Vernehmungstechnik bei Tatbestandsermittlungen. Stuttgart 1951

Herdegen, Gerhard: Die Überprüfung der tatrichterlichen Feststellungen durch das Revisionsgericht aufgrund der Sachrüge. StV 1992, S. 527, 590
Die Überprüfung der tatsächlichen Feststellungen durch das Revisionsgericht. In: Schriftenreihe der Arbeitsgemeinschaft des Deutschen Anwaltvereins Nr. 10, Rechtsgestaltende Wirkung des Revisionsrechts. Essen 1993, S. 15

Hermanutz, Max: Psychologische Beeinflussungsmöglichkeiten bei der Vernehmung von Zeugen und Beschuldigten. Kriminalistik 1994, S. 215

Hirschberg, Max: Das Fehlurteil im Strafprozeß. Stuttgart 1960

Hoffmanns, Willi: Falsches Geständnis nach überzeugender Zeugenaussage. Kriminalistik 1968, S. 576

Holland, Klaus: Zur Psychologie der Zeugenaussage. Kriminalistik 1972, S. 409

Holloway, Stephen M. u. Hornstein, Harvey A: Gute Nachrichten, gute Menschen. Psychologie Heute, März 1977, S. 34

Hutchins und Slesinger: Observations on the Law of Evidence, Columbia Law Review 1928, Bd. 28 S. 432 (zitiert nach Marshall, James: Law and Psychologie in Conflict a.a O., S. 28)

Huber, Michael: Das Beweismaß im Zivilprozeß. Köln 1983

Inbau, Fred E. u. Reid, John E.: I: Criminal Interrogation and Confessions. Baltimore 1967
II: Truth and Deception (The Polygraph-Lie-Detector Technique). Baltimore 1966

Jaworski, Ryszard: Der Lügendetektor auf dem Prüfstand. Kriminalistik 1990, S. 129

Judex: Irrtümer der Strafjustiz. Hamburg 1963

Jung, Heike: Der Richter als Zeuge. In: Dogmatik und Praxis der Strafprozesses, Annales Universitatis Saraviensis, Rechts- und wirtschaftswissenschaftliche Abteilung Bd 122, 1989, S. 77

Käßer, Wolfgang: Wahrheitserforschung im Strafprozeß. Berlin 1974

Kahn, Robert L. u. Cannell, Charles F.: The Dynamics of Interviewing. New York 1958

Keeton, Robert F.: Trial Tactics and Methods. Boston Toronto 1960

Kerr, Norbert L., Bray, Robert M. (Hrg.): The psychology of the courtroom. New York 1982

Kirchhofer: Wert und Unwert von Beschuldigten- und Zeugen-Aussagen bei Verkehrsunfällen. ZBl. f. Unfall-Untersuchung 1971, S. 13

Kirchner, Josef: Manipulieren – aber richtig. München Zürich 1974

Kiwit, Walter: Fehlurteile im Strafprozeß. Münster 1965

Klepzig: Die Entwicklung der Erforschung und Beurteilung der Glaubwürdigkeit. Kriminalistik und forensische Wissenschaft 1989, S. 198

Koch, Hans-Joachim u. Rüßmann, Helmut: Juristische Begründungslehre. München 1982

Köhnken, Günter: Verhaltenskorrelate von Täuschung und Wahrheit – Neue Perspektiven der Glaubwürdigkeitsdiagnostik. Psychologische Rundschau 1986, S. 177
Glaubwürdigkeit. Untersuchungen zu einem psychologischen Konstrukt. München 1990
Gegenüberstellungen. Fehlerquellen bei der Identifizierung durch Augenzeugen. Kriminalistik 1993, S. 231

Köhnken, Günter u. Sporer, Siegfried L.: Identifizierung von Tatverdächtigen durch Augenzeugen. Stuttgart 1990

Körner, Hans-Harald: Die Glaubwürdigkeit und Strafbarkeit von V-Personen. StV 1982, S. 382

Kraheck-Brägelmann, Sibylle: Vernehmungspsychologie. Kriminalistik 1993, S. 781

Kraß, Erwin: Die Frage in juristischer, sozialwissenschaftlicher und körpersprachlicher Sicht. ZRP 1993, S. 266

Krech, David u. Crutchfield, Richard S.: Grundlagen der Psychologie, Bd. 1. Weinheim Berlin Baden 1971 (übersetzt von H. W. Wendt und D. M. Ewert)

Kube, Edwin: Protokollierungsprobleme bei Vernehmungen durch Polizeibeamte. Archiv für Kriminologie 1979, S. 175

Kube, Edwin u. Leineweber, Heinz: Polizeibeamte als Zeugen und Sachverständige. Köln u. a. 1980 (2. Aufl.)

Kühne, Hans-Heiner: Der Beweiswert von Zeugenaussagen. NStZ 1985, S. 252

Kunz, Gerhard: Wörterbuch der Soziologie. Berlin 1969

Lambacher und Schweizer: Wahrscheinlichkeitsrechnung und Statistik. Stuttgart 1977

Lange, Regina: Fehlerquellen im Ermittlungsverfahren. Heidelberg 1980

Langelüddeke u. Bresser: Forensische Psychologie, 4. Aufl. Berlin, New York 1976

Langer, Inghard, Schultz v.   Verständlichkeit in Schule, Verwaltung, Politik und
Thun, Friedemann u. Tausch,   Wissenschaft. München Basel 1974
Reinhard:
Lay, Rupert: Dialektik für Manager. München 1974
Leferenz, Heinz: Die Beurteilung der Glaubwürdigkeit. In: Göppinger,
H. und Witter, H. (Hrg): Handbuch der forensischen
Psychiatrie, Bd. 11. Berlin Heidelberg New York 1972
Legewie, Heiner u. Ehlers,   Knaurs moderne Psychologie. München Zürich 1972
Wolfram:
Lehr, Ursula: Alte Menschen – Verschenkte Jahre. Bild der Wissen-
schaft. August 1976, S. 60
Leodolter, Ruth   Das Sprachverhalten von Angeklagten vor Gericht.
Kronberg/Ts. 1975
Leonhardt, Conrad: siehe Literaturübersicht Rn. 223
Leu, Hans R. u. Werner   Der Einzelne und die Gruppe im juristischen Entschei-
Ekkehard: dungsprozeß. In: Rolf Bender (Hrg.): Tatsachenfor-
schung in der Justiz. Tübingen 1972
Löhner, Michael   Kommunikationspsychologie in der Einvernahme –
Sprachstudien im Prozeß der Wahrheitsfindung. Krimi-
nalistik 1990, S. 611
Lloyd-Bostock, Sally M. u.   Evaluating witness evidence. Chichester 1983
Clifford, Brian R.:
Loftus, Elizabeth E: Unglaubwürdige Augenzeugen. Psychologie Heute,
April 1975, S. 21.
Lopez, Felix U.:   Personel Interwiewing, Theory and Practice. New
York 1975
Lüscher, Max: Signale der Persönlichkeit. Stuttgart 1973
Maassen, Bernhard: Beweismaßprobleme im Schadensersatzprozeß. Köln
1975
Macoby, Eleanor R. u.   Das Interview. Ein Werkzeug der Sozialforschung. In:
Nathan: René König (Hrg.): Das Interview. Form, Technik,
Auswertung. Köln 1972
Mager, Robert F.:   Verhalten, Lernen, Umwelt. Basel 1972
Maisch, Herbert: Die psychologisch-psychiatrische Begutachtung von
Zeugenaussagen. Kritische Anmerkung zur sogenann-
ten Glaubwürdigkeitsbegutachtung. MschrKrim 1974,
S. 267
Forensisch-psychologische Aspekte von Verstößen ge-
gen § 136 a StPO im Ermittlungsverfahren – Ein empiri-
scher Beitrag. StV 1990, 314
Marshall, James: Law and Psychologie in Conflict. Indianapolis Cansas
City New York 1966
Mergen, Armand: Die Kriminologie. Berlin Frankfurt/M. 1967
Meurer, Dieter u. Sporer,   Zum Beweiswert von Personenidentifizierungen: Neue-
Siegfried L.   re empirische Befunde. Marburg 1990
Meyer-Goßner, Lutz: Die Behandlung kriminalpolizeilicher Spurenakten im
Strafverfahren. NStZ 1982, S. 353
Michel, Norbert: Der Richter als Zeuge im Strafverfahren. MDR 1992,
S. 1026
Mittermaier, Carl: Die Lehre vom Beweise im deutschen Strafprozesse.
Darmstadt 1834
Mönkemöller, Otto: Psychologie und Psychopathologie der Aussage. Hei-
delberg 1930

Morris, Desmond: Der Mensch, mit dem wir leben (übersetzt von Karl Heinz Siber und Wolfgang Wagmuth). München Zürich 1978

Mostar, Hermann: Unschuldig verurteilt. Aus der Chronik der Justizmorde. Stuttgart 1956

Motsch, Richard: Vom rechtsgenügenden Beweis. Berlin 1983

Müller-Luckmann, Elisabeth: Über die Glaubwürdigkeit kindlicher und jugendlicher Zeugen bei Sexualdelikten. Stuttgart 1963
Aussagepsychologie. In: Ponsold, Albert (Hrg.): Lehrbuch der gerichtlichen Medizin. Stuttgart 1967
Die psychologische Begutachtung der Glaubwürdigkeit. In: Blau/Müller-Luckmann (Hrg.) Gerichtliche Psychologie. Darmstadt 1962

Musaph, Herman: Technik der psychologischen Gesprächsführung. Salzburg 1969

Musielak, Hans-Joachim: Das Överviktsprincip ... In: Festschrift für Gerhard Kegel, Frankfurt/M. 1977, S. 451

N. N.: Techniques of Interview and Interrogations (Personel Concerned). Innerdienstliche Anweisungen zur Beschuldigtenvernehmung der amerikanischen Luftwaffe vom Oktober 1975 in Wiesbaden

N. N.: Military Justice Evidence. Headquarters, Department of the Army, Washington 25, 1962

Nack, Armin: Indizienbeweisführung und Denkgesetze. NJW 1983, S. 1035
Der Indizienbeweis. MDR 1986, S. 366

Nagler, Christoph: Vernehmungspsychologie: Warum Personen sich bei der Vernehmung nicht an das erinnern können, was sie wissen. Vorschläge zur Unterstützung von Erinnerungsleistungen. StV 1983, S. 211

Nell, Ernst Ludwig: Wahrscheinlichkeitsurteile in juristischen Entscheidungen. Berlin 1983

Neuberger, Oswald: Das Mitarbeitergespräch. München 1973

Niemöller, Martin: Die strafrichterliche Beweiswürdigung in der neueren Rechtsprechung des Bundesgerichtshofes. StV 1984, S. 431

Odenthal, Hans-Jörg: Die Gegenüberstellung im Strafverfahren. Stuttgart u. a. 1992 (2. Aufl.)

O'Hara, Charles E.: Fundamentals of Criminal Investigation. Springfields (III.) 1973

Orth Cornelia: Kinder als Zeugen – Aussagen von Kindern zu Exhibitionsvorgängen. Kriminalistik 1991, S. 583

Panhuysen, Ursula: Die Untersuchung des Zeugen auf seine Glaubwürdigkeit. Berlin 1964

Peters, Karl: Zeugenlüge und Prozeßausgang. Bonn 1939
Fehlerquellen im Strafprozeß. Eine Untersuchung der Wiederaufnahmeverfahren in der BR Deutschland, Bd. 1, Karlsruhe 1970, Bd. 2, 1972, Bd. 3, 1974
Eine Antwort auf Undeutsch: Die Verwertbarkeit unwillkürlicher Ausdruckserscheinungen bei der Aussagenwürdigung. ZStW 1975, S. 663
Strafprozeß. Heidelberg 1985 (4. Aufl.)

Ponsold, Albert (Hrg.):	Lehrbuch der gerichtlichen Medizin. Stuttgart 1967
Prahm, Heyo:	Die ärztlich psychologische Beurteilung der Glaubwürdigkeit Minderjähriger ... Göttingen 1972
Prüfer, Hans:	Der Zeugenbericht. DRiZ 1975, S. 334
	Der Realitätsgehalt unbeständiger Aussagen im Strafprozeß. DRiZ 1977, S. 41
	Aussagebewertung in Strafsachen. Köln u. a. 1986
Rasch, Wilfried:	Forensische Psychiatrie. Stuttgart u. a. 1986
Rasch, Wilfried, Hinz, Stefan:	Für den Tatbestand ermittelt ... Der Einfluß der gesetzlichen Mordmerkmale auf kriminalpolizeiliche Erstvernehmung bei Tötungsdelikten. Kriminalistik 1980, S. 377
Raskin, David (Hrg.):	Psychological investigation and evidence. New York 1989
Reinecke, Jan:	Die Krise der freien Beweiswürdigung im Zivilprozeß oder über die Schwierigkeit, einem Zeugen nicht zu glauben. MDR 1986, S. 630
Reiners, Ludwig:	Stilkunst. München 1974
v. Rosenstiel, Lutz:	Motivation im Betrieb. München 1974
Ruch, Floyd L. u. Zimbardo, Philip G.:	Lehrbuch der Psychologie (übersetzt von W. F. Angermeier u. a.). Berlin Heidelberg New York 1975
Rückel, Christoph:	Strafverteidigung und Zeugenbeweis. Heidelberg 1988
Rüßmann, Helmut:	Die Zeugenvernehmung im Zivilprozeß. DRiZ 1985, S. 41
	Allgemeine Beweislehre und Denkgesetze. RuP 1982, 62
	Zur Mathematik des Zeugenbeweises. FS Nagel, Münster S. 329
Salditt, Franz:	Der Verteidiger vernimmt Zeugen – was britische Handbücher raten. StV 1988, S. 451
Sarstedt, Werner:	Beweisregeln im Strafprozeß. FS Hirsch, Berlin 1986, S. 171
Sattelmacher, Paul u. Sirp, Wilhelm	Bericht, Gutachten und Urteil. München 1980
Scherp, Drk:	Die polizeiliche Zusammenarbeit mit V-Personen. Heidelberg 1992
Scheuerle, W.:	Vorweggenommene Beweiswürdigung durch richterliche Aussageformulierung. ZZP Bd. 66 (1953) S. 306
	Juristische Evidenzen. ZZP Bd. 84 (1971) S. 242
Schmidtchen, Gerhard:	Die Entscheidung fällt in der letzten Minute. Bild der Wissenschaft, Sept. 1976, S. 73/74
Schmitt, Bertram:	Die richterliche Beweiswürdigung im Strafprozeß. Lübeck 1992
Schmitz, Hans Walter:	Tatgeschehen, Zeugen und Polizei. Wiesbaden 1978
Schneider, Egon:	Beweis und Beweiswürdigung. München 1994 (5. Aufl.)
Schneider, Kurt:	Die psychopathischen Persönlichkeiten. Wien 1950
Schneider, Lothar:	Nonverbale Zeugnisse gegen sich selbst. Tübingen 1991
Schreiber, Rupert:	Theorie des Beweiswerts für Beweismittel im Zivilprozeß. Berlin u. a. 1968
Schubert, Oskar:	Die Vernehmung im Ermittlungsverfahren. Karlsfeld 1983

Schünemann, Hans-Wilhelm:	Soziale Wahrnehmung. DRiZ, 1976, S. 371
Schulz, Joachim:	Sachverhaltsfeststellung und Beweistheorie. Köln u. a. 1992
Schwinge, Erich:	Tumult im Gerichtssaal. MfKrim 1973, S. 371
Seelig, Ernst:	Lüge. Beiträge zur Aussagepsychologie und zum kriminalistischen Nachweis der wissentlichen Täuschung. In: Festgabe Seelig. Stuttgart 1955, S. 100
Sello, Erich:	Die Justizirrtümer der Strafjustiz und ihre Ursachen. Berlin 1911
Sheatsley, Paul:	Die Kunst des Interviewens. In: René König (Hrg.): Das Interview. Form, Technik, Auswertung. Köln 1972
Södermann, Harry u. O'Connell, John J. (völlig neu bearbeitet von O'Hara, Charles E.):	Modern Criminal Investigation. New York 1962
Späth, W.:	Die Zuverlässigkeit der im ersten Zugriff erzielten Aussage. Kriminalistik 1969, S. 466
Sporer, Siegfried L.	Allgemeinwissen zur Psychologie der Zeugenaussage: Was man weiß, oder vielleicht wissen sollte. In: Kerner, H. J. u. A. (Hrg.): Deutsche Forschungen zur Kriminalitätsentstehung und Kriminalitätskontrolle. Teilband 2. Köln 1983. S. 1191
Steffen, Wiebke:	Analyse polizeilicher Ermittlungstätigkeit aus der Sicht des späteren Strafverfahrens. Wiesbaden 1976
Steinke, Wolfgang:	Lügendetektor zugunsten des Beschuldigten. MDR 1987, S. 535
	Der Beweiswert forensischer Gutachten. NStZ 1994, S. 16
Steller, Max:	Psychophysiologische Aussagebeurteilung. Göttingen u. a. 1987
	Die vierte Phase der Aussagepsychologie. Forensia 1988, S. 23
Stern, Steffen:	Der Geständniswiderruf als forensisches Erkenntnisproblem. StV 1990, S. 563
Stüllenberg, Heinz:	Die Vernehmung. Lehr- und Studienbriefe Kriminalistik Nr. 4. Hilden 1989
Trankell, Arne:	Der Realitätsgehalt von Zeugenaussagen (übersetzt von Udo Undeutsch). Göttingen 1971
Ulrich, Monika:	Die Glaubwürdigkeit von Zeugenaussagen Jugendlicher und Kinder zu homosexuellen Delikten. MschrKrim 1988, S. 391
Undeutsch, Udo:	Die Beurteilung der Glaubhaftigkeit von Zeugenaussagen. In: Undeutsch, Udo (Hrg.): Handbuch der Psychologie, Bd. 11: Forensische Psychologie. Göttingen 1967
	Aussagepsychologie. In: Ponsold, Albert (Hrg.): Lehrbuch der gerichtlichen Medizin. Stuttgart 1957
	Die Verwertbarkeit unwillkürlicher Ausdruckserscheinungen in der Aussagenwürdigung. ZStW 1975, S. 650
Vester, Frederic:	Denken, Lernen, Vergessen. Stuttgart 1975
Walder, Hans:	Der Indizienbeweis im Strafprozeß. ZStrR 1991, S. 197, 299

Walter, Gerhard: Freie Beweiswürdigung. Tübingen 1979
Wegener, Hermann: Einführung in die forensische Psychologie. Darmstadt
                            1981
                            Täterschaftsermittlung durch Polygraphie. Berlin u. a.
                            1981
Wells G. L. u. Loftus,   Eyewitness testimony. Psychological perspectives.
Elizabeth E.:   New York u. a. 1984
Weihmann, Robert: Strafverteidiger fragen Kriminalisten – zur kriminalpoli-
                            zeilichen Vernehmung des Beschuldigten. Kriminalistik
                            1991, S. 51
                            Kriminalistik. Hilden 1992
Weinrich, Harald: Linguistik der Lüge. Heidelberg 1974
Weston, Paul B. u. Wells, Criminal Investigation, Basic Perspectives. Eaglewood
Kenneth M.:   Cliffs 1970
Wippich, Werner: Lehrbuch der angewandten Gedächtnispsychologie. Bd
                            1 u. 2. Stuttgart u. a. 1984, 1985
Witter, Hans: Allgemeine und spezielle Psychopathologie: Gedächtnis
                            und Gedächtnisstörungen, Wahrnehmung und Wahr-
                            nehmungsstörungen. In: Göppinger H. und Witter H.
                            (Hrg.): Handbuch der forensischen Psychiatrie, Bd. I.
                            Berlin 1972
Wulf, Peter: Strafprozessuale und kriminaltaktische Fragen der poli-
                            zeilichen Beschuldigtenvernehmung auf der Grundlage
                            empirischer Untersuchungen. Heidelberg 1984

3. Teil. Vernehmungslehre

1. Kapitel. Die Vernehmung

Arntzen 1989, *Bauer* 264 ff., *Berelsen-Steiner* 96–101, *Geerds* 1–244, *Gössweiner-Saiko* 9–131, *Groß-Geerds* 139–204, *Hellwig* 204–350, *Kirchner* 41–110, *Lay* 70–192, *Meinert* 75–192, *Mönkemöller* 116–134, *Müller-Luckmann*, 1–105, *Müller-Luckmann* 1967, 109–115, *Neuberger* 24–167, *Schneider*, 241–266; engl.: *Bingham, v. Dyke* u. a., insb. 13–55, 185–195, *Inbau-Reid* insb. 21–24, 94–118, *Kahn-Chanell* insb. 46 f., 122 f., 134–158, *Keeton* insb. 19–33, 67/69, 121–136, *Marschall* 29–61, *O'Hara* 80–114, zur Vernehmungslehre (insbes. beim Beschuldigten) s. auch Rn. 657 ff.

Das Ergebnis der Vernehmung wird – keineswegs von der Auskunftsperson allein, sondern – vom Vernehmenden ganz wesentlich mitbestimmt (RGSt 30,71). Wesentlich mitbestimmende Faktoren sind:

Seine Persönlichkeit, sein Alter, Geschlecht, Erfahrung, Geistesgegenwart, Selbstkontrolle, Geduld usw., seine psychische Beschaffenheit, seine Einstellungen, seine Erwartungen, Gestimmtheit usw., sein Verhalten während der Vernehmung, sein Vernehmungsstil, die Art was und wie er fragt, wie er reagiert, was und wie er protokolliert und schließlich auch, wie er die äußeren Verhältnisse gestaltet, ob lange Wartezeiten entstehen, wie das Zeugenzimmer ausgestattet ist, usw.

Alle diese Bedingungen gestalten das Ergebis der Beweisaufnahme entscheidend mit. Sie sind auf komplexe Weise miteinander verflochten. Auch dann, wenn der Vernehmer bemüht wäre, diese Bedingungen stets gleichzuhalten, alle Auskunftspersonen gleich zu behandeln, führte diese Verhaltensweise zu ganz unterschiedlichen – teilweise unerwünschten – Ergebnissen. Denn seine Auskunftspersonen sind unterschiedlich. Auch sie haben ihre individuelle Persönlichkeit, ihre besondere psychische Beschaffenheit, ihre eigenen Verhaltensweisen und ihre unterschiedlichen Reaktionen auf die äußeren Verhältnisse.

Die Eigenschaften und Verhaltensweisen des Vernehmenden wirken auf den Vernommenen ein, und dessen Eigenschaften und Reaktionen wirken auf den Vernehmenden zurück (Interaktion Rn. 241, 244). Auf diese Weise wird jede Beweisaufnahme zu einem einmaligen – nicht wiederholbaren – Ereignis. Die Aufgabe des Vernehmers ist es, dieses Ereignis so zu gestalten, daß ein möglichst umfangreicher und ein möglichst unverfälschter Tatsachenstoff erhoben werden kann. Das erfordert, daß der Vernehmer grundsätzlich die Methoden anwendet, die im Hinblick auf dieses Ziel den meisten Auskunftspersonen gemäß ist und die wir aufzeigen werden. Der Vernehmer darf aber nicht in der Routine erstarren; er muß spüren, was gerade für diese Auskunftsperson in diesem konkreten Falle und genau in dieser speziellen Situation das Richtige ist.

1. Abschnitt. Acht Gebote für den Vernehmenden

Döhring 23–33, Fischer J. 19–42, Graßberger 104–125, Hellwig 9–33

A. Kontaktebene

Der Kampf um die Höhe der Richterbank im Verhandlungssaal ist abgeflaut. Das Meer von Tinte, das man für und wider die „Erniedrigung des Richtertisches" verspritzt hat, hätte sich vermeiden lassen, wenn man sich klar darüber gewesen wäre, daß man nicht sinnvoll um Zentimeter streiten kann.

Wollen wir von den Prozeßbeteiligten möglichst umfassend und möglichst wahrheitsgemäße Auskünfte über den zur Beurteilung anstehenden Sachverhalt? Dann müssen wir zwischen dem Vernehmenden und den Auskunftspersonen eine „Kontaktebene" herstellen. Diese Kontaktebene ist zwar zunächst in einem übertragenen Sinn gemeint. Es leuchtet aber unmittelbar ein, daß eine solche Kontaktebene sich leichter herstellen läßt, wenn Richter und Auskunftspersonen sich auch im wörtlichen Sinn – also räumlich – auf einer Ebene befinden.

1. Gebot: Anpassung

492   Die Auskunftsperson muß sich nicht dem Vernehmer anpassen, sondern der Vernehmer muß sich der Auskunftsperson anpassen.

„Wenn's der Wahrheitsfindung dient".

Fritz Teufel *(der damalige „Politclown", der später in die Terroristenszene abglitt),* sprach diesen inzwischen klassisch gewordenen Satz, während er sich langsam erhob, vom Richter mit der damals üblichen Formel „Angeklagter, stehen Sie auf" angesprochen. Fritz Teufel hatte offenbar mehr von Vernehmungspsychologie verstanden als manche Richter.

a) Die Anpassung hat Grenzen

493   Niemand verlangt vom Richter, daß er wohlgefällig nickt, wenn der Angeklagte Zeugen beleidigt.

Eine Gerichtsverhandlung ist aber auch kein Morgenappell mit Handanlegen und Fingernägelvorzeigen. Zwischen diesen beiden Extremen gibt es eine relativ weite Spanne, innerhalb deren eine Gerichtsverhandlung mit Anstand und Erfolg ablaufen kann, und der Richter sollte diesen Spielraum nutzen.

494   b) Routine verhindert Anpassung

Wer nicht willens oder nicht in der Lage ist, seinen Verhandlungs- und Vernehmungsstil den ganz unterschiedlichen Persönlichkeiten der Prozeßbeteiligten anzupassen, wird wenig oder Falsches erfahren.

Vernehmer neigen (wie alle Professionen) zur Routinisierung ihrer Tätigkeiten. Sie pflegen deshalb je nach ihrer persönlichen Einstellung gleichmäßig kühl und distanziert sich in allen Prozessen und allen Prozeßbeteiligten gegenüber zu verhalten oder aber stets einen vertraulichen, bis zum Kumpelhaften reichenden Verhandlungsstil usw. zu bevorzugen. Alle diese mehr oder weniger routinisierten Verhaltungsweisen sind abzulehnen.

Sie dürfen dem feinsinnigen Ästheten nicht kumpelhaft kommen, dürfen den Schüchtern-Ängstlichen nicht durch streng-formalistische Distanz noch mehr verwirren, den Herausfordernd-Vorlauten nicht durch zaghaftes Zurückweichen noch mehr ermuntern.

c) Die distanzierte Haltung

Die meisten Vernehmer haben es sich zur Gewohnheit gemacht, alle Verhandlungsteilnehmer gleichmäßig kühl und distanziert zu behandeln. **495**

(1) Diese Haltung wirkt auf schüchterne Auskunftspersonen (Rn. 640) besonders aussagehemmend.

Solche Personen, die eigentlich aussagewillig sind, werden durch die ihnen ungewohnte Gerichtssituation schon genügend eingeschüchtert. Tritt ihnen jetzt noch ein sich kühl und distanziert gebender Vernehmer gegenüber, dann steigert das ihre Ängste dermaßen, daß keine ergiebige Aussage mehr zu erwarten ist, manchmal sogar eine förmliche „Denkblockade."

(2) Auf durchschnittlich selbstsichere, aber „behördenscheue" Auskunftspersonen wirkt die kühl-distanzierte Haltung des Vernehmers ebenfalls hemmend.

Es macht ihnen an sich schon gewisse Schwierigkeiten, vor Gericht aufzutreten und öffentlich zu reden. Wenn sie jetzt noch zusätzlich den Eindruck gewinnen, daß der Vernehmer an ihnen und ihrer Aussage gar nicht interessiert ist, dann wird der spärliche Quell der Information alsbald vollends versiegen.

(3) Auf aggressive Auskunftspersonen wirkt diese Haltung beruhigend.

Läßt sich der Vernehmer durch noch so unsachliche Angriffe auf ihn nicht aus der Fassung bringen, dann hat er eine gute Chance, daß solche Personen ihr aggressives Verhalten alsbald aufgeben (Rn 523).

2. Gebot: Kontaktsuche

Der Vernehmer allein ist für den Kontakt mit der Auskunftsperson verantwortlich. Und der Kontakt mit ihr entscheidet über die Qualität der Tatsachenfeststellung. **496**

Sie wollten ganz gewiß auch „nichts mit dem Gericht zu tun haben", wären sie nicht *(zufällig)* Richter, Staatsanwalt oder Rechtsanwalt geworden. Ihren Auskunftspersonen liegt nichts an einem Kontakt mit Ihnen.

Ihre Auskunftspersonen sind im Gerichtssaal, weil sie (in Handschellen) aus der Untersuchungshaft vorgeführt sind, weil sie von der Strafandrohung bei Nichterscheinen geschreckt oder bestenfalls, weil sie nolens volens ihre Staatsbürgerpflicht als Zeugen erfüllen wollen. Nichts ist Ihren Auskunftspersonen lieber, als wenn auf sie verzichtet werden kann. Der Ärger über die verlorene Zeit des nicht vernommenen Zeugen wird fast immer kompensiert durch die Erleichterung, (fast) nichts mit dem Gericht zu tun gehabt zu haben. Sicher gibt es auch den Wichtigtuer, der es dem Richter schon gesagt haben würde, aber er ist selten.

a) Der Vernehmer muß aktiv werden

Nachdem Ihren Auskunftspersonen nichts daran liegt, mit Ihnen in Kontakt zu treten, muß umgekehrt Ihnen alles daran liegen, diesen Kon- **497**

takt selber herzustellen. Das heißt, der Vernehmer darf nicht in vornehmer Zurückhaltung abwarten, was wohl im Laufe der Verhandlung an Informationen auf ihn zukommen mag, sondern er muß selbst aktiv sich um eine umfassende Informationsgewinnung bemühen.

Der Vernehmer muß herausfinden – und das so früh wie irgend möglich –, welche generelle Verhandlungsatmosphäre der Gesamtheit der an diesem Prozeß Beteiligten und welche spezielle Tonart für den gerade zu Vernehmenden die angemessenste ist.

Der „Othello"-Fehler

Darunter versteht man die psychologische Regel, daß offen gezeigte Verdächtigung der Auskunftsperson durch den Vernehmer „reaktiv" bei der Auskunftsperson Verhaltensweisen auslösen, die ihrerseits vom Vernehmer wiederum als Bestätigung seines Verdachts der Lüge interpretiert werden. Das Vorurteil verfestigt sich, eine sich selbst erfüllende Vorausschau (*Ekman* S. 140).

Dies schließt aber keinesfalls aus, daß der Vernehmer nach Abschluß der Vernehmung der Auskunftsperson deutlich sagt, daß und warum er ihr nicht glaubt. Das erfordert nicht nur die Fairneß, sondern es ist auch zugleich ein letzter Test:

Trifft die Beurteilung zu, gibt es in der Regel zwei unterschiedliche Reaktionen: Entweder schweigt der ertappte Lügner zu dem Vorwurf oder er reagiert überzogen, er schreit empört auf, ergeht sich in Beschimpfungen.

Haben Sie es nicht getroffen – was ja auch vorkommt –, reagiert die Auskunftsperson eher gelassen; sie wird versuchen, ihre Gründe – die Sie hoffentlich mitgeteilt haben – zu entkräften (vgl. Rn. 655 ff.).

b) Der Ton macht die Musik

498   **Es kommt aus der Perspektive der Kontaktaufnahme überhaupt nicht so sehr darauf an, wo man anknüpft und was man inhaltlich sagt, sondern wie man es sagt.**

Die Auskunftsperson muß spüren, daß man Interesse an ihr und ihrer Aussage hat, daß man Verständnis für sie und ihre Situation hat und man muß versuchen, sie vergessen zu lassen, daß man bis gerade eben noch einander völlig fremd war und daß sie hier eigentlich „vor Gericht steht". Je schneller und nachhaltiger das gelingt, desto eher werden Sie eine aussagewillige Person vor sich haben.

c) Hemmungen abbauen

499   Wenn Sie es auch kaum zu glauben vermögen, einem geschickten Vernehmer gelingt es binnen kurzer Zeit, durch Herstellung eines wirklichen Vertrauensverhältnisses, die Auskunftsperson die stark hemmende Ausnahmesituation vor Gericht gänzlich vergessen zu lassen und sie so zu veranlassen, ihm (fast) alles zu sagen, was sie weiß oder zu wissen glaubt.

Und das gilt keineswegs etwa nur für Zeugen, sondern durchaus auch für Parteien im Zivilprozeß, ja, in vielen Fällen bis zu einem gewissen Grad selbst für den Angeklagten im Strafprozeß.

d) Erklärung: Auskunftspersonen, die am Verfahren und den Parteien nicht unmittelbar interessiert sind, haben meist kein Motiv dafür, ihr Gedächtnis besonders anzustrengen und wirklich alles zu sagen, was sie zur Sache wissen. Sie sind meist froh, wenn sie es kurz machen können und wenn sie möglichst wenig gefragt werden. Hier muß erst der Vernehmer ein Motiv zur Aussagewilligkeit schaffen. Er kann dies nur dadurch, daß er die Auskunftsperson die Vernehmung als solche als befriedigend, ja geradezu als „gewinnbringend" erleben läßt. Das gelingt vor allem dann, wenn sich die Auskunftsperson verstanden fühlt, wenn sie merkt, daß ihre Aussage für wichtig angesehen wird.

e) Empirischer Beleg: Amerikanische Untersuchungen haben ergeben, daß der Kontakt zum Befragten viel wichtiger ist als die Wahl der „richtigen" Vernehmungstechnik. Interviewer mit der „falschen" Vernehmungstechnik hatten zum Teil erheblich bessere Erfolge, als die Anwender der richtigen Technik. Eine Überprüfung ergab, daß diese Erfolgreichen einfach einen erheblich besseren Kontakt zu den Befragten hergestellt hatten. Unter diesen Umständen aber spielte die Wahl der Vernehmungstechnik eine untergeordnete Rolle.

f) Aktives Zuhören   500

Alle wollen sprechen, keiner will zuhören. Deshalb heißt unsere Sprache „Sprache" und nicht „Höre" *(Haft)*.

Kaum etwas ist für den Vernehmer wichtiger als das Zuhörenkönnen. Worin besteht nun das „aktive" Zuhören?

(1) Erste Stufe: **Verständnisvolles Zuhören**

  aa) **Körpersprache:**

  Sie nehmen freundlichen Blickkontakt mit der Auskunftsperson auf, ohne sie zu fixieren. Sie nicken mit dem Kopf, um die Auskunftsperson zum Weiterreden zu ermuntern.

  bb) **Verbale Zeichen:**

  Sie streuen immer wieder **neutrale** Zeichen ihres Zuhörens ein: „Mhm, soso", usw.

(2) Zweite Stufe: **Paraphrasieren**

  Wichtige Teile der Mitteilung sollten Sie nicht nur mit verständnisvollem Zuhören quittieren.

  Wiederholen Sie diese Teile, **aber mit eigenen Worten!**

  Hüten Sie sich jedoch davor, dabei die Aussage zu verfälschen.

(3) Dritte Stufe: **Verbalisieren**

  Sie vermuten, daß die Auskunftsperson mehr sagen will, aber sich nicht recht traut.

  z. B.

  „interessant, wissen Sie das genauer?"
  „Woher wissen Sie das?"
  „Ging das noch weiter?"
  (vgl. dazu die Filterfragen, Rn. 597).

Vermeiden Sie aber während des Berichts alle Sachfragen, die Sie sich nur für das Verhör notieren (Rn. 560 ff.). Die Verbalisierung darf nur der Erweiterung des Berichtes dienen und nicht in ein Verhör ausarten.

Das aktive Zuhören wird von der Auskunftsperson positiv aufgenommen, sie merkt, daß Sie an ihren Aussagen interessiert sind, und wird dadurch auskunftsfreudiger.

Achtung: Keinesfalls darf die Verbalisierung
(1) einen vorwurfsvollen Unterton haben (Rn. 595)
(2) eine Bewertung des Gesagten beinhalten, oder gar suggestiv wirken.
Bewertende Kürzel, wie „ja, gut, okay" sind sehr gefährlich (Rn. 699).

g) Abgrenzung:

Das Bemühen um Kontakt darf aber auch nicht übertrieben werden. Der Vernehmer darf nicht so tun, als sei er ein persönlicher Freund der Auskunftsperson oder wollte es werden. Die Folgen einer solchen verfehlten Anbiederung können geradezu gegensätzlich sein, aber immer nachteilig:

(1) Die Auskunftsperson kann eine solche Anbiederung als peinlich oder gar als hinterlistig empfinden und wird erst recht gehemmt oder verstockt.

(2) Die Auskunftsperson kann eine solche Anbiederung als so wohltuend empfinden, daß sie nicht die Wahrheit sagt, sondern das, was sie meint, daß der Vernehmer hören will, sozusagen um die „freundschaftliche" Beziehung zu ihm nicht zu stören (*Pygmalioneffekt*, Rn. 106).

B. „Columbo-Effekt"

501 Columbo war der Titelheld einer sehr beliebten Krimi-Serie des Fernsehens. Er war die Freundlichkeit in Person, von ausgesuchter Rücksichtnahme, er konnte fabelhaft staunen, war voll echter Teilnahme und konnte die schönsten Komplimente machen.

Sie müssen versuchen, es ihm gleichzutun, wenn Sie etwas erfahren wollen. Die nun folgenden Originalzitate aus der 19. Sendung (entnommen aus der Zeit Nr. 11/76) sind als Anregung gedacht, soweit gleichzeitig der „Pygmalioneffekt" (Rn. 106) vermieden werden kann.

Freundlichkeit und Rücksichtnahme

„Darauf wäre ich nie gekommen … ich hätte geschworen"
„In Wirklichkeit muß ich mich entschuldigen"

Interesse und Teilnahme

„Ach, ich weiß das zu schätzen bestimmt …"
„Also, das ist merkwürdig"
„Ich finde Ihre Tätigkeit so interessant, daß ich glaube, daraus etwas lernen zu können"
„Also, um ganz ehrlich zu sein …"
„Es will mir nicht in den Kopf, wie Sie das schaffen …"
„Jetzt bin ich aber geplättet"

Lob

„Ich habe noch nie eine so tollen Vorführraum gesehen"
„Sie sind ein Mann mit enormer Selbstkontrolle"

„Also das ist die Bemerkung"
„Ehrlich, ich halte Sie für einen guten Detektiv"

Selbsteröffnung

„Das bin ich, kaum zu glauben"
„Als ich meiner Frau erzählte, wissen Sie, daß ich ..."
„Das verwirrt mich, kleinen Moment, Sir"
„Oh, das erinnert mich an was!"

3. Gebot: Freundlichkeit

Ein Vertrauensvorschuß des Vernehmers gegenüber der Auskunftsper- 502
son zahlt sich immer aus; Ausnahmen bestätigen auch hier nur die Regel.
Betrachten Sie die Auskunftsperson als Ihren Partner und führen Sie die
Auskunftsperson in ihre Rolle im Prozeß ein. (*Müller-Luckmann* 1967).
Grundsätzlich sollten Sie jeden erst einmal mit zurückhaltender Freundlichkeit behandeln. Dabei sollten Sie eine sympathieeinflößende, verstehende
und vertrauenserweckende Haltung einnehmen.
Um die Wahrheit herauszufinden, ist es das Wichtigste, erst einmal Zeugen und Parteien zum Reden zu ermuntern.

Der durchschnittliche Mensch ist ein unsicheres Wesen vor Gericht. Er fürchtet
sich, öffentlich aufzutreten und zu sprechen. Der Vernehmer muß daher häufig erst
einmal die Hemmungen des Aussagenden beseitigen. Dies erreicht er am wirksamsten
durch eine freundliche Behandlung. Bei Fremdheitsgefühlen und Mißtrauen sperrt
sich der Aussagende gegen eine Vernehmung.

Abgrenzung: Vermeiden Sie aber ein aufdringliches „kumpelhaftes" Benehmen. Eine angemessene Distanz wird von der Auskunftsperson aufgrund
Ihrer beruflichen Stellung erwartet. Eine zu geringe Distanz kann Ihr Gegenüber genauso verunsichern, wie eine zu große. Ihr Verhalten soll nicht nur
aufrichtig sein, sondern auch so wirken.

a) Scharfsinn ist kein Ersatz für Klugheit

Vermeiden Sie in jedem Falle überlegene Gesten, ironische und witzige 503
Bemerkungen. Machen Sie keinen listigen Eindruck. Wenn Sie wirklich
geistreich sind, brauchen Sie das bei der Vernehmung nicht demonstrativ zur
Schau zu stellen.

Der gekonnte „Gag" mag beim Publikum oder der Presse gut ankommen. Gleichwohl haben Sie ihren Beruf verfehlt; sie hätten Schauspieler werden sollen oder Confe-
rencier. Aber auch ohne Publikum sollten Sie jede Überlegenheitsgeste vermeiden.

Mögen Ihre Anmerkungen noch so geistvoll sein, Ihre Auskunftsperson
findet gar nichts witzig oder gekonnt, was auf ihre Kosten geht. Sie wird
hinfort lieber schweigen, als Ihnen nochmals Gelegenheit zu geben, daß
Sie sich auf ihre Kosten so glanzvoll in Szene setzen. Allenfalls fordern
Sie Trotzreaktionen heraus.

Wenn Sie sich dem anderen überlegen geben, sei es an taktischen oder intellektuel-
len Fähigkeiten, an Einfluß und Macht, an moralischen Qualitäten, dann erzeugen Sie

Abwehr. Der andere verdrängt das, was Sie sagen, wird uninteressiert und „schaltet ab".

b) Seien Sie rücksichtsvoll

504   **Niemand will sein Gesicht verlieren. Der Vernehmer muß der Auskunftsperson helfen, ihr Gesicht zu wahren.**
Bringt sich Ihre Auskunftsperson infolge von Übertreibungen oder Irrtümern selbst in eine peinliche Lage, sollten Sie ihr helfen, sich ohne Blamage daraus zu befreien. Belächeln Sie nicht ihre Dummheit, ihr schwaches Urteilsvermögen oder andere Mängel.
Abgrenzung: Niemand verlangt von Ihnen, daß Sie den Prozeßbeteiligten etwas vorheucheln. Und gewiß gibt es auch Situationen, in denen es taktisch richtig ist, die Dinge direkt beim Namen zu nennen. Wenn z. B. eine Partei immer wieder andeutet, der Prozeßgegner habe ihr etwas weggenommen oder sie beschwindelt, dann wirkt es oft reinigend, wenn Sie direkt zurückfragen, ob die Partei wirklich behaupten will, ihr Gegner habe sie bestohlen oder betrogen.

505   **(1) Abmilderung** Wo es um Handlungen der Auskunftsperson *(oder ihr nahestehender Personen)* geht, lassen sich alle Vorgänge in mehreren Schärfegraden betrachten. Sie sollten stets die mildeste vertretbare Betrachtungsweise wählen und das auch zum Ausdruck bringen (Rn. 594).

Einerseits widerstrebt es jedermann, sich selbst als in dem Maße schuldig zu bekennen, in welchem man schuldig geworden ist; andererseits weiß man in etwa (wenigstens unterbewußt) um seine eigene Fehlsamkeit. Bietet der Vernehmende der Auskunftsperson einen annehmbaren Kompromiß zwischen dem denkbar größten Härtegrad und seinem eigenen Schuldbewußtsein an, dann hat er in der Regel eine reelle Chance, daß er einigermaßen die Wahrheit trifft und die Auskunftsperson sich auch dazu bekennt.

Ganz falsch wäre es, den empörten Moralisten herauszukehren, von dem es keine Entschuldigung gibt. Damit erreichen Sie nur, daß die Auskunftsperson völlig verstockt wird. Sie müssen ihr die Chance lassen, nicht so sehr und nicht allein schuldig geworden zu sein.

(2) Vermeiden Sie unnötige Vorwürfe und Bloßstellungen.

506   Wenn die Parteien Ihre Erklärungen zur Rechtslage nicht verstanden haben, dann denken Sie daran, daß Sie keine studierten Juristen vor sich haben.

falsch: „Sie haben mich nicht verstanden"
oder gar: „Sie wollen mich nicht verstehen".

Das würde Ihr Gegenüber sofort als Angriff empfinden. Er würde versuchen, sich zu verteidigen, statt auf die Sache einzugehen.

Mit Ihren unnötigen Vorwürfen bauen Sie nur Spannungen auf, statt sie abzubauen.
richtig: „Ich habe mich nicht klar genug ausgedrückt", ich wollte fragen . . .

Damit drängen Sie Ihr Gegenüber nicht gleich in eine Verteidigungsposition, sondern geben ihm die Möglichkeit, zuzustimmen und der Wiederholung der Erklärung mit besonderer Aufmerksamkeit zu folgen.

falsch: „Jetzt hören Sie mir mal genau zu ..."
„Das können Sie mir nicht weismachen ..."

richtig: „Ich könnte verstehen, wenn Sie ..."
„Sicher gibt es oft merkwürdige Zufälle, aber eine solche Häufung von Zufällen stimmt doch nachdenklich."

Wenn jemand eine falsche tatsächliche oder rechtliche Würdigung vorbringt, dann sagen Sie z. B.:

„Das ist eine interessante Auffassung, aber ich habe doch gewisse Schwierigkeiten, Ihrer Ansicht zu folgen."

Wenn Sie glauben, daß ein Zeuge gelogen hat, dann sagen Sie etwa:

„Falls Sie sich in diesem Punkte doch etwa schief ausgedrückt haben sollten, können Sie sich jetzt noch straffrei berichtigen".

(vgl. Die lügnerische Auskunftsperson Rn. 655)

4. Gebot: Interesse

Für den Vernehmer gibt es nichts Interessanteres als die Auskunftsper- 507
son.
Aber: Je mehr Sie selber reden, desto weniger erfahren Sie.
Zeigen Sie, daß Sie zuhören wollen. Tun Sie das Mitgeteilte nicht vorschnell als „nicht zur Sache gehörend" ab. Dadurch begeben Sie sich der Möglichkeit, wichtige Vorder- und Hintergrundinformationen zu erhalten.
Lassen Sie den anderen ausreden und halten Sie Ihr eigenes Mitteilungsbedürfnis zurück. Die Hauptsache bei einer Vernehmung ist das Zuhören; denn hier geht es in erster Linie um Tatsachensammlung.

Als grobe Faustregel kann man sagen, daß eine Vernehmung dann ideal 508
verläuft, wenn der Vernehmer zu 30 Teilen, der Befragte zu 70 Teilen spricht.
Wer jemandem Gelegenheit gibt, sich auszusprechen, hat nachher eine um so größere Chance, selbst angehört zu werden. Wer in einem Gespräch mehr redet, beurteilt den Kontakt im allgemeinen positiver, weil er es war, der es zu weiten Teilen gestaltet hat. Je positiver der Gesprächspartner den Kontakt beurteilt, desto williger wird er dabei mitwirken, das Gespräch zu einem für beide Teile befriedigenden Ende zu bringen.

a) Zeigen Sie Ihr Interesse

Begleiten Sie die Erzählung Ihrer Auskunftsperson mit aufmuntern- 509
den, aber inhaltlich neutralen Bemerkungen wie z. B.: „interessant" oder
„ah, so war das ..." (vgl. „Aktives Zuhören", Rn. 500)
Um jemanden zu einer möglichst hohen Aussageleistung zu bewegen, müssen Sie ihm das Gefühl der Wichtigkeit seiner Aussage geben. Dazu muß er von Ihrem ernsten Willen, die Wahrheit zu erforschen, beeindruckt sein.

Er muß das Gefühl haben, daß er im Brennpunkt Ihrer Aufmerksamkeit
steht.

Sie sollten das volle Gewicht Ihrer Persönlichkeit in die emotionale Verhandlungsatmosphäre einbringen. Störende Angewohnheiten wirken jedoch leicht als Zeichen
von Langeweile oder Zerstreutheit. Wirken Sie während einer Vernehmung gelang-
weilt, desinteressiert oder zu reserviert im Ausdruck, dann erzeugen Sie Ablehnung
und Abwehr. Infolgedessen erlahmt der Gesprächsfluß Ihres Gegenübers. Lesen Sie
daher während einer Vernehmung keine Akten, durchblättern Sie keine Papiere usw.
Solche ablenkenden Gewohnheiten können auch den Eindruck von Unsicherheit erwecken und ihrem Gegenüber ein Gefühl der Überlegenheit vermitteln. Dadurch
schwindet sein Vertrauen und wächst seine Voreingenommenheit Ihnen gegenüber.
Die Verhandlungssituation wird zunehmend schwieriger.

Empirischer Beleg: Untersuchungen haben bestätigt, daß man um so spontanere,
längere und ergiebigere Antworten erhält, je mehr man seine eigene Gesprächsaktivi-
tät zurückhält. Dieses Ergebnis gilt allerdings nicht, wenn man es mit einem scheuen
oder mißtrauischen Menschen zu tun hat. Unterbricht ein Gesprächspartner den anderen häufig, so steigt bei diesem die Neigung, seinerseits dem anderen ins Wort zu
fallen. Wenn jemand aber mit dem Kopfe nickt oder „hm, hm" murmelt, so erhöht
sich die Gesprächsdauer des anderen.

b) Zeigen Sie Teilnahme

510   **Spielen Sie die ihnen zugedachte Rolle mit. Aber vermeiden Sie vorei-
lige Zustimmung oder Ablehnung.**

Ein Gespräch ist ein wechselseitiges Geschehen, das durch merkliche und
kaum wahrnehmbare Einflüsse von beiden Beteiligten gesteuert wird. Sie
wollen aber vor Gericht eine unbeeinflußte Aussage. Am besten ist es deshalb, wenn sie an den Bekundungen des anderen teilnehmen, ohne sie zu
dem jetzigen Zeitpunkt schon zu bewerten:

**Sie lachen über Witze des Befragten, machen Ausrufe, wenn der Vernom-
mene etwas sagt, was offensichtlich Erstaunen erregen soll („Wirklich?" „Was
Sie nicht sagen!"), machen unterstützende Bemerkungen wie etwa: „Ich sehe,
was Sie meinen", „Das kann man verstehen", „Das ist sehr interessant" und
verwenden auch andere Ausdrucksweisen, die in der betreffenden Lage normal sein würden. Enthalten Sie sich aber gewissenhaft dabei jeder Bewertung.**

Erklärung: Zeigen Sie *Ärger* oder *Freude* über Äußerungen des Aussagenden, beeinflussen Sie dessen Bekundungen in die von Ihnen selbst gewünschte Richtung (Suggestion, Rn. 528).

Bleiben Sie aber „zu neutral", wahren Sie das „Pokergesicht", dann stören Sie die
natürliche Gesprächsatmosphäre. Ihre zur Schau getragene „gleichgültige" Miene erweckt beim anderen den Eindruck, als ob Sie dem Geschehen teilnahmslos gegenüberstehen. Die Folge ist eine Aussagehemmung.

Empirischer Beleg: Der amerikanische Sozialpsychologe *Centers* untersuchte 1963
in einem interessanten Experiment den Einfluß „unmerklicher" Verstärkungen (=
Belohnungen) auf das Gesprächsverhalten.

Die – den 49 Studenten als solche nicht erkennbare – Versuchsleiterin gab vor, sie
wolle den – je einzeln einbestellten – Studenten die 30minütige Wartezeit auf den
angeblichen Versuch mittels eines harmlosen Gesprächs verkürzen.

(1) Die ersten zehn Minuten hörte sie – möglichst ohne sich selbst zu beteiligen –
mit Interesse und Aufmerksamkeit zu.

(2) In den nächsten zehn Minuten stimmte sie allen Meinungsäußerungen zu oder wiederholte sie sinngemäß, akzeptierte alle informativen Feststellungen und beantwortete alle Informationsfragen. (Es wurden also alle Äußerungen, die mit Meinungen, Informationen oder Fragen zu tun hatten, verstärkt).

(3) Während der letzten zehn Minuten – der Löschphase – nahm Sie alle Äußerungen des Partners nicht zur Kenntnis oder widersprach ihnen.

Die Ergebnisse zeigen, daß die Anzahl der Äußerungen in der zweiten Phase – also der Verstärkungsphase – erheblich höher war als in den ersten und letzten zehn Minuten (aus: *Neuberger*, S. 123 f).

5. Gebot: Lob

Erkennen Sie ausdrücklich das Verhalten der Auskunftsperson an.   **511**

Sie wollen etwas von ihrer Auskunftsperson haben, können ihr aber – außer einer äußerst *„mickrigen"* Zeugengebühr – kaum etwas geben. Gönnen Sie ihr wengistens ein Lob. Das kostet Sie nichts, bringt ihnen aber viel. Beim Loben können Sie kaum übertreiben. Selbst wenig selbstbewußte Menschen, die von sich selber nur eine geringe Meinung haben, halten es immerhin für möglich, daß andere Menschen eine so hohe Meinung von ihnen haben, wie sie zu haben behaupten. Und das hebt ihr Selbstgefühl. Dadurch wird Ihre Auskunftsperson aufgeschlossener und gesprächsbereiter.

Sie glauben, an Ihrer Auskunftsperson gäbe es nichts zu loben? Sie irren! Senken Sie Ihr Anspruchsniveau. An jedem Menschen gibt es etwas zu loben. Sie müssen sich nur etwas mehr Mühe geben.

Wenn ihre Auskunftsperson über eine gute Tat oder eine beachtliche Leistung berichtet, dürfen Sie ruhig ein Lob einstreuen. Allerdings ist hier Vorsicht am Platze. Sie dürfen durch Ihr Lob nicht die Aussage auf eine bestimmte Richtung zum Beweisthema hinlenken. Ein Lob, das den Aussageinhalt betrifft, darf daher nur einen „beweisneutralen" Punkt zum Gegenstand haben.

Wenn Sie aber bemerken, wie die Auskunftsperson selbstkritisch mit ihrem Erinnerungsbild ringt, wie sie – unter Hintanstellung ihrer eigenen Interessen – der Wahrheit die Ehre gibt, dann sollten Sie dieses Verhalten unbedingt loben. Das motiviert die Aussageperson ungemein, noch weitergehende und wichtigere Einräumungen zu machen. Sie werden staunen, welche überraschenden Erfolge Sie gerade mit dieser Methode haben werden. Ergreifen Sie deshalb den kleinsten Anhaltspunkt in dieser Richtung für ein erstes Lob.

Erklärung: Viele unserer Auskunftspersonen befinden sich in einem Konflikt zwischen ihrem Gewissen und ihren Interessen (oder den Interessen einer nahen Bezugsperson). Dieser Konflikt hat sich schon auf dem Weg zum Gericht ständig beschäftigt und er ist noch keineswegs ausgestanden, wenn sie auf dem Zeugenstuhl sitzen. Das wird sie häufig veranlassen, kleine Konzessionen an ihr Gewissen zu machen, was sich zunächst nur in einer wenig wichtigen Einräumung äußert. Diese Einräumung soll zunächst vielleicht nur eine gewisse Entlastungsfunktion haben, gegenüber dem wichtigeren Punkt, hinsichtlich dessen sie alsbald darauf glaubte, lügen zu sollen („ich hab doch immerhin auch etwas eingeräumt"). Wenn Sie jetzt aber sofort mit einem Lob einhaken, dann haben Sie bei der noch nicht fest zur Lüge entschlossenen Auskunftsperson eine gute Chance, daß gerade dies den Ausschlag gibt. Sie entschließt sich jetzt, überhaupt bei der Wahrheit zu bleiben und ist nachträglich der Überzeugung, daß ihr das eigentlich von vornherein das Liebere gewesen sei.

Auf keinen Fall sollten Sie nach einer solchen wahrheitsgemäßen Aussage – die der Auskunftsperson offensichtlich schwergefallen ist – versäumen, sie nachträglich dafür zu loben. Die Auskunftsperson, die vor Gericht allenfalls Kritik und Strenge erwartet hatte – und das nach gängigen Gerichtsgebräuchen ja nicht zu Unrecht – wird über das ganze Gesicht strahlen. Und sie wird, falls sie wieder einmal als Zeuge gebraucht wird, dem Gericht eine wertvolle Hilfe sein.

6. Gebot: Selbsteröffnung

512   **Alle Ihre Bemühungen werden weitgehend erfolglos bleiben, wenn Sie nicht bereit sind, auch selbst aus sich herauszugehen.**

Sie mögen alles bisher Gesagte peinlich genau befolgen, gleichwohl werden Sie niemals vollen Erfolg haben, wenn Sie selbst offiziell und verschlossen bleiben. Warum sollte sich Ihre Auskunftsperson auch Ihnen eröffnen, wenn Sie nicht Gleiches mit Gleichem vergelten?

Jede persönliche Bemerkung von Ihnen wird dankbar aufgenommen. Vollends, wenn Sie in der Lage sein sollten, zu erzählen, daß sie sich schon einmal in einer ähnlichen Situation befunden haben, daß dabei vergleichbare Gefühle und Absichten bei Ihnen aufgekommen sind und Sie sich ähnlich verhalten haben, werden Sie die nützlichsten Informationen erhalten.

Erklärung: Die außerordentliche Aufgeschlossenheit der Auskunftsperson, die schon die geringste Selbsteröffnung des Vernehmenden hervorzurufen vermag, erklärt sich aus dem psychologischen Prinzip des „Austausches von Belohnungen und Kosten" (es „kostet" den sich Eröffnenden etwas und er „belohnt" seinen Gesprächspartner. Dieser läßt es sich etwas „kosten", die „Belohnung" – doppelt und dreifach – zurückzugeben).

Abgrenzung: Aber hüten Sie sich davor, Ihrer Auskunftsperson etwas vorzumachen! Sie selbst trauen sich zu (spätestens, wenn Sie dieses Buch gelesen haben), Dichtung und Wahrheit zu unterscheiden. Sie haben keinen Grund, Ihre Auskunftsperson für wesentlich dümmer zu halten als sich selber. Alles, was Sie über sich erzählen, muß im Kern wahr sein, und was Sie ausschmückend hinzufügen, müßte mindestens so gewesen sein können.

C. Persönlichkeit

7. Gebot: Kompetenz

513   **Nicht die formale Autorität des Vernehmers, sondern seine sachliche Kompetenz und die Ausstrahlung seiner Persönlichkeit garantieren, daß er das Verfahren in der Hand behält.**

Eine starke Persönlichkeit erkennt man nicht daran, daß der Vernehmer keinen Widerspruch duldet, immer recht hat, jede kleine Nachlässigkeit oder

Unbeholfenheit rügt. Gerade Persönlichkeiten mit starkem Selbstbewußtsein können ohne Einbuße ihrer Autorität manches durchgehen lassen, einen Irrtum einräumen, einen Prozeßbeteiligten um Entschuldigung bitten usw. Auch hier ist weniger entscheidend, was man sagt, sondern wie man es sagt.

Sie müssen daran denken, daß Ihre Verhandlungspartner instinktiv ein Gespür dafür haben, wie weit es mit Ihrem Selbstvertrauen, der Festigkeit Ihres Charakters, der Vertrauenswürdigkeit Ihrer Persönlichkeit her ist. Auch Ihr Gegenüber arbeitet häufig ebenfalls nach der Methode von Versuch und Irrtum, d. h. probiert aus, wie weit er bei diesem Vernehmer gehen kann. Hier müssen Sie in jedem Fall vermeiden, Unschlüssigkeit und Wankelmut zur Schau zu tragen. Wenn Sie sich erst einmal deutlich haben verunsichern lassen, ist es außerordentlich schwer, die Sitzung wieder in die Hand zu bekommen.

Andererseits können Sie aber niemals das so notwendige Vertrauen Ihrer Auskunftsperson gewinnen, wenn Sie alles sofort abblocken, was auch nur entfernt als Angriff auf den Vernehmer, die Justiz oder die Gesellschaftsordnung ausgelegt werden könnte. Ein solches Verhalten zeigt nicht Stärke, sondern überkompensierte Ängstlichkeit an.

a) Seien Sie vorsichtig, aber auch – zum rechten Zeitpunkt – entschlossen!

Zu Beginn ist häufig überhaupt noch nicht sichtbar, worauf Ihre Aus- **514** kunftsperson letztlich hinaus will, ob hier – in freilich ungewöhnlicher, ja ungebührlicher Form – wichtige Informationen geliefert werden, die das Verfahren fördern, oder ob es auf eine bloße Beschimpfung des Vernehmers, des Prozeßgegners usw. hinausläuft. In dieser Anfangssituation sollten Sie überhaupt nichts sagen, sondern nur zuhören. Sie sollten jetzt auch noch vermeiden, Ihre Gemütsverfassung zu erkennen zu geben, also weder Duldung noch Ärger durchscheinen lassen. Wenn Sie im weiteren Verlauf schon einen gewissen Eindruck davon gewonnen haben, worauf es hinaus soll, sie die Situation aber doch noch nicht mit völliger Sicherheit beurteilen können, dann äußern Sie sich so vorsichtig, daß Sie – wenn es notwendig werden sollte – mit Anstand auch wieder einen Rückzieher machen können. **Andererseits müssen Sie, wenn es die Situation erfordert, unter sorgfältiger Abwägung aller Risiken eine klare, eindeutige Entscheidung treffen, die Sie dann freilich auch gegen alle Einwände ohne Gesichtsverlust müssen durchhalten können und auch durchhalten müssen.**

Das Wichtigste ist nämlich, daß man konsequent bleibt. Wer ständig seine Meinung wechselt, kann kein Vertrauen ausstrahlen. Andererseits wirkt kaum etwas so lächerlich, als wenn jemand konsequent auf einer offensichtlich unhaltbaren Anordnung oder einer unvertretbaren Meinung beharrt.

Beispiel: „Mit Ihnen reden wir gar nicht mehr"

In einem Strafverfahren wegen ihres Betrugs fand der Richter nicht auf Anhieb die zu den Gerichtsakten gegebenen Vertragsausfertigungen. Auch verstand er nicht gleich, worauf der Rechtsanwalt mit seinen Ausführungen hinaus wollte. Darauf griff der Rechtsanwalt den Richter mit dem Vorwurf an, dieser habe sich nicht vorbereitet. Der Richter verteidigte sich, indem er dem Rechtsanwalt seinen liebevoll ausgearbeiteten Entscheidungsentwurf vorzeigte und eifrig beteuerte, wie gründlich er sich schon mit der Sache befaßt habe. Der Rechtsanwalt wurde daraufhin noch angriffslustiger und meinte, daß der Richter dann nicht in der Lage sei, eine Verhandlung zu führen. Er beantragte Kreuzverhör, die Staatsanwaltschaft schloß sich dem Antrag an. Auf Angeklagten und Zeugen färbte das Beispiel des Verteidigers ab. Auch sie wurden gegenüber dem Richter aufsässig. Zum Schluß behandelten sie den Richter als „Nichtperson"; ihre Worte richteten sie nur noch an Staatsanwalt und Verteidiger.

Der Richter zeigte dem Rechtsanwalt durch seine ängstliche Verteidigung, daß diesem gelungen war, ihn zu verunsichern. Dieses Erfolgserlebnis des Verteidigers führte dazu, daß er erst recht sein Einschüchterungsstrategie verfolgte. Der Angeklagte und der Zeuge hatten anhand dieses Vorfalls begriffen, daß man gefahrlos den Vorsitzenden angreifen konnte und ahmten das Verhalten des Verteidigers nach.

b) Zeigen sie Geistesgegenwart

515 **Der Vernehmer muß schneller schalten als die Auskunftsperson, und er muß auch schnell umschalten können.**

516 **(1) Achten Sie während der Vernehmung auch auf die „Nebenbeteiligten".** Die Vielfalt der Aufgaben, die der Vernehmende hat, macht es erforderlich, daß er ständig und mit allen seinen Sinnen bei der Sache ist. Er muß seine Augen und seine Ohren ständig offenhaben und er muß sämtliche Informationen ständig geistig verarbeiten. Natürlich wird er seine Aufmerksamkeit in erster Linie der jeweiligen Auskunftsperson zuwenden. Er muß aber auch sofort spüren, wann er z. B. auf die impulsive Reaktion anderer Prozeßbeteiligter achten muß, vgl. Rn. 220 ff.

Beispiel: „Sie da, im Zuschauerraum, wollen Sie uns etwas sagen?"

In einem Bagatellstrafverfahren (wegen wenigen Gramm Haschisch) hatte die Freundin des Angeklagten vor der Polizei freimütig die Beteiligung ihres Freundes eingeräumt. In der Hauptverhandlung bestritt sie – offensichtlich der Wahrheit zuwider – die Beteiligung des Freundes und nahm die ganze Schuld auf sich. Alles gute Zureden, sich doch wegen dieser Bagatelle keiner falschen Aussage schuldig zu machen, blieb fruchtlos. Dem Richter aber fiel plötzlich auf, daß in den Zuschaurreihen ein Mädchen den Kopf schüttelte, die Augen verdrehte usw. Kurz entschlossen frug er sie, ob sie etwas zur Sache zu sagen habe. Die Zuschauerin – etwas perplex, plötzlich am Verfahren beteiligt zu sein – sagte, sie sei die Freundin der Zeugin und verstehe nicht, daß diese sich ins Unglück stürzen wolle. Ihr habe sie gesagt, daß der Angeklagte beteiligt gewesen sei. Daraufhin brach die Zeugin zusammen und gab zu, gelogen zu haben.

Auch in Zivilverfahen lohnt es sich oft, einen Anwesenden, der gerade gar nicht dran ist, zu Wort kommen zu lassen, wenn sichtbar wird, daß er mit etwas, was gerade verhandelt wird, nicht einverstanden ist oder daß er sonst etwas Neues zur Sache beitragen kann.

517 **(2) Achten Sie auch auf – scheinbar unwichtige – Andeutungen und auf – scheinbar harmlose – Versprecher.** Nicht nur beim Angeklagten, auch bei der Partei im Zivilprozeß und beim Zeugen, der Gründe zu haben glaubt, mit der Wahrheit zurückzuhalten, kündigt sich ein – noch schwacher – Geständniswille oft durch kaum merkliche Andeutungen an.

Wie der Zeuge etwas sagt (Verräterische Redeweisen, Rn. 319), was er geflissentlich wegläßt, warum er sich verspricht (Rn. 316), all das ist oftmals viel wichtiger als der Kern der Aussage.

Mit Logik allein ist bei der richtigen Erfassung der Aussage nicht immer geholfen. Menschen handeln und denken keineswegs immer logisch. Hinzu kommen muß ein sensibles Einfühlungsvermögen, eine ausreichende Phantasie, eine rasche Auffassungsgabe und die Fähigkeit, blitzschnell zu reagieren; notfalls sein bisheriges Konzept rücksichtslos fallenzulassen und auf einem ganz neuen Gleis zu fahren.

Sie müssen die Schwächen, Sprünge und Lücken in der Aussage auf der Stelle entdecken. Manchmal ist es notwendig, sofort zu reagieren, damit Ihre Auskunftsperson keine Möglichkeit hat, sich eine Ausrede einfallen zu lassen. In anderen Fällen ist es zweckmäßiger, gar keine Reaktion zu zeigen, sondern die Auskunftsperson solange weiter erzählen zu lassen, bis sie sich in immer faustdickere Lügen so verstrickt hat, daß sie ihre Unvorsichtigkeiten nicht mehr glaubwürdig zurücknehmen kann. Ob das eine oder andere die erfolgversprechende Taktik ist, das müssen Sie blitzschnell entscheiden.

Ihr rasches Reaktionsvermögen wird auch nicht seine Wirkung auf ihre Auskunftspersonen und die übrigen Prozeßbeteiligten verfehlen. Die merken schon bald, „dem kann man nichts vormachen", und sie werden ihr Verhalten entsprechend einrichten.

Beispiel: „Also auf gut schwäbisch ..."   **518**

In einem Strafverfahren hatte der Geschädigte als Zeuge seinem Unmut über den Angeklagten schon lautstark und drastisch zum Ausdruck gebracht. Er setzte zur Fortsetzung seiner Beschimpfung an mit den Worten: „Also auf gut schwäbisch tät man sagen ..." Der Richter unterbrach ihn bestimmt aber freundlich: „Nein danke, sagen Sie es ruhig hochdeutsch!" Damit war dem Geschädigten der Wind aus den Segeln genommen. Er verhielt sich fortan relativ ruhig.

Ihre Auskunftspersonen werden allmählich eine gewisse Freude daran empfinden, sich mit einem so kompetenten Menschen zu unterhalten, so daß sie am Schluß fast ganz vergessen, daß sie vor Gericht stehen. Und das ist genau das, was Sie erreichen wollen und sollen.

c) Verlieren Sie nicht Ihre Selbstkontrolle

Einmal Gesagtes kann man niemals wieder ganz zurücknehmen, ein- **519** **mal Getanes nicht rückgängig machen.**

Zusammen mit Ihrer Selbstbeherrschung verlieren Sie gleichzeitig eine Menge wichtigen Tatsachenmaterials. Der Verlust an Gleichmut hat zur Folge, daß man dadurch oft noch das letzte schwache Tröpfeln an Informationen beseitigt. Ärger setzt die Verstandeskontrolle herab. Wenn Sie sich aber zu unüberlegten, lautstarken Äußerungen hinreißen lassen, fühlt sich der Vernommene Ihnen überlegen, weil es ihm gelingt, ruhig zu bleiben.

Der Einsatz absichtlichen Ärgers als Taktik steht auf einem ganz anderen Blatt („herausfordernde" Fragen, Rn. 608).

d) Lassen Sie sich nicht provozieren

Ärger und Empörung führen nun einmal zwangsläufig zu unüberlegten **520** Reaktionen und unvorsichtigen Äußerungen. Zudem laufen Sie, wenn Sie Richter sind, Gefahr, wegen Befangenheit abgelehnt zu werden.

Es gibt immer wieder Prozeßbeteiligte, die geradezu darauf abzielen, durch unsachliches und kränkendes Verhalten dem Vernehmer gegenüber diesen aus der Fassung zu bringen, so daß er sich zu unvorsichtigen Äußerungen oder Handlungen hinreißen läßt, um so z. B. einen begründeten Befangenheitsantrag stellen zu können oder den Prozeß zu verschleppen usw.

Wer unbeherrscht reagiert, zeigt, daß er nicht Herr der Lage ist; und Ihr Gegenüber wird das ausnutzen. Wer schnell reizbar ist, läßt sich leicht manipulieren.

Wenn Sie sich provozieren lassen, verhelfen Sie Ihrem Gegenüber genau zu dem Erfolg, den er erstrebt hat; er wird also fortfahren, Sie weiter zu provozieren.

521   **(1) „Verschießen Sie nicht sofort all Ihr Pulver"** Kleineren Störungen, die auf Emotionen beruhen, die sich nicht gegen Sie richten, wie z. B. zu lautes Sprechen der Beteiligten, begegnen Sie z. B., indem Sie – betont leiser und langsamer als die Auskunftsperson – etwa sagen: „Ich wäre dankbar, wenn Sie mir auch einmal das Wort verstatten würden". Helfen derartige „sanfte" Ermahnungen nichts, dann fordern Sie die Auskunftsperson auf, sich näher zu Ihnen zu setzen, etwa bis auf 1,20 m Entfernung, damit Sie disziplinierenden Blickkontakt zu ihr aufnehmen können.

Hilft das alles nichts, dann unterbrechen Sie für kurze Zeit die Sitzung.

Setzen Sie dann aber die Vernehmung betont freundlich fort. Kommen Sie auf gar keinen Fall auf das frühere Verhalten der Auskunftsperson zurück. Geben Sie ihr die Chance, so zu tun, als habe es gar keinen Zwischenfall mit Ihnen gegeben. Das hilft in der Regel auch, wenn ein Beteiligter anfängt, zu weinen.

Sprechen Sie die Aufregung, den Zorn oder den sonstigen Affekt nicht direkt an. Das würde die negative Haltung nur noch verstärken; das würde in dem Prozeßbeteiligten das Bewußtsein wecken, wie berechtigt seine Erregung doch eigentlich ist. Übergehen Sie den Vorfall, lenken Sie auf ein anderes Thema ab (Rn 609).

522   **(2) Je aufgeregter ein Prozeßbeteiligter wird, um so gelassener müssen Sie selbst werden.** Sprechen Sie betont leiser als ihr Gegenüber. Stellen Sie Ihre Fragen betont langsam. Jedes laute Wort von Ihnen, jedes aufgeregte Getue, würde das Verhandlungsklima in eine allgemeine Aufregung einmünden lassen.

Auch wenn Sie merken, daß Sie Ihre Selbstbeherrschung zu verlieren drohen, machen Sie unbedingt eine Sitzungspause. Sie finden sehr viel schneller und sicherer die gewünschte Gemütslage wieder zurück.

523   **(3) Werden Sie selbst angegriffen**

– **dann ignorieren Sie das zunächst einfach, jedenfalls solange das noch „erträglich" ist**

Erklärung: Eine der wichtigsten Regeln der Verhaltenspsychologie – gegen die jedoch laufend verstoßen wird – lautet: auf unerwünschtes Verhalten darf man keinesfalls so reagieren, wie es der Provozierende erstrebt.

Man fragt sich also bei herausforderndem Verhalten, was der andere damit erreichen will und verhält sich dann genau gegensätzlich. Will jemand Sie verunsichern, bleiben Sie gelassen und sicher. Werden Sie bedroht, bleiben Sie davon unbeeindruckt usw. Jedes Nachgeben würde der andere als Erfolg und damit als Bestärkung erleben.

Nach den Forschungsergebnissen der Verhaltenspsychologie löscht man unerwünschtes Verhalten dadurch aus, indem man es entweder bestraft oder den damit erstrebten Erfolg vereitelt. Die Bestrafung führt meist zu schnellerer, unmittelbarer Auslöschung des unerwünschten Verhaltens, ist aber selten von nachhaltiger Wirkung (vgl. *Berelson/Steiner* Bd. I, Seite 96, 100 f.).

Vereitelt man dagegen den Erfolg, z. B. dadurch, daß man unerwünschtes Verhalten ignoriert, so dauert es zwar länger, bis der andere seine Beschimpfungen einstellt; das geänderte Verhalten ist aber von länger anhaltender Wirkung. Das hat sich auch in Prozessen gezeigt, in denen die Angeklagten die Richter beschimpft oder gar bedroht haben. Am ehesten läßt sich etwas erreichen, indem man derartiges Verhalten ignoriert – jedenfalls solange die Weiterführung der Verhandlung möglich bleibt.

– **lassen sich die Provokationen nicht länger ignorieren,**
dann machen Sie eine Sitzungspause und verhalten Sie sich nach der Pause wie oben (Rn. 521) dargelegt.

– **hilft auch das nichts, dann müssen Sie die Provokation ansprechen.**
Fragen Sie den Störer, was der Grund seiner Aggression ist, er möge Ihnen das einmal erklären. Wenn er sich darauf einläßt, und wenn Sie in betont ruhiger und sachlicher Weise zu erkennen geben, daß Sie ihm zuhören (aktives Zuhören Rn. 500), dann haben Sie in der Regel gewonnenes Spiel.
„Ein Zorn, der erklärt wird, existiert als solcher nicht mehr, sondern ist etwas, was nur in der Vergangenheit existiert hat" (*Haft,* Seite 191).

– Erst wenn das alles nichts hilft, greifen Sie zu den schärferen Mitteln, die Ihnen die Prozeßordnung zur Verfügung stellt.

(4) Kontrollieren Sie während der Verhandlungen (immer wieder) **Ihre** 524 **Stimmlage und Sprechweise!**

Manch einer ist sehr verblüfft, wenn er nachher vom Tonband sich während der Verhandlung sprechen hört (das beste Kontrollmittel überhaupt).

Sprechen Sie während einer Vernehmung ruhig und sachlich mit gedämpfter Tonlage. Das bedeutet, sprechen Sie leiser als der Lauteste, aber deutlicher als der Leiseste. Wenn Sie zu laut sprechen, erzeugen Sie eine unangenehme Atmosphäre. Das führt bei manchen Menschen zur Einschüchterung, bei anderen zu Aggressionen.

Es ist aber auch ungeschickt, wenn Sie zu leise reden. Dadurch entsteht leicht der Eindruck, Sie seien unsicher und zu wenig überzeugend in Ihrer Aussage. Auch ermüden die anderen leicht.

Sprechen Sie zu schnell, dann kann der andere das Gesagte nur sehr mangelhaft verarbeiten.

Eine zu langsame Redeweise wirkt gehemmt und unsicher, wenig engagiert und überzeugend.

Wer zu hoch spricht, wirkt eher verkrampft und unsicher. Auch entsteht ein gekünstelter Eindruck. Die Folge davon ist mangelndes Vertrauen des Zuhörers zum Redner.

Eine zu tiefe Stimme wirkt pathetisch. Ein unangemessenes Pathos macht einen unglaubwürdigen Eindruck (vgl. *Kirchner* S. 99/100).

525   **(5) Kontrollieren Sie während der Verhandlung** (immer wieder) **Ihre eigenen Angewohnheiten!** Versuchen Sie, ablenkende Angewohnheiten wie Kritzeln, mit den Fingern trommeln usw. abzulegen.

Die Auskunftsperson muß sonst den Eindruck gewinnen, daß Sie sich gar nicht dafür interessieren, was hier berichtet wird; und sie wird auch nicht mehr viel berichten.

Schauen Sie während der Vernehmung nicht immer wieder auf die Uhr.

Der Vernommene gewinnt sonst den Eindruck, der Vernehmer stehe unter Zeitdruck. Der Aussagende glaubt, sich beeilen zu müssen und läßt vielleicht Wesentliches weg. Auch das Gefühl des Vernommenen, der Vernehmer sei durch etwas Dringenderes abgelenkt, bewirkt eine Aussagehemmung.

Nehmen Sie gelegentlich an Sitzungen Ihrer Kollegen teil. Dort lernen Sie am besten, wie man es machen soll – oder auch keinesfalls machen darf.

526   **(6) Kontrollieren Sie Ihre eigene Voreingenommenheit**

Auch wenn Sie sich zu Beginn der Vernehmung mehrere denkbare Alternativen zurechtgelegt haben (Rn. 534) besteht immer die Gefahr, daß sich schon (zu) bald eine bestimmte Vermutung (anscheinend) bestätigt findet. Sie haben aufgrund einer bestimmten Bekundung ein sog. „Aha-Erlebnis": Also war es doch so! So etwas sollte für Sie ein Warnzeichen sein.

Kontrollieren Sie sich selbst daraufhin, ob Sie in Gefahr sind, nur noch auf Bestätigungen zu achten und Gegenindizien zu übergehen. Beugen Sie dem vor, indem Sie gerade bei Gegenindizien nachfassen und weitere Einzelheiten erfragen.

527   **(7) Zeigen Sie Ihre Objektivität.** Gerade dann, wenn Sie schon eine bestimmte Vermutung bestätigt glaubten, sollten Sie sich dem Zeugen besonders dankbar zeigen, wenn sich etwas Gegenteiliges abzeichnet. Dadurch beugen Sie der Gefahr vor, daß der Zeuge das sagt, von dem er glaubt (vielleicht mit Recht?), daß Sie erwarten, daß er sagen werde (*Pygmalioneffekt, Rn.* 106).

528   **(8) Suggerieren Sie nicht dem Zeugen unbewußt irgend etwas.** Sehr häufig kommt es vor, daß der Vernehmer der Auskunftsperson zu einer Klarheit und Gewißheit der Aussage verhilft (freilich ohne dies zu wollen), die diese selber (allein) so niemals verantworten könnte.

Suggestion vollzieht sich meist auf viel verfeinertere Weise als das plumpe Vorsagen, in den Mund legen. Jedes erwartungsvolle Mienenspiel, jede einladende Handbewegung, jede zielgerichtete Betonung kann suggestiv wirken.

Kontrollieren Sie sich daher immer wieder selbst, ob Sie dem Zeugen eine *(nicht vorhandene)* Eindeutigkeit seiner Bekundung und eine *(nicht vorhandene)* Gewißheit seiner Erinnerung suggerieren oder *(versehentlich)* ihm gar eine überhaupt nicht getane Äußerung unterstellen.

Beispiel: So ist es richtig, wie der Herr Richter sagt.

In einem Prozeß um Maklerlohn war streitig, ob der Name der Verkäuferin dem Beklagten zuerst durch den Makler oder zuerst durch einen Freund, namens Kurz bekannt wurde. Der Makler teilte dem Beklagten den Namen der Verkäuferin am 28. 6. 1978 mit.

Die Verkäuferin, Frau Katz sagte aus:

Nach meinem Urlaub, Ende Mai, kam der Freund des Beklagten, Herr Kurz, einmal bei mir vorbei wegen meiner Verkaufsabsicht und frug, ob er das nächste Mal einen Interessenten mitbringen dürfe. Ich war einverstanden. Kurze Zeit später kam Herr Kurz mit dem Beklagten vorbei. Bei einem späteren zweiten Buch – sehr kurz darauf – haben wir uns auch über den Preis geeinigt.

Frage des Gerichts: Warum die Zeugin am 15. 6. 1978 noch eine Anzeige aufgegeben habe, wenn sie schon **vor diesem Zeitpunkt** mit dem Beklagten einig gewesen sei? *(das hatte die Zeugin gar nicht behauptet!)*

Antwort: **Entweder hatte ich doch noch Hoffnung, einen höheren Preis zu erzielen oder hatte sich die Aufgabe der Anzeige zwischen der Einigung und dem Erscheinen der Anzeige nicht mehr rückgängig machen lassen.**

(hier hätte das Gericht stutzig werden müssen, denn diese beiden Alternativen schließen sich gegenseitig aus).

Der Zeuge Kurz sagte aus:

Ich habe ab Anfang Mai ca. 4 Wochen allein mit der Verkäuferin die Bedingungen ausgehandelt. Etwa Mitte Juni sagte ich dem Beklagten Bescheid, daß der Vertrag jetzt unterschriftsreif sei. Der Beklagte hatte aber schon vorher über meine Verhandlungen mit dem Beklagten erfahren.

Das Landgericht hat die Klage abgewiesen, weil die Vorkenntnis des Beklagten bewiesen sei. Die Zeugin Katz sei glaubwürdig, weil sie kein eigenes Interesse am Prozeßausgang habe, ihre Angaben ein geschlossenes Bild der Vorgänge abgeben, in den Einzelheiten frei von Widersprüchen sei und sich in wesentlichen und unwesentlichen Punkten mit den Bekundungen des Kurz deckten.

Dem Berufungsgericht fiel auf:

1. Daß die Zeugin niemals konkret behauptet hatte, daß sie vor dem 28. 6. 1978 mit dem Beklagten zusammengetroffen sei. Ihre Zeitangaben sind so ungenau, daß das auch Anfang Juli gewesen sein könnte. Erst das Gericht verlegt nicht nur das 1. Zusammentreffen, sondern sogar die Einigung auf die Zeit vor dem 15. 6. 1978. Jetzt widerspricht die Zeugin dem Gericht nicht. Aber ihre Erklärung auf den Vorhalt ist unbefriedigend. Das hätte sie eigentlich (1 Jahr später) noch wissen müssen, ob sie die Einigung für bindend ansah, aber die Anzeige nicht mehr rechtzeitig zurückrufen konnte, oder ob sie mit dieser Anzeige noch besser zahlende Interessenten suchte.

2. Wenn Kurz, wie er sagte, 4 Wochen lang allein mit der Verkäuferin verhandelt hat (in diesem wesentlichen Punkt widersprechen sich beide Aussagen), dann hat er möglicherweise für mehrere potentielle Interessenten verhandelt. Dann hat er aber auch wahrscheinlich diesen den Namen der Verkäuferin vorenthalten, um schließlich an den zu vermitteln, der ihm selbst die größten Vorteile bietet.

Das Berufungsgericht hat deshalb beide Zeugen nochmals vernommen.

Die Zeugin Katz sagte aus:

Wenn ich gefragt werde, ob mir der Zeuge Kurz nicht etwa vor dem Beklagten einen anderen Interessenten zugeführt habe, so muß ich sagen, daß das richtig ist. Zeitlich kann ich das heute nicht mehr einordnen, wann die Gespräche mit dem ersten mir von Kurz zugeführten Interessenten gescheitert und mit dem Beklagten aufgenommen worden sind. Ich meine aber, ich sei mit dem Beklagten ins Gespräch gekommen, bevor meine Anzeige am 15. 6. 1978 erschienen ist.

Der Zeuge Kurz sagte aus:

Wenn ich gefragt werde, ob ich eine Belohnung für meine Vermittlertätigkeit vom Beklagten bekommen habe, so muß ich sagen, daß mich der Beklagte als Geschäftsführer eingestellt hat. An die damaligen Vorgänge habe ich heute keine sichere Erinnerung mehr. Ich bitte deshalb, mir meine Aussage vor dem Landgericht vorzulesen *(das wird vom Richter abgelehnt).*

Wenn Frau Katz sagt, daß ich vor dem Beklagten ihr einen anderen Interessenten zugeführt hätte, so ist das richtig. In welchem Zeitraum mit dem anderen Interessenten verhandelt worden ist, und wann diese Verhandlungen abgebrochen wurden, weiß ich heute nicht mehr. Ich kann mich heute nicht mehr darauf festlegen, daß ich den Beklagten zwischen Mai und Mitte Juni auf das Projekt aufmerksam gemacht habe.

Das Berufungsgericht gab der Klage statt, weil es von der Vorkenntnis des Beklagten nicht überzeugt war.

8. Gebot: Geduld

> **Nur dem Ernst, dem keine Mühe bleichet, rauscht der Wahrheit tief versteckter Born** *(Schiller)*

529   **Eine brauchbare Aussage kommt nur zustande, wenn der Vernehmer Zeit hat; zumindest müssen Sie den Eindruck erwecken, als wenn Sie Zeit hätten, auch wenn das ausnahmsweise nicht der Fall sein sollte.**

Jede Verhandlung und jede Vernehmung verlangt viel Geduld, wenn Sie die Tatsachen genau und vollständig ermitteln wollen. Es ist offensichtlich, daß Sie Ausdauer, Geduld und Beharrlichkeit brauchen, wenn der Vernommene sich weigert mitzuarbeiten. Diese Eigenschaften sind aber auch notwendig, wenn die Auskunftsperson zwar mithelfen will, dazu aber nicht sehr fähig ist: Sie kann sich die vielfältigen Verästelungen ihrer Erzählung nicht wieder in Erinnerung rufen oder, was noch häufiger ist, die Auskunftsperson ist nicht fähig. Wesentliches und Unwesentliches zu unterscheiden oder eine geordnete Reihenfolge in ihrer Erzählung einzuhalten.

a) Bedenken Sie, daß Ihre Auskunftspersonen keine „vertretbaren Sachen" sind:

530   Sie müssen mit den Personen auskommen, die nun eben einmal zur Vefügung stehen, und das erfordert oft unendliche Geduld. Die Unzulänglichkeit

Ihrer Auskunftsperson können Sie nur mildern, aber niemals grundsätzlich ändern. Sie müssen sich damit einfach abfinden.

Ändern Sie auch nicht vorschnell Ihre freundliche Grundhaltung gegenüber der Auskunftsperson. Wenn Sie den Eindruck haben, daß Sie damit nicht recht weiterkommen, dann *„ziehen Sie die Zügel vorsichtig an.“* Erst wenn alles nichts nützt, empfiehlt sich ein plötzliches Umschalten auf die *„harte Tour“* (Rn. 533). Auf keinen Fall dürfen Sie ständig unentschlossen zwischen diesen gegensätzlichen Verhandlungsmethoden hin- und herschwanken.

b) Geduld lohnt sich

Viele Auskunftspersonen haben das unstillbare Bedürfnis, etwas mitzuteilen, das ihnen aus ihrer eigenen Perspektive ungeheuer wichtig erscheint. **531** Auch hier sollte sich der Vernehmer unbedingt in Geduld üben. Bedenken Sie, daß auch Sie sich irren können! Eine Erzählung, die zunächst völlig neben der Sache zu liegen scheint, kann plötzlich und gänzlich unvorhersehbar zentrale Bedeutung gewinnen.

Lassen Sie deshalb in jedem Falle Ihre Auskunftsperson eine gute Weile lang das erzählen, was *ihr* auf der Seele brennt. Ihre Geduld lohnt sich auch dann, wenn letztendlich nichts Sachdienliches dabei herauskommt.

Hat Ihre Auskunftsperson erstmal *ihr* wichtigstes Anliegen an den Mann gebracht und haben Sie ihr verständnisvoll eine angemessene Weile zugehört, dann haben Sie die beste Chance, daß Ihre Auskunftsperson jetzt auch willig auf Ihre für das Verfahren wesentliche Fragen eingeht.

c) Ungeduld führt zu Streß

Wenn Sie herausfühlen – und Sie müssen versuchen, das zu eruieren – daß **532** Ihre Auskunftsperson gar nicht in der Lage ist, die Aussage so gestrafft und auf das Sachdienliche beschränkt zu machen, wie Sie sich das wünschen, dann hat es gar keinen Sinn, die Auskunftsperson zu korrigieren und zu ermahnen. Sie werden mit dieser „Methode“ keine Zeit gewinnen – im Gegenteil –. In diesem Falle bleibt gar nichts anderes übrig, als sich ins Unvermeidliche zu schicken.

In diesem Falle würde jede sichtbare Ungeduld – *vollends Anschnauzen und dergl.* – **zu Einschüchterung, ja Angst führen, d. h. zu Streß. Streß führt zu Mängeln im Denken und Sicherinnern.**

Empirischer Beleg: In einem Test mit mehreren Schülergruppen wurde ein gut durchgearbeiteter Stoff einige Wochen später auf vier verschiedene Arten wieder abgefragt, nämlich:
- freundlich, geduldig, anschaulich und mit den gewohnten Ausdrücken
- einschüchternd, ungeduldig, aber anschaulich und mit den gewohnten Ausdrücken (Angst machend)
- freundlich, geduldig, anschaulich, aber mit den Schülern ungewohnten Ausdrücken (fremd)
- freundlich, geduldig, mit den gewohnten Ausdrücken, aber mit völlig abstrakten Begriffen (abstrakt)

Der Test hatte folgendes Ergebnis

Streßfaktor	Antwort gewußt	Denkblockade
–	91%	–
Angst machen	50%	+
fremd	41%	+
abstrakt	33%	+

(aus: *Vester*, S. 163 ff)

Sie sehen daraus, daß Ungeduld Angst macht und die Aussageleistung um fast die Hälfte vermindert. Noch nachteiliger freilich sind fremdartige Ausdrucksweise (Juristendeutsch! vgl. Rn. 569) und Unanschaulichkeit der Fragestellung, vgl. Rn. 577 ff.

Anhang: Manche mögen's hart

533   Bei einigen Auskunftspersonen versagen die bislang empfohlenen einfühlsamen Verhaltensweisen. Sie mißverstehen Ihre Rücksichtnahme als Schwäche oder als billiges Sichanbiedernwollen. In solchen Fällen bleibt nichts anderes übrig, als soviel Härte zu zeigen als nötig ist, um sich den erforderlichen Respekt zu verschaffen.

Aber Vorsicht! Schreien Sie keinesfalls! Lautstärke ist niemals ein Zeichen von Überlegenheit – im Gegenteil. Wenn Sie dagegen plötzlich deutlich leiser werden – aber gleichzeitig schärfer – ist das viel wirkungsvoller. Manchmal allerdings müssen Sie sich zunächst lauthals Ruhe verschaffen. Nun denn, umso besser kontrastiert dazu, wenn Sie sofort im Anschluß daran betont leise sprechen, was die anderen zu großer Aufmerksamkeit zwingt.

Von solchen „Auftritten" dürfen Sie aber nur in wirklichen „Notfällen", d. h. sparsam Gebrauch machen. Häufige Wiederholungen stumpfen ab, bis sich die Wirkung schließlich ganz verliert (*Gewöhnungseffekt,* Rn. 22). Sowie der gewünschte Erfolg eingetreten ist, kehren Sie vorsichtig wieder zu Ihrem normalen Verhandlungsstil zurück. Lassen Sie wegen eines solchen Vorfalls keine Empfindlichkeit bei Ihnen aufkommen und – wenn Sie es nicht verhindern können – lassen Sie Ihre Empörung wenigstens nicht erkennen. **Seien Sie direkt und sicher, aber nicht empfindlich oder gar empört.**

richtig
Nehmen Sie den Kaugummi aus dem Mund, damit ich Sie verstehen kann.
falsch
Wie komm ich mir vor? Das sollte man ja nicht für möglich halten; ich glaube gar, Sie haben einen Kaugummi im Mund. Wissen Sie nicht, wie Sie sich als Zeuge vor Gericht zu benehmen haben? Aus was für einer Kinderstube kommen Sie eigentlich?

2. Abschnitt: Acht Regeln zur Vernehmung

Fischer, J. 77–141, *Hellwig* 204–284

A. Vorbereitung

Der Erfolg einer Verhandlung hängt zu mehr als der Hälfte davon ab, wie gut Sie die Verhandlung vorbereitet haben. Daß Sie den Fall hinsichtlich aller seiner tatsächlichen und rechtlichen Probleme anhand der Akten sorgfältig durchgearbeitet haben, wird als selbstverständlich vorausgesetzt. Aber das allein genügt nicht. Sie müssen den Fall sozusagen in Form eines „Planspieles" schon vorher geistig durchspielen mit allen voraussehbaren Varianten. Nur so können Sie sicher sein, daß Sie die Verhandlung stets im Griff behalten, sich von plötzlich auftretenden Problemen und Einwänden nicht aus dem Sattel heben lassen. Auch den äußeren Ablauf der Verhandlung müssen Sie sorgfältig planen.

1. Regel: In Alternativen denken!

Um zur Gewißheit zu kommen, muß man mit Zweifeln beginnen *(Sprichwort)*

Die Denkform der Alternative steht am Anfang jeder Tatsachenfest- 534
stellung **vor Gericht – und auch** (zur letzten Kontrolle) **an ihrem Ende** (Rn. 485).

Weil es meist anders kommt als ursprünglich gedacht, müssen Sie von vornherein so viele Möglichkeiten einkalkulieren, daß es keine großen Überraschungen mehr geben kann.

a) Aktenkenntnis

Ein sorgfältiges Aktenstudium ist unerläßlich. Sie müssen die wesentli- 535
chen Tatsachen in der Verhandlung parat haben; in umfangreichen Sachen müssen Sie einen Aktenauszug fertigen. Nur so können Sie die Verhandlung jederzeit in der Hand behalten. Kaum etwas wirkt unbeholfener, bis zur Lächerlichkeit, als wenn Sie während der Verhandlung lange und verzweifelt nach einem bestimmten Vorgang suchen. Noch schlimmer freilich ist es, wenn wesentliche Tatsachen aus den Akten in der Verhandlung gar nicht zur Sprache kommen und deshalb nicht aufgeklärt werden. Später, wenn das Urteil abgesetzt werden soll, kommen diese vergessenen Tatsachen unweigerlich wieder hoch. Der gewissenhafte Richter ist genötigt, einen weiteren Termin anzuberaumen. Der weniger gewissenhafte Richter ist versucht, diese Tatsachen bei der Urteilsabfassung zu unterschlagen oder zurechtzubiegen; und das ist am allerschlimmsten.

Merken Sie sich aus den Akten auch einige interessante unwesentliche Nebenumstände. Die Bedeutung solcher an sich unwesentlichen Umstände für den Gang der Verhandlung wird immer wieder unterschätzt. Gerade die Nebenumstände machen das Colorit eines Falles aus. Von ihnen gehen oft – vordergründig gar nicht sofort erkennbare – Erklärungsstränge zu den rechtsrelevanten Tatsachen. Plötzlich geht Ihnen ein Licht auf; darauf wären Sie nie gekommen, wenn Sie sich von vorneherein allein auf die vordergründig schlüssigen Tatsachen beschränkt hätten. Vor allem aber: Der Eindruck, den Ihre für die anderen Verfahrensbeteiligten frappierende Kenntnis solcher Nebenumstände auf diese macht, kann gar nicht überschätzt werden. Sie werden Ihnen nicht nur eine überraschend gute Aktenkenntnis zusprechen, sondern auch noch eine große Kompetenz auf allen anderen für die Wahrheitsfindung relevanten Bereichen (Hofeffekt, Rn. 94). **Andererseits liegt im gründlichen Aktenstudium auch eine Gefahr.** Sie können sich vom Akteninhalt zu stark vorprogrammieren lassen. Bekanntlich versucht das anglo-amerikanische Prozeßrecht diese Gefahr der Voreingenommenheit dadurch zu begegnen, daß der Richter dort die Akten in der Regel nicht kennt. Die (anderen) Nachteile einer solchen Prozedur sind hinreichend bekannt. Sie sollen und können versuchen, die Vorteile beider Systeme möglichst zu vereinen und ihre Nachteile weitgehend zu vermeiden.

b) Formulieren Sie mehrere unterschiedliche Arbeitshypothesen

536   Vielfach scheint nach dem Akteninhalt alles genau ins Bild zu passen, die Anklageschrift hat Mosaikstein auf Mosaikstein zusammengefügt. Einige kleinere Unstimmigkeiten glauben Sie vernachlässigen zu können. Das verführt zu voreiliger Einseitigkeit (Rn. 488).

Versuchen Sie es deshalb probeweise immer auch einmal mit der entgegengesetzten Arbeitshypothese: „Der Angeklagte ist unschuldig" (oder: „Der Vertrag kam nicht zustande").

Viele Ansatzpunkte passen plötzlich auch für den umgekehrten Schluß recht gut. Was bisher vernachlässigbar erschien, gewinnt eine ganz neue Bedeutung: Hier sollte man nachhaken!

Die Jesuiten haben nicht ohne Grund die Figur des „advocatus diaboli" institutionalisiert. Nur wenn man auch die gegenseitige Grundannahme mit der gleichen Sorgfalt durchgeprüft hat wie die ursprüngliche Hypothese, kann man sich einigermaßen vor voreiligen Fehlurteilen schützen.

Lassen Sie sich auch durch anscheinend eindeutigen Sachvortrag in den Akten nicht bluffen. Vor allem, wenn der Vortrag auffallend abstrakt gehalten ist, dann ist er oftmals erlogen (vgl. Beispiel Rn. 551).

Beispiel: Versuchter Prozeßbetrug oder nicht?

Im Prozeß kam es darauf an, ob das Verhalten des Kreditvermittlers Entenmann der Klägerin *(Finanzierungsbank)* zuzurechnen war oder nicht. Entenmann hatte nämlich das sittenwidrige Verkaufssystem *(Schneeballsystem)* der Lieferfirma *(mit der er planmäßig zusammenarbeitete)* gekannt und trotzdem den Beklagten zugeredet, sie sollen ruhig in das Geschäft „einsteigen", er besorge den Beklagten von der Klägerin einen Kredit, die Raten könnten sie leicht aus dem Gewinn aus dem Weiterverkauf der Waren erwirtschaften.

Vortrag der Bank im Prozeß (1975):
Herr Entenmann ist selbständiger Gewerbetreibender. Ein Verhalten oder Äußerungen ihres eigenen Beauftragten Entenmann können die Beklagten nicht der Klägerin anlasten. Der Zeuge Entenmann ist weder Vertrauensperson der Klägerin noch ihr Erfüllungsgehilfe, sondern Erfüllungsgehilfe der Beklagten ...

Die Wahrheit: Vereinbarung zwischen Herrn Entenmann und der Klägerin vom 9. 1. 1973:

1. Herr Entenmann reicht ... der Klägerin Kreditanträge seiner Kunden ein ...

6. Der Einreicher erhält von der Klägerin ... eine Provision

7. Der Einreicher wird anläßlich der Übermittlung von Kreditanträgen ... treuhänderisch für die Klägerin tätig. Es gehört daher zu seinen Obliegenheiten ...:

Aber auch wenn die gegenteilige Annahme als höchst unwahrscheinlich verworfen werden muß, so führt sie doch häufig – wenn wir uns nur genügend dafür offen halten – zu einer vermittelnden Arbeitshypothese: „Der Angeklagte ist in anderer Weise schuldig geworden" (oder: „Den Beklagten trifft jedenfalls der Vorwurf des Verschuldens bei Vertragsschluß"). Die vermittelnde Arbeitshypothese hat vielleicht noch mehr oder wenigstens ähnlich viel Wahrscheinlichkeit für sich wie Ihre ursprüngliche Annahme.

Wer mit mehreren Arbeitshypothesen in die Beweisaufnahme geht, kommt der Wahrheit stets ein gewaltiges Stück näher, als der einseitig vorprogrammierte Vernehmer.

Es gibt erfreulicherweise Rechtsanwälte, die nicht nur einen Sachverhalt vortragen, sondern dem Gericht auch ihre rechtlichen Überlegungen mitteilen. Lassen Sie sich dadurch aber nicht zu früh auf eine – möglicherweise falsche – Einbahnstraße drängen. Sie können gar nicht wissen, welche Informationen Ihnen der Anwalt vorenthalten hat, weil er eine andere Rechtsauffassung hatte als Sie. Die behauptete arglistige Täuschung läßt sich am Schluß nicht beweisen. Und weil Sie nur an diese gedacht haben, ist Ihnen entgangen, daß die Partei gleichwohl zu Recht vom Vertrag los will. Weil Sie auf die Zwischentöne nicht geachtet haben, haben Sie nicht bemerkt, daß sich die Parteien in Wirklichkeit gar nicht geeinigt haben, daß sie gemeinsam über die Geschäftsgrundlage irrten oder der Vertrag – wenn man sich's so recht überlegt – gegen die guten Sitten verstößt.

Entscheidend ist, daß sie zu Beginn des Verfahrens noch wirklich offen sind für alle Varianten, für welche sich in den Akten oft kaum eine vage Andeutung – manchmal gar nichts Greifbares – vorfindet. Das heißt, Sie müssen Ihre Phantasie anstrengen. Da sich im Prozeßstoff rechtliche Erwägungen und tatsächliche Varianten auf äußerst komplexe Weise gegenseitig verschränken, muß Ihre Phantasie in beide Richtungen immer wieder hin- und herwandern: „So könnte das tatsächlich gewesen sein, dann aber kämen neue Anspruchsgrundlagen (oder andere Deliktstatbestände bzw. Rechtfertigungsgründe usw.) in Betracht. Unter dem Aspekt der neu ins Blickfeld gekommenen Anspruchsgrundlagen gewinnt jene bisher als irrelevant betrachtete Andeutung zum tatsächlichen Geschehen plötzlich zentrale Bedeutung" usw. und so fort.

537   c) Stellen Sie sich vor, Sie seien der „Maulesel"

> **Ein Maulesel war entlaufen. Eine Gruppe der Guardia Civil suchte ihn eine Woche lang vergebens im Gebirge. Schließlich machte sich der Bauer selber auf die Suche; er kam nach wenigen Stunden mit seinem Maulesel wieder zurück. Die Nachbarn frugen ihn, wie er das so schnell geschafft habe, wo doch eine ganze Gruppe professioneller Kriminalisten eine Woche vergebens unterwegs gewesen sei. Der Bauer antwortete: Ich habe mir vorgestellt, ich sei der Maulesel und habe mich dann gefragt, wo ich mich versteckt halten würde; und dort war er auch.** *(Spanische Volksweisheit)*

Lassen Sie zu Beginn des Prozesses Ihrer Phantasie ungehemmten Lauf. Versuchen Sie, sich in die Situation des Klägers (Angeklagten usw.) möglichst plastisch zu versetzen. Sie müssen förmlich in die Rolle der Handelnden „hineinschlüpfen". Sie müssen den ganzen Vorgang von A bis Z direkt nachempfinden. Nur so können Sie sich ein zutreffendes Bild von der Situation machen, so daß Sie Auslassungen und Widersprüche in der Aussage sofort entdecken.

Sie müssen sich überlegen: Was hätten Sie gesagt **(wenn Sie nicht Sie selber, sondern die handelnde Person gewesen wären),** wie hätten Sie reagiert? Welche Anspruchsgrundlage oder Einwendung kommt vielleicht doch noch in Frage usw.? Sie werden bei der Anhörung bzw. Vernehmung bald merken, welche Ihrer tatsächlichen Vermutungen und rechtlichen Erwägungen Sie schnell wieder vergessen können und welchen anderen Sie ernsthaft nachgehen müssen.

Nichts überzeugt die anderen Verfahrensbeteiligten mehr von Ihrer Kompetenz, als wenn sie plötzlich merken, daß Sie ihr wirkliches Problem besser erkannt und klarer formuliert haben als diese selbst dazu imstande waren. Und ein solches Erfolgserlebnis wird Ihnen weit öfter zuteil, als Sie heute vermuten, wenn Sie es sich erst einmal zur Regel gemacht haben, Ihrer Phantasie zu Beginn des Prozesses wirklich freien Lauf zu lassen.

Was hier allgemein für die Verhandlung als solche gesagt wurde, gilt – *in verkleinertem Maßstab* – ganz genauso für die Vernehmung jedes einzelnen Zeugen. Seien Sie zu Beginn der Vernehmung ganz offen, achten Sie auf alle Untertöne, die eine Verstärkung dessen darstellen könnten, von welchem Sie schon vorher vermutet hatten, daß es anders gelaufen sein könnte als der Akteninhalt – *insbesondere etwa eine frühere Vernehmung der Zeugen* – zunächst nahelegt. Denken Sie sich beim Einfühlen in die Situation alles dazu, was offenbar dazugehört, aber der Zeuge nicht sagt.

Wenn Sie gut vorbereitet sind und alle naheliegenden Varianten in Betracht gezogen haben, dann entdecken Sie schneller Widersprüche und Sprünge in den Ausführungen des Vernommenen. Vorhandene entgegenstehende Beweismittel können Sie dem anderen *auf der Stelle* vorhalten. Dadurch nehmen Sie ihm die Gelegenheit, sich bis zum nächsten Termin eine Ausrede einfallen zu lassen (Ausnutzung des Überraschungseffekts).

Sie können sich besser ein Bild davon machen, was der Vernommene vermutlich weiß und was er nicht sagen will. Bedeutsame Auslassungen sollten Sie während des Berichts notieren und diese ihm anschließend vorhalten. Für die Glaubwürdigkeit einer Person ist nicht nur von Bedeutung, was sie sagt, sondern auch gerade das, was sie verschweigen will.

Andererseits sollten Sie sich an ihren Vermutungen, wie es wohl wirklich gewesen sein wird, auch dann nicht allzu sehr selbst festhalten, wenn diese ersten Vermutungen Ihnen zunächst auch noch so plausibel erscheinen. **Der Vernehmer kann sich der verfälschenden Wirkung der ersten Vermutung nur erwehren, indem er sich fortwährend die Vorläufigkeit seiner Ablaufsannahmen bewußt macht.** *(Vorprogrammiertheit,* empirischer Beleg, Rn. 93)

2. Regel. Planung ist das A und O

Was an vorausschauender Planung versäumt wird, ist unwiderbringlich 538 **verloren oder kann nur mit doppeltem Arbeitsaufwand hereingeholt werden.**

a) Terminsplanung

(1) Planung beginnt mit der richtigen Terminsbestimmung. Schon die 539 Festsetzung der Terminsstunde ist wichtig.

Wenn Sie den ersten Termin auf 9 Uhr morgens angesetzt haben, können Sie zwar sicher sein, daß Sie selbst gut ausgeschlafen haben – ein durchaus wichtiger Gesichtspunkt. Aber haben Sie auch darauf geachtet, ob nicht vielleicht die Parteien und ihre Anwälte von weither anreisen müssen? Wer schon vor 5 Uhr früh aufstehen muß, um den ersten Bus zu erreichen, der ihn zur Eilzugstation bringt, weil er mit dem zweiten Bus und dem schlechten Anschluß eine halbe Stunde zu spät käme, der wird mit Sicherheit unausgeschlafen zum Termin kommen. Sie brauchen sich nicht zu wundern, wenn er unwirsch in der Sitzung erscheint. Mit einem übermüdeten Zeugen werden Sie doppelte Arbeit haben und trotzdem nur die Hälfte von ihm erfahren.

(2) Noch wichtiger ist es, eine ausreichende Terminsdauer einzuplanen.

Richter sind in dieser Hinsicht unverbesserliche Optimisten: Selbst nach 20 Berufsjahren sieht ihr Terminsplan Erledigungszeiten für die anstehenden Sachen vor, die in der Realität niemals ausreichen. Die Verzögerungszeiten summieren sich zum Ende des Terminstages zu Wartezeiten auf, die einfach unzumutbar sind. Manchmal hängt das damit zusammen, daß im Gerichtsgebäude zu wenig Verhandlungssäle zur Verfügung stehen, um die Termine realistischerweise besser zu strecken. Häufig bedarf es aber nur geringer Initiative, um etwa den meist leerstehenden Präsidiumssaal oder gar das Dienstzimmer des Vorsitzenden zu einem Ausweich-Sitzungssaal umzufunktionieren.

Der Terminsplan muß in jedem Falle realistische Erledigungszeiten vorsehen.

(3) Die Vorbereitung der Vernehmung beginnt schon mit der Bereitstellung des Warteraumes.

Was sich die Justiz in dieser Hinsicht immer noch manchenorts leistet, spottet jeder Beschreibung. Manchmal gibt es gar kein Zeugenzimmer. In dunklen zugigen Gängen des Gerichtsgebäudes sind einige wacklige Bänke aufgestellt; auf dem Fußboden laufen einige Heringsbüchsen über, die als Aschenbecher dienen.

Falls überhaupt ein Lesestoff für die Wartenden aufliegt, dann allenfalls eine Propagandaschrift für den Justizminister der vorletzten Wahlperiode. Zwar gibt es eine allgemeine Bürgerpflicht, der Justiz als Zeuge zu dienen, aber es gibt schließlich auch ein Grundrecht auf Menschenwürde.

Hier müssen Richter im eigenen Interesse ihrer Klientel helfen. Mit etwas Initiative und ohne finanzielle Mittel läßt sich oft das Zeugenzimmer (falls vorhanden) freundlicher gestalten. Statt mit den ausgelesenen Illustrierten den häuslichen Abfalleimer zu verstopfen, kann man sie fürs Zeugenzimmer mitbringen. Sie werden sich wundern, wie schnell die Kreuzworträtsel vollständig von Ihren Zeugen gelöst worden sind und Sie die Illustrierten von der nächsten Woche anschleppen müssen.

Der Justiz fiele auch kein Stern aus der Krone, wenn etwa an einem heißen Sommertag den wartenden Zeugen wenigstens ein Glas Wasser gereicht würde.

Ein Zeuge, der durch seinen Aufruf aus der Lektüre einer Illustrierten aufgeschreckt wurde, ist um ein Mehrfaches ergiebiger, als ein Zeuge, der zwei Stunden lang beschäftigungslos und verärgert *„vor sich hingewartet"* hat.

(4) Bei langdauernden Sitzungen sollten die Zeugen stets gestaffelt geladen werden.

Vor allem den Zivilrichtern fehlt oft die erforderliche Phantasie, um sich einmal in die Rolle eines lange warten müssenden Zeugen zu versetzen. Sonst würden sie nicht auch bei Sitzungen, die mit Sicherheit drei Stunden oder mehr dauern werden, sämtliche Zeugen zu Sitzungsbeginn laden.

Dabei erfordert es kaum Mühe und ist es zudem ungemein wichtig, in solchen Fällen die Zeugen „gestaffelt", d. h. zu jeweils der Zeit zu laden, zu welcher sie voraussichtlich aufgerufen werden können.

Erklärung: Wer seine Zeugen übermäßig lange warten läßt, schafft Verärgerung und damit von vornherein ein schlechtes Verhandlungsklima. Ein freundliches Verhandlungsklima ist aber Voraussetzung für eine erfolgreiche Verhandlung. Insbesondere werden die Aussageleistungen der Zeugen durch lange Wartezeichen deutlich herabgesetzt:

aa) Ermüdung, Verärgerung und Zeitnot (der Zeuge hat noch andere Termine) vermindern die Aussagewilligkeit und Suggestionsstabilität erheblich. Der Zeuge hat jetzt nur noch ein Interesse: der lästig gewordenen Gerichtssituation so schnell wie möglich zu entkommen.

bb) Lange Wartezeiten werden durch Zeugengruppen dazu benutzt, sich untereinander zu verständigen und sich dabei weitgehend einander anzunähern, ja, sich vielleicht sogar auf eine gemeinsame Version zu einigen. Im „Schoße der Mehrheit, die das auch sagt" füllt der Zeuge – manchmal unbewußt – seine blassen Erinnerungsbruchstücke auf und wird darin immer sicherer. Was für den einzelnen Zeugen beim Betreten des Zeugenzimmers noch äußerst zweifelhaft war, ist jetzt beim Eintritt in den Gerichtssaal „glasklar".

540   (5) Aufklärung der Parteien. Es gehört zu den vornehmsten Pflichten des Zivilrichters, die Parteien rechtzeitig darüber aufzuklären, auf welche Tatsachen es entscheidend ankommt, damit sie entsprechend vortragen können. Es gehört aber nicht zu den Pflichten des Richters, den Parteien jene Lügen wörtlich in den Mund zu legen, die sie (und ihre Zeugen) bekunden müssen, um den Prozeß zu gewinnen.

Manchmal kann man in den gängigen Anleitungsbüchern lesen, daß im Beweisbeschluß die entscheidenden Beweissätze formuliert werden sollen. Aus der Sicht der Aussagepsychologie kann man kaum einen schwereren Fehler machen. Auch dann, wenn die Partei oder der Zeuge nicht geradezu dankbar dafür ist, daß er jetzt amtlich mitgeteilt bekommen hat, welche Lügen für den Prozeßsieg erforderlich sind, ist diese Übung trotzdem gefährlich. Einfach strukturierte Zeugen halten eine solche Mitteilung manchesmal für eine amtliche Mitteilung und halten es für ihre Staatsbürgerpflicht, dem Gericht nicht zu widersprechen. Bei anderen Zeugen, die hinsichtlich des erfragten Vorgangs allenfalls noch blasse Erinnerungsbruchstücke im Gedächtnis hatten, kristallisiert sich immer deutlicher ein klares Erinnerungsbild heraus, das vollkommen dem Beweissatz entspricht.

Dasselbe gilt entsprechend für einen Aufklärungsbeschluß.

falsch:	**richtig**
Hat der Beklagte die vom Bruder des Klägers entworfenen Erklärungen erst nach einem Streit zwischen ihm und dem Bruder des Klägers unterschrieben? Hat der Bruder des Klägers mit einer Strafanzeige gedroht *(aus Sattelmacher-Sirp,* 28. Aufl., dort als vorbildliche Formulierung eines Beweisbeschlusses)	Über die Begegnung und den Inhalt des Gesprächs zwischen dem Beklagten und dem Bruder des Klägers am ... in ...

(6) Seien Sie am Anfang zurückhaltend mit allzu detaillierten Informa- 541
tionen. Dieses Gebot gilt ebenso für den Verlauf der Vernehmung von Parteien und Zeugen.

Teilen Sie von den Ihnen schon bekannten Tatsachen und von Ihrer rechtlichen Beurteilung zunächst immer nur soviel mit, wie unbedingt nötig ist, um eine ergiebige Aussage zu erhalten. Die Auskunftsperson soll sich mit ihrer Aussage so wenig wie möglich auf Ihr Tatsachenwissen und Ihre Rechtsansicht einstellen können. Sie wollen ja auch deren Wahrheitsliebe testen.

Erst im späteren Verlauf der Vernehmung machen Sie der Auskunftsperson – zunächst nur ganz pauschal – Vorhaltungen und bauen Ihr eine Brücke zu etwaigen Berichtigungen (Rn. 506).

Nützt auch das nichts, werden Sie mit Ihren Vorhalten konkreter. Korrigiert die Auskunftsperson aufgrund der Vorhaltungen ihre ursprünglichen Äußerungen, so muß das nicht heißen, daß sie vorher gelogen hat. Die Wiedererinnerung an bestimmte Einzelheiten kann auch neue oder „verschüttet gewesene" Assoziationsbahnen öffnen. Gegen Ende der Vernehmung kann der Vorhalt rechtlicher Folgerungen unter Umständen angezeigt sein, um Mißverständnisse zu klären. Er kann bei oberflächlichen Auskunftspersonen (Rn. 645) auch ein manchmal erfolgreicher Appell an deren Gewissen sein.

(7) Planen Sie auch im vorhinein den Ablauf der Verhandlung im einzelnen. Aber halten Sie nicht sklavisch an ihrem Plan fest, wenn die Ereignisse eine Umstellung erfordern.

Sie müssen sich schon vorher überlegen, in welcher Reihenfolge sie die Probleme des Falles aufklären wollen (Rn. 552ff.), in welcher Reihenfolge Sie die Parteien und Zeugen dazu hören und welche Reihenfolge Sie bei der einzelnen Befragung einhalten wollen. Wenn Sie sich vorher keinen Plan machen, liefern Sie sich den Ausflüchten und etwaigen unlauteren Machenschaften ihrer Auskunftspersonen aus; dann merken Sie unter Umständen gar nicht, daß Sie sich manipulieren lassen.

b) Präsenz und Konzentration

542   **Alles, was für die Entscheidung benötigt wird, muß in der mündlichen Verhandlung präsent sein; denn nur was präsent ist, wird „benötigt"** *(verwertet).*

Es ist von größter Wichtigkeit, daß der gesamte Entscheidungsvorgang – wenn irgend möglich – in einer einzigen mündlichen Verhandlung abläuft.

(1) Haupttermin im Zivilprozeß. Die Erörterung der Sach- und Rechtslage, die Parteianhörung und die Beweisaufnahme dürfen nicht auseinandergerissen werden. Wenn die Sach- und Rechtslage mit den Parteien und ihren Anwälten eingehend erörtert worden sind, dann sind alle Prozeßbeteiligten mitten im Fall drin; die wesentlichen Probleme und Kontroversen sind präzise herausgearbeitet. Die Beweisaufnahme kann sich jetzt in der Regel auf einige wenige Punkte beschränken.

Fände die Beweisaufnahme erst etliche Wochen später statt, so müßten sich alle Prozeßbeteiligten wieder neu in den Fall einarbeiten. Manche – vielleicht ganz wesentliche Gesichtspunkte – wären inzwischen vergessen worden und gingen möglicherweise ganz verloren.

Völlig undiskutabel ist die bei Zivilrichtern immer noch beobachtbare Praxis, die Zeugen des Klägers zum ersten, die des Beklagten zum nächsten und die Parteien schließlich zum dritten Termin zu laden. Insbesondere versperrt sich der Richter damit das wichtige Erkenntnismittel der Gegenüberstellung (Rn. 566).

Sicherlich läßt sich für die „Trennungsmethode" eine „juristische" Begründung finden. Wenn der Kläger mit seinen Zeugen die ihm obliegenden Beweise nicht erbringen kann, dann bedarf es der Gegenzeugen des Beklagten gar nicht mehr; und die Parteivernehmung schließlich ist ein subsidiäres Beweismittel und darf daher erst angeordnet werden, wenn die bisherige Beweisaufnahme nicht zu einem eindeutigen Ergebnis geführt hat. Eine halbwegs brauchbare Tatsachenfeststellung läßt sich mit dieser Trennungsmethode aber nicht bewerkstelligen. Sie erfordert eine Konzentration der Beweisaufnahme auf einen Termin.

543   **(2) Im Strafverfahren gilt die Konzentrationsmaxime erst recht.** Auch im Strafprozeß ist es im Zweifel immer besser, einen Zeugen oder einen Sachverständigen zuviel zur Hauptverhandlung zu laden, als einen zu wenig. Die

sonst meist notwendig werdende Vertagung der Hauptverhandlung kostet alle Beteiligte viel Zeit und manche auch ihr Geld. Durch die vorsorgliche Ladung aller eventuell gebrauchten Zeugen entgehen Sie auch der Gefahr, am Ende der Hauptverhandlung hilflos den Beweisanträgen der Verteidigung ausgeliefert zu sein. Im Zivilverfahren wie im Strafverfahren gilt der Satz: Was nicht präsent ist, wird auch nicht verwertet. Im Zivilverfahren gerät der Richter in Versuchung, ein *„Beweisvermeidungsurteil"* zu erlassen, indem er sich mit Hilfe allzu kühner Rechtskonstruktionen um die Erhebung der Tatsachen *„herummogelt"*, die einen weiteren Termin erforderten. Im Strafverfahren wird der Richter unter dem Druck der Vertagungsgefahr oftmals versucht sein, es bei einer Einstellung bewenden zu lassen.

(3) Der Weg zur Konzentration des Verfahrens. Die Konzentration auf **544** eine einzige mündliche Verhandlung ist nur möglich, wenn alles präsent ist, was man zur Entscheidung braucht, nämlich:
Relevante Tatsachen
Alle Beweismittel
Einschlägige Rechtskenntnisse

aa) Die relevanten Tatsachen

Wir haben bewußt mit den Tatsachen begonnen, einem Gegenstand, der von der Juristenausbildung üblicherweise vernachlässigt wird. Es gilt als höchste Kunst des Juristen, mit möglichst wenig Tatsachen auszukommen und den Mangel an Tatsachen mit möglichst kühnen Rechtskonstruktionen zu überbrücken. Den Parteien ist damit meist nicht gedient. Sie lassen sich von Tatsachen weit williger überzeugen als von Rechtskonstruktionen.

Wer genügend Tatsachen beigebracht hat, braucht die Entscheidung nur noch auf wenige sichere und einfache Rechtskonstruktionen zu stützen, die auch für die Parteien noch nachvollziehbar sind.

Eine möglichst große Zahl relevanter Tatsachen ist aber auch wichtig für die Würdigung der Zeugenaussagen. Sie müssen die Erinnerung der Zeugen durch Fakten stützen können, müssen ihnen Vorhalte machen.

Sie müssen die Mosaiksteine von Tatsachen, die die Zeugen Ihnen darbieten, mit möglichst vielen feststehenden Tatsachen konfrontieren können, um ein möglichst zutreffendes Gesamtbild zu gewinnen (Rn. 477 ff.).

Zwar sind im Zivilprozeß grundsätzlich die Parteien verpflichtet, die entscheidungserheblichen Tatsachen beizubringen, aber „jura novit curia". Nun aber sind rechtliche Erwägungen und die für diese relevanten Tatsachen so eng ineinander verzahnt, daß sich die Verantwortlichkeiten gar nicht so säuberlich trennen lassen. Wenn die Parteien nicht alle Tatsachen vortragen, die dem Gericht für die Entscheidung erheblich erscheinen, dann liegt das in 99,9% aller Fälle nicht etwa daran, daß die Parteien diese Tatsachen nicht vortragen wollen, sondern allein daran, daß sie nicht erkennen (häufig auch gar nicht erkennen können), daß es dem Gericht auf diese Tatsachen ankommen werde. Auch der Zivilrichter kann deshalb mit der Herbeischaffung von Tatsachen selten einmal zu viel tun. Wenn die Parteien ausnahmsweise einmal im Zivilprozeß bestimmte Tatsachen nicht aufgeklärt haben wollen – was ihr gutes Recht ist – dann werden sie sich schon melden.

Wichtig ist im Zivilprozeß noch, daß möglichst alle Tatsachen, die zu ihrer Klärung nicht notwendig einer mündlichen Verhandlung bedürfen, schon rechtzeitig vor dem Termin geklärt werden. Damit wird die mündliche Verhandlung von unnötigen Risiken entlastet; je gründlicher der Sachverhalt schon vor der mündlichen Verhandlung geklärt ist, desto eher lassen sich die rechtlichen Varianten, die in Betracht kommen, eingrenzen und desto gründlicher kann sich der Richter auf die verbleibenden Varianten vorbereiten.

Im allgemeinen braucht man Zeugen, die zu einfach zu beantwortenden Fragen in weniger wichtigen Punkten benannt sind, nicht zu laden. Hier genügt es in der Regel, wenn man von ihnen schriftliche Auskünfte einholt. Gänzlich abzuraten ist davon, ein auswärtiges Gericht mit der Vernehmung weit entfernt wohnender Zeugen zu beauftragen.

Erfahrungsgemäß verzögert eine solche auswärtige Vernehmung das Verfahren außerordentlich stark, und die Vernehmungsprotokolle sind in den seltensten Fällen ergiebig. Fast immer genügt – wo an sich eine auswärtige Vernehmung in Betracht kommt – eine schriftliche Auskunft des Zeugen. Genügt dies ausnahmsweise einmal nicht, dann muß der Zeuge eben die weite Reise zum Prozeßgericht auf sich nehmen.

Besonders ist darauf zu achten, daß alle Urkunden, Pläne und Zeichnungen, die für die Entscheidung erheblich sein könnten, aber nicht schon von den Parteien von sich aus vorgelegt wurden, vom Gericht angefordert werden. Der Urkundenbeweis ist noch immer der beste Beweis, und endlose Streitereien zwischen den Parteien lassen sich häufig durch einen sorgfältigen Blick in eine Urkunde auf einen Schlag erledigen. Darüber hinaus sollte man nie versäumen, rechtzeitig amtliche Auskünfte (auch bei sogenannten „halbamtlichen" Stellen) einzuholen, wo immer das sich anbietet, und zwar ohne Rücksicht darauf, ob solcher Beweis angeboten ist. Solche Auskünfte klären oft viele Steitpunkte ab; und die Parteien stellen sich fast immer auf den Boden solcher Auskünfte auch dort, wo sie nach der Prozeßordnung dazu nicht gezwungen wären.

Endlich sollte man daran denken, daß auch der Zivilrichter befugt ist, von Amts wegen einen Sachverständigen zuzuziehen, der schon vor dem Termin schriftlich zu bestimmten Punkten Stellung nehmen sollte.

bb) Alle Beweismittel

Das häufigste (wenn auch schlechteste) präsente Beweismittel ist der Zeuge. In allen Prozessen – besonders aber im Zivilprozeß – sollte man mit der Ladung von Zeugen nicht zu kleinlich sein; insbesondere wenn Personen benannt sind, die bei den entscheidenden Vorgängen dabei waren, auch wenn die in ihr Wissen gestellten Behauptungen auf den ersten Blick nicht so ganz schlüssig erscheinen sollten; derartige „Tatzeugen" sollte man immer laden, denn in der Verhandlung stellt sich fast stets heraus, daß sie eben doch gebraucht werden.

Neben den Zeugen (und Urkunden, die man aber hoffentlich schon vor dem Termin beigezogen hat), sollte man bei präsenten Beweismitteln immer auch an (bewegliche) Augenscheinsobjekte denken. Es ist erstaunlich, wieviele Schadensersatz- oder Gewährleistungsprozesse entschieden werden, ohne daß der Richter die beschädigte oder mangelhafte Sache jemals zu Gesicht bekommen hat. Wie herrlich läßt sich über den Zustand einer Sache streiten, wenn sie nicht im Gerichtssaal ist (oder auf dem Gerichtsparkplatz, wenn's ein Auto ist).

cc) Einschlägige Rechtskenntnisse

Wer einen Fall in einem Termin entscheiden will, muß auch hinreichend präsente Rechtskenntnisse haben. Selbstverständlich kann man nicht alle Einzelheiten aus allen vorkommenden Rechtsgebieten präsent haben. Das ist auch gar nicht nötig. Aber Richter sollten sich sorgfältig auf die im nächsten Termin anstehenden Rechtsfragen und ihre möglichen Varianten vorbereiten. Darauf ist schon in der Regel 1: „Alternativen" hingewiesen worden.

Darüber hinaus müssen die einschlägigen Kommentare und Entscheidungssammlungen im Termin griffbereit sein, so daß man immer einmal die Sitzung kurzfristig unterbrechen und nachlesen kann. Während der Verhandlung können Sie nicht in die Bibliothek.

c) Umfangreichere Verhandlungen müssen gut strukturiert werden

Wenn Sie nicht mit einem straffen Strukturplan in die Verhandlung gehen **545** – und wenn Sie nicht auf dessen Einhaltung konsequent bestehen –, dreht sich die Verhandlung ständig „im Kreis". Sie verlieren sich in Nebensächlichkeiten, die Verhandlung dauert unnötig lange, und Sie haben am Ende doch zu wenig Informationen, um entscheiden zu können. Ein Fortsetzungstermin wird notwendig (vgl. *Haft,* S. 69–95).

(1) Den Strukturplan geben Sie zu Beginn der Sitzung bekannt. Das heißt aber nicht, daß Sie stur an Ihrem eigenen Plan festhalten, wenn z. B. der Einwand kommt, daß Sie einen wichtigen Punkt vergessen hätten. Dann fügen Sie vielmehr diesen Punkt an der richtigen Stelle in den Plan ein.

Bei umfänglichen Strukturplänen geben Sie zunächst nur die Hauptpunkte bekannt. Wenn Sie dann zum Hauptpunkt A kommen, dann geben Sie die „Feinstruktur" von A bekannt, ebenso wenn Sie zu B kommen usw.

Über die zweckmäßige Reihenfolge der Hauptpunkte vgl. Regel 4 (Rn. 551 ff).

(2) Es kommen hauptsächlich drei Strukturschemata in Frage
aa) Hierarchie

Die häufigste und einfachste Struktur ist die hierarchische: **546**

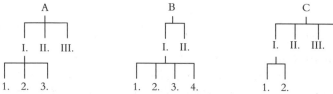

Mehr als 3–4 Hauptpunkte, Unterpunkte und Unter-Unterpunkte sollten Sie nicht bilden, ebensowenig wie mehr als 3 Hierarchiestufen. Das menschliche Gedächtnis wäre sonst überfordert. Achten Sie darauf, daß die Punkte auf derselben Hierarchiestufe einerseits gleichrangig sind (in begrifflicher Hinsicht – nicht notwendig in ihrer Bedeutung für die Entscheidung), andererseits aber auch vollständig.

Ein Flip-chart im Sitzungssaal sollte niemals fehlen. Schon bei einer dreistufigen hierarchischen Struktur mit vielen Unter-Unterpunkten verlieren die Beteiligten leicht den Überblick. Dabei dürfen Sie – wenn die bildliche Darstellung einen Sinn haben soll – ein Blatt niemals überladen. Sie brauchen also für die 3–4 Hauptpunkte ein Blatt, für die 2–4 Unterpunkte von A ein neues Blatt usw.

bb) Kontoführung

547   In Prozessen mit vielen Abrechnungsposten, wie sie insbesondere in Bauprozessen üblich sind, empfiehlt sich die Kontostruktur. Sie könnte z. B. wie folgt ausssehen:

Projekt	Position	Kläger	Beklagter	Sachverständiger	Ergebnis
A. Projekt Deizisau	I. Feuchtigkeit im Keller	1. Mängel der Drainage 2. Mängel im Dichtungsanstrich	1. und 2. bestritten: Nur Baufeuchtigkeit; gut lüften	Fugendichtung zwischen Bodenplatte und aufgehendem Mauerwerk undicht	Nachbesserung (ev. Kosten bei Durchführung durch Dritte)
Projekt Höfingen					

cc) Grafik

548   Wenn es drei oder gar mehr Beteiligte gibt, vollends mit mehrfachen Beziehungen untereinander, dann empfiehlt sich eine grafische Darstellung. Diese sollte nicht nur auf Ihrem Zettel stehen, sondern für alle Beteiligten sichtbar sein. Wenn Sie kein Flip-chart haben (Rn 546), dann teilen Sie Kopien Ihrer eigenen Zeichnung aus. So könnte z. B. eine Grafik aussehen (s. S. 35).

Das schließt natürlich nicht aus, daß man z. B. im Anschluß an eine solche grafische Darstellung zusätzlich eine hierarchische Struktur entwirft, die sich besser abarbeiten läßt.

(3) Abarbeitung der Struktur

549   **aa)** Wenn die Struktur – sei es auch mittels Anregungen der Beteiligten – ihre endgültige Form gefunden hat, muß streng darauf geachtet werden, daß sie auch systematisch abgearbeitet wird.

Die „endgültige" Form kan sich unter Umständen auch erst während der Verhandlung ergeben, wenn neue Gesichtspunkte auftreten. Dann muß darüber aber „offiziell" gesprochen werden, wie und wo der neue Gesichtspunkt in die Struktur eingebaut wird.

Auf jeden Fall muß der Vorsitzende darauf achten, daß die Struktur nicht wieder „zerredet" wird. Er darf keine Diskussion über einen anderen Ge-

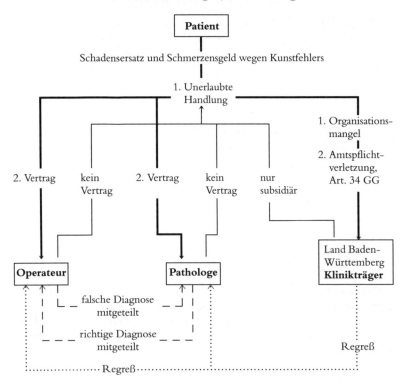

sichtspunkt zulassen, bevor der Punkt, der gerade zur Debatte steht, endgültig erledigt ist (Rn 553). Zur „Beruhigung der Gemüter" versichert er, daß der „unzulässigerweise" jetzt vorgebrachte Gesichtspunkt von ihm notiert worden ist (auf einem Extrazettel, sonst geht er unter) und zur gegebenen Zeit zur Sprache kommen wird.

bb) Auch die Beweisaufnahme muß unbedingt in Etappen – entspre- 550 **chend dem Strukturplan – stattfinden.**

Die Unsitte, die Beweisaufnahme nach den Zeugen zu strukturieren, d. h. jeden Zeugen in einem Zug zu allen Punkten zu vernehmen, zu denen er etwas weiß, führt nur zur Verwirrung.

cc) Zwischenergebnisse müssen notiert werden

Dies nicht nur auf dem Zettel des Vorsitzenden; sie müssen auch den Parteien jeweils bekanntgegeben werden. Sind die Zwischenergebnisse streitig, dann zieht sich das Gericht jeweils zur Beratung zurück und gibt sodann seine vorläufige Ansicht zu diesem Punkt bekannt. Kommen dazu erhebliche Einwände, dann zieht sich das Gericht zu einer erneuten Zwischenberatung zurück.

dd) Tatsachen, Rechtsfragen

Es empfiehlt sich, zu jedem einzelnen Punkt zunächst die Tatsachengrundlage zu klären und dann – davon getrennt – die sich daraus ergebenden Rechtsfragen zu erörtern. Diese Trennung sollte so selbstverständlich sein, daß sie im Strukturplan gar nicht auftaucht. Aber der Vorsitzende muß auch auf diese Trennung unbedingt hinweisen.

B. Reihenfolge

Es ist durchaus nicht gleichgültig, in welcher Reihenfolge eine Verhandlung abläuft. Auch diese Reihenfolge müssen Sie im voraus sorgfältig planen. Dabei stehen Sie vor der Schwierigkeit, daß Sie die verschiedenen Gesichtspunkte, die für einen optimalen Terminsablauf wichtig sind, gleichzeitig berücksichtigen müssen, obwohl sie mitunter divergent sein können. Dabei sind manchmal Kompromisse unvermeidlich.

3. Regel: Erste und wichtigste Auskunftsperson ist der Verfahrensbetroffene

551   **Der unmittelbar Betroffene selbst (im Strafprozeß: der Angeklagte, im Zivilprozeß: die Parteien) ist stets Ihre wichtigste Auskunftsperson. Er besitzt in der Regel alle Informationen, die Sie brauchen. Ob Sie diese Informationen auch erhalten werden, hängt fast ausschließlich von Ihnen selbst ab.**

So selbstverständlich es ist, daß der Betroffene selbst die ergiebigste Informationsquelle ist, so wenig selbstverständlich ist es vor deutschen Gerichtshöfen, dieser Erkenntnis Rechnung zu tragen. Sicher, der Angeklagte hat das Recht zu schweigen, und er hat das Recht zu lügen. Aber nirgends steht.geschrieben, daß der Richter keinerlei Versuche unternehmen darf, ihn dazu zu bewegen, daß er redet und daß er die Wahrheit spricht. Und es ist auch keineswegs ausgemacht, daß es dem Angeklagten immer nützt, wenn er schweigt oder wenn er lügt. Die Zeit, die der Richter damit verbringt, seine wichtigste Auskunftsperson zum Sprechen zu bewegen, lohnt sich fast immer. Alle anderen Beweismittel sind nur einen Bruchteil davon wert und der Aufwand, den sie erfordern, ist zusammen im Zweifel größer und nicht kleiner.

Der beschriebene Mißstand ist im Zivilprozeß besonders kraß. Ein Großteil der Zivilprozesse wird entschieden, ohne daß die Richter die Parteien je gesehen oder gehört hätten. Das hängt sicher damit zusammen, daß das wichtigste Beweismittel – die Parteivernehmung – nach den Vorschriften der Zivilprozeßordnung gar kein „ordentliches", sondern nur „subsidiäres" Beweismittel ist. Die Richter sollten sich davon nicht schrecken lassen, eine Parteianhörung sollte in jedem Prozeß zu Beginn des Verfahrens stattfinden (§ 278 I ZPO). Auch das freilich geschieht selten genug, denn es ist nicht zwingend vorgeschrieben, und die Menschen tun selten mehr als sie müssen. Schließlich sind die meisten Richter überlastet. Offenbar haben die Richter noch gar nicht gemerkt, daß sie bloß noch halb so viel zu tun bräuchten, wenn sie zu Beginn des Prozesses die Parteien eingehend hörten. Heute macht die Beweisaufnahme – in Gestalt des Abhörens der Zeugen – noch ca. ¾ des Gesamtaufwandes der mündlichen Verhandlung aus. Es müßte genau umgekehrt sein. Das Kernstück der mündlichen Verhandlung muß die Parteianhörung werden. Nur ergänzend – zur Klärung weniger einzelner Streitpunkte oder zur Abrundung des Bildes, zur Gewinnung von Material, das man den Parteien vorhalten kann – vermag die Vernehmung von Zeugen eine gewisse Rolle zu spielen. Es wird immer noch vielfach behauptet, die Parteivernehmung sei das unsicherste Mittel der Tatsachenfeststellung (statt vieler: *Sattelmacher-Sirp*, S. 100).

Dieses allgemeine Vorurteil ist durch nichts begründet.

Im Zweifel wird sich die Partei weniger irren als der Zeuge, weil der Vorgang für sie wichtiger war. Ob die Partei eher bereit ist zu lügen, läßt sich nur aufgrund der Umstände des konkreten Falles beurteilen. Oftmals ist es eher umgekehrt. Bevor man die Zeugen hört, muß man immer die Parteien hören.

Beispiel: Mein Name ist Hase, ich weiß von nichts.

Die Beklagte hatte durch ihren Bauleiter Bull einen tragenden, stahlbewehrten Überbeton unter der irreführenden Überschrift „Estricharbeiten" ausgeschrieben. In der Ausschreibung war auf die DIN 1045 *(betrifft Stahlbetonarbeiten)* hingewiesen.

Der Kläger, ein Estrichleger *(der fachlich gar nicht in der Lage war, Stahlbeton herzustellen)*, reichte ein Angebot ein. Vor dem Zuschlag an ihn hatte er noch eine Besprechung mit dem Bauleiter Bull und dem Statiker Stattmann. Nach der Behauptung der Beklagten wurde dabei dem Kläger eindeutig klar gemacht, daß es sich um Stahlbeton handle und nicht um Estrich. Der Kläger verlangt den von ihm verlegten Estrich bezahlt.

auffallenderweise hatte der Kläger vor diesem Schriftsatz dies noch gar nicht bestritten.	Schriftsatz des Klägers: **Es muß zum** *wiederholten* **Male der Behauptung der Beklagten entgegengetreten werden, der Kläger sei über Art und Umfang der von ihm geforderten Leistungen hinreichend aufgeklärt worden.**

Hier fällt auf, wie abstrakt das Bestreiten bleibt. Über den Inhalt der – unstreitig stattgefundenen – Unterredung kein Wort.

In der Beweisaufnahme 1. Instanz haben die Zeugen Bull und Stattmann die Behauptung der Beklagten zur Aufklärung des Klägers in ausführlichen Schilderungen bestätigt. Der Kläger selbst wurde vom Gericht nicht gehört und hat im Termin von sich aus keine Erklärungen gegeben – auffallenderweise tat er dies aber zu anderen Punkten der Beweisaufnahme.

Das Landgericht hat den beiden Zeugen nicht geglaubt, daß sie den Kläger aufgeklärt hätten. Sie seien beide befangen, weil an dem Ausgang des Prozesses interessiert. Auch hätten Sie über das damals herrschende Wetter (!) falsche Aussagen gemacht. Das Landgericht hat daher der Klage stattgegeben und die „Aufrechnung" mit dem Schadensersatzanspruch zurückgewiesen.

In der mündlichen Verhandung vor dem Berufungsgericht erklärte der Kläger bei seiner Parteianhörung:

Es ist richtig, daß ich unmittelbar vor Auftragserteilung ein längeres Gespräch mit den beiden Zeugen hatte. Wenn ich dabei gesagt habe, ich kennte die DIN 1045, was möglich ist, dann dachte ich mir halt, es handle sich dabei um eine bestimmte Betongüte; der Zementfacharbeiter vom Betonwerk, wo ich meinen Fertigbeton hole, der werde schon Bescheid wissen, was DIN 1045 bedeute, und werde mir die richtige Betongüte in das Transportfahrzeug geben.

Es ist auch richtig, daß mir die Kassettendecke mit den heraussstehenden Bügeln *(an denen die Stahlbewehrung festgemacht werden sollte)* **gezeigt wurde. Auch die Bewehrungspläne habe ich gesehen. Ich habe nicht gesagt, daß ich die Pläne nicht verstehe. Es war damals gerade die Rezession im Baugewerbe, und ich hatte eine Kolonne Facharbeiter beschäftigungslos herumstehen. Ich hab mir halt gedacht, daß ich schon damit zurechtkomme.**

4. Regel: Richtige Reihenfolge wählen

a) Sachliche Reihenfolge

552   **Verhandeln Sie die Schwerpunkte eines Rechtsstreits bei umfangreichen Streitgegenständen vorab.**
Verhandeln Sie jeden Punkt zu Ende, ehe Sie einen neuen erörtern.

(1) Zu Beginn der Verhandlung sind die Beteiligten bereit, viel mehr Zeit zu investieren als am Ende.

Wenn Sie mit mehr oder weniger nebensächlichen Streitpunkten beginnen, dann werden Parteien und Rechtsanwälte – und damit notwendig auch das Gericht – auf diese unwichtigeren Streitobjekte ein Ausmaß an Zeit und Energie verwenden, die in keinem adäquaten Verhältnis mehr stehen zu ihrer Bedeutung. Für die wirklich wichtigen und zentralen Streitpunkte fehlt dann am Schluß die Zeit und die Kraft.

Richter neigen dazu, mehr in rechtlichen als etwa in wirtschaftlichen Kategorien zu denken. Der Streit um einen – zahlenmäßig geringfügigen – Einzelposten aus dem insgesamt geforderten Aufwendungsersatz kann rechtlich außerordentlich interessant sein und birgt deshalb die Gefahr in sich, das hauptsächliche Interesse des Richters auf sich zu ziehen. Die Parteien führen den Prozeß aber nicht, um die Rechtswissenschaft voranzubringen, sondern um ihre wirtschaftlichen Belange durchzusetzen. Dafür zahlen sie die Prozeßkosten und nicht dafür, daß sich der Richter im Urteil als ein verhinderter Professor ausweist. Ähnliches gilt für den Strafprozeß. Den Angeklagten interessiert es in der Regel kaum, ob Idealkonkurrenz oder Gesetzeskonkurrenz vorliegt. Er will in erster Linie wissen, ob er mit einer Geldstrafe wegkommt – oder wenn schon Freiheitsstrafe, ob sie zur Bewährung ausgesetzt wird. Wenn die Strafe „stimmt", dann interessiert ihn die tatsächliche Begründung des Urteils: Z. B. ob der Richter etwa mehr festgestellt hat, als er wirklich getan hat, ob die strafschärfenden Gesichtspunkte zutreffen und ob alle Milderungsgründe berücksichtigt sind. Die geistreichen Rechtsausführungen im Urteil versteht er sowieso nicht. Es wäre deshalb falsch, den Schwerpunkt der Beweisaufnahme auf die Klärung rechtlicher Feinheiten auszurichten.

Richter sollten ihr Hauptaugenmerk nicht darauf richten, was ihnen wichtig erscheint, sondern darauf, was den Prozeßbeteiligten wichtig ist.

(2) Auf jeden Fall aber ist es wichtig und immer richtig, daß Sie **jeden** 553
einzelnen Punkt bis zum Ende durchverhandeln, bevor Sie zum nächsten
Punkt übergehen (Rn. 545–550).
Die Auffassungsgabe, Behaltensfähigkeit und die Begabung, bei komple-
xen Zusammenhängen die Übersicht zu behalten, sind bei den meisten Menschen recht bescheiden. Wenn alle Prozeßbeteiligten sinnvoll mitarbeiten
sollen, dann muß der Prozeßstoff in relativ einfach strukturierte Problemzu-
sammenhänge unterteilt werden, die dann je einzeln abschließend verhandelt
– sozusagen abgeschichtet werden.

Die weithin übliche gegenteile „ Strickart", nämlich jeden einzelnen Zeugen jeweils
zu allen Punkten des Rechtsstreits, zu denen er etwas zu sagen hat, hintereinander
„abzuhören", beruht auf einer gedankenlosen Erledigung eines einmal verfaßten Be-
weisbeschlusses, in welchem die Zeugen üblicherweise zu jeweils mehreren Punkten
benannt sind. Dies ist der sicherste Weg dahin, daß am Schluß der Beweisaufnahme
alle Prozeßbeteiligten ratlos sind, weil niemand mehr die Einzelteile des „Flickentep-
pichs" ad hoc zusammen überblicken kann. Und genau dieser Umstand führt zu einer
unnötigen Verzögerung des Prozesses, zu einem Abgleiten ins schriftliche Verfahren.
Alle Prozeßbeteiligten – einschließlich des Richters – müssen zunächst einmal die
Herstellung des Protokolls abwarten, sich aus diesem die Einzelteile zu den verschiedenen entscheidungserheblichen Punkten mühsam zusammensuchen, um das Beweisergebnis sinnvoll würdigen zu können. Dabei erst werden Sie dann feststellen, daß Sie
doch noch versäumt haben, den Zeugen X oder die Partei Y nach dem oder jenem zu
fragen. Ihnen bleibt schließlich gar kein anderer Weg, als entweder eine neue Beweisaufnahme für erforderlich zu halten, oder aber sich in kühne – meist allzu kühne –
Rechtskonstruktionen zu flüchten.

b) Psychologische Reihenfolge
Führen Sie bei mehreren Streitpunkten vom Einfachen zum Schwieri- 554
gen, vom mehr oder weniger Unstreitigen zum Heißumkämpften, vom
persönlich Neutralen zum Peinlichen.
In der Verhandlung und in der Einzelvernehmung soll die Anfangsphase
dazu dienen, daß die Beteiligten Vertrauen zueinander gewinnen. Wenn Sie
gleich mit dem schwersten Geschütz beginnen, verhindern Sie ein „Warmwerden" (Rn. 556) der Verhandlungsteilnehmer.
Die Kampfstimmung der Parteien wird gleich zu Anfang optimal aufge-
heizt. Dadurch wird von vornherein eine sachliche Verhandlungsführung
erschwert. Eine anfänglich geladene Atmosphäre strahlt häufig auf die gesamte Verhandlung aus.
Die Dinge, bei denen man ein Höchstmaß an Verschweigen und Widerstand erwarten kann, sollte man an das Ende einer Verhandlung verlegen.
Bis dahin hat der Befragte Vertrauen gewonnen. Dadurch wird es möglich
sein, einen Bericht über Dinge zu erhalten, die man zu Beginn der Vernehmung nie erfahren hätte. Im Laufe der Vernehmung „schmilzt" bei den
Auskunftspersonen der Vorsatz, das – und nur das – zu sagen, was sie sich
zuhause genauestens zurechtgelegt haben. Sprechen Sie aber mit ihnen zunächst über andere als die erwarteten Punkte, dann haben Sie die Chance,
daß sie später, wenn der peinliche Punkt angesprochen wird, spontan antworten.

Fallen Sie also nicht mit der Tür ins Haus!

Im Strafrecht können der verhältnismäßig einfache, weniger umkämpfte, weniger peinliche Anklagepunkt und der Punkt, der die mildere Strafandrohung zur Folge hat, auseinanderfallen:

Einem Angeklagten werden beispielsweise ein Totschlag und eine Vergewaltigung vorgeworfen. Hier ist es möglich, daß dem Angeklagten eine Vernehmung über den Totschlag weniger peinlich ist.

Ebenso kann im Zivilprozeß der wirtschaftlich für den Beklagten weit drückendere Posten aus Gefährdungshaftung viel weniger peinlich sein, als der geringfügigere Posten, der gegen ihn aus arglistiger Täuschung geltend gemacht wird.

Die sachlich gebotene und die psychologisch gebotene Reihenfolge können miteinander divergieren.

(1) Zu Beginn eines Termines sind Parteien, Anwälte und Zeugen noch bereit, sehr viel Energie und Zeit auf einen einzelnen Gesichtspunkt zu verwenden. Mit zunehmender Terminsdauer nehmen diese Bereitschaft und die Konzentrationsfähigkeit stark ab. Im allgemeinen läßt die Konzentrationsfähigkeit nach 90 Minuten erheblich nach. (Wenn Sie länger verhandeln, müssen Sie spätestens nach 90 Minuten mindestens 15 Minuten Pause machen).

(2) Das Vertrauensverhältnis zwischen dem Richter und den Auskunftspersonen nimmt mit zunehmender Terminsdauer erheblich zu, es sei denn, der Richter verhält sich falsch.

Daraus ergibt sich für die Ablaufplanung einer Beweisaufnahme:

aa) Zu Beginn des Termines sollte möglichst ein besonders wichtiger Punkt (Gesichtspunkt 1) verhandelt werden.

– im Zivilprozeß etwa der wirtschaftlich bedeutendste Aspekt, im Strafprozeß, ob der Angeklagte wirklich der Täter war –.

bb) Der erste Punkt darf aber nicht gleichzeitig der schwierigste, heißumkämpfteste, peinlichste (Gesichtspunkt 2) sein.

– weil die Prozeßbeteiligten noch keine Zeit hatten „warmzuwerden", zum Richter Vertrauen zu gewinnen –.

c) Ein annehmbarer Kompromiß

Für den Fall, daß die sachlich gebotene Reihenfolge (nach Schwerpukten) und die psychologische Reihenfolge (nach Schwierigkeit und Peinlichkeit) einander widerstreiten, besteht ein annehmbarer Kompromiß darin, mit einem Punkt zu beginnen, der nicht ganz unbedeutend, aber auch nicht besonders schwierig oder peinlich ist. Im Strafprozeß freilich ist die Frage nach der Täterschaft meist zugleich die wichtigste und peinlichste. Aber auch hier kann man mit einem Indiz beginnen, das mehr am Rande liegt und vielleicht zweifelhaft ist. Erlebt der Angeklagte dabei zu Beginn gleich einen ersten Teilerfolg, dann ist schon eine gewisse Vertrauensbasis geschaffen, auf der sich aufbauen läßt.

Läßt sich kein annehmbarer Kompromiß finden, dann sollte stets der psychologischen Reihenfolge der Vorrang vor der sachlichen Reihenfolge eingeräumt werden.

d) Reihenfolge der Zeugen

Anfang und Ende bleiben bestehen, was dazwischen liegt, geht weitgehend verloren.   555

Ist es schon schwierig, die sachlichen und psychologischen Gesichtspunkte in Übereinstimmung zu bringen, so begegnet uns jetzt eine neue Schwierigkeit.

Die Eindruckstiefe des Gehörten und die Menge des Behaltenen sind am Anfang und am Ende des Termins am größten, in der Mitte am geringsten.

Diese Erkenntnis ist übrigens auch wichtig für die Plädoyers und die Urteilsbegründung.

Das bedeutet aus der Sicht des Richters zweierlei:

(1) Die wichtigsten Zeugen sollten am Anfang und am Ende der Verhandlung vernommen werden, die weniger wichtigen in der Mitte (Beachte aber Rn 532).

(2) Aus Gründen der Fairneß sollten Hauptbelastungszeuge und Hauptentlastungszeuge zusammen am Anfang oder zusammen am Ende der Verhandlung gehört werden; niemals aber der eine am Anfang oder Ende und der andere in der Mitte.

Der erste und der letzte Zeuge hinterlassen beim Gericht einen besonderen Eindruck. Der „erste" Eindruck hält oft bis zum Schluß der Verhandlung an, weil man dazu neigt, an einer einmal gefaßten Meinung festzuhalten. Andererseits wird das zuletzt Gesagte am besten erinnert.

Es ist deshalb ganz falsch, wenn der Angeklagte und sein Verteidiger auf das letzte Wort verzichten. Das letzte Wort kann das entscheidende sein.

Im Strafprozeß wird dies manchmal vergessen (§ 258 StPO):
Nach der Beweisaufnahme am Schluß der Sitzung ist der Angeklagte zuerst zu befragen, ob er noch etwas zu seiner Verteidigung anzuführen hat. Erst danach ist ihm das „letzte Wort" zu geben.

Erklärung: Der Anfang eines Ereignisses prägt sich vor allem deswegen tiefer ein, weil es durch den Reiz der Neuheit zum Anspannen der Aufmerksamkeit kommt. Ermüdungserscheinungen stellen sich erst später ein.
An Schlußvorgänge kann man sich deshalb besser erinnern, weil man bei laufend neu eintreffenden Eindrücken keine Zeit zu einer rückblickenden Verarbeitung findet. Erst mit Abschluß des beobachteten Ereignisses verarbeitet man das Erlebte im Bewußtsein und – wie manche meinen – auch im Unterbewußtsein.
Empirischer Beleg: „Der Beginn und das Ende einer Reihe von Elementen werden viel schneller gemerkt als Elemente in einer Mittelposition („serialposition effect").
Hier folgt die Zahl der Fehler, die von Studenten beim Erinnern sinnloser Silben und sinnvoller Worte gemacht wurden.

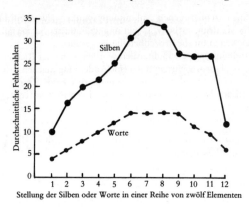

(*Postman* und *Rau*, 1957, S. 236)

zitiert aus *Berelsen, Steiner*, I, S. 108

Dieser Effekt stellt wahrscheinlich einen Sonderfall des generellen Befundes dar:

Ein Stoff, der sich isoliert im Gedächtnis befindet, das heißt, dem kein ähnlicher Stoff vorangeht und (oder) folgt, wird länger behalten"
(*vgl. vorausgehende und nachfolgende „Hemmung", Rn 130ff*).

5. Regel: Warmwerden lassen!

556 **Vom Motor weiß man, daß er erst warm werden muß, wenn er volle Leistung bringen soll; bei den Mitmenschen ist man weniger sensibel.**
Zeigen Sie dem Zeugen gleich zu Beginn der Vernehmung, daß Sie nicht nur an seiner Aussageleistung, sondern auch an seiner Person interessiert sind. Wenden Sie 2–3 Minuten für das „Warmwerden" auf. Dadurch geben Sie dem Zeugen Gelegenheit, seine Nervosität und/oder Befangenheit zu überwinden. Reden Sie den Zeugen möglichst mit seinem Namen an, das schafft Vertrauen.

Wenn Sie sich schlecht Namen merken können, schreiben Sie sich sofort den Namen Ihrer Auskunftsperson auf einen Zettel; nichts peinlicher für Sie und nur weniges ist geeigneter, die Aussageleistung zu mindern, als wenn Sie immer wieder fragen müssen: Wie heißen Sie doch?"

Die ersten Minuten der Vernehmung bestimmen im allgemeinen ihren Ton. Wenn Sie gleich am Anfang zulassen, daß Sie oder andere mit dem Vernommenen zusammenprallen, oder wenn Sie gleich am Anfang ein gespanntes Verhandlungsklima schaffen, wird der Vernommene widerspenstig und kaum bereit sein mitzuarbeiten. Sie müssen ihn durch einige freundliche Bemerkungen auftauen. Vor allem, wenn Sie merken, daß der Vernommene verschüchtert, befangen oder niedergeschlagen ist, sollten Sie für das „Warmwerden" etwas Zeit aufwenden.

Ein derartiges einleitendes Verhandlungsgespräch darf freilich nicht sofort als solches erkenntlich sein (man merkt die Absicht und man ist verstimmt). Der Richter wird deshalb einen sachbezogenen Anknüpfungspunkt wählen und nicht etwa vom Wetter reden (es sei denn, es hat z. B. ein ungewöhnlicher Schneefall vermutlich zu Anreiseschwierigkeiten für die Prozeßbeteiligten geführt).

Ist die Verhandlung verspätet aufgerufen worden, kann der Richter etwa mit einer Entschuldigung beginnen, vielleicht noch eine Andeutung machen, warum der vorangegangene Termin sich verzögert hat und dann die Brücke zur jetzt anstehenden Sache schlagen, um mit den Prozeßbeteiligten in einen ersten Kontakt zu kommen und ihre Reaktionen zu testen. So wird er bald merken, ob ein mehr sachlicher, ein mehr gefühlsmäßiger, ein mehr ernster oder mehr humorvoller Ton besser ankommt.

Gerade die – am Beginn der Vernehmung stehende – Belehrung und die Vernehmung zur Person bieten Ihnen gute Möglichkeiten zum „Warmwerden".

a) Belehrung

Wer – was rationell ist, aber gesetzlich verboten gehört – der gesamten 557 Zeugenschaft eine Sammelbelehrung erteilt, macht einen schweren Fehler.

Nicht nur wegen der ersten versäumten Kontaktmöglichkeit, sondern auch, weil eine geschickte individuelle Belehrung die Aussagewilligkeit entscheidend fördern kann, sollten Richter diesen Teil der Vernehmung viel ernster nehmen. Eine Belehrung, die sich eindringlich an das Gewissen, das Verantwortungsbewußtsein, das Selbstschutzbedürfnis und die Selbstkritikfähigkeit des Zeugen wendet, kann dazu beitragen, einen noch schwankenden Zeugen aussage- und wahrheitswillig zu machen. Auch wenn es mißlingt, einen Zeugen, der fest vorhat zu lügen, zur Wahrheit zu bewegen, so kann doch eine geschickte Belehrung mithelfen, den Konflikt des Zeugen zwischen Wahrheit und Lüge so zu verschärfen, daß er verstärkte äußere Unsicherheitszeichen kundgibt. Diese lassen dann Rückschlüsse auf die Glaubhaftigkeit der Aussage des Zeugen zu.

(1) Vermeiden Sie bei der Belehrung routinemäßiges Geleier.

Wie soll der Zeuge Ihre Belehrung ernst nehmen, wenn er schon an Ihrem Tonfall merkt, daß die ganze Belehrung für Sie selbst nicht mehr als eine lästige routinemäßige Pflichtübung bedeutet.

(2) Machen Sie dem Zeugen klar, wie wichtig seine Aussage für die Entscheidung dieses Falles sein wird.

Aufgrund von Untersuchungen stellte man fest, daß man fehlerfreiere Berichte erhielt, wenn sich die Auskunftsperson ernsthaft für ihre Darlegung verantwortlich fühlte. *(Bingham* S. 188)

(3) Appellieren Sie an das „bessere Ich" des Zeugen.

Die meisten Menschen achten Werte, wie Gerechtigkeit, Verantwortungsbewußtsein, Pflichtbewußtsein, Gewissen usw. Aber auch Menschen, die in der täglichen Praxis ihres Handelns diese Werte eher hintenanzustellen pflegen, schätzen es sehr, wenn man ihnen zutraut, daß Sie ihre Handlungsweise an diesen Werten auszurichten pflegen und sind in der Ausnahmesituation vor Gericht nach einem entsprechenden Appell häufig dazu auch bereit.

(4) Erst in letzter Linie wenden Sie sich an das Selbstschutzbedürfnis des Zeugen – wenn nötig. Werden Sie aber bei der Strafandrohung so konkret wie möglich. Im Zeugen muß wirklich die Vorstellung entstehen, er könne selber bestraft werden, wenn es herauskommt, daß er lügt.

(5) Nicht übertreiben. Freilich darf man Umfang und Gründlichkeit der anfänglichen Belehrung auch nicht übertreiben. Wirkt der Richter mit seiner Belehrung zu theatralisch, dann erzielt er auch wiederum keinen Effekt. Heben Sie in der Anfangsbelehrung nur den Gesichtspunkt besonders heraus, von dem Sie sich gerade bei diesem Zeugen besondere Wirkung versprechen. Andere Details der Zeugenbelehrung wiederholen Sie später, an der Stelle der Vernehmung, wo es gerade darauf ankommt.

Falsch: „Ich muß Sie noch schnell belehren: Wie Sie wissen, müssen Sie vor Gericht die Wahrheit sagen. Die vorsätzliche und fahrlässige Falschaussage kann mit Freiheitsstrafe, der Meineid mit Freiheitsstrafe nicht unter einem Jahr bestraft werden".

Richtig: „Wir Richter müssen feststellen wie das damals wirklich gewesen ist. Wir waren nicht dabei. Aber Sie waren dabei. Wir sind darauf angewiesen, daß Sie uns die Wahrheit sagen. Sie als Zeuge haben genau soviel Verantwortung, daß ein gerechtes Urteil ergeht, wie der Richter, der das Recht anwendet. Falsche Aussagen vor Gericht sind strafbar."

Viel mehr sollten Sie zu Beginn nicht sagen. Aber kommen Sie während der Vernehmung – je nach Bedarf – auf die Belehrung zurück, etwa so:

Sagen Sie uns bitte alles – aber sagen Sie nur das – was Sie tatsächlich selber gesehen und gehört haben. Sagen Sie uns auch nur das, an was Sie sich wirklich noch erinnern, was Sie mit gutem Gewissen verantworten können. Sie dürfen nichts hinzuerfinden, aber Sie dürfen auch nichts weglassen.

Wenn Sie der Überzeugung sind, daß der Zeuge lügt (vgl. Rn. 655), und bei der Lüge bleibt, auch wenn Sie ihm „goldene Brücken" gebaut haben, dann müssen Sie bei der Strafandrohung konkret werden, etwa so:

Denken Sie jetzt mal nicht nur an den Angeklagten (die Partei), dem Sie vielleicht helfen wollten. Denken Sie jetzt auch mal an sich selber. Wie oft kommt später doch noch die Wahrheit durch einen Zufall heraus. Eine Urkunde wird gefunden, oder einer der Zeugen fällt um, gesteht die Wahrheit, und das ganze Lügengebäude fällt in sich zusammen.

Eine Gefängnisstafe sollten Sie sich ersparen. Jetzt können Sie sich noch straflos berichtigen, wenn es doch nicht ganz so war, wie Sie bisher sagten."

b) Vernehmung zur Person

558 **Auch die Vernehmung zur Person sollten Sie nicht rein routinemäßig ablaufen lassen. Benutzen Sie diese Gelegenheit zum „Warmwerdenlassen".**

Die Frage nach dem Beruf können Sie mit weiteren Fragen nach dem beruflichen Werdegang verbinden. Die Frage nach dem Alter gibt unter Umständen einen Ansatzpunkt, sich nach dem Gesundheitszustand des Zeugen zu erkundigen.

Die Frage, ob der Zeuge mit den Parteien verwandt oder verschwägert ist, führt unmittelbar zu der weiteren Frage nach den sonstigen Beziehungen des Zeugen zu den Parteien.

Die Frage, ob der Zeuge wegen Eidesverletzung bestraft ist, kann verbunden werden mit der Frage nach etwaigen Erfahrungen mit dem Gericht. Jedoch muß man sich davor hüten, dabei den Zeugen etwa unnötig bloßzustellen.

Durch solche einleitenden Gespräche gewinnt man einen ersten Eindruck von der Wesensart des Zeugen, seinen geistigen Fähigkeiten, seiner Einstellung zu den Parteien und seinem gewöhnlichen Sprachfluß (vgl. Strukturbruchssignal Rn. 346).

C. Tatsachenfeststellung

Wir kommen jetzt zum Kernpunkt der Vernehmung, der Frage, wie man am sichersten alle relevanten Tatsachen erfährt, über die der Vernommene überhaupt Auskunft geben kann.

Dabei beginnen Sie mit der Entgegennahme des Berichts. Diesen ergänzen Sie durch das Verhör. Am Schluß versuchen Sie, durch Gegenüberstellung restliche Unklarheiten zu beseitigen. Alle drei Phasen der eigentlichen Tatsachenfeststellung haben ihre Vorteile und ihre Nachteile. Hier sollen die Schwierigkeiten besprochen werden, die sich bei der Vernehmung ergeben, wenn die Auskunftsperson nicht lügen will, aber trotzdem eine andere Aussage macht, als ihrer wirklichen oder jedenfalls ihrer möglichen Erinnerung entspricht. Dabei kann es sich vor allem um Mißverständnisse handeln (Rn. 165ff.), um unbewußte Beeinflussung durch den Vernehmenden (Rn. 106) oder um den sogenannten „Gedächtnisverschluß" (Rn. 162).

a) Aussageverfälschungen durch Auslassungen und Zufügungen

Im Bericht verfälscht der Zeuge seine Aussage hauptsächlich durch Auslassungen. Im Verhör dagegen sind Ersetzungen, Erdichtungen und Verschönerungen häufiger.

(1) Bericht: Anläßlich des Berichtes lassen die Auskunftspersonen in der **559** Regel viele Einzelheiten weg, deren sie sich zwar erinnern, die sie aber – oft zu Unrecht – für unwesentlich halten. Zum Teil beruhen diese Auslassungen darauf, daß die Auskunftsperson sich nicht genügend Mühe gegeben hat, ihr Gedächtnis nach diesen – für sie durchaus abrufbaren – Einzelheiten zu durchforsten. Schließlich können die Auslassungen auch auf dem „Gedächtnisverschluß" beruhen. Diese Auslassungen – gleichgültig auf welchem der drei Gründe sie beruhen – sind die Ursache dafür, daß es einem geschickten Vernehmer gelingt, eine (subjektive, wahre) Aussage im Verhör um 50–100% zu erweitern (Rn. 295).

Empirischer Beleg: Beim freien Bericht fehlen die „Anstöße", die die Fragen im Verhör ergeben und die „verschütteten" Assoziationsbahnen im Gehirn wieder freimachen. Da andererseits die Menschen Fragen lieber beantworten (auch wenn Sie die Auskunft kaum verantworten können) als zuzugeben, daß sie nichts wissen, schleichen sich im Verhör viel mehr Fehler ein.

560   **(2) Verhör.** Der Auskunftsperson ist es oft peinlich, wenn sie auf die vielen Fragen im Verhör keine präzisen Antworten geben kann, andererseits hört sie aus den Fragen oftmals heraus, welche Antworten erwartet werden *(oder die Fragen enthalten schon suggestive Vorgaben)*.

Statt nun ihr Gedächtnis nach den erfragten Einzelheiten zu durchforsten (was einige Zeit dauerte und deshalb „unhöflich" wäre gegenüber dem Richter, der sichtbar auf schnellen Abschluß der Beweisaufnahme drängt), berichtet der Zeuge, wie es bei anderen ähnlichen Gelegenheiten gewesen ist (*Verschmelzung*, Rn. 138) oder, wie er sich vorstellt, daß es üblicherweise zu sein pflegt. Solche „Ersetzungen" sind häufiger, als Sie anzunehmen geneigt sind. Aber auch wenn die Auskunftsperson gar keine Erinnerung hat *(die sie – wenn auch mühsam – abrufen könnte)*, wird sie häufig die Erwartung, sie vermöchte auch zu dieser erfragten Einzelheit etwas Sachdienliches auszusagen, nicht enttäuschen wollen. Auch hier wird sie oftmals Aussagen darüber machen, wie es gewesen sein könnte. Dabei wird ihr schon häufig der Inhalt der Frage ganz gute Anhaltspunkte für ihre „gutgläubigen Erdichtungen" geben.

(3) Verschönerung: Letztlich neigen die Auskunftspersonen auch noch dazu, anläßlich der Wiedergabe den Inhalt ihrer Erinnerung zu „verschönern". Dabei mag das eigene Interesse, das Interesse einer Prozeßpartei oder gar das vermutete Interesse des Richters an einer bestimmten Aussage als Triebfeder im Vordergrund stehen. Es ist offenbar eben doch etwas anderes, sich an einen „unschönen" Vorgang bloß zu erinnern oder ihn in ebenso „unschöne" Worte kleiden zu sollen. Gerade in dem Moment, in welchem man seine Erinnerung in Worte faßt, erscheint diese in einem milderen, geradezu „schöneren" Licht.

b) Wiederholungsfehler

> Durch Heftigkeit ersetzt der Irrende, was ihm an Wahr-
> heit und an Kräften fehlt (*Goethe*)

561   **Je öfter die Auskunftsperson zur selben Sache vernommen wird, um so weniger erinnert sie sich an das Ereignis selbst und umso mehr an den Inhalt ihrer früheren Vernehmungen. Umso blasser dabei die wirkliche Erinnerung wird, umso genauer, vollständiger, sicherer und bestimmter werden manchmal die Aussagen.**

(1) Beharrungstendenz: Bei der Analyse wiederholter Vernehmungen fällt vor allem die Beharrungstendenz (Rn. 172) auf.

Diese besagt: Hat die Auskunftsperson erst einmal ihre erste Version des Geschehens von sich gegeben, so bleibt diese oft bemerkenswert konstant, gleichgültig, ob sich die Auskunftsperson dabei geirrt hat oder nicht. Das Festhalten an einmal gefaßten irrigen Vorstellungen stellt eine wichtige Irrtumsquelle dar. So konnte man nachweisen, daß bei häufiger Wiederholung die Einzelheiten sehr schnell stereotyp werden und danach nur wenig Veränderung erfahren. Das liegt daran, daß sich die Auskunftsperson bei ihrer wiederholten Vernehmung mehr an die Formulierungen in ihrer ersten Aussage erinnert als an das wirkliche Geschehen. Anwälte, Staatsanwälte und

Richter untertützen diese Art der Erinnerung oft nach Kräften; denn sie reagieren auf geringste Abweichungen des Berichts von der ursprünglichen Aussage mit heftigen Angriffen auf die Glaubwürdigkeit der Auskunftsperson und vergessen ganz dabei, daß sie selbst nicht in der Lage wären, gleichsam wie ein Grammophon immer wieder die gleichen Erlebnisspuren abzuspielen, unabhängig von der Zeit, die zwischen den verschiedenen Vernehmungen vergangen ist.

(2) **Erklärung:** In Wahrheit erfährt das Erinnerte im Langzeitgedächtnis vielfältige Veränderungen. Einerseits finden – infolge der Verblassung der Erinnerung durch Zeitablauf – Vereinfachungen statt, und andererseits (gerade durch die mehrfachen Vernehmungen) auch Anreicherungen. Schließlich sorgt schon der (zeitweilige) Gedächtnisverschluß dafür, daß bei den verschiedenen Vernehmungen auch unterschiedliche Auslassungen einerseits und unterschiedliche Erweiterungen andererseits ganz natürlich sind. Ganz ähnlich wie bei der Lüge (Rn. 166 ff.) sind spontane Verbesserungen früherer Aussagen ein Glaubwürdigkeitskriterium (Rn. 293 f.). Dagegen sind auch im Randgeschehen gleichbleibende Aussagen, die (mehr oder weniger) in allen ihren Teilen bei Wiederholung lediglich sicherer und bestimmter werden, immer verdächtig.

6. Regel: Der Bericht ist das Fundament der Tatsachenfeststellung 562

Der Bericht ist das wichtigste Erkennungsmittel. Was hier versäumt oder falsch gemacht wird, kann kaum jemals vollständig wieder gut gemacht werden.

Nachdem Sie den Vernommenen „aufgetaut" haben, sollten Sie das Gespräch zu dem eigentlichen Vernehmungsgegenstand lenken.

Zuerst kommt der Bericht und dann erst das Verhör, gegebenenfalls schließt sich dann noch die Gegenüberstellung an.

a) **Die Trennung von Bericht und Verhör**
schreibt auch das Gesetz – vernehmungstechnisch vorbildlich – vor: §§ 69 Abs. 1 StPO und 396 Abs. 1 ZPO.
Niemals auf den Bericht verzichten!

b) Der Bericht beginnt mit der
Filterfrage: was konnte der Zeuge sehen oder hören, ab wann, womit bis dahin beschäftigt? (Rn. 597)
Der Bericht wird fortgesetzt mit den
Offenen Fragen (Rn. 598)
Die offenen Fragen beginnen an dem Punkt, von welchem der Vernehmer aus der Antwort auf die Filterfrage erfahren hat, daß der Zeuge etwas zur Sache wahrgenommen hat. Hier setzt der Vernehmer ein und beginnt mit einer „W-Frage" (Rn. 598).

Beispiel:
„Sie sind also allein an einem Tisch in der Gastwirtschaft gesessen, nahe der Tür zum Nebenzimmer. Plötzlich hörten Sie dort sehr laute Stimmen. Sie sind neugierig geworden, öffneten die Tür zum Nebenzimmer und traten ein.
Was haben Sie da erlebt?"

(1) Häufig wird der Zeuge daraufhin einen relativ kurzen – offenbar stark gerafften – Bericht über sein Erlebnis geben. Das ist zunächst unschädlich,

reicht aber nicht aus, um eine sichere Analyse der Aussage im Hinblick auf ihre Glaubhaftigkeit durchführen zu können. Der Vernehmer wird daher nach dem Ende des kurzen Berichts etwa sagen:

„Das war sehr interessant, das wüßten wir gerne genauer. Bitte fangen Sie noch einmal da an, wo Sie in das Nebenzimmer eintraten und schildern Sie uns bitte schön langsam und in allen Einzelheiten Ihre Erlebnisse.

Merke: Unterbrechen Sie den Bericht keinesfalls durch in die Tiefe gehende Sachfragen.

(2) Natürlich haben Sie während des Berichts immer wieder das Bedürfnis, zusätzliche Fragen zu stellen. Geben Sie diesem Bedürfnis nicht nach! Notieren Sie sich alle Ihre Fragen, die Sie sofort stellen wollten, auf einem Zettel – wenigstens in Stichworten. Glauben Sie bloß nicht, Sie hätten das nicht nötig, Sie könnten sich alle die nicht sofort gestellten Fragen gut merken und später im Verhör dann stellen. Sie würden bestimmt die Hälfte Ihrer beabsichtigten Fragen inzwischen wieder vergessen haben.

Wenn Sie dann gleich zu Beginn „aktiv zuhören", werden Sie in aller Regel einen ausführlichen Bericht bekommen (Rn. 500).

(3) Es ist von größter Wichtigkeit zu erfahren, was die Auskunftsperson aus „Eigenem" von der Sache zu berichten weiß, bevor Sie durch Sachfragen und Vorhalte der Auskunftsperson den „Stoff" liefern, an dem sie ihre Phantasie entfalten kann.

Empirischer Beleg: Da die Menschen in der Regel lieber Fragen beantworten (auch wenn sie die Auskunft kaum verantworten können) als zuzugeben, daß sie darüber nichts wissen, schleichen sich im Verhör viel mehr Fehler ein, als im Bericht. *Bingham* fand, daß sich die Fehler verfünffachen, wenn man statt mit dem Bericht mit dem Verhör beginnt (S. 191/192).

(4) Wenn in einem einigermaßen ausführlichen Bericht wesentliche rechtsrelevante Tatsachen fehlen (die auch die Auskunftsperson aus ihrer Sicht für wesentlich halten mußte), dann spricht sehr viel dafür, daß es diese Tatsache, die in das Wissen der Auskunftsperson gestellt wurde, gar nicht gab.

(5) Die selbständige freie Schilderung ist insbesondere deshalb aufschlußreich,

– weil eine etwaige Tendenz (Wohlwollen oder Nichtwohlwollen gegenüber bestimmten Prozeßbeteiligten) der Auskunftsperson besser erkennbar ist,
– weil man besser erkennt, ob klare Angaben gemacht oder leere Redensarten geboten werden,
– weil der Bericht (durch seine Lücken) wesentliche Anhaltspunkte für die Strukturierung des Verhörs liefert (nach *Friedrichs* 1967, Seite 10).

c) Fehlerliste:

(1) Nicht ausreden lassen. Gerade dann, wenn es interessant wird, wenn die Wiederholung beginnt, wird die Vernehmung abgebrochen. Dadurch erfahren Sie nicht, was der Auskunftsperson besonders am Herzen liegt.

(2) Der Vernehmende „sortiert schon aus" (insbesondere das, was in seine Hypothese vom Ereignis paßt), bevor noch die Auskunftsperson alles gesagt

2. Abschnitt: Acht Regeln zur Vernehmung

hat. Dadurch läuft der Vernehmende Gefahr, gar nicht mehr richtig hinzu-
hören, wenn nachträglich Gegenteiliges ausgesagt wird.

(3) Der Vernehmende ist nicht nur voreingenommen, sondern läßt auch
noch seine Voreingenommenheit durchblicken und verstärkt seinen Einfluß
auf die Aussage durch seine Autorität und Überlegenheit.

(4) Der Vernehmende hilft dem Vernommenen weiter, statt ihn selber
nach Worten und Sätzen suchen zu lassen – und beeinflußt ihn dadurch.

Lassen Sie die Auskunftsperson auch dann weiterreden, wenn Sie den
Eindruck haben, die Auskunftsperson sei präpariert (worden). Die
Auskunftsperson soll ihr Konzept „aus dem Sack lassen". Aber halten
Sie Ihr eigenes Konzept möglichst lange zurück. Lassen Sie bis zum
Schluß weder Zustimmung noch Zweifel erkennen (*Müller-Luckmann*
1967).

d) Allerdings gibt es gelegentlich doch Auskunftspersonen, die nicht in
der Lage sind, ganz ohne Nachhilfe einen längeren Bericht abzugeben. Diesen müssen Sie vorsichtig helfen, etwa so:

Beginnen wir damit, wie das kam, daß Sie diese Sache überhaupt sehen
(hören) konnten. ... Schön, und was sahen Sie von dort aus zuerst?
... Sehr schön, und ging es dann noch weiter? ... Wie endete die Geschichte?

e) Zwischen Bericht und Verhör: Weiterführende Leerfragen (Rn. 599).
Bevor der Richter den Bericht beendet und zum eigentlichen Verhör über-
geht, sollte er durch weiterführende Leerfragen versuchen, den Bericht noch
zu erweitern. Es ist sehr wichtig zu unterscheiden, was der Zeuge von sich
aus im Bericht mitteilt, und was er erst im Verhör hinzufügt.

Als Leerfragen, die geeignet sind, den Bericht zu erweitern, ohne schon
die Gefahren präziser Verhörsfragen auszulösen, kommen insbesondere in
Frage:

„Ging es dann noch weiter?"
„Geschah sonst noch etwas?"

Falls solche „reinen" Leerfragen die erwarteten Ergänzungen noch nicht
erbringen, kann man noch durch „Anstoßfragen" (Rn. 600) nachhelfen. Das
Material für die „Anstöße" hat der Vernehmende aus den Akten. Aber er
achtet streng darauf, in die Fragen möglichst wenig Vorgaben einzubinden,
d. h. die geringstmöglichen „Anstöße" zu geben, zum Beispiel so:

„Gab es da noch etwas mit Tante Anna?"

und nicht etwa so:

„Hat nicht etwa Tante Anna gedroht, daß Sie von ihr enterbt würden, wenn Sie sich
scheiden lassen?"

Schließlich ist es sinnvoll, vor dem Beginn des eigentlichen Verhörs etwaige Unklarheiten aus dem Bericht durch sog. Sondierungsfragen (Rn. 601) zu
erhellen. Die Sondierungsfragen können sich in die verschiedensten Richtungen erstrecken, z. B.:

„Wie haben Sie das gemeint, wenn Sie sagen, er hat sich ‚ausgekotzt‘, wörtlich oder in übertragenem Sinn?"

„Woher wissen Sie das, daß er ständig ein Messer bei sich trägt, haben Sie das selbst beobachtet oder nur von anderen gehört oder woher wissen Sie das sonst?"

„Was heißt das, die Fremde war pummelig; war sie nun dick oder wohlgeformt nur etwa mollig, oder was sonst?"

7. Regel: Das Verhör erbringt die noch fehlenden Details

563   **Ein gutes Verhör ist eine Kunst. Kunst kommt von „können". Verhör kommt von „hören"**, d. h. zuhören und heraushören können!

Ein Verhör kann allenfalls trotzdem die gewünschte Information erbingen, wenn Sie den Ablauf des Verhörs dem Zufall überlassen. Wenn jeder Anwesende, der gerade Lust dazu hat, dazwischenfragen darf oder wenn gar – wie heute in Grichtssälen noch immer die Regel – Sie selbst Ihr Verhör immer wieder unterbrechen, um jeweils ein weiteres Stückchen Aussage ins Protokoll zu diktieren, dann werden Sie das Pensionsalter erreichen, ohne jemals ein gutes Verhör geleitet zu haben.

Vertrösten Sie alle Zwischenfrager auf später: „Notieren Sie sich bitte, was Sie haben fragen wollen". Machen Sie sich selbst Notizen über die wesentlichen Aussagen. Diktieren Sie, was Sie aufgeschrieben haben, ins Protokoll, wenn Sie mit dem Verhör zu Ende sind. Ist auch das erledigt, dann mögen die anderen Prozeßbeteiligten mit dem Verhör beginnen.

Der Bericht enthält weniger Phantasieprodukte, aber mehr Lücken. Das Verhör enthält weniger Lücken (weil diese durch Fragen und Vorhalte gefüllt werden), dafür aber wesentlich mehr Phantasieprodukte.

In einem Experiment wurde festgestellt, daß die Berichte (6. und 7. Schulklasse) ca. 10% Fehler enthielten, das Verhör aber 62% Fehler (*Undeutsch* 1967, Seite 49).

Durch die Fragen und Vorhalte im Verhör werden nicht nur Erinnerungen aktiviert, die der Auskunftsperson während des Berichts nicht mehr gegenwärtig waren. Es wird – leider – auch die Phantasie angeregt. Die Auskunftsperson spürt – gerade durch die Fragen und Vorhalte –, daß es da Lücken gibt, und sie bemüht sich, auch dem Vernehmenden zuliebe (vgl. Pygmalioneffekt, Rn. 106), diese zu schließen. Die Auskunftsperson bildet Ganzheiten, wo sie in Wirklichkeit nur Bruchstücke in Erinnerung hat; sie zieht Schlüsse, wie es wohl gewesen sein muß, die sie als wirkliche Erinnerung darbietet, usw.

a) Das wichtigste Lenkungsmittel im Gespräch ist die Frage.

Zur Gesprächsführung lautet eine alte Faustregel:

Wer fragt, der führt
wer fragt, der aktiviert
wer fragt, der produziert

Was will diese Regel sagen? Wer im Gespräch Fragen stellt, besitzt den Faden des Gesprächs. Er kann den Befragten im Gesprächsverhalten lenken und beeinflussen Und das führt zu den oben beschriebenen Gefahren.

Wer fragt, der aktiviert auch den anderen. Das bedeutet, der Fragende regt im Befragten Gedanken zur Antwort an. Die Frage löst Denkanstöße aus, die das Gespräch in Bewegung bringen können.

Wer fragt, der produziert. Darunter versteht man, der Fragende bringt nicht nur Fragen hervor, sondern veranlaßt den Befragten, im Gesprächsstoff voranzuschreiten. Dabei werden nicht nur Gedanken und Antworten produziert, vielmehr treten auch Verhaltensweisen des Antwortenden in den Vordergrund.

Das Nähere finden Sie unter *„Fragetechnik"* (Rn. 585 ff.) und *„Sechs Fragetypen"* (Rn. 597 ff.).

b) Der Gedächtnisverschluß (Inkadenzphänomen)

Die besten Gedanken kommen hintennach *(Sprichwort)*

Die Fragen im Verhör dienen vor allem auch dazu, jene Details im Gedächtnis zu „reaktivieren", die die Auskunftsperson im Zeitpunkt des Verhörs von sich aus nicht mehr erinnern würde. 564

Keinem Zeugen stehen zu jeder Zeit alle Erinnerungen zur Verfügung, deshalb kann auch kein Zeuge bei irgendeiner Vernehmung eine wirklich vollständige Aussage machen.

Spätere Erweiterungen einer Aussage gelten daher als ausgesprochenes Realitätskriterium (Rn. 295). Umgekehrt wäre ein Zeuge eher verdächtig, dem bei wiederholter Vernehmung keine Erweiterungen mehr einfielen.

Ihnen allen ist als tägliches Erlebnis bekannt, daß sie sich momentan an irgendetwas, was Sie dringend benötigen, nicht erinnern können. Und das, obwohl Sie genau wissen, daß Sie das Benötigte in Ihrem Gedächtnis haben; sei es ein Name, eine Adresse oder eine Erledigung, die Sie machen sollten.

Der Gedächtnisverschluß tritt verstärkt bei Schwachbegabten und bei Gehemmten auf.

Immer, wo der Verdacht auf Gedächtnisverschluß vorliegt, sollten Sie wie folgt vorgehen:

(1) Bestimmte Fragen, auf die es ankommt, auf die der Zeuge aber keine Antwort weiß, sollte man im Verlauf der Vernehmung mehrmals stellen – erforderlichenfalls nach einer einzulegenden Pause.

(2) Bei der Fragestellung sollte man versuchen, von neuen Ausgangspunkten an das zu Erfragende heranzukommen, um so neue, vielleicht gängigere Assoziationsbahnen zu eröffnen (Rn. 631, 632).

(3) Soweit das unter Vermeidung suggestiver Beeinflussung möglich ist, sollte man so konkret wie nur irgend möglich fragen.

Erklärung: Die Erinnerungen an frühere Ereignisse haben wir sicher nicht alle verdrängt. Viele Erinnerungen können wir in unserem Langzeitspeicher aus dem Grunde nicht finden, weil wir sie lange nicht gebraucht haben. Benutzen wir bestimmte Gedankenverbindungen kaum oder nicht, so werden diese häufig durch besonders gut eingeschliffene Assoziationsbahnen überlagert. Informationsimpulse, die vielleicht über die gleichen Zellen, aber über andere Verzweigungen laufen sollten, werden dadurch benachteiligt oder kommen – obgleich die Verbindung besteht und die Erinnerung gespeichert ist – gar nicht erst zustande. Ob diese bevorzugten Assoziationsbahnen durch Erlebnisse oder besonders eingeschliffene Gedankengänge schon vorher erfolgten oder irgenwann später – der Effekt ist derselbe. Auf der anderen Seite können wir manche völlig nebensächliche Details über Jahre hindurch behalten, nur weil vielleicht zufällig haargenau passende Assoziationsmuster vorlagen (vgl. *Vester* S. 67 u. 88).

c) Rollenspiel beim Verhör

565   Die Aussagepsychologen sind sich darüber einig, daß, wenn zwei Vernehmer zur Verfügung stehen, ein Verhör dann besonders erfolgreich verläuft, wenn der erste Vernehmer die Rolle des harten, erbarmungslosen Anklägers übernimmt, während der zweite die Rolle des gutmütigen, alles verstehenden Freundes spielt.

Für Richter dürfte die Übernahme gespielter Rollen nicht in Frage kommen. Heuchelei wäre wohl auch als eine nach § 136a StPO verbotene Täuschung anzusehen. Gleichwohl können wir uns die Erkenntnisse der Aussagepsychologie auch insoweit zur Wahrheitsfindung zunutze machen.

Im Kollegialgericht sollte man sich die Aufgabe des Vernehmenden aufteilen. Traditionsgemäß gehört die Vernehmung zu den Aufgaben des Vorsitzenden, der sie dann auch meist als „Alleinunterhalter" durchführt und auch noch in das Protokoll diktiert! Das ist so ziemlich die schlechteste Lösung, die sich denken läßt. Im Kollegialgericht sollte in der Regel der Berichterstatter der erste Vernehmende sein *(wenn er es – nach Meinung des Vorsitzenden – noch nicht kann, dann muß er's eben lernen, schließlich werden die meisten Beisitzer auch einmal Vorsitzende)*. Der Vorsitzende, der nicht selbst verhört, kann viel besser beobachten, auf die Zwischentöne hören und immer eingreifen, wenn's not tut. Dabei wird der Vorsitzende als zweiter Vernehmer vor allem dann eingreifen, wenn das Verhör durch den Berichterstatter in eine Sackgasse zu geraten droht. Ist der Berichterstatter die Auskunftsperson zu hart angegangen, so daß die Gefahr besteht, sie drohe gänzlich zu verstocken, so wird der Vorsitzende eine betont freundlichere, verständnisvollere Tonart anschlagen. War der Berichterstatter zu weich, droht die Auskunftsperson das Heft selbst in die Hand zu nehmen, so wird sich der Vorsitzende nicht scheuen, energisch aufzutreten, die Auskunftsperson schonungslos mit den bereits feststehenden Fakten zu konfrontieren. Dabei empfiehlt es sich, nach einer gewissen Frist das Wort wieder an den Brichterstatter abzugeben.

Die Forderung, daß sich der Vorsitzende grundsätzlich der Vernehmung und der Protokollierung enthalten sollte, ergibt sich aus dem Gesichtspunkt des *beschränkten gleichzeitigen Fassungsvermögens*, Rn. 49.

8. Regel: Die Gegenüberstellung bringt es an den Tag

Eines Mannes Rede ist keines Mannes Rede, man muß sie hören alle beede *(Sprichwort)*

566   Nach der Zivilprozeßordnung sind die Zeugen in Abwesenheit der später zu vernehmenden Zeugen zu hören. Im Strafprozeß herrscht dieselbe Übung. Das hat natürlich in vielen Fällen einen Sinn, den nachfolgenden Zeugen nicht zu gestatten, daß sie ihre Aussagen auf das soeben Gehörte einrichten. Daß dann allerdings die Zeugen, wenn sie ihr „Sprüchlein" aufgesagt haben, entlassen werden, bevor der nächste Zeuge eintritt, steht nirgends, und ist umsomehr eine Unsitte, als im Zivilprozeß häufig selbst in der Beweisaufnahme noch nicht einmal die Parteien anwesend sind. Sonach ist in der Regel weder eine Gegenüberstellung des Zeugen mit den Parteien, noch mit dem „Gegenzeugen" möglich. Damit vergibt der Richter seine wichtigste Aufklärungsmöglichkeit: Die Gegenüberstellung.

Liest man Vernehmungsprotokolle durch – gleichgültig, ob von der Polizei, von den Straf- oder den Zivilgerichten, so findet man dort kaum einmal Gegenüberstellungen – und wenn ausnahmsweise doch, dann allenfalls in der Form:

wiedervorgerufen der Zeuge X: „Ich bleibe bei meiner Aussage".

Solche „Gegenüberstellungen" sind natürlich sinnlos.

In allen Fällen, in denen weder der Bericht noch das Verhör der Auskunftspersonen dem Gericht eine Überzeugung vom wirklichen Hergang verschaffen konnte, ist eine Gegenüberstellung unerläßlich. Bevor nicht feststeht, daß es keiner Gegenüberstellung bedarf, darf kein Zeuge entlassen werden. Auch im Strafprozeß darf kein Zeuge nach seiner Vernehmung als „Öffentlichkeit" im Saal bleiben, solange noch seine Gegenüberstellung in Frage kommt. Solange ist seine Vernehmung noch nicht vollständig beendet; deshalb hat er auch kein Recht auf Anwesenheit im Gerichtssaal. Der Zeuge darf aber auch nicht ins Zeugenzimmer zurückkehren, solange dort noch jemand sitzt, dem er eventuell gegenübergestellt werden muß. Sorgen Sie dafür, daß es einen weiteren separaten Raum gibt (notfalls ein Richterzimmer) in welchem sich der schon vernommene Zeuge aufhält, bis seine Gegenüberstellung erfolgt ist.

Häufig wird es sogar zweckmäßig sein, ein Verhör, das wenig aussichtsreich erscheint, alsbald abzubrechen, Zeit und Energie besser in eine ausgedehnte Gegenüberstellung zu investieren.

Im Zivilprozeß sollten grundsätzlich die Parteien einander gegenübergestellt werden, bevor zur Vernehmung der Zeugen geschritten wird.

Aug' in Auge mit der Gegenpartei wachsen die Hemmungen, dem Gericht blanke Lügen aufzutischen. Details, die einem entfallen waren, die man jetzt aber von der Gegenpartei wieder vorgehalten bekommt, wecken Zweifel an dem, was man für eigene Erinnerung hielt, in Wirklichkeit aber nur Schlüsse zur Begründung des eigenen Rechtsstandpunktes waren.

Wenn die Parteien heftig miteinander werden, sich ins Wort fallen oder gar anschreien, pflegen Richter sofort abzubrechen. Es ist auch für alle Anwesenden in der Tat ungemütlich, dabeizusitzen und zuzuhören, wie zwei sich lauthals streiten; und nicht zu vergessen: Die Würde des Gerichts leidet! Trotzdem sollte man hier bis zum äußersten Langmut üben. In der Erregung steckt ein wahrer Quell zusätzlicher Informationen, weil die ruhige Überlegung, was man dem Gericht besser nicht sagen oder anders als geschehen darstellen will, bis zu einem gewissen Grad verloren geht.

Eine gut gesteuerte Gegenüberstellung, vom Richter mit kurzen Vorhalten oder Fragen zu den Kernpunkten, spart oft die gesamte weitere Beweisaufnahme. Häufig läßt sie auch erkennen, daß das wahre Problem wo ganz anders steckt, als nach den Akten bisher angenommen.

Hat weder die Gegenüberstellung der Parteien, noch die Anhörung der Zeugen ein Ergebnis gebracht, dann muß bei den Zeugen die Gegenüberstellung erfolgen. Gibt es zum Beweisthema keine „Gegenzeugen", so gibt es im Zivilprozeß doch immer mindestens eine Partei, welcher der Zeuge gegenübergestellt werden kann. Wer diese Aufklärungsmöglichkeit versäumt, ist selber schuld.

Der Auffassung von *Geerds* (S. 124), man solle Zeugen nur ganz ausnahmsweise gegenüberstellen, Widersprüche versuche man besser durch Vorhalt der (anderslautenden) Aussagen zu klären, können wir nicht zustimmen.

Beispiel: Es war alles ganz anders

Vortrag des Klägervertreters:
Die Parteien lebten in eheähnlicher Gemeinschaft. Im Oktober 1978 wollte der Beklagte einen gebrauchten Opel-Kadett kaufen. Da er selber nicht die notwendigen Mittel hatte, gewährte ihm die Klägerin ein Darlehen von 4000,– DM. Zur Sicherheit für das Darlehen stellte der Beklagte der Klägerin einen (undatierten) Scheck über 4000,– DM aus. Weil der Beklagte die Klägerin nach der Trennung wegen der Rückzahlung des Darlehens dauernd vertröstet hat, hat die Klägerin den Scheck vorgelegt. Er ging zu Protest.

Vortrag des Beklagtenvertreters:
Die Klägerin hat dem Beklagten den Betrag von 4000,– DM nicht darlehensweise gegeben. Von Rückzahlung war niemals die Rede. Der Scheck von 4000,– DM, bezogen auf ein (wie die Klägerin weiß) gar nicht mehr existentes Konto, diente lediglich als Beweisurkunde der finanziellen Beteiligung der Klägerin am Auto für den Fall, daß der Beklagte tödlich verunglücken sollte und dann seine Ehefrau als gesetzliche Erbin Eigentumsrechte an dem Auto geltend machen sollte.

Parteienvernehmung der Klägerin in 1. Instanz **ohne Gegenüberstellung** mit dem Beklagten:

Der Beklagte bedrängte mich, ich solle ihm unbedingt 4000,– DM geben, weil er doch dringend auf das Auto angewiesen sei und bei keiner Bank mehr Kredit bekomme. Ich gab ihm schließlich das Geld. Ich bin mir sicher, daß er mir vor Auszahlung des Geldes gesagt hat, daß er mir es zurückzahle, wenn er wieder flüssig sei. Ich glaube sogar, daß er mir das auch einmal geschrieben hat. Wir saßen nach dem Autokauf zusammen. Dabei kam das Gespräch darauf, daß ich eine Sicherheit für das Geld haben sollte. Deshalb hat er mir den Scheck gegeben.

Aus dem Urteil erster Instanz:
... Die Klägerin hat das Gericht bei ihrer Parteivernehmung davon überzeugt, daß zwischen den Parteien besprochen worden war, daß das Geld zurückgezahlt werden sollte. Ihre Aussage war in sich schlüssig, wirkte einleuchtend und ergänzte zwanglos die Tatsache der Scheckhingabe. Die im Schriftsatz des Beklagten vorgebrachten Argumente erschütterten die Überzeugung des Gerichts nicht ...

Parteianhörung der Klägerin in 2. Instanz **mit Gegenüberstellung** des Beklagten:

Es ist richtig, daß anläßlich der Geldhingabe über eine etwaige Rückzahlung des Betrages zwischen uns nicht gesprochen worden ist. Es war vielmehr so, daß ich den Wagen später bekommen sollte, wenn mein eigener Wagen vollends kaputt sein würde, weil er ja noch außerdem einen Firmenwagen hatte. Deshalb, und auch weil man daran dachte, daß ihm etwas zustoßen könnte, wenn er so viel unterwegs ist, und daß seine Frau dann Erbansprüche geltend machen könnte auf den Wagen, hat er mir den Scheck gegeben.

Aus dem Urteil 2. Instanz:

... Nach den durchweg übereinstimmenden Angaben beider Parteien vor dem Senat hat die Klägerin dem Beklagten kein Darlehen gegeben. Sie hat deshalb lediglich Anspruch auf den Wert ihrer „Beteiligung" an dem Fahrzeug zur Zeit der Trennung der Parteien ...

2. Kapitel. Die Sprache

1. Abschnitt: Sieben Sprach-„gesetze"

Arntzen 1978, 17–29, Döhring 46–51, Reiners, 39 ff., Anderson 313–371, Kraß, Löhner, Leodolter, Rasch/Hinz.

A. Verständlichkeit

567   Über die „Sprachbarrieren vor Gericht" ist von Rechtssoziologen schon viel geschrieben worden. Zwar mag die Sprachbarriere zwischen einem norddeutschen Rechtssoziologen und einem schwäbischen Richter manchesmal höher erscheinen, als die zwischen diesem und seinem Publikum. Dieser Umstand *(der von manchen Richtern mit allzugroßer Selbstzufriedenheit festgestellt wird)* darf Sie aber nicht darüberhinwegtäuschen, daß es dieses Problem gibt und daß es auf dem Weg zur Wahrheitsfindung eine besonders hohe Hürde ist.

Dabei geht es auch – aber nicht in erster Linie – darum, daß der Richter den örtlichen Dialekt beherrschen sollte, und nicht bloß darum, daß er ahnungslose Bürger mit seinem unverständlichen Juristendeutsch nicht zusätzlich verunsichern darf. In erster Linie ist es notwendig, daß der Richter seinen bildungsbürgerlichen Sprachgebrauch sich für seine Veröffentlichungen in juristischen Zeitschriften vorbehält und daß er in der Verhandlung sich der Sprache der Personen anpaßt, mit denen er verhandelt. Das werden im Strafprozeß häufig – aber auch im Zivilprozeß nicht gerade selten – Personen mit geringer Bildung und mäßiger Sprachgewandtheit sein. Ihrem Sprachgebrauch sich anzupassen erfordert vom Richter mehr Übung, Selbstkontrolle und Disziplin als es auf den ersten Blick erscheinen mag. Und Sie müssen sich diesem „eingeschränkten Sprachgebrauch" eines Großteils Ihrer „*Kundschaft*" weitgehend anpassen, wenn Sie Erfolg haben wollen.

Der „eingeschränkte" und der „verfeinerte" Sprachgebrauch

Den sog. „restringierten Code" haben die Linguisten erfunden, denen solche Wortschöpfungen eigentlich verboten sein sollten.

restringiert = eingeschränkt
Code = Art und Weise der „Übersetzung" von Vorstellung in Sprache
– oder kurz: Sprachgebrauch

(Gemessen an deren Fachsprache freilich ist Juristendeutsch eine geradezu volkstümliche Sprechweise)

Linguisten = Sprachwissenschaftler

Der Gegensatz dazu ist der sog. „elaborierte Code", den üblicherweise Mittelschichtler, also auch Richter, Staatsanwälte und Rechtsanwälte verwenden.

elaboriert = differenziert ausgebildet oder kurz: verfeinert

Wenn Sie auch kurze Sätze, gebräuchliche Begriffe und unkomplizierte **568** Worte gebrauchen sollen, so sollten Sie doch eher etwas „zu hoch" sprechen, als untaugliche Versuche zu unternehmen, den eingeschränkten Sprachgebrauch Ihres Publikums „sklavisch" nachzuahmen. Die Betroffenen verstehen durchaus eine etwas höhere Sprache als sie selber gebrauchen.

a) Der „verfeinerte" Sprachgebrauch (elaborierte Code) zeichnet sich nach *Bernstein* vor allem durch folgende Merkmale aus:

(1) Vielgliedrige und vielschichtige Satzkonstruktion

(2) Begrifflich-theoretisch, verallgemeinernde Ausdrucksweise

(3) Häufiger Gebrauch von Bindewörtern *(z. B. obwohl, dessenungeachtet usw.)* und von Vergleichswörtern *(z. B. darunter, nachdem usw.)*

(4) Eigenschaftswörter *(z. B. kalt schön usw.)* werden öfter als Umstandswörter gebraucht.

(5) Auch sehr lange Satzfolgen werden zusammenhängend durchgehalten, Grund und Folgen selten verwechselt.

(6) Bei Wiederholungen werden gerne abwechselnd austauschbare Begriffe verwandt; die Wortwahl ist einem breiten Bereich entnommen.

b) Für den „eingeschränkten" Sprachgebrauch (restringierten Code) hingegen sind charakteristisch:

(1) Kurze, grammatikalisch einfache Sätze, die oft unvollständig sind und kaum Nebensätze haben

(2) Unkomplizierter und wiederholter Gebrauch einfacher Bindewörter *(und, dann, weil, wegen)*

(3) Starrer und eingeschränkter Gebrauch von Eigenschaftswörtern *(prima, toll, übel)* und Umstandswörtern *(jetzt, gern, da, genug)*

(4) Geringerer Wortschatz *(weniger verschiedene Wörter)*

Den anderen Eigenheiten des „eingeschränkten Sprachgebrauchs brauchen Sie sich nicht anzupassen. Davon sind für Sie aber von Bedeutung:

(5) Motive können nicht oder nur schwer in Worte gefaßt werden. Der Zuhörer kann sie nur indirekt erschließen.

(6) Stillschweigend eingeschlossene Bedeutungen, wobei Hintergrund, Annahmen und Konsequenzen der Bemerkungen nicht erklärt werden. *(Ich brauchte ihn nur anzugucken und er wußte Bescheid).*

Welche Auswirkungen ein verschiedener Sprachgebrauch haben kann, zeigt folgender Fall:

Beispiel: Der Vagabund und der Stromer

In Beleidigungsprozessen bemüht sich die Verteidigung oft, die Glaubwürdigkeit eines Belastungszeugen durch den Nachweis zu erschüttern, daß das von Zeugen behauptete Schimpfwort gar nicht zum Wortschatz des Angeklagten gehöre. Daraus wird die Folgerung gezogen, daß die Beschimpfung ein Phantasieprodukt des Privatklägers sei.

So hatte in einem Streit zwischen einem Österreicher und einem Deutschen der Privatkläger behauptet, „Stromer" beschimpft worden zu sein. Der Angeklagte konnte glaubhaft darlegen, diesen Ausdruck vor Gericht zum erstenmal gehört zu haben. Als der Richter schon fest entschlossen war, einen Freispruch zu fällen, gerieten die Parteien wieder in Streit. Da erklärte der Angeklagte im unverfälschten Wienerisch: *„Lassen's Eahna heimgeig'n mit ehrna g'schwollenen Sprach', Sie herg'laufener Vagabund sö."*

In diesem Augenblick wandte sich der Privatkläger an den Richter und sagte: *„Herr Rat, haben Sie es gehört, schon wieder schilt er mich „nen" Stromer!"* (aus; *Gaßberger*, S. 72/73).

Die Unfähigkeit einfacher Leute, abstrakte Oberbegriffe zu gebrauchen *(hier z. B. „Nichtsnutz")* oder das passende Wort aus der Hochsprache zu finden (hier z. B. *„Landstreicher"*), führt zur Verwirrung. Das konkrete Wort „Stromer" ist für den Kläger Symbol für alle „Nichtsnutze", wie sie im speziellen Fall auch benannt worden sein mögen.

1. Gesetz: Empfängerhorizont

569   Passen Sie sich in Ihrer Sprechweise möglichst stark ihrer jeweiligen Auskunftsperson an. Den von der Auskunftsperson gebrauchten Dialekt sollten Sie allerdings nur gebrauchen, wenn Sie ihn wirklich beherrschen *(Dialektnachahmungen wirken immer komisch)*. Den speziellen Jargon der Auskunftsperson (z. B. *Ganovenjargon*) sollten Sie nicht versuchen zu imitieren. Allenfalls können Sie einzelne Ausdrücke daraus mitverwenden, wenn Sie sicher sind, daß Sie deren Bedeutung genau kennen.

Vermeiden Sie auf jeden Fall den Kanzleistil und das Juristendeutsch. Selbst gebildete Auskunftspersonen hätten damit ihre Schwierigkeiten, und Mißverständnisse wären unvermeidlich.

Dies gilt natürlich erst recht, wenn Sie die Aussage des Vernommenen im Protokoll mit Ihren eigenen Worten festhalten. Sie haben es dabei allerdings viel leichter, wenn Sie Kanzleistil und Juristendeutsch verwenden, weil die Auskunftsperson das von ihr nicht verstandene Protokoll in aller Regel genehmigt. (Wer gibt schon gerne zu, daß er eine so gebildete Sprache nicht versteht?). Nur, der Beweiswert Ihres Protokolls ist gleich Null (Rn. 828).

a) Allgemeinverständliches Deutsch ist auch eine Kontrolle ihrer eigenen Gedanken

Die erforderliche „Übersetzung von Juristendeutsch" in eine allgemein verständliche Sprache ist mitunter auch eine nützliche Selbstkontrolle. Als in einem Zivilprozeß – auf Rückfrage einer Partei – der Vorsitzende ihr zu erklären versuchte, warum die Partei den eingeklagten Betrag aus „culpa in contrahende" schulde, bemerkte er im Laufe der Erläuterung immer deutlicher, daß die Voraussetzungen des Verschuldens bei Vertragsschluß gar nicht vorlagen.

Vermeiden Sie Begriffe, die für die Auskunftsperson einen Beigeschmack haben: „Der Kläger behauptet ..." (wird dahin verstanden: „behauptet wahrheitswidrig") „Sie sollen gesagt haben ..." (Wird als Zweifel empfunden) „Ich halte Ihnen vor ..." (wirkt zu autoritär) (nach *Müller-Luckmann* 1967)

Richtig: „Ich mache Sie darauf aufmerksam: Der Kläger sagt, daß Sie gesagt haben ..."

b) Verständigungsschwierigkeiten

570   **(1) Mangel an Ausdrucksvermögen.** Ihren Auskunftspersonen fehlt es oftmals an der Fähigkeit, vorhandene (richtige) Erinnerungsbilder unmißverständlich in Sprache umzusetzen (vgl. Rn 165).

Beispiel: Mal enger, mal weiter (nach *Arntzen*)

Meist haben in solchen Fällen die Begriffsbezeichnungen für den Betreffenden eine engere Bedeutung als dem allgemeinen Sprachgebrauch entspricht.

Manchmal ist der Sprachgebrauch aber auch erweitert: „War die Tür abgeschlossen?" „Ja". „Mit dem Schlüssel?" „Nein". Der Zeuge hatte den Begriff „abgeschlossen" auf den Begriff „geschlossen" erweitert.

Kinder verwenden die Worte „immer" und „alle" häufig auch dann, wenn sie „manchmal" und „einige" meinen. Aber auch Erwachsene benutzen solche Verallgemeinerungen, wenn sie „meist" oder „fast alle" meinen: oder sie sprechen von „nie", selbst, wenn es ausnahmsweise doch hie und da Ausnahmen gab.

(2) Mangelndes gegenseitiges Verständnis. Der Vernehmer paßt sich bei der Befragung nicht genügend dem Sprachniveau des Zeugen an, und er selbst versteht dessen Ausdrucksweise nicht hinreichend.

Mißverständnisse, die aus dem Zusammenwirken von Vernehmenden und Vernommenen entstehen, haben die Tendenz, nachträglich das ursprüngliche Erinnerungsbild zu überdecken. Bei einer späteren Vernehmung wird der Zeuge daher von einen verfälschten Bild ausgehen, das bei der vorangegangenen Vernehmung entstanden ist.

(3) Rückfragen. Solche Mißverständnisse lassen sich nur vermeiden, 571 wenn der Vernehmer rückfragt, ob er richtig verstanden hat und ob er richtig verstanden worden ist. Dabei darf er sich keinesfalls mit einem *(vom Zeugen nur zu gern dahingesagten)* bloßen „ja" begnügen. Er muß vielmehr versuchen, dem Zeugen die Situation mit anderen Worten nochmals zu schildern und dabei auf neue – zum Vorstellungsbild des Vernehmers passende – Details konkret einzugehen.

Beispiel: Kennen Sie die nicht?

... und dann saßen wir zusammen in der Katharinenlinde ... Richter: „Und was taten sie dort im Wirtshaus?" Zeuge: „Nein, die Katharinenlinde ist eine Schutzhütte, kennen Sie die nicht?"

Gerade einfache Leute gehen oftmals davon aus, soviel wie sie selbst wissen, müsse doch der Richter mindestens auch wissen.

(4) Folgerungen ziehen: Am zuverlässigsten ist die Methode, daß der 572 **Vernehmer Folgerungen, die sich aus seinem Verständnis der Aussage ergibt, der Auskunftsperson vorhält.**

Beispiel ... und ein Haus natürlich auch!

Die (vom Land stammende) Beklagte wurde gefragt: „Haben Sie Grundbesitz?" Antwort: „Nur ein Baumstückle" Frage: „und sonst gar nichts?" Antwort „Nein. ganz bestimmt nicht". Frage: „Dann wohnen Sie also in Miete?" Antwort: „Nein, in meinem Haus, ein Haus hab' ich natürlich auch."

Die Frau hatte unter Grundbesitz offenbar nur unbebautes Gelände verstanden.

(5) Stellen Sie sich auch bei der Vernehmung vor, Sie seien der „Maul- 573 **esel"** (Rn. 537).

Je mehr Sie sich ganz in die Mentalität, die geistige Verfassung und das Sprachvermögen der Auskunftsperson hineinversetzen können, desto weniger werden Sie Mißverständnissen erliegen.

Erklärung: Der Mensch hat ein bestimmtes „Bild" von einem Vorgang in Erinnerung. Er versucht genau dasselbe „Bild" einem anderen zu vermitteln. Daraus muß der Mitteilende (Sender) seine eigene Vorstellung in Zeichen (Worte, Gebärden usw.) „übersetzen". Er verwendet dazu die ihm eigentümlichen Symbole (persönlicher Code). Sein Ansprechpartner (Empfänger) nimmt die gegebenen Zeichen (Worte, Gebärden usw.) wahr, und übersetzt sie jetzt wieder zurück in Vorstellungen, um sich ein „Bild" von der mitgeteilten Situation machen zu können. Bei dieser „Rückübersetzung" deutet er aber wiederum die wahrgenommenen Zeichen mittels der ihm eigentümlichen Symbolik (persönlicher Code). Dasselbe gilt auch umgekehrt bei der Antwort, wenn der „Empfänger" zum „Sender" wird und der „Sender" zum „Empfänger". In der Informationstheorie verwendet man für diesen Vorgang üblicherweise nachfolgendes

574   Schaubild: Kommunikationsmodell

Der Sender hat bestimmte Gedanken, Vorstellungen usw.,	die er verschlüsselt in Symbole, mittels seines persönlichen Codes),	die er dann sendet	die vom anderen empfangen	und entschlüsselt werden (mittels seines persönlichen Codes)	Der Empfänger interpretiert die Gedanken, Vorstellungen usw., und gibt an den Sender eine Rückmeldung

(aus *Neuberger* S. 25)

Es leuchtet ohne weiteres ein, daß es die wenigsten Mißverständnisse gibt, wenn „Sender" und „Empfänger" denselben „Code" benutzen, Da das vor Gericht aber häufig nicht der Fall ist, muß der Vernehmer, wenn er zuhört (Empfänger ist), zwecks „Rückübersetzung" nicht seinen eigenen (anders gearteten) Code zu benutzen, sondern den der Auskunftsperson, muß der Richter, wenn er spricht (Sender ist), zur „Hinübersetzung" seiner Vorstellung einen der Auskunftsperson möglichst nahe kommenden Code benutzen (Rn. 622), nicht seinen eigenen, völlig andersartigen.

Der Vernehmer muß durch *„Rückfragen"* (Rn. 551) oder durch *„Folgerungen ziehen"* (Rn. 569) sich vergewissern, ob er richtig „übersetzt" hat.

2. Gesetz: Einfachheit

575   **Benutzen Sie kurze, einfache Sätze mit höchstens einem Nebensatz und geläufige Wörter, seien Sie sparsam mit Verhältniswörtern, Bindewörtern, Umstands- und Eigenschaftswörtern.**

Lange Sätze *(falls man sie überhaupt grammatikalisch richtig zu Ende bekommt)* verwirren nur; ihr Sinn wird häufig nur teilweise, manchmal entstellt aufgenommen. Viele Menschen mit einfacher Bildung können Sätze mit mehr als einem Nebensatz nicht zutreffend erfassen. Auch humanistisch gebildete Juristen können nach einiger Übung lang- und vielgliedrige Sätze in mehrere einfache Sätze aufspalten.

Falsch: Raub ist dasjenige Delikt, das jemand durch Entwendung eines ihm nicht gehörenden Gegenstandes unter Anwendung von Gewalt oder von Drohung gegenüber einer anderen Person begeht, sofern die Intention der rechtswidrigen Aneignung besteht.

Richtig: Jemand nimmt einem anderen etwas weg. Er will es behalten. Aber es gehört ihm nicht. Beim Wegnehmen wendet er Gewalt an, oder droht einem anderen, daß er ihm etwas Schlimmes antun werde. Dieses Verbrechen heißt Raub. (Aus: *Langer, Schultz v. Thun, Tausch,* S. 49).

Eine Vernehmung ist kein deutscher Aufsatz. In der Schule haben Sie gelernt, daß die kurzfristige Wiederholung desselben Wortes für denselben Begriff „unästhetisch" sei, Sie sollten „Synonyme" suchen, also andere Worte für dieselbe Bedeutung. Ferner haben Sie gelernt, daß die gebräuchlichen Worte meist wenig aussagekräftig, daß sie „abgegriffen" seien; Sie sollten treffendere Bezeichnungen suchen, die weniger gebräuchlich seien. All das mag für den deutschen Aufsatz gelten. In der Vernehmung sind diese Regeln allesamt grundfalsch.

Bezeichnen Sie dieselbe Sache stets mit demselben Wort! Wählen Sie stets die gebräuchlichen Bezeichnungen. Falls die gebräuchliche Bezeichnung zu umfassend sein sollte, als daß sie präzise das trifft, was gemeint ist, dann ist es besser, sie durch ein hinzugefügtes Eigenschaftswort zu präzisieren als durch einen genaueren, aber ungebräuchlichen Ausdruck.

Nach *Arntzen* konnten von zehn Kindern, die zu einem Sexualdelikt gehört wurden, sechs Kinder folgende Frage nicht verstehen:

„Hat er Dir das Geld gegeben, *nachdem* er Dich ausgezogen hatte?"

Erst als die Frage umgeformt wurde, konnten alle sie verstehen: „Hat er Dich erst ausgezogen und Dir dann das Geld gegeben?" oder „Hat er Dir erst das Geld gegeben und Dich dann ausgezogen?"

falsch:	**richtig:**
Im Falle des Verlustes des Stimmzettels ist Neuausstellung unzulässig.	Verlorene Stimmzettel werden nicht ersetzt.
	Alle Fachausdrücke müssen „übersetzt" werden
kondizieren	eine ungerechtfertigte Bereicherung zurückverlangen
	Füllwörter verwirren und sind überflüssig
„fraglos" haben Sie recht	Sie haben recht

Notwendig sind die Eigenschafts- und Umstandswörter, die etwas Neues oder Charakteristisches aussagen. Die Formulierung: „Geben Sie mir die grünen Briefum-

schläge", bezeichnet genauer meinen Wunsch als der Satz: „Geben Sie mir die Brief-
umschläge".

Stark „gehäufte" Eigenschaftswörter verwirren:

Der gemeinsame Sohn der Parteien hat ein so gläubiges, verschämtes,
überzartes, frommes, gelehriges, träumerisches Wesen.

Hier schlagen sich die Eigenschaftswörter tot. Hätte man hier nur von einem from-
men und träumerischen Knaben gesprochen, hätte das noch einen bestimmten Eindruck erweckt.

Erklärung: Wie Sie schon beim Stichwort „Geduld" gesehen haben (Rn. 529),
verursacht ungewohnter, fremdartiger Sprachgebrauch sogar noch mehr Streß und
damit Denkblokaden als angstmachende Ungeduld. Wenn der Hörer keine „*Aufhänge-
möglichkeit*" in seinem Gehirn findet, wird er ängstlich, mißtrauisch, verzweifelt und
schaltet schließlich ganz ab. Jetzt nimmt er selbst vertraute Informationen nicht mehr
auf. Er sitzt wie im Glaskasten; die Worte prallen an ihm ab. Hier hilft kein nochmali-
ges und abermaliges Wiederholen; hier hilft nur eine andere Sprache (aus: *Vester,*
S. 168).

Bei Sätzen mit etwa 55 Wörtern liegt der „Leseleichtigkeitsindex" bei 0.
Die reichsgerichtliche Eisenbahndefinition enthält über 100 Worte.

576   Beispiel: Die Eisenbahn

Eine Eisenbahn ist ein Unternehmen, gerichtet auf wiederholte Fortbewegung von
Personen oder Sachen über nicht ganz unbedeutende Raumstrecken auf metallener
Grundlage, welche durch Konsistenz, Konstruktion und Glätte den Transport großer
Gewichtsmassen bzw. die Erzielung einer verhältnismäßig bedeutenden Schnelligkeit
der Transportbewegung zu ermöglichen bestimmt ist, und durch diese Eigenart in
Verbindung mit den außerdem zur Erzeugung der Transportbewegung benutzten
Naturkräften – Dampf, Elektrizität, tierische oder menschliche Muskeltätigkeit, bei
geneigter Ebene der Bahn auch schon durch die eigene Schwere der Transportgefäße
und deren Ladung usf. – gewaltige, je nach den Umständen nur bezweckterweise
nützliche oder auch Menschenleben vernichtende und menschliche Gesundheit verletzende Wirkung zu erzeugen fähig ist.

Reiners (S. 97) beschreibt das Reichsgericht so:

Ein Reichsgericht ist eine Einrichtung, welche dem allgemeinen Verständnis entge-
genkommen sollende, aber bisweilen durch sich nicht ganz vermeiden lassende, nicht
ganz unbedeutende bzw. verhältnismäßig gewaltige Fehler im Satzbau auf der schiefen
Ebene das durch verschnörkelte und ineinandergeschaltete Perioden ungenießbar
gemachten Kanzleistils herabgerollte Definition, welche eine das menschliche Sprach-
gefühl verletzende Wirkung zu erzeugen fähig ist, liefert.

Auch heute noch kommt es vor, daß im Einflußbereich der sogenannten
„Stuttgarter Schule" ein nicht ganz einfacher Anklage-„Satz" mit Hilfe des
Wörtchens „indem" schnell auf 100 Worte und mehr kommt. Wenn man
zudem bedenkt, daß schwierige Bindewörter wie „nachdem", „worauf",
„weshalb", „wobei" von einem Großteil der Bevölkerung nicht richtig verstanden werden, kann man sich vorstellen, daß der Angeklagte oft nur
„ahnt", weshalb er angeklagt wird. Mit Bandwurmsätzen reden Sie über die
Köpfe von 67–95% der Bevölkerung hinweg.

Wenn man schon fordert, daß die Justiz für den Laien durchsichtiger werden soll, wäre es wirksam, mit der Sprachreform zu beginnen. Sie kostet außer der Umlernungsmühe nichts.

3. Gesetz: Anschaulichkeit

Vermeiden Sie abstrakte, unanschauliche Begriffe, auch wenn Sie in der Gerichtsatmosphäre gebräuchlich sind. Gebrauchen Sie persönliche Fürwörter. 577

Reden Sie nicht vom Beklagten, sondern von „Ihrem Nachbarn, Herrn Müller", sagen Sie nicht, „das Gericht zieht sich zur Beratung zurück", sondern „wir werden den Fall beraten". Vollends unmöglich wird solcher Sprachgebrauch, wenn der Beklagte des ersten Rechtszuges plötzlich zum „Berufungskläger" wird, gar nicht zu reden vom „Wider-Widerkläger".

Das Abstraktionsvermögen der meisten Menschen ist gering. Zudem hören viele die im Gerichtssaal gebräuchlichen Begriffe wie Nebenkläger, Streitverkündeter usw. zum ersten Mal in ihrem Leben und können diese Begriffe nicht den richtigen Personen zuordnen.

Auch bei peinlichen Vorfällen sollte man die Dinge beim Namen nennen und nicht in blasse Abstraktion flüchten. Zwar verstehen es die meisten Auskunftspersonen, wenn man sie fragt, ob sie der Zeugin „beigewohnt" haben oder intim geworden sind, sicherer aber ist doch die Frage nach dem Geschlechtsverkehr.

Bei einigem Nachdenken ist es nicht so schwer, abstrakte Begriffe durch konkrete anschauliche zu ersetzen.

Beispiel: Wieviel darf der Tacho abweichen?

falsch: § 57 StVZO
„Die Anzeige der Geschwindigkeitsmesser darf vom Sollwert abweichen in den letzten beiden Dritteln des Anzeigebereiches – jedoch mindestens von der 50 km/st Anzeige ab, wenn die letzten beiden Drittel des Anzeigebereiches oberhalb der 50 km/st-Grenze liegen – 0 bis + 7 vom Hundert des Skalenendwertes; bei Geschwindigkeiten von 20 km/st und darüber darf die Anzeige den Sollwert nicht unterschreiten."

richtig: Die Tachometeranzeige im Auto: Um wieviel darf sie abweichen von der tatsächlichen Geschwindigkeit?
Bis 20 km/st gibt es keine Vorschrift. Ab 20 km/st darf der Tacho auf keinen Fall zu wenig anzeigen; etwas mehr ist erlaubt. Wieviel? 7% von der Höchstgeschwindigkeit, die auf dem Tacho eingezeichnet ist. Angenommen, er reicht bis 120, dann darf er 7% von 120 (= 8,4) zuviel anzeigen. Höchstens!
Diese Regel gilt für die beiden oberen Drittel des Tachos, also z. B. beim 120er-Tacho zwischen 40 und 120 km/st. Reicht der Tacho über 150 km/st, dann beginnt die 7%-Regelung schon ab 50 km/st.
(aus: Langer, Schultz v. Thun, Tausch, S. 115).

Empirischer Beleg: In einer Gruppe von 20 Zeugen, die keinen vollständigen Hauptschulabschluß hatten, konnte niemand die Frage verstehen, die solche Wörter oder Redewendungen enthielten *(aus: Arntzen).* 578
Welcher *Unterschied* besteht zwischen . . .?
Unter welchen *Umständen* geschah?
Was war der *Anlaß* dafür . . .?

Hat er Ihnen bei dieser *Gelegenheit* Bilder gezeigt?
Haben Sie ihn mit *Bewußtsein* gesehen?
Waren Sie sich im *klaren, daß* . . .?
War es draußen oder in einem Raum?
Haben Sie das mit ihm *erörtert?*
Haben Sie *Einzelheiten* verstehen können?
Haben Sie bei zwei *verschiedenen Gelegenheiten* mit ihm gesprochen?
Hat er sich seiner Kleider *entledigt?*
(Die Zusammenstellung erfolgte aus Fragen, die Verteidiger im Strafverfahren stellten).
Viele dieser Formulierungen gehören zur Alltagsgerichtssprache. Man muß aber damit rechnen, daß ungefähr jeder *vierte* Zeuge, der vor dem Strafrichter auftritt, unterdurchschnittlich begabt ist. Er ist diesem Wortschatz nicht gewachsen, auch wenn ihm *einzelne* Wörter aus diesen Beispielen geläufig sind.

Circa 10% der Hauptschüler haben keinen Abschluß.

a) Assoziationen wecken

579   Je mehr Sie bei einer Vernehmung der Auskunftsperson Begleitumstände wieder in Erinnerung rufen können, desto größer ist Ihre Chance, daß sie auch wieder an das Hauptgeschehen erinnert (vgl. *Mehrkanalmethode, Rn. 631*).

Erklärung: Beim Abruf von Erinnerungen sind vor allem zwei Umstände wesentlich, nämlich,
daß nicht alle an sich verfügbaren Informationen zu jeder Zeit im gleichen Ausmaß abgerufen werden können (*Gedächtnisverschluß* Rn. 162);
daß die Menge von Assoziationen, die zur Zeit des Abrufes zur Verfügung stehen, das Ausmaß dessen, was erinnert wird, ganz wesentlich beeinflußt.
Zusammen mit jeder Information nehmen wir gleichzeitig noch eine große Zahl anderer „Begleitinformationen" auf. Dieser Komplex von Informationen wird in unserer Erinnerung zu einem zusammenhängenden „Muster" verwoben. Wird nun aus irgendeinem Grund die Begleitinformation wiedererinnert, so ist die Chance groß, daß auch das ganze „Muster" – also auch die gesuchte Kerninformation erinnert wird.

580   (1) Bauen Sie der Auskunftsperson eine „Eselsbrücke". Bei der Vernehmung von Zeugen erlebt man sehr oft, daß diese sich zunächst an nichts erinnern können, dann aber nach stichwortartigem Vorhalt bloßer Begleitumstände aus früheren Angaben (oder aus den Bekundungen anderer) plötzlich genaue und detaillierte Aussagen machen. Vom Richter und von den Anwälten werden diesen Zeugen unter solchen Umständen manchmal Vorwürfe gemacht, weil sie ihr Gedächtnis nicht von vornherein genügend angestrengt hätten; oder es werden die Angaben als nicht verwertbar verworfen, weil sie offenbar nicht auf „eigener" Erinnerung der Zeugen beruhten.
Diese Bewertung beruht auf einer mangelnden Kenntnis der Arbeitsweise unseres Gedächtnisses. Sie alle kennen den Begriff der „Eselsbrücke". Bei diesen Eselsbrücken schaffen Sie Verbindungsglieder zu dem gefragten Ge-

genstand; das heißt mit anderen Worten, Sie holen sogenannte Sekundärassoziationen heran und helfen so dem anderen auf die „Sprünge". Nichts anderes aber geschieht, wenn Sie dem Zeugen Anhaltspunkte zum Tatort oder zur Tatzeit, ein besonderes Begleitereignis, wie z. B. den Geburtstag des Zeugen (Anstoßfrage, Rn 600) in Erinnerung rufen. Plötzlich kann er das Geschehnis wieder finden und einordnen. Vergleiche dazu Rn. 7.

Beispiel: Wie war der Name noch!

Wir sitzen gerade bei einer Beschäftigung, die uns gefangen nimmt. Plötzlich schrillt das Telefon. Wir gehen in einen anderen Raum und heben das Telefon ab. Unsere Arbeit kreist noch in unseren Gedanken umher, so daß wir nur mit „halbem Ohr" hinhören. Unter anderem wird ein Name genannt. Wir sollen dringend Herrn Berthold schreiben. Wir glauben, uns alles merken zu können und gehen zu unserem Schreibtisch zurück. Wir wissen noch, irgendetwas sollen wir erledigen, wollen uns eine Notiz machen – und haben es vergessen. Es ist wie weggeblasen. Wir wissen nur noch, daß es dringend war. Also bleibt uns nichts anderes übrig, als unseren Bekannten nochmals anzurufen. Wir gehen zurück in das andere Zimmer zum Telefon. Heben den Hörer ab – und plötzlich fällt es uns wieder ein: richtig, Herrn Berthold sollten wir dringend schreiben.

Erklärung: Offenbar war die Erinnerung also nicht nur mit dem Namen Berthold verknüpft, sondern auch mit dem ganzen Drumherum, dem Ticken der Uhr, dem Bücherregal des anderen Raumes, den Bildern usw. Die Telefonmitteilung war also noch in die ganze Umgebung miteingepackt. Eine Information besteht also nicht nur aus ihrem Hauptinhalt, sondern auch aus den dabei mitgespeicherten, mitschwingenden Wahrnehmungen, der Einrichtung des anderen Zimmers, seiner Atmosphäre, den positiven oder negativen Gefühlen, die wir dabei empfanden, kurz, aus dem ganzen Milieu. Während der vergessene Name ja nur über einen Eingangskanal – über das Ohr – gespeichert wurde, war die Gesamtinformation über mehrere Eingangskanäle in unser Gehirn gelangt: über das Auge, das Fühlen der Hand beim Abheben des Höreres, über die Nase und von dort zu den entsprechend vernetzten Assoziationen. Erst als wir wieder zurückgingen, das Milieuerlebnis wiederholten, aktivierten wir auch alle diese Assoziationen von neuem, die gleichen Gefühle tauchten auf, und mit ihnen steht auch wieder der Name Berthold vor uns. Wir konnten ihn vorher nicht mehr erinnern, obwohl die Motivation da war (denn wir wollten ihm ja schreiben), obwohl die Aufmerksamkeit auf die gesuchte Information gerichtet war (denn wir dachten ja angestrengt nach) und obwohl die Information schon leicht im Kurzzeitgedächtnis verankert war; denn sonst hätten wir uns später nicht daran erinnert. Doch alles das reichte nicht aus. Der Name Berthold war in unterschwellige Assoziationen verpackt. Und erst durch deren Aktivierung kam er wieder ans Tageslicht (vgl. *Vester,* S. 145 f.).

(2) Wiedererinnerung ist leichter als die abstrakte Rekonstruktion der 581 **Erinnerung.** Die beschriebene Erscheinung erklärt auch, warum Sie etwas soviel besser wiedererkennen als bloß erinnern. So erreichen Sie z. B. beim Wiedererkennen eines Gesichts weit mehr Wahrnehmungsimpulse, als wenn Sie sich auf bloße Namensnennung hin das Gesicht einer früher einmal gesehenen Person vorstellen sollen. Jeder kann das selbst nachprüfen. In der mündlichen Verhandlung erkennt er sofort eine Partei wieder, die schon vor einem Jahr einmal da war. Als die Akte einkam, hatte er sich (vielleicht) an den Namen erinnert; aber das Gesicht konnte er damals nicht mehr rekonstruieren.

b) Anschauungsmaterial anbieten

582 **Eine Mitteilung wird umso zuverlässiger im Empfänger verankert, desto mehr Sinnesorgane bei der Wahrnehmung angesprochen und desto mehr Perspektiven aufgezeigt werden.**

Der Mensch ist ein „Augentier". In keinem Sitzungssaal sollte die Wandtafel oder ein Flip-chart fehlen. An ihr kann der Sachverständige seine komplizierten Ausführungen durch eine einfache Skizze überraschend verständlich machen. Der Hergang eines Verkehrsunfalls kann dort übersichtlich dargestellt werden, nebst allen abweichenden Versionen, die Parteien und Zeugen einbringen. Versäumen Sie niemals, vorhandene Fotos, Zeichnungen, Pläne auf dem Richtertisch auszubreiten und geben Sie dadurch ihren Auskunftspersonen eine Orientierungshilfe. Ist gar nichts vorhanden, dann lassen Sie die Auskunftsperson selbst eine Skizze anfertigen.

Durch den Einsatz mehrerer Kommunikationsmittel übermittelt man denselben Tatbestand zwei- oder mehrmals. Man nützt dabei bestimmte Vorlieben eines Menschen aus. Manche bezeichnen sich selbst als optische oder akustische Typen. Durch die Mehrfachübermittlung verringert man die Gefahr, daß durch Mißverständnisse, Hörfehler, Unaufmerksamkeit, Unvollständigkeit folgenreiche Lücken und Fehler in der Mitteilung unerkannt bleiben.

c) Der Augenschein als Erinnerungshilfe

583 Die Chance, daß eine Information im Gehirn fest verankert wird, ist umso größer, je mehr Assoziationen dafür im Gedächtnis vorhanden sind.

Daher verbessern Sie auch die Verständigungsmöglichkeiten zwischen sich und den Prozeßbeteiligten, wenn Sie bei Ihren Mitteilungen möglichst viele Eingangskanäle der anderen ansprechen. Bei einem Verkehrsunfall legen Sie z. B. den Beteiligten eine Skizze vor.

Sie erleichtern dem anderen das Finden einer Information umso mehr, je mehr Begleitumstände Sie ihm ins Gedächtnis rufen, vgl. dazu die Mehrkanalmethode Rn. 631.

Dies kann auf besonders effiziente und unverfälschte Weise durch einen Augenschein geschehen. Hier versetzen Sie die Auskunftsperson in die ursprüngliche Lage zurück, ohne dabei unzulässigen Einfluß auf ihr Erinnerungsbild zu nehmen. Denn bei falscher Anwendung bergen die Gedächtnisstützen die Gefahr der Beeinflussung in sich. Beim Augenschein sollten Sie darauf achten, daß möglichst die gleichen äußeren Verhältnisse wie Tageslicht, Witterung herrschen wie zum fraglichen Zeitpunkt. Wenn es auf möglichst genaue Wiedergabe eines Ereignisses in einer wichtigen Sache ankommt, sollten Sie nie auf den Augenschein verzichten.

d) Aktive Redeweise

584 Die Leideform sollte – zusammen mit dem Amtsschimmel – aus den deutschen Gerichtssälen verschwinden. Erzählen Sie Handlungen grundsätzlich in der Tatform.

Die Leideform ist unanschaulich und umständlich (weil man sie nur mit dem Hilfszeitwort „werden" bilden kann). Der Satz wird dadurch weniger anschaulich. Die Leideform läßt den Sachverhalt im Halbdunkel; der Täter bleibt ungenannt.

| Es wird gemeldet, daß die Personalakten im Justizministerium vernichtet wurden.
Wer meldet, wer hat vernichtet? | Wie der Justizminister bekanntgab, haben unbekannte Täter die Personalakten seines Ministeriums verbrannt. |

B. Fragetechnik

a) Eine gute Frage 585

wird von allen Beteiligten verstanden, notfalls müssen Sie sich dem niedrigsten Niveau anpassen,

  betrifft nur einen einzigen Punkt aus dem Verhandlungsgegenstand,

  verfolgt ein bestimmtes Ziel,

  verlangt eine bestimmte Antwort,

  verhindert Raten und Unklarheiten.

Stellen Sie die Frage deutlich, eindeutig und – wenn nötig – eng gefaßt.

Falls der Vernommene nach einer kurzen Pause nicht antwortet, formulieren Sie die Frage neu und fassen Sie die Frage möglichst noch enger. Vermindern Sie Ihr Sprechtempo. In vielen Fällen genügt es schon, wenn Sie die Frage langsamer wiederholen.

b) Die Art der Fragestellung darf bei der Auskunftsperson nicht den 586 **Eindruck erwecken, daß sie die Antwort „eigentlich" wissen müsse.**

Manche Menschen wollen den Richter, der da so erwartungsvoll fragt, nicht enttäuschen; andere schämen sich zuzugeben, daß sie die Antwort nicht wissen. In beiden Fällen sagt der Zeuge mehr als er verantworten kann (Rn. 528). Fragen Sie deshalb nur dann direkt, wenn der Auskunftsperson wirklich zuzutrauen ist, daß sie die Antwort weiß. In anderen Fällen fragen Sie etwa so:

„Wenn Sie uns auch noch dazu etwas sagen können, wie war das mit . . .?

c) Achten Sie darauf, daß in Ihre Frage keine Worte einfließen, die 587 **positive oder negative Assoziationen wecken können.**

Empirischer Beleg: Auf die Frage, *„Sollten die USA alles tun, um den Weltfrieden zu fördern"?* antworteten 97% mit „ja".

Auf die Frage, *„Sollten sich die USA in Pläne verwickeln lassen* (negative Assoziation!), *die den Weltfrieden fördern"?* antworteten nur noch 60% zustimmend (aus: *Bingham,* S. 17, 18).

d) Eine negative Ansprache kann die Auskunftsbereitschaft lähmen 588

falsch	richtig
Ich weiß zwar, daß Sie uns nicht viel erzählen können, weil Sie mit dem Verkauf Ihrer Zeitungen beschäftigt waren. Aber vernehmen muß ich Sie doch.	Nun bin ich neugierig, ob und was Sie uns erzählen können. Als Zeitungsverkäufer fühlen Sie sich auf der Straße wie zu Hause und haben vielleicht manches mitbekommen.

(nach *Graßberger* S. 128)

Die negative Ansprache vermittelt dem Zeugen den Eindruck, daß der Richter an seiner Aussage nicht interessiert ist. Warum sollte dann der Zeuge interessiert sein, dem Richter alles mitzuteilen, was er weiß?

Die negative Ansprache kann den Zeugen dazu verführen, nach Ausflüchten zu suchen

falsch: **richtig:**

Könnten Sie nicht zum Augen-   Wann können Sie zu einem Au-
schein mitkommen?   genschein mitkommen?

Die negative Ansprache kann dazu führen, daß dem Zeugen seine Gehbehinderung einfällt oder sein Asthma. Die Gewißheit, zum Augenschein mitkommen zu müssen, verbunden mit der Freundlichkeit auf eine etwaige zeitliche Verhinderung des Zeugen Rücksicht nehmen zu wollen, motiviert den Zeugen zur Mitarbeit an der Aufklärung.

589   **e) Fragen Sie subjektiv auf die Auskunftsperson bezogen, vermeiden Sie den bestimmten Artikel, Verneinungen und Antwortvorgaben.**

Empirischer Beleg: *Muscio* prüfte in einer inzwischen klassisch gewordenen Studie die Vollständigkeit, Sicherheit und Genauigkeit der Antworten auf unterschiedlich formulierte Fragen.

Schon allein die Einfügung einer Verneinung *„Sahen Sie nicht . . .?* ergab bloß noch einen Mittelplatz bei der Qualität der Antwort.

Ebenfalls nur Mittelplätze waren das Ergebnis, wenn *Muscio* allein statt des unbestimmten Artikels den bestimmten verwendet hatte: *„Sahen sie den . . .“?*, statt: *Sahen Sie einen“?*

Das gleiche gilt, wenn allein statt der personenbezogenen Frage, eine objektbezogene Frage gestellt wurde, z. B. *„War da . . .“? statt: „Sahen Sie . . .“*

Die schlechtesten Antworten ergab die objektbezogene Frage mit bestimmtem Artikel und Antwortvorgabe, z. B. *„War da der offene Regenschirm?*

Die besten Antworten ergab die personenbezogene Frage mit unbestimmtem Artikel, z. B. *„Sahen Sie einen Regenschirm?“*

(Muscio in Bingham, S. 17, 18)

4. Gesetz: Eine Frage

590   **Stellen Sie niemals mehr als eine Frage gleichzeitig. Wählen Sie dabei einfache und kurze Formulierungen.**

Sie verhindern bei nur *einer* Frage, daß sich der Befragte die für ihn angenehmste Frage heraussucht und Sie dadurch möglicherweise den Faden der Vernehmung verlieren. Wenn der Befragte die Antwort ausladend und gründlich ausbaut, erweckt er leicht den Eindruck, er habe alle Ihre Fragen beantwortet.

falsch: Wie heißt dieser Bekannte, um welche Arbeiten handelt es sich, und wie hoch sollte der Betrag sein, der für Sie herausspringen sollte? *(bei Geerds, S. 222 als Beispiel richtigen Fragens)*

Fassen Sie eine Frage einfach und kurz. Antworten auf zusammengesetzte Fragen sind häufig unvollständig, mehrdeutig oder beides.

Lange, schwierige, in der Gesetzessprache abgefaßte Fragen dienen nur dazu, den Befragten zu verwirren. Häufig wird er antworten, daß er nichts weiß. In Wirklichkeit hat der andere nur Ihre Frage nicht verstanden. Derartige Fragen machen den anderen verlegen und gegen den Vernehmer voreingenommen.

falsch: „Wollen Sie sich weiterer Erwägung vorbehalten, zu entscheiden, wann Sie über Fragen der Erhöhung der vorgesehenen Kosten der Errichtung einer Gemeinschaftsgarage und die hierdurch nötige Erhöhung der Beanspruchung der Miteigentümer nach Maßgabe ihrer Beteiligung befinden werden?"

richtig: Werden die Kosten der Gemeinschaftsgarage höher als im Kostenvoranschlag vorgesehen? Wollen Sie die Miteigentümer zur Deckung der entstehenden Mehrkosten anteilig heranziehen? Wann werden Sie darüber entscheiden?

Vermeiden Sie verschnörkelte Einleitungen.

falsch: „Gehe ich fehl in der Annahme, daß Sie mit dem Kläger befreundet sind?"
richtig: „Sind Sie mit Herrn X befreundet?"

falsch: „Auch wenn es mir peinlich ist, so muß ich Sie doch leider danach fragen, ob Sie Mundverkehr mit Ihrer Tochter hatten?"

Durch eine derartige Einleitung macht man der Auskunftsperson bewußt, daß man selbst die Angelegenheit als peinlich empfindet. Dadurch macht man ihr das Antworten nur noch peinlicher. Gerade in dem tabuierten Bereich der Sexualität ist es wichtig, direkte Fragen zu stellen, ohne zu zögern oder sich zu entschuldigen. Zeigt der Richter irgendwelche Unsicherheit oder Verlegenheit, so kann er nicht erwarten, daß sich die Befragte besser verhält.

Bei heiklen Fragen empfiehlt *Kinsey* folgende Technik:

Blicken Sie dem Befragten fest in die Augen und fragen Sie in einfacher und klarer Sprache und einer Miene, als ob jeder schon alles getan hätte:
„Hatten Sie Mundverkehr mit Ihrer Tochter"? (Kinsey, Zit. in Neuberger, S. 133)

Wenn alles nichts hilft, weil sich die Auskunftsperson gar zu sehr geniert, Details aus dem Sexualbereich zu schildern, kann man ihr anbieten, sie solle zunächst einmal aufschreiben, wie die Sache gewesen sei. Anhand dieses Aufschriebs hat man dann genügend Anhaltspunkte, die restlichen Details im Verhör vollends herauszuholen.

Stellen Sie einfache Fragen.

falsch:	richtig:
War Ihnen nicht klar, daß Ihre Einkünfte, da Sie – wie erklärt – über andere Mittel nicht verfügten, nicht ausreichen konnten, um die mit Herrn Schulze vereinbarten Raten zu zahlen? (aus *Geerds*, S. 222, als Beispiel richtigen Fragens)	Ihr gesamtes Einkommen benötigen Sie vollständig für Ihren Lebensunterhalt. Wovon wollten Sie die mit Herrn Schulze vereinbarten Raten bezahlen?

5. Gesetz: Eindeutige Fragen

591　Verwenden Sie eindeutige Formulierungen, wenn Sie eindeutige Antworten haben wollen. Vermeiden Sie negative Fragen, insbesondere doppelte Verneinungen.

„Jetzt beraten Sie bitte erst mal sich selbst, welche Frage Sie eigentlich an mich stellen wollen (*Schalck-Golodkowski* im Untersuchungsausschuß).

Verschwommene Formulierungen fördern ein Abschweifen vom Thema

richtig:	falsch:
„Was haben Sie gestern gemacht, was heute?“	„Was haben sie früher gemacht?“

a) Konkrete Fragen:

592　**Fassen Sie Ihre Fragen eng, aber nicht zu eng.**
Wenn Ihnen die Auskunftsperson etwas völlig anderes antwortet, war die Frage zu weit gefaßt, nicht konkret genug gestellt. Lautet die Antwort schlicht „ja“ oder „nein“, dann war die Frage zu eng gestellt.

Die konkrete Fragestellung schränkt den Antwortbereich auf die Zielrichtung Ihrer Frage ein und verhindert so ein Abschweifen vom Thema.

falsch: „Können Sie mir etwas über die Gewohnheiten des Herrn X erzählen“?

richtig: „Was wissen Sie über den Alkoholverbrauch des Hernn X?“

Andererseits sind bloße Ja/Nein-Antworten für die Beweiswürdigung wertlos.

falsch: „Haben Sie jemals Herrn X betrunken gesehen?“

Die Auskunftsperson wird hier oft mit einem schlichen „ja“ oder „nein“ antworten. In diesem Falle müssen Sie den Antwortbereich wieder ausweiten.

richtig: „Wann haben Sie Herrn X betrunken gesehen?“
„Wie oft war er betrunken?“
„Wie betrunken war er?“
„Womit hat er sich betrunken?“

593　b) Keine negativen Fragen:

Negative Fragen führen – je nach Betonung – entweder zu suggestiver Beeinflussung oder zu dem Eindruck, der Frager sei sehr unsicher. Die Antworten auf negative Fragen sind immer mehrdeutig.

(1) Die Auskunftsperson kann durch eine solche Frage, wie z. B. *„Wissen Sie nicht, daß* . . ? den Eindruck gewinnen, daß sie das unbedingt wissen müsse und dieser Suggestion nachgeben (Rn. 528).

(2) Die Auskunftsperson kann aber auch durch eine derartige Frage, wie z. B. *„War da nicht etwa* . . . “? den Eindruck großer Unsicherheit beim Frager gewinnen. Das kann dazu führen, daß sich die Auskunftsperson gegen die Vernehmung sperrt.

(3) In jedem Fall ist die Antwort auf die negative Frage mehrdeutig falsch: *„Sie wissen nicht, daß Herr X an dem Verkehrsunfall beteiligt war"?*
Antwort: *„nein".*
Die Antwort ist vieldeutig:
„Nein, ich weiß es nicht".
„Nein, ich weiß es doch, daß er beteiligt war".
„Nein, ich weiß, daß er nicht beteiligt war".

(4) Doppelte Verneinungen verwirren

Doppelte Verneinungen werden schon deshalb leicht mißverstanden, weil das „nicht" überhört wird. Viele Auskunftspersonen sind aber auch dann der doppelten Verneinung intellektuell nicht gewachsen, wenn sie die Fragestellung richtig gehört haben. Sie wissen oft nicht, ob sie mit „ja" oder „nein" antworten müssen, wenn sie die Frage bejahen wollen.

falsch: „Sind Sie nicht gegen die Anerkennung der Klagforderung?"

richtig: „Wollen Sie die Klagforderung anerkennen?"

6. Gesetz: Abmildernde Fragen

Wählen Sie für Ihre Frage das mildeste (gerade noch vertretbare) **Wort**   594
**für den Begriff, den sie erfragen wollen. Eine provozierende Wortwahl
ruft immer Abwehr hervor.**
Es ist ein Unterschied, ob man jemand „nachdrücklich zurechtweist" oder
ihn „zur Schnecke macht". Der Gefühlston, der Wörter begleitet, kann ihre
Wirkung auf den Empfänger völlig verändern.

Bemerkenswert ist, daß in der Regel dann Wörter mit hohem emotionellen Gehalt
gebraucht werden, wenn die Atmosphäre „geladen" ist, wenn die Kontrolle der Vernunft nachläßt (z. B. in Krisensituationen, bei Belastungen, Konflikten, Auseinandersetzungen usw.). Aber gerade hier wäre es wichtig, die aufgeheizte Lage nicht noch
mehr zu belasten.

falsch:	**richtig:**
„Sie haben also den Kläger über den Ölverbrauch des Fahrzeugs arglistig getäuscht?"	„Sie haben also den Ölverbrauch niedriger angegeben, als er in letzter Zeit vor dem Verkauf im Durchschnitt war?"
„Und dann haben Sie dem Zeugen die Brieftasche gestohlen?"	„Und dann haben Sie die Brieftasche des Zeugen an sich genommen?"

Auch wer vor dem härteren Wort zurückschreckt, gibt häufig den relevanten Sachverhalt bei abgemilderter Wortwahl zu. Provozierende Wortwahl hingegen führt umgekehrt auch bei ansonsten auskunftsbereiten Personen zur Abwehr.

a) Keine negativen (oder positiven) Assoziationen wecken

Je neutraler die Wortwahl ist, desto eher bekommen Sie unverfälschte Anworten (Rn. 587).

595   b) Keine vorwurfsvollen Fragen stellen

Ein – auch versteckt – in der Frage liegender Vorwurf reizt zum Widerspruch. Das verfälscht die Aussage, kann sogar zu direkten Lügen verführen.

Der Richter muß auch vorwurfsvolle Fragen anderer Prozeßbeteiligter sofort abmildern. Ein Zeuge, der aussagebereit bleiben soll, darf sich vor Gericht nicht wie ein Angeklagter vorkommen. Schützen Sie den Zeugen vor unberechtigten oder überzogenen Vorwürfen!

Ausnahmsweise kann in der Schlußphase einer Vernehmung eine vorwurfsvolle Frage als gezielte Provokation zulässig, ja geboten sein. Insbesondere dann, wenn alle anderen Mittel versagt haben, den Zeugen aus seiner Verstocktheit herauszulösen, mit welcher er die Wahrheit zurückhält oder blanke Lügen auftischt. In dieser Situation darf der Richter auch den anderen Prozeßbeteiligten vorwurfsvolle Fragen gestatten.

Vorher aber müssen Sie alles versucht haben, dem Zeugen eine „Brücke zur Wahrheit" zu bauen, z. B.: „Wir alle können uns irren, denken Sie noch einmal genau darüber nach und sagen Sie uns nur das als sichere Erinnerung, was Sie wirklich verantworten können".

„Schon manchen Zeugen ist eine unkorrekte Aussage unterlaufen. Das ist nicht so schlimm; Hauptsache ist, daß das rechtzeitig korrigiert wird. Jetzt haben Sie noch Zeit dazu, sich straflos zu berichtigen".

Auf gar keinen Fall dürfen Ihnen schon vor der Schlußphase vorwurfsvolle Fragen entschlüpfen.

Beispiel: Steigen Sie zu jedem ins Auto?

Ein Mädchen, das vergewaltigt worden war, gab zunächst zu, daß sie freiwillig in das Auto des Angeklagten eingestiegen ist (nach *Arntzen*):

Der Richter fragt: Setzen Sie sich zu jedem wildfremden Mann ins Auto? Jetzt behauptet die Zeugin, sie sei doch ins Auto gezerrt worden. Nunmehr wird ihr *(da das widerlegbar ist)* auch hinsichtlich ihrer übrigen Angaben nicht mehr geglaubt.

Letzteres, daß eine Lüge auf allgemeine Unglaubwürdigkeit schließen lasse, ist ein weitverbreiteter Irrtum, vgl. Rn. 302.

Empirischer Beleg: Ein Meinungsforschungsinstitut untersuchte, welche Auswirkungen es hat, wenn statt eines „neutralen" Wortes ein Wort verwendet wird, das negative Assoziationen weckt (vgl. Rn. 587).

Frage A: Glauben Sie, daß die Vereinigten Staaten ihre Armee und Flotte *zur Unterstützung* Kanadas einsetzen sollten, wenn dieses Land durch irgendeine europäische Macht angegriffen würde?
71% antworteten mit „ja".

Frage B: Glauben Sie, daß die Vereinigten Staaten *in den Krieg eintreten sollten,* wenn Kanada durch irgendeine europäische Macht angegriffen würde?
Nur noch 64% antworteten mit „ja" (aus: *Cantrill-Rugg*, S. 105).

Die Linguisten sprechen von zwei Bedeutungsebenen der Begriffe.
(1) Denotative Bedeutung: Das ist die „Wörterbuchdefinition", die objektive Bedeutungsebene

(2) Konnotative Bedeutung: Das bezeichnet die Gefühle, Einstellungen und Assoziationen, die ein Wort beim Hörer hervorruft, die subjektive Bedeutungsebene.

In unserem Beispiel hatte das Wort in der Frage A „Unterstützung" eine positive,
das Wort in der Frage B „Krieg" eine negative Assoziation hervorgerufen.

7. Gesetz: Fragetaktik

Vermeiden Sie es, mit ihren Fragen der Auskunftsperson vorzeitige 596
Informationen darüber zu vermitteln, welche Antworten Sie erwarten
oder wieviel Sie selbst schon von der Sache wissen.
Wenn ein Zeuge z. B. nichts über erwartbare Reaktionen zu berichten hat,
ist das ein Lügenzeichen (Rn. 310). Wenn er aber aus Ihrer Frage heraushört,
welche Reaktionen Sie erwartet haben, wird er versuchen, solche zu erfinden
(Rn. 309).

Wenn Sie selber sich nicht bewußt sind, welche Informationen Sie der
Auskunftsperson anläßlich Ihrer Fragen mitliefern, dann können die Antworten den falschen Eindruck erwecken, die Informationen stammten von
der Auskunftsperson selbst.

Wenn Sie vorzeitig alle Ihre Karten aufdecken, werden Sie oft keine zusätzlichen Erkenntnisse mehr gewinnen. Wenn Sie dagegen erst nach und
nach immer wieder etwas Neues von Ihren Informationen in die Vernehmung einfließen lassen, kann die Auskunftsperson nicht beurteilen, was Sie
sonst noch alles wissen. Das erhöht ihre Auskunftswilligkeit. Insbesondere
wenn erlogene Einlassungen zu erwarten sind, müssen Sie mit Ihren Kenntnissen solange zurückhalten, bis faule Ausreden abgeschnitten sind.

Wenn z. B. Fingerabdrücke des Beschuldigten am Tatort gesichert wurden, dann
müssen Sie selbstverständlich zuerst fragen, ob er jemals am Tatort war, bevor Sie ihm
die Abdrücke vorhalten. Andernfalls würde er bestimmt behaupten, die Abdrücke
stammten von einem früheren Besuch am Tatort, den er geschwind erfindet.

2. Abschnitt: Sechs Fragetypen

Die zentrale Methode zur Würdigung der Aussage ist die Aussageanalyse.
Sie setzt eine brauchbare Aussage voraus, die sich mit Gewinn analysieren
läßt. Eine solche Aussage gewinnen Sie durch richtiges Fragen. Zu diesem
Zweck müssen Sie die wichtigsten Fragetypen kennenlernen, ihren Zweck
und ihre Wirkung.
Bevor Sie an die Gewinnung einer inhaltlichen Aussage herangehen, prüfen Sie die Brauchbarkeit der Auskunftsperson. Dies geschieht durch:

1. Die Filterfrage

Mit der Filterfrage wird die konkrete Aussagefähigkeit des Vernomme- 597
nen geprüft. Sie vermeidet Vernehmungen, die nichts erbringen.
Mit der Filterfrage werden die konkreten Voraussetzungen abgecheckt,
unter welchen die Auskunftsperson ihre Wahrnehmungen gemacht hat. Sie

engt ferner – jedenfalls in groben Umrissen – die Befragung auf die erheblichen Umstände ein.

Beispiele:

Wenn das Vertragsabschlußgespräch Gegenstand der Beweisaufnahme ist:
„Waren Sie bei den Vertragsverhandlungen am 12. 4. 76 im Büro des Klägers persönlich anwesend?"

Bei Kurzsichtigkeit eines Zeugen
„Trugen Sie eine Brille, als Sie Herrn X in 20 m Entfernung wiedererkannten?"

Klären Sie insbesondere ab, ob der Zeuge die bekundeten Tatsachen selbst beobachtet hat. Anlaß dazu geben Formulierungen wie „man" oder „wir". Ob der Sachbearbeiter der Polizei selbst am Tatort war oder ob er nur die Ergebnisse seiner Kollegen referiert („Zeuge vom Aktenlesen"). Auch Fragen nach den Sichtverhältnissen, nach der Entfernung, nach Alkoholgenuß usw. gehören hierzu.

2. Die offenen Fragen

598   Sie sind suggestionsfrei, öffnen den Gesprächspartner und ermöglichen dadurch einen breiten Informationsfluß.
Offene Fragen enthalten keine vorgegebene Beschränkung der Antwortmöglichkeiten. Der Vernommene bestimmt frei Form und Inhalt der Antwort. Er kann sie in beliebiger Ausführlichkeit, Genauigkeit und Richtung beantworten.

Offene Fragen sind sogenannte **W-Fragen.** Sie werden stets durch Fragefürwörter eingeleitet, die mit dem Buchstaben W beginnen: „wer, was, wann, wohin, wo, wie, wieviel, woran, worin, weshalb, wozu, wodurch, warum, welche" usw.

Beispiele: *Was haben Sie beim Zusammenstoß der Autos gesehen?"*
„Wann sind Sie zur Blutentnahme gegangen?"
„Woran haben Sie Herrn X wiedererkannt?"

Das Gegenstück zur offenen Frage sind die **geschlossenen Fragen,** Rn. 602 ff.

Offene Fragen regen den Vernommenen zu eigener Aussagegestaltung und zu einem freien Redefluß an. Man sollte Tatsachen grundsätzlich durch offene Fragen ermitteln, um eine möglichst unbeeinflußte Aussage zu erhalten.

Die folgenden Spezialfälle der offenen Frage überlassen der Auskunftsperson nicht mehr völlig die Richtung ihrer Antwort, sind aber doch noch praktisch inhaltsleer und damit suggestionsfrei. Sie dienen der Weiterführung eines ins Stocken gekommenen Gesprächs und der Konkretisierung einer bislang noch zu allgemein gehaltenen Schilderung.

a) Die Leerfrage

599   Sie ist ebenfalls eine W-Frage, fügt ihr aber noch eine abstrakt gehaltene Angabe hinzu

Beispiele: *Wie ging es weiter? Was tat er dann? Was geschah davor?*

b) Die Anstoßfrage

**Hier wird ein konkretes Stichwort ins Gespräch gebracht. Die Frage 600
wird aber so formuliert, daß sie möglichst suggestionsfrei bleibt.**

Beispiele: War da noch etwas mit dem Telefon?
Und zur gleichen Zeit im Nebenzimmer, wissen Sie davon etwas?

Manchmal genügt die Leerfrage nicht, um die Auskunftsperson zur Weiterführung
des Gesprächs in einer bestimmten Richtung zu veranlassen. Dann muß man mittels
eines konkreten Stichwortes sein Gedächtnis „anstoßen" (vgl. *„Assoziationen wecken"*,
Rn. 579).

c) Die Sondierungsfrage

**Mit ihr geht man einer Erklärung auf den Grund, indem man den De- 601
tailreichtum der Aussage erhöht.**

Sie ist die Weiterführung der Leerfrage oder der Anstoßfrage durch Hinzufügen konkreter Details im relevanten Bereich.

Das mit der Sondierungsfrage gezeigte Interesse ermutigt die Auskunftsperson, ihre
Aussage zu ergänzen, wobei die Richtung, auf welche hin ergänzt werden soll, konkreter aufgezeigt wird.

Die Sondierungsfrage dient der Verbesserung aller abschweifenden, unbestimmten, zu allgemeinen, unklaren und unvollständigen Antworten.

Beispiele:

Zeuge A erklärt, der Zeuge B habe bei seiner Schilderung des Unfalls alles durcheinander gebracht.

Frage: *Was genau hat er durcheinandergebracht, die Reihenfolge des Ablaufs oder
die Schilderung der Örtlickeit oder was sonst?*

„Sie sagten soeben . . ." Wie meinen Sie das, wörtlich oder im übertragenen Sinne?

Die meisten Sachverhaltsentstellungen beruhen auf falscher ursprünglicher
Fragestellung oder auf der unzulänglichen Weise, wie ergänzende Fragen auf
eine unbefriedigende Antwort gestellt werden.

Empirischer Beleg: *Guest* führte einen Test mit 15 Studenten als Interviewern
durch. Die Versuchsperson war angewiesen, allen 15 Interviewern genau dieselben
Antworten zu geben. Der häufigste Fehler war, daß die Interviewer es unterlassen
hatten, ergänzende Fragen zu stellen, wenn inadäquate Antworten gegeben wurden.
In den 15 Interviews fanden sich 66 solche Unterlassungen (*Khan*, S. 187).

Beispiel: Woher weiß der Zeuge das?

Der Kläger verlangt eine Gehaltsnachzahlung von monatlich 1200,– DM. Schriftlich sind 5% Umsatzbeteiligung, aber mindestens 800,– DM monatlich vereinbart.
Der Kläger behauptet, das Schriftstück sei nur wegen des Finanzamts so abgefaßt
worden. In Wirklichkeit seien 2000,– DM Mindestlohn monatlich vereinbart.

Auffällig war, daß der Kläger in seiner Parteianhörung volle 25 Minuten darüber
berichtete, was er alles gearbeitet hat, und wieso er deshalb mindestens 2000,– DM im
Monat „verdient" habe. Über die angebliche Vereinbarung dagegen war er nur in der
Lage, einen einzigen Satz zu berichten.

Der Zeuge berichtet, daß der Chef ihm erzählt habe, der Kläger verdiene
2000,– DM netto.

Auf die Frage des Gerichts, woher der Zeuge wisse, daß der Chef damit „netto" gemeint hat:

Ich war, ebenso wie der Kläger, mit 5% am Umsatz beteiligt, wobei man bei dieser Vereinbarung davon ausging, daß ich auf ca. 2500,– DM im Monat kommen würde – netto natürlich. Da ich – ebenso wie der Kläger – mit der Umsatzbeteiligung nur auf einen Bruchteil davon kam, wollte ich vom Chef wissen, was der Kläger verdient. Er sagte 2000,– DM. Da es mir dabei auf einen Vergleich mit dem von mir angestrebten Nettogehalt ankam, ging ich davon aus, daß der Chef die mir für den Kläger genannte Zahl ebenfalls netto gemeint hat.

3. Die geschlossenen Fragen

602   **Die geschlossenen Fragen haben notwendigerweise hohe suggestible Anteile. Sie sind deshalb immer gefährlich. Andererseits sind sie unvermeidbar, wenn man mit den offenen Fragen nicht mehr weiter kommt.**

Man muß versuchen, den suggestiven Anteil so gering wie möglich zu halten. Von der Antwort ist nur das verwertbar, was über den Inhalt der Frage hinausgeht. Deshalb muß die Frage stets mitprotokolliert werden. Rn. 843.

a) Die Auswahlfrage (multiple-choice)

603   Hier werden der Auskunftsperson mehrere Antwortmöglichkeiten vorgegeben.

Noch am wenigsten suggestibel ist die Auswahlfrage.

Eine Auszählung von *Armin Nack* in zahlreichen Verhandlungen ergab, daß 50% aller Fragen Auswahlfragen waren. Das ist entschieden zu viel. Die Mehrzahl aller Fragen sollten offene Fragen sein.

Wenn schon Auswahlfragen notwendig werden, weil man mit offenen Fragen nicht weiterkommt, müssen unbedingt zwei Regeln eingehalten werden:

(1) **Neben den zwei, höchsten drei vorgegebenen Antwortmöglichkeiten muß immer eine offene Alternative angeboten werden.**

(2) **Die vermutlich richtige Alternative darf nicht mit vorgegeben werden.**

Die Auswahlfrage verbindet geschlossene Antwortvorgaben mit einer weitgehend offenen – von der Auskunftsperson beliebig auszufüllenden – weiteren Antwortmöglichkeit.

Beispiel: *„Hatte der Mann blondes, schwarzes oder rotes Haar oder welche Farbe hatte sein Haar sonst?"*

Eine solche Frage ist z. B. sehr geeignet, wenn der Täter graues Haar hat, bedingt geeignet, wenn er eine Glatze hat. Zwar wäre die Aussage, „er hatte eine Glatze" überzeugend. Die Angabe einer Haarfarbe müßte aber nicht bedeuten, daß der Zeuge den Täter nicht tatsächlich genau gesehen hat; denn die Fragestellung enthält die Suggestion vorhandenen Haares *(Konträrfrage)*, der der Zeuge nur allzu leicht erliegt.

Wenn es aber z. B. nur drei Sitzmöglichkeiten im Zimmer gibt, ist es besser, die wahrscheinliche Antwort mit vorzugeben, als etwa nur zwei Antwortmöglichkeiten ausdrücklich zu benennen.

„Saß der Mann auf dem Sofa, am Tisch oder im Lehnstuhl?"
Der Richter soll die verschiedenen Antwortmöglichkeiten ohne erkennbare Akzentunterschiede in die Frage einbauen.

Ist – ausnahmsweise – die wahrscheinliche Möglichkeit unter den konkreten Vorgaben und sind mehrere aufeinanderfolgende Fragen dieses Typs erforderlich, dann muß die Rangfolge der jeweils wahrscheinlichsten Möglichkeit immer gewechselt werden.

Wenn eine offene Frage zu keiner Antwort führt, sollte man es mit einer Auswahlfrage versuchen, insbesondere bei geistig wenig beweglichen Zeugen. Sie können häufig ohne diese Hilfe keine detaillierten Schilderungen geben.
Aber die vielen Antwortmöglichkeiten verwirren manchmal den Vernommenen auch. Der Zeuge kann auch versucht sein, eine der dargebotenen Antwortmöglichkeiten aufzugreifen und für eine Falschaussage zu verwenden. Andererseits ist es schwierig, bewußt falsche Antworten spontan und organisch in das Gesamtgefüge des Geschehens einzufügen. Deshalb sollte das Aufgreifen einer vorgegebenen Antwortmöglichkeit nur positiv gewertet werden, wenn es rasch und ohne Überlegung erfolgt.

Grundsätzlich abzulehnen, weil hoch suggestiv, sind folgende Unterarten der Auswahlfrage:

(1) Die Alternativfrage   604
Sie gibt nur zwei Antwortmöglichkeiten vor.
Beispiel: *War sein Haar schwarz oder braun?*
Viele Menschen glauben bei solchen Fragen, sie müßten sich für eine von diesen zwei Möglichkeiten entscheiden und machen deshalb falsche Angaben.

Die stark suggestive Wirkung von Alternativfragen wird anekdotisch veranschaulicht durch jenen Kellner, der seinen Umsatz verdoppeln konnte, indem er nicht mehr fragte: „Wünschen Sie vielleicht ein Frühstücksei?", sondern: „Darf ich ein Frühstücksei bringen oder zwei?"

Empirischer Beleg: Die Verfälschungen, die durch zu enge Antwortvorgaben hervorgerufen werden, sind in der Sozialforschung vielfach geprüft und immer wieder bestätigt worden, z. B.

Frage A: Hätte die Bundesregierung nach dem Krieg die Energiewirtschaft *mehr oder weniger* kontrollieren sollen als vor dem Krieg? *(hier fehlt die naheliegende Alternative „ungefähr gleich")*	Frage B: Hätte die Bundesregierung nach dem Krieg die Energiewirtschaft mehr oder weniger kontrollieren sollen *oder ungefähr gleich* als vor dem Krieg?
mehr 40%	23%
gleich 23%	54%
weniger 16%	8%

(*Neuberger*, S. 134)

605   (2) Die Präzisierungsfrage

Mit ihr fragt man bei mehrmaligen, im wesentlichen gleichen Geschehens-abläufen – z. B. bei einer Tatserie – nach einem ganz bestimmten.

Beispiel: *„Und wie war es beim 5. Mal?"*

Dem Zeugen suggeriert man damit eine Genauigkeit der Erinnerung, über die er nicht verfügt. Infolgedessen meint er, sich an ein bestimmtes Ereignis genau erinnern zu müssen und gibt eine entsprechend genaue – auch falsche – Antwort.

Fehlen Anhaltspunkte dafür, daß das erfragte Geschehnis aus der Serie herausragt, sollte man auf sie verzichten, zumindest aber eine Begründung dafür verlangen, warum sich die Auskunftsperson gerade an dieses Ereignis so gut erinnern kann.

b) Die Ja/Nein-Frage

606   Sie ist die extremste aller geschlossenen Fragen, weil sie nur drei Ant-wortmöglichkeiten zuläßt: „Ja" oder „Nein" und – unter Umständen – „Ich weiß nicht".

Die Ja/Nein-Frage ist entweder der letzte Ausweg, um extrem unklare oder extrem unwillige Auskunftspersonen überhaupt zu einer (klaren) Ant-wort zu bringen; oder sie ist eine Kontrollfrage am Schluß des Verhörs, um zusammenfassend festzustellen, ob man die Auskunftsperson im Kernpunkt richtig verstanden hat.

Beispiele: *„Haben Sie nun Schulden, ja oder nein?"* *„Sie haben also schließlich doch Ihren Volkswagen für 1500,– DM verkauft?"*

Die Ja/Nein-Frage darf niemals zu Beginn einer Vernehmung gestellt wer-den, sondern allenfalls am Schluß, oder wenn alle anderen Möglichkeiten ergebnislos ausgeschöpft sind. Sie wird so formuliert, daß ein Ausweichen in die Unverbindlichkeit möglichst ausgeschlossen ist.

Waren alle anderen Möglichkeiten zunächst ergebnislos und hat man schließlich mittels der Ja/Nein-Frage erstmals eine (klare) Antwort erhalten, so ist damit noch wenig erreicht. Wegen des hohen suggestiven Gehalts der Frage hat die Antwort kaum einen Erkenntniswert. Anders allerdings, wenn die Auskunftsperson aus den vorgegebenen Antwortmöglichkeiten aus-bricht und von einer ganz anderen Möglichkeit berichtet.

Haben Sie also eine schlichte Ja- oder Nein-Antwort bekommen, so sto-ßen Sie sofort mit W-Fragen nach. Sie haben jetzt eine gute Chance, mittels offener Fragen doch noch detaillierte Auskünfte und damit eine verwertbare Auskunft zu bekommen.

Empirischer Beleg: In einem Test wurden die „Zeugen" gefragt. Haben Sie die Pistole in der Hand des XY gesehen? Etliche Zeugen bejahten die Frage, obwohl eine Waffe überhaupt nicht im Spiel war. Richtig wäre die Frage gewesen: „Sahen Sie in der Hand des XY einen Gegenstand?" (*Bull,* DRiZ 76, 53)

c) Die Gegensatzfrage (Konträrfrage)

607   Wenn man die Auskunftsperson auf keine andere Weise zu einer Aus-kunft über das relevante Geschehen bewegen kann, so hält man ihr das Gegenteil des zu vermutenden Geschensablaufes vor.

Die Konträrfrage suggeriert dem Befragten eine anschauliche Einzelheit, die nach allgemeiner Lebenserfahrung unwahrscheinlich oder nach dem bisherigen Ermittlungsstand das Gegenteil der zu erwartenden Antwort ist. Ähnlich wie bei der Ja/Nein-Frage wird bei ihr der Geschehensablauf auf zwei entgegengesetzte Möglichkeiten beschränkt.

Beispiele: (Bei einer Kindesentführung) *„Hat er gesagt, daß Du ruhig wieder nach Hause gehen darfst?"*

(Bei einer Klage auf Darlehensrückzahlung) *„Hat Ihnen der Kläger bei Übergabe des Geldes gesagt, daß er es Ihnen schenke?"*

Soweit die Frage bejaht wird, kann ihr kein Gewicht beigemessen werden; es sei denn, der Zeuge kann diese unwahrscheinliche Möglichkeit erläutern. Wird die Frage verneint, ist die Antwort suggestionsfrei.

Die Gegensatzfrage dient der Erlangung genauer Angaben von Kindern und schwachbegabten Erwachsenen, die infolge ihrer geringen Abstraktionsleistung auf eine abstrakte Frage nicht antworten können. Das unwahrscheinliche Beispiel bringt dem Zeugen die Richtung nahe, hinsichtlich der von ihm eine Auskunft erstrebt wird. In der Regel veranlaßt sie ihn zumindest zur Richtigstellung.

Normal begabte Erwachsene kommen sich bei solchen Fragen häufig verdummt vor!

d) Die Unmöglichkeitsfrage

In der Unmöglichkeitsfrage wird dem Vernommenen vorgehalten, daß 608 **der Vorgang so wie er ihn geschildert hat, aus einem oder mehreren Gründen sich eigentlich nicht zugetragen haben kann** (obwohl der Vernehmende den Vorgang nicht für absolut undenkbar hält).

Beispiel: *„Im Trabant ist es doch viel zu eng; dort drin kann man doch gar nicht vergewaltigt werden, wenn man sich ernsthaft zur Wehr setzt, oder doch?"*

Wirkung: Die Auskunftsperson wird mit der Tatsache konfrontiert, daß man ihr ihre Aussage (jedenfalls so, wie sie bisher lautet) nicht glaubt. Sie wird sich daher bemühen, mehr Tatsachen anzuführen, um ihre Aussage glaubhafter zu gestalten.

Eignung: Eine wenig differenzierte Schilderung kann durch die Unmöglichkeitsfrage um wichtige Details angereichert werden.

Andererseits gilt: Die Auskunftsperson kann durch die Tatsache, daß man ihr nicht glaubt *(obwohl sie doch die Wahrheit spricht),* so konsterniert sein, daß sie erfundene Argumente *(die oft leicht zu widerlegen sind)* vorbringt. Sind diese erst widerlegt, ist man geneigt, die ganze Geschichte nicht mehr zu glauben.

Deshalb sollte man die Unmöglichkeitsfrage immer so stellen, daß noch durchscheint, daß man der Auskunftsperson zwar *noch* nicht glaubt, aber es doch für möglich hält, daß sie die Wahrheit spricht.

e) Die Herausforderungsfrage

Durch sie wird die Auskunftsperson, die mit ihrem Wissen bewußt zurückhält, aus der Reserve gelockt.

Viele Zeugen scheuen sich, dem Gericht blanke Lügen aufzutischen. Die Zurückhaltung von belastenden Aussagen zugunsten einer nahestehenden Partei hingegen wird vielfach nur als ein „Kavaliersdelikt" empfunden.

Die herausfordernde Frage enthält einen Vorwurf gegen die Auskunftsperson, um sie – je nach Temperament – betroffen, ärgerlich, empört zu machen und dadurch Aussagehemmungen und Abwehrhaltungen zu durchbrechen.
Beispiele:
1. *Warum haben Sie bei ihrer polizeilichen Vernehmung das Gegenteil bekundet? Lügen Sie jetzt oder haben Sie damals gelogen?*
2. *Wenn Ihr Freund zuerst angegriffen wurde, wenn er also in Notwehr handelte, wie konnten Sie als bärenstarker Mann tatenlos zusehen, wie er von seinem Gegner erbarmungslos zusammengeschlagen wurde?*

Der Befragte fühlt sich in die Enge getrieben. Entweder wird er zum Angriff gereizt, verliert die Kontrolle und gibt dadurch mehr kund, als er ursprünglich wollte; oder er sperrt sich gegen jede weitere Vernehmung (Bewegungssturm oder Totstellreflex).

Diese Technik ist bei hartnäckigem Leugnen und zurückhaltenden oder sehr ausweichenden Zeugen manchmal erfolgreich. Machen Sie nur berechtigte Vorwürfe. Wenden Sie diese Taktik nur im Notfall und nur vorsichtig an; denn die Reaktionen auf solche Belastungen lassen sich nicht genau vorausberechnen. Sie müssen immer damit rechnen, daß Sie ab sofort gar nichts mehr erfahren *(Totstellreflex).*

Niemals aber darf das Stellen von herausfordernden Fragen in Beschimpfungen, Anschreien, Demütigungen, Einschüchterungen usw. ausarten.

Ein solches Verhalten könnte ein Quälen im Sinne des § 136a StPO darstellen (*Löwe-Rosenberg*, § 136a StPO Anm. 4).

4. Lenkungsfragen

609   Hier lenken Sie die Vernehmung in eine ganz bestimmte Richtung zu speziellen Zwecken. Die Fragen dienen nicht unmittelbar der Gewinnung von Aussagen zu den rechtsrelevanten Themen. Sie sollen vielmehr die Auskunftsperson dort erst hinführen (Rangierfrage und Ablenkungsfrage) oder dem Richter zusätzliche Informationen beschaffen, damit er die Aussage zuverlässiger beurteilen kann (Kontrollfragen).

a) Die Rangierfrage

Mit ihr wird auf ein bestimmtes Thema hin- oder wieder zurückgeführt.

Mit der Rangierfrage wird die Aussage in das relevante „Gleis" gelenkt, indem das angestrebte Thema ausdrücklich, aber mit einer allgemeinen Beschreibung, benannt wird. Bei allzu großer Weitschweifigkeit außerhalb des Beweisthemas hilft es oft, wenn man das Ende der Geschichte in Frageform errät und dadurch eine Reihe von Zwischengliedern überspringt.

Beispiele: „*Sehen Sie hier nicht einen Zusammenhang zu dem Vorfall vom . . .?*
Verweilt jemand zu lange bei seinem beruflichen Werdegang, so kann der Richter z. B. fragen: „*Wieviel bezahlte man Ihnen für alle diese Arbeit?*" Wenn der Befragte antwortet: „3000,– DM im Monat," fragt man ihn schnell: „*Und wieviel bekommen Sie für die Arbeit, über deren Qualität wir hier streiten?*"

Dadurch ist die Vernehmung zu einem weiteren Abschnitt fortgeschritten. Die Rangierfrage erweckt den anspornenden Eindruck, daß sie aus einem Interesse an den Ausführungen des Aussagenden entsprungen ist.

Es ist jedoch ein schwerer Kunstfehler, den Redefluß einer auskunftsfreudigen Person vorschnell abzuschneiden und zu versuchen, sie mittels der Rangierfrage auf das (vielleicht nur scheinbar allein) rechtsrelevante Thema hinzuführen.

Insbesondere muß man strikt vermeiden, kundzutun, daß die bisherigen Ausführungen uninteressant waren, und der Zeuge damit dem Richter bloß die Zeit gestohlen hat.

b) Die Ablenkungsfrage

Sie wird benutzt, wenn entweder bei der Auskunftsperson unerwünschte emotionelle Reaktionen hochkommen, oder aber die Vernehmung restlos ins Stocken geraten ist, weil die Auskunftsperson keinerlei Antwort mehr geben will.

(1) Die Ablenkungsfrage zum Abbau unerwünschter Reaktionen.
Mit ihr wird – möglichst ohne allzu offensichtlichen Bruch – **auf ein gefühlsneutrales Thema übergeleitet.** Dieses Vorgehen ist weit unauffälliger und wirksamer als jedes noch so verständnisvolle Eingehen auf die Emotion.

Beispiel: Ein Zeuge fängt wegen der Länge der Beweisaufnahme an zu schimpfen.

falsch: Der Richter bekundet sein Verständnis dafür, daß der Zeuge schon zwei Stunden im Zeugenzimmer habe warten müssen und seine Anhörung jetzt auch schon über eine Stunde daure. Aber schließlich sei es seine Staatsbürgerpflicht, als Zeuge zur Verfügung zu stehen und Geduld zu üben.

Durch die Erwähnung der zwischenzeitlich verstrichenen Stunden wird dem Zeugen erst so richtig bewußt, wie berechtigt seine Empörung und wie knapp seine Zeit ist; er wird im Zweifel noch ärgerlicher.

richtig: Der Richter fragt den Zeugen, ob er noch ein zweites Mal kommen wolle, was nötig sei, wenn er jetzt die Beweisaufnahme ungenau durchführe. So lenkt der Richter den Zeugen von seinen Unlustgefühlen ab.

Nunmehr steht nämlich im Mittelpunkt der Aufmerksamkeit des Zeugen, daß er durch geduldiges Abwarten Zeit gewinnt. Das negative Gefühl der Zeitknappheit ist durch das positive Gefühl des Zeitgewinns ersetzt worden.

Und wenn die Zeugin noch so schrecklich weint. Sie helfen ihr gar nicht, wenn Sie auf ihren Kummer eingehen. Im Gegenteil, sie wird noch viel trauriger werden. Lassen Sie der Zeugin ein klein wenig Zeit, bis der allererste Gefühlssturm etwas abgeebbt ist. Notfalls machen Sie eine Sitzungspause (vgl. Rn. 521). Vermeiden Sie es dann strikt, den Grund ihres Kummers auch nur zu erwähnen. Beginnen Sie vielmehr behutsam, ein ganz anderes Thema anzuschlagen. Werden Sie nicht gleich ungeduldig, wenn Ihre Fragen zum neuen Themenkomplex nicht sofort beantwortet werden und der Tränenstrom nicht abrupt versiegt. Fahren Sie fort, behutsam weiterzufragen. Es werden schon bald die ersten – noch etwas stockenden – Reaktionen kommen und schließlich der frühere Redefluß.

Erklärung: Ein gewisser Grad von Gemütserregung kann die Aussageleistung sogar steigern. Dies gilt insbesondere bei Zeugen mit Zurückhaltungstendenz und solchen, die sich eigentlich vorgenommen hatten, das Gericht anzulügen. Durch die Gemütserregung verlieren nun solche Zeugen oftmals die Selbstkontrolle darüber, was genau sie eigentlich noch zugeben und was sie verschweigen oder zusammenlügen wollten. Sie sagen mehr, als sie ursprünglich vorhatten und sie verplappern sich beim Lügen. Sobald der Erregungsspiegel aber noch höher ansteigt, lassen Aussagefähigkeit und Aussagewilligkeit rapide nach. Der Zeuge ist viel zu sehr mit seiner Erregung beschäftigt, als daß er seine Erinnerungsbruchstücke noch sinnvoll hervorholen und ordnen könnte; manchmal hört er gar nicht mehr richtig, was er gefragt wird (beschränkte Simultankapazität, Rn. 49) oder redet Unsinn. Ginge der Richter jetzt auf die Erregung ein, so würde diese nur noch verstärkt. Der Zeuge bliebe – wenn auch der Richter dieses Thema aufnähme – gewissermaßen im „Gefängnis seiner Emotionen" drin; er hätte lediglich noch weitere „Aufhänger" geliefert bekommen, um ihnen neue Nahrung zu geben.

b) Die Ablenkungsfrage als Umweg zum rechtsrelevanten Thema.

Insbesondere dann, wenn der Vernehmer – was ein schwerer Kunstfehler ist – allzu direkt mit seiner Befragung auf das zentrale Beweisthema losgegangen ist, aber manchmal auch bei einer allzu herausfordernden Frage, kann die Auskunftsperson völlig verstockt werden. Jetzt ist ihr überhaupt keine vernünftige Antwort mehr zu entlocken. Hier hilft nur eines:

Man entfernt sich solange mit seinen Fragen vom verfänglichen Thema, bis man (wieder) brauchbare Antworten erhält. Jetzt nähert man sich – aber sehr, sehr behutsam – wiederum dem rechtsrelevanten Aspekt.

Wenn der Zeuge erst einmal wieder beim (richtigen) Antworten ist, dann fällt es ihm leichter dabei zu bleiben, auch wenn die Fragen ganz allmählich wieder peinlicher für ihn werden.

5. Kontrollfragen

Hier verschaffen Sie sich zusätzliche Informationen, die nicht direkt das Beweisthema selbst betreffen, sondern eine Beurteilungsgrundlage abgeben für die Qualität der Aussage.

a) Die Situationsfrage

610   **Die bei weitem wichtigste Kontrollfrage zur Glaubhaftigkeit der Aussage ist die Situationsfrage: Die erfragten Tatsachen sind für die Beweisfrage nicht oder nur von nebensächlicher Bedeutung.**

(1) Am besten sind Fragen, die die Auskunftsperson müßte beantworten können, wenn sie das behauptete Erlebnis wirklich gehabt hätte.

(2) Aber auch wenn sich solche Fragen in der gegebenen Situation nicht finden lassen, und wenn die Auskunftsperson (vorsichtshalber) auf zahlreiche Situationsfragen „mauert", ist dies aufschlußreich.

Aus der Irrtumslehre wissen wir, daß zusammen mit dem Kernerlebnis immer auch etliche situative Erscheinungen miterinnert werden. Wenn daher die Auskunftsperson auf solche Situationsfragen grundsätzlich anwortet „Weiß ich nicht (mehr)", dann sollten Sie die Aussage zum Kernerlebnis als unzuverlässig einstufen. Man fragt z. B. nach äußeren Umständen, die das behauptete Erlebnis begleitet haben, z. B. Tageszeit, Witterung, Besonderheiten des Tatortes usw. Positive Antworten darf man in diesem Falle vom wahrheitswilligen Zeugen aber nur erwarten, wenn die erfragten Umstände mit dem für den Zeugen zentralen Erlebnis verflochten waren.

Die erfragten Einzelheiten sollen dem Vernehmer entweder schon bekannt oder im Laufe der Beweisaufnahme noch erfahrbar sein, damit er die Richtigkeit der Antworten überprüfen kann. Aber auch wenn das nicht der Fall ist, können die Fragen nützlich sein. Da die Auskunftsperson nicht so genau weiß, was der Vernehmer weiß, wird sie im Zweifel „mauern", und macht sich dadurch verdächtig.

(3) **Am besten geeignet sind hier Fragen, die die Ereignisse kurz vor oder insbesondere kurz nach dem Kernerlebnis betreffen.** Auf solche Fragen ist die Auskunftsperson nicht vorbereitet. Man kann damit sowohl die unbewußte (Rn. 138) als auch die gewollte (Rn. 272) Verschmelzung aufdekken, sowie ein Komplott entlarven (Rn. 845).

Aufschlußreich ist es auch, wenn der Zeuge bei solchen Situationsfragen eine wesentlich längere Überlegungsfrist benötigt, als bei Fragen, auf die er offensichtlich vorbereitet ist und auf gänzlich unverfängliche Fragen.

Erklärung: Die Auskunftsperson ist auf solche Situationsfragen in der Regel nicht vorbereitet und sie weiß nicht genau, wieviel der Vernehmer selber darüber schon weiß. Die Auskunftsperson braucht daher, wenn sie glaubwürdig lügen und sich nicht in Widersprüche verwickeln will, wesentlich mehr Überlegungszeit, als wenn sie das behauptete Erlebnis wirklich gehabt hat. Unter Umständen wird sie sich überhaupt nicht trauen, eine Antwort zu geben, aus Angst der Unwahrheit überführt werden zu können; und das, obwohl sie die Umstände kennen müßte, wenn sie dabei gewesen wäre. Dabei muß allerdings das beschränkte gleichzeitige Fassungsvermögen (Rn. 49 ff.) beachtet werden.

Ist man unsicher, ob die Überlegungspausen bei überraschenden Situationsfragen wirklich persönlichkeitsfremd sind, dann streut man Fragen absolut unverfänglicher Art dazwischen. So wird ein etwaiger Unterschied in der Antwortschnelligkeit deutlicher (nach *Leonhardt*).

b) Die Thema-Wechsel-Frage

Sie hat mit der Ablenkungsfrage gemein, daß sie zunächst vom peinlichen Thema wegführt, überleitet zu einem weniger verfänglichen Aspekt, um schließlich wiederum zum peinlichen Thema zurückzukehren. Aber der Zweck ist ein anderer. Nicht Emotionen sollen abgebaut oder Verstocktheit soll gelöst werden.

Hier sollen die – möglicherweise – gegensätzlichen Reaktionen der Auskunftsperson beobachtet werden, um daraus Schlüsse auf ihre Glaub-

würdigkeit zu ziehen. Deshalb erfolgt der Themawechsel auch nicht – wie bei der Ablenkungsfrage – **ganz behutsam, sondern eher abrupt.**

Bei der Thema-Wechsel-Frage wird (ohne umständliche Übergänge) von den peinlichen und verfänglichen Fragen auf neutrale und harmlose Themen übergewechselt und dabei werden die – jeweils unterschiedlichen – Reaktionen auf diese Themen genau beobachtet. Ergeben sich Anzeichen dafür, daß bei den Antworten auf verfängliche Fragen verstärkt Unsicherheitssymptome auftreten, während diese bei neutralen Fragen völlig verschwinden, dann wird der Versuch mindestens einmal wiederholt, um etwaige Sinnestäuschungen auszuschalten.

Sie wenden hier die „Psychologische Beweisführung nach *Leonhardt*" an. *Leonhardt* lehrt, daß jede Lüge mit Anspannung verbunden ist, die zu bestimmten Unsicherheitsanzeichen führt. Als da sind insbesondere: abgehacktes Sprechen, Unruhe oder Starre, Trockenheit des Mundes (Lippenanfeuchten mit der Zunge), ausführlichere Erklärungen als situations- und personenüblich, komplizierte Sätze, Änderung des Verhaltens, Anbiederung oder Distanzierung (vgl. *„Warnzeichen der Aussagesituation"*, Rn. 208 f.).

611　**c) Weitere Testfragen**

Mit diesen Fragen werden persönliche Eigenschaften der Auskunftspersonen, die für die Beurteilung der Glaubhaftigkeit ihrer Aussagen relevant sind, getestet.

612　**(1) Überprüfung der Wahrheitswilligkeit.** Für solche Testfragen verwendet man Tatsachen, die ohne Zweifel feststehen und von der Auskunftsperson gewußt werden müssen, die einzuräumen ihr aber notwendig peinlich sein müssen.

Beispiel: Um die Offenheit der Ehefrau eines Angeklagten zu überprüfen, kann man sie fragen, ob sie je ihren Ehemann betrunken gesehen habe (wenn man aus den Akten weiß, daß ihr Ehemann wegen Alkoholtaten einschlägig vorbetraft ist).

Auch hier beweisen zutreffende Antworten nicht sehr viel. Gewitzte Auskunftspersonen durchschauen die Absicht und lügen nur in dem wirklich relevanten Bereich. Dagegen müssen auch hier falsche Antworten zu Vorsicht mahnen.

613　**(2) Überprüfung der Suggestionsstabilität**

Grundsätzlich unzulässig wegen des Täuschungscharakters beim Angeklagten

Um die Beeinflußbarkeit eines Zeugen zu überprüfen, suggeriert man ihm eine unzutreffende Behauptung: *„Als sich der Verkehrsunfall ereignete, lag dichter Nebel auf der Straße?"* wenn man durch Auskunft des zuständigen Wetteramts weiß, daß die Sonne schien.

Falsche Antworten mahnen zu äußerster Beschränkung hinsichtlich aller Fragen mit suggestiven Anteilen.

614　**(3) Überprüfung von Vorurteilen.** Hierzu verwendet man offene Fragen, die typischerweise geeignet sind, Vorurteile und Voreingenommenheit zur Erscheinung zu bringen, wobei wiederum der objektive Sachverhalt dem Vernehmenden bekannt sein muß.

Beispiel: *Man fragt den Zeugen, was er von der Eignung von Frauen zum Autofahren hält* (wenn eine Frau am Steuer saß).
Anhaltspunkte für Voreingenommenheit können z. B. sein:
„Ich hatte mir gleich gedacht ...“
„Ursprünglich hatte ich gehofft ..., aber dann ...“

(4) Überprüfung der Aussagetüchtigkeit. Solche Kontrollfragen bezie- 615
hen sich auf das konkrete Sachgebiet, auf welchem der Vernommene relevante Aussagen macht, z. B. Schätzen von Zeiträumen, Entfernungen, Geschwindigkeiten usw.

Exkurs: Fehlschätzungen 616
Schätzungen sind im Grunde keine Wahrnehmungen, sondern Urteile
über Wahrnehmungen.
**Viele Menschen sind schon nicht fähig, einigermaßen zutreffende
Schätzungen über gegenwärtige Wahrnehmungen abzugeben. Erst recht
sind Erinnerungsschätzungen – mit denen wir es vor Gericht in der Regel
zu tun haben – selten einmal zuverlässig.**

(1) Gegenwartschätzungen und Erinnerungsschätzungen. Bevor Sie der 617
Schätzung eines Zeugen vertrauen, sollten Sie wenigstens testen, ob der
Zeuge zuverlässige Gegenwartsschätzungen abzugeben vermag.

Sie können den Zeugen z. B. fragen, wie lange der Gerichtssaal ist oder wie weit
entfernt der Kirchturm ist, den man vom Fenster aus sieht. Man kann auch den
Zeugen auffordern, nach 1 Minute „jetzt“ zu sagen und abstoppen, inwieweit der
Zeuge diese Zeit verfehlt.

Das Ergebnis von Test über Gegenwartsschätzungen hat nur negativen
Beweiswert. Wer schon in der Gegenwart nicht richtig schätzt, kann erst
recht keine zuverlässige Erinnerungsschätzungen abgeben. **Richtige Gegenwartschätzungen sind aber noch kein Beweis für zuverlässige Erinnerungsschätzungen.**

Empirischer Beleg: 45 Polizeibeamte sollten ein Gebäude von 64 Schritt (72 m)
Länge schätzen. 75% der Schätzungen waren um mehr als 10% falsch. Die Extrem-
werte waren 15 und 213 Schritt. Ähnliche Ergebnisse hatten den Versuch, einen 282
langen Straßenabschnitt zu schätzen. Hier kam die beste Schätzung von demselben
Polizeibeamten der die Länge des Gebäudes am schlechtesten (mit 15 Schritt) geschätzt
hatte! (*Hellwig* S. 158f.)

(2) Vermeide den Hofeffekt (Rn. 94). Die Fähigkeit zutreffenden Schät- 618
zens auf einem Gebiet (z. B. Entfernungen) sagt nichts darüber aus, wie gut
die Auskunftsperson andere Dinge (z. B. Zeitabläufe) abschätzen kann. Die
(erwiesene) Unfähigkeit, zutreffend zu schätzen, sagt nichts darüber aus, ob
die Auskunftsperson auch ansonsten unzuverlässig beobachtet, ob sie mangelhaft erinnert usw. Über diese Fragen muß sich der Vernehmer aufgrund
anderer Kriterien ein Bild verschaffen. Auch – sonst – verantwortungsbe-
wußte Zeugen fühlen sich oft verpflichtet, die ihnen abverlangte Schätzung
vorzunehmen, obwohl sie dazu nicht fähig sind.

a) Entfernungsschätzungen

619 Kleine Strecken werden meist überschätzt. Mittlere Strecken von ca. 1–5 Meter werden am Zutreffendsten geschätzt. Große Strecken werden meist unterschätzt. (*Hellwig* S. 161)

Senkrechte Linien werden eher überschätzt als waagrechte. (*Bingham* S. 193)

Die (bewiesene) Fähigkeit, Entfernungen bestimmter Art, z. B. kleine im Gerichtssaal, zutreffend zu schätzen, sagt nichts darüber aus, ob der Zeuge auch Entfernungen anderer Art, z. B. große im Gelände, verläßlich schätzen kann.

b) Zeitschätzungen

620 Kurze Zeiträume (bis 2 Minuten) werden sehr stark überschätzt; am meisten dann, wenn dramatische Geschehnisse ablaufen.

Lange Zeiträume (etwa ab 10 Minuten) werden zunehmend unterschätzt. Am zuverlässigsten sind Schätzungen, die dazwischen liegen, insbesondere bei etwa 5 Minuten.

Die meisten Menschen sind schon deshalb nicht fähig, genaue Zeitangaben zu machen, weil sie falsche Vorstellungen von der Länge einer Minute haben.

Beispiel: Fünf Minuten sind lang

In einem Verfahren wegen Brandstiftung wurde der Angeklagte besonders durch die Aussage eines Zeugen belastet, der bekundet hatte, daß der Angeklagte nach Ausbruch des Feuers mindestens fünf Minuten lang aus dem Fenster gesehen habe und auf die Feuerwehr gewartet habe, ohne den Versuch zu machen, selbst das Feuer zu löschen. Als der Zeuge in der Verhandlung aufgefordert wurde, durch einen Versuch zu zeigen, wie lange der Angeklagte aus dem Fenster geschaut habe, ergab sich, daß er schon nach zehn Sekunden glaubte, fünf Minuten seien verstrichen (aus *Hellwig* S. 159).

Empirischer Beleg: In einem Experiment von *Trankell* hatten 24 Zeugen eine mit dramatischen Ereignissen gefüllte Zeitspanne, die 1 Minute und 54 Sekunden dauerte, eine Woche später zu schätzen. Das beste Ergebnis lautete 2 Minuten und 10 Sekunden, das schlechteste 16 Minuten, der Durchschnitt der Schätzungen lag bei gut 6 1/2 Minuten. (aus *Trankell* S. 41)

c) Geschwindigkeitsschätzungen

621 Geschwindingkeitsschätzungen sind eine Kombination von Entfernungsschätzung und Zeitschätzung. Daher potenzieren sich hier die Fehler.

(1) Am ehesten können wir eine Geschwindigkeit dann einigermaßen zutreffend schätzen, wenn der sich bewegende Gegenstand schräg auf uns zukommt. Dann können wir die Bewegung über einen relativ langen Zeitraum beobachten. Praktisch unmöglich ist eine zuverlässige Schätzung, wenn der Gegenstand (z. B. ein Auto) sich quer zu unserer Blickrichtung bewegt und wir nur einen relativ kurzen Ausschnitt beobachten können (z. B. beim Blick durch eine Parklücke auf die Straße).

Selbst sogenannte Fachleute sind oftmals nicht in der Lage, Geschwindigkeiten auch bloß einigermaßen zutreffend zu schätzen.

Empirische Belege: Die Graubünder Staatsanwaltschaft hat mit 160 Fachleuten (Richtern, Staatsanwälten, Polizisten) Versuche durchgeführt (vgl. Rn 617).

Beim Mitfahren wurde in einer engen Großstadtstraße das wirkliche Tempo von 25 km von einzelnen Teilnehmern bis 40 km geschätzt; beim Durchfahren einer Kurve mit Tempo 65 kletterten die Schätzungen bis 110 km/h.

Bei vorbeifahrenden Fahrzeugen (Beobachtungsentfernung ca. 90 Meter) waren die Schätzungen kaum besser. Ein im dritten Gang (also hochtourig und daher entsprechend laut) fahrendes Auto mit Tempo 80 wurde bis 120 km/h hochgeschätzt, dagegen ein sehr leiser Luxuswagen mit Tempo 100 auf bloß 65 km/h.

(2) Demnach gehen auch andere Umstände, die nichts mit der Geschwindigkeit zu tun haben, in die Schätzung ein.

Das gilt nicht nur für das Geräusch, sondern z. B. auch für die Farbe rot (oder orange) = schnell,

schwarz = langsam.

(*ADAC Motorwelt* 2/76, S. 67)

(3) Selbst die Art der Fragestellung kann sich auf die Schätzung auswirken. Bei einem entsprechenden Versuch mittels Verwendung unterschiedlicher Verben kam es zu folgenden durchschnittlichen Geschwindigkeitsschätzungen:

Gefragt wurde:	Geschätzt wurden:
Mit welcher Geschwindigkeit sind die Autos	
aufeinandergeprallt (smashed)	40,8 Meilen/h
kollidiert (collided)	39,3

Schaubild: Große Mengen werden unterschätzt

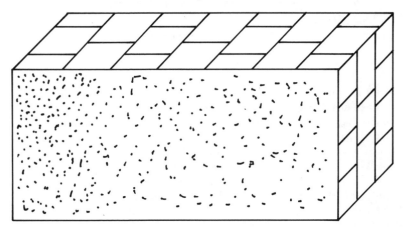

Wieviele Einschüsse hat die Mauer?
Wieviele Backsteine sind sichtbar?
(Auflösung nächste Seite)

aufeinandergefahren	38,1
(bumped)	
zusammengestoßen	34,0
(hit)	
sich berührt?	31,8
(contacted)	

(aus *Loftus*, S. 25)

d) Mengenschätzungen

622   In der Regel sind Mengenschätzungen unzuverlässig, es sei denn, es handelt sich um eine geringe Anzahl von Personen oder Sachen.

Auflösung von S. 87: 371 Einschüsse und 29 Backsteine.

6. Suggestivfragen

623   Suggestivfragen sind immer gefährlich – aber in bestimmten Situationen unentbehrlich. Geht die Auskunftsperson auf die Suggestion ein, so ist dies ohne jeglichen Beweiswert. Beweiswert hat allein die sog. „Überhangantwort".

Die bislang so ziemlich einzige „Alltagstheorie" zur Fragetechnik lautete „Suggestivfragen sind unzulässig, weil die meisten Menschen dazu neigen, der Suggestion zu erliegen". Wie wohl die meisten „Alltagstheorien" ist auch diese in ihrem Kern nicht etwa falsch. Andererseits ist sie – ebenfalls wie auch die meisten anderen Alltagstheorien – zu undifferenziert: Sie sagt nichts darüber aus, wann ausnahmsweise eine Suggestionsfrage doch zulässig – bisweilen sogar notwendig – ist, wenn Sie die Wahrheit ergründen wollen.

a) Bei folgenden Situationen sind Suggestivfragen zur Wahrheitsfindung geeignet:

(1) Um die Beeinflußbarkeit eines Vernommenen zu prüfen, kann der Vernehmer in dieser Form Tatsachen abfragen, die er schon genau kennt. Der Befragte weiß ja nicht, worüber der Vernehmer im einzelnen Bescheid weiß (Rn. 613).

(2) Um den Zeugen durch eine Suggestivfrage zu dem Streitpunkt hinzuführen, den er bekunden soll (Rn. 609). Jedoch darf der Zeuge niemals über die streitige Tatsache selbst mittels Suggestivfragen vernommen werden, um die Vernehmung abzukürzen.

(3) Wenn ein Zeuge offensichtlich einer Partei gegenüber feindlich eingestellt ist oder er sich sehr ausweichend verhält oder es ablehnt, gewisse Dinge zu bekunden, vermag die Suggestivfrage seine Abwehrhaltung zu durchbrechen (sozusagen als „Gegengift", Rn. 608).

(4) Wenn ein Zeuge sich versprochen oder die Frage nicht verstanden hat (z. B. Rn. 607).

(5) Wenn es von der Natur der Sache her geboten erscheint, den Untersuchungsgegenstand so genau zu beschreiben, damit der Zeuge die Frage überhaupt erst begreift (Rn. 607).

(6) Manchmal muß man die Suggestivfrage als Erinnerungsstütze heranziehen (Rn. 600).

(7) Wenn Widersprüche vorgehalten werden sollen.

Keinesfalls aber darf man mittels Suggestivfragen dem Zeugen helfen, widersprüchliche Aussagen zu „harmonisieren" (indem man ihm z. B. Erklärungen in den Mund legt, die den Widerspruch – wirklich oder auch nur scheinbar – überbrücken).

(8) Als Zusammenfassung am Ende des Verhörs (Rn. 606).

b) Das Eingehen auf die Suggestivfrage – oder den suggestiven Vorhalt – **ist ohne jeden Beweiswert.**

Soweit die Auskunftsperson die in der Frage oder dem Vorhalt liegende Suggestion bestätigt, ist das genau so zu bewerten, als habe sie gar nichts gesagt. Der Beweiswert einer solchen Antwort ist im Wortsinne „Null".

c) Beweiswert hat allein die „Überhangantwort"

Überhangantwort ist alles, was über die in der Frage oder dem Vorhalt **624** liegende Suggestion hinausgeht. Ist die Überhangantwort gut (detailreich, individuell, verflochten usw.), dann kann aus ihr, aber nur aus ihr, zurückgeschlossen werden, daß auch das Eingehen auf die Suggestion verwertbar ist.

d) Suggestive Fragen und suggestive Vorhalte müssen unbedingt inhaltlich protokolliert werden, um bei der Antwort das Eingehen auf die Suggestion und die Überhangantwort unterscheiden zu können.

Das ist eine der häufigsten Quellen von Fehlurteilen, daß die Fragen nicht **625** mitprotokolliert werden, oder allenfalls festgehalten wird „Auf Frage:". Letzteres sollte immer zu äußerster Vorsicht mahnen, und ist auch kaum besser.

Im Protokoll ließt sich das dann so, als habe die Auskunftsperson den Inhalt ihrer Aussage von sich aus produziert, und der Inhalt sei deshalb beweiskräftig, während es sich in Wirklichkeit bloß um ein Eingehen auf die in der Frage oder im Vorhalt liegende Suggestion handelt. Das führt dann häufig zu Fehlurteilen.

e) Alle geschlossenen Fragen haben mehr oder weniger starke suggestive Anteile.

Suggestion ist nicht nur das plumpe „die Worte in den Mund legen". Sehr **626** oft findet Suggestion auf viel subtilere Weise statt:

f) Stufen der Suggestion:

(1) Hat er etwas gesagt oder gar nicht geredet?

In diesem Falle, in welchem ein Drittes ausgeschlossen ist, ist die Alternative ausnahmsweise nicht nur suggestionsfrei, sondern sogar noch geeigneter als die nachfolgende Frageform.

(2) Hat er etwas gesagt?
(3) Was hat er gesagt?

(4) Hat er gesagt, Du sollst mit auf das Zimmer kommen?
(5) Hat er nicht gesagt, Du sollst mit auf das Zimmer kommen?
(aus *Döring, S. 57*).

g) Suggestionsfragen kommen häufig in der Form der Voraussetzungs-frage vor.

627   Beispiel: Hatte er seinen Mantel offen oder geschlossen getragen?
(Die Frage setzt voraus, daß er überhaupt einen Mantel trug.)

Die Antwort: „Er trug ihn offen" hat keinerlei Beweiswert, vielleicht trug er gar keinen Mantel.

Überhangantwort: „Er konnte den Mantel gar nicht schließen, weil sämt-liche Knöpfe abgerissen waren. Die Fäden, an denen einst die Knöpfe gehan-gen waren, standen noch so verloren heraus. Ich hatte mir noch gedacht, was der wohl für eine Frau zuhause haben mag."

Die Überhangantwort beweist,
(1) daß er einen Mantel trug (2) daß er ihn offen trug.

Die Voraussetzungsfrage setzt auf den Überraschungseffekt, indem sie das Besondere schon erfragt, bevor noch das Allgemeine erwiesen ist.

Bei der Voraussetzungsfrage wird der zu beweisende Sachverhalt – als sei er unstreitig oder schon erwiesen – stillschweigend vorausgesetzt. Die Frage selbst richtet sich sofort auf Nebenumstände, die in der Regel wenig relevant sind, aber die Aufmerksamkeit der Auskunftsperson möglichst vollständig in Anspruch nehmen. Die Antwort auf den erfragten Nebenumstand soll einen sicheren Rückschluß auf das Vorhandensein oder Nichtvorhandensein der stillschweigenden Voraussetzung zulassen.

Können Sie die Geldstrafe sofort bezahlen oder wollen Sie einen Antrag auf Ratenzahlung stellen?

Statt zuerst: *„Wollen Sie das Urteil annehmen oder Berufung einlegen oder möchten Sie eine Bedenkzeit?"*

Haben Sie aufgehört, Ihre Frau zu schlagen, ja oder nein? statt: *„Haben Sie jemals Ihre Frau geschlagen?"*

Von der Voraussetzungsfrage geht eine stark beeinflussende Wirkung aus. Sie setzt die Kritikfähigkeit des Zeugen etwa in der Art herab: Wenn der Richter schon diese Voraussetzung annimmt, wird sie sicher stimmen. Eine Berichtigung des Richters erfordert eine erhebliche Widerstandskraft.

Zur Tatsachenerhebung ist die Voraussetzungsfrage grundsätzlich unge-eignet. Erst sollte man das Allgemeine erfragen, ehe man zum Besonderen kommt.

a) Zulässigkeit der Voraussetzungsfrage

628   (1) Gegenüber dem Angeklagten im Strafprozeß ist die Voraussetzungs-frage unzulässig. Da der Angeklagte nicht verpflichtet ist, die Wahrheit zu sagen, darf er auch nicht auf einem Umweg, der immerhin an Täuschung grenzt, dazu verführt werden, zu gestehen. Ausnahmsweise dürfte die Vor-aussetzungsfrage auch beim Angeklagten zulässig sein, wenn sie nicht auf das Beweisthema zielt, sondern reine Testfrage bleibt (Rn. 629).

(2) Die Partei im Zivilprozeß hat kein Recht, ihre erfundene Forderung im Wege des Prozeßbetruges durchzusetzen. Der Zeuge im Straf- oder Zivilprozeß hat kein Recht, durch Lügen den Angeklagten oder eine Partei zu belasten oder ihnen zu helfen. Hier dürfte das Interesse an der Wahrheitsfindung Vorrang haben (vgl. *Hellwig,* S. 265 ff.), wenn diese „verdeckte" Frageweise das einzig taugliche Mittel ist.

Jedoch sind an die Verwertung der so gewonnenen Aussage strenge Anforderungen zu stellen. Insbesondere muß sichergestellt sein, daß der suggestible Anteil, der in der Fragestellung enthalten ist, aus der Aussage wieder „weggedacht" wird. Verwertbar sind deshalb nur die neuen Informationen, die nicht schon der Fragestellung enthalten waren *(Überhangantworten).*

Beispiel: „Der Vorstadtcasanova"   **629**

Der Kläger im Scheidungsprozeß (alter Art) wollte die Schuldigerklärung der Beklagten erreichen. Da ihm Gründe fehlten, überredete er einen Kollegen (Bahnbeamten) dazu, ein ehewidriges (bzw. ehebrecherisches) Verhältnis zu der Beklagten zu bezeugen.

Dieser sagte aus:

Lügensignale:

> **Es ist richtig, daß ich mich verschiedentlich mit Frau Schäfer getroffen habe. Dies war ungefähr drei bis viermal. Wir hatten uns zuvor immer verabredet. Die Treffen fanden vor ca. einem Jahr statt.**
> **Wir sind dann mit meinem Auto weggefahren.**

eine kleine – sozusagen „handelsübliche" Komplikation wird erfunden

> **Ich hatte Frau Schäfer zum erstenmals auf dem Bahnhof getroffen. Ich hatte sie damals gefragt, ob sie mit mir ausgehen wollte.** *Zunächst wollte sie nicht,* **nachdem ich mich aber eine Weile mit ihr unterhalten hatte, sagte sie dann ja. Wir haben dann zunächst eine Verabredung für später getroffen. Bei späteren Verabredungen haben wir uns jeweils vor der Frauenkirche in Esslingen getroffen.** *Die Frauenkirche ist ca. 300 bis 400 m vom Bahnhof in Esslingen entfernt.*

Genauigkeit

> Auf Frage:
> **Frau Schäfer war mir unbekannt, als ich sie zum erstenmal auf dem Bahnhof ansprach. Ich hatte sie vorher nicht gesehen. Wir sind gewöhnlich außerhalb in Richtung Schurwald gefahren. Wir waren dann etwa zwei Stunden jeweils weg.**

> **Ich bin mit Frau Schäfer nur in den Schurwald gefahren, wir sind dort nicht in Lokale gegangen, auch nicht spazierengegangen. Wir sind vielmehr im Auto geblieben.**

Verweigerung

> *Ich weiß nicht mehr,* **was ich mit Frau Schäfer auf diesen Ausfahrten besprochen habe. Was mir Frau Schäfer damals erzählt hat,** *weiß ich nicht mehr.* **Das einzige, woran ich mich erinnern kann, ist, daß sie sagte, daß ihr Mann weg sei zur Zeit.**
> Auf Vorhalt des Gerichts (darüber müsse er doch mehr sagen können):

Begründung

Ich unterhalte mich an sich sehr wenig. Ich kann wirklich nicht mehr sagen, **was wir gesprochen haben.** So etwas merke ich mir nicht.

Auf nochmaligen Vorhalt:

Ich weiß noch, **daß wir uns immer dasselbe gesagt haben, daß wir uns gern haben usw.** Das sage ich jedenfalls immer den Mädchen. **Ich werde es also auch Frau Schäfer gesagt haben.**

Ausweichen

Die Klägerin erklärt dazu:

Ich sehe diesen Herrn heute morgen zum erstenmal. Was er in bezug auf mich angegeben hat, ist erlogen.

Auf Frage des Gerichts an den Zeugen, welche Kleidung, Handtasche usw. die Bekl. getragen habe:

Verweigerung
Begründung

Ich glaube nicht, daß sie einen Mantel getragen hat, es war Sommer. An ihre Kleidung kann ich mich nicht erinnern. Ich weiß z. B. auch nicht, was ich gestern angehabt habe.

Ich kann mich auch nicht mehr erinnern, **was für eine Handtasche und ob Frau Schäfer überhaupt eine Handtasche dabei hatte.** Ich weiß nicht einmal, wie die Handtasche meiner Mutter aussieht.

Verweigerung
Begründung

Ich unternehme immer soviel, ich kann mir deshalb Einzelheiten nicht mehr merken.

Ich kann mir so Sachen nicht merken. Letzte Woche hatte ich z. B. ein Mädchen aus Sachsen. Ich weiß heute nicht mehr, welche Haarfarbe sie hatte und was sie anhatte.

Eine hier zulässige Suggestionsfrage, um die Wahrheitsliebe des Zeugen zu testen. Als reine Testfrage, die nicht auf das Beweisthema zielt, wäre sie auch beim Angekl. zulässig (Rn. 628)

Auf weitere Frage, ob Frau Schäfer von ihren zwei Kindern erzählt habe *(sie hat in Wirklichkeit nur ein Kind)*

für sich allein betrachtet, hat das keinen großen Beweiswert, daß der Zeuge der Suggestion erlegen ist. Aber das Gefühl des Zeugen, bei einer Lüge ertappt worden zu sein, macht ihn „reif für das Geständnis"

Sie hat mir auch erzählt, daß sie verheiratet sei und zwei Kinder habe.

Auf die Frage, ob Frau Schäfer Mädchen oder Jungen habe:

Das weiß ich nicht.

Ich glaube, Frau Schäfer hat mir erzählt, daß die Kinder öfter bei ihrer Schwiegermutter seien oder so ähnlich. Genau weiß ich das nicht mehr.

Es kann sein, daß sie auch die Namen der Kinder erwähnt hat. Ich habe mir das aber nicht behalten. Sie sprach von kleinen Kindern.

Auf Vorhalt, daß Frau Schäfer nur ein Kind habe:

Nein, es waren zwei.

Der Zeuge – verblüfft davon, daß er hier aufs Eis geführt wurde oder werden soll, bleibt zunächst stur

Auf nochmaligen Vorhalt, daß die Eheleute Schäfer nur ein Kind haben:

Begründung
Jetzt ist der richtige Zeitpunkt, die Belehrung zu wiederholen, der Zeuge ist reif zum Geständnis
Eine „Brücke" wird gebaut

geschickter psychologischer Schachzug – die letzten Hemmungen gegen den Widerruf werden beseitigt

es wird nochmals eine „Brücke" gebaut

Es kann sein, daß ich das mit einer anderen Frau verwechsle.
Das glaube ich aber nicht.
Der Zeuge wurde anschließend darauf hingewiesen, daß die Kammer beabsichtigte, ihn zu vereidigen. Er wurde nochmals auf seine Pflicht, die Wahrheit zu sagen, hingewiesen, ferner darauf, daß er jetzt noch die Möglichkeit habe, seine Aussage straffrei zu berichtigen.

Im Einverständnis mit den Parteien wurde der Zeuge anschließend nochmals vom Gericht allein belehrt.
Parteien und Anwälte verließen dazu den Sitzungssaal.
Anschließend wurde dem Zeugen die Möglichkeit gegeben, sich im Zeugenzimmer nochmals zu überlegen, ob er seine Aussage berichtigen wolle.
Die Sitzung wurde dazu unterbrochen.

Nach Rückkehr in den Sitzungssaal bat der Zeuge darum, in Abwesenheit der Parteien und ihrer Vertreter eine Erklärung abgeben zu dürfen und gab dann an: Meine oben angegebenen Aussagen sind unrichtig. Ich habe Frau Schäfer erstmals heute kennengelernt. Ich möchte nicht sagen, wer mich dazu veranlaßt hat, die Aussage zu machen, die ich heute vor Gericht gemacht habe.

b) Spezialfall der Voraussetzungsfrage: Die Fangfrage

Sie ist sozusagen die subtilere Fortentwicklung der Voraussetzungsfrage. **630**
Weil sie weniger leicht durchschaubar ist, ist sie noch gefährlicher.

Gegenüber der logisch engeren Voraussetzungsfrage, die nach unmittelbaren Folgen oder Begleitumständen der (stillschweigend unterstellten) **Voraussetzung fragt, zielt die Fangfrage auf entferntere Folgen oder Voraussetzungen.**

Beispiel: *Wieviel Kirchensteuer zahlen Sie?"*
Dies ist eine Fangfrage in doppelter Hinsicht. Zum einen weiß man nach Beantwortung dieser Frage, ob der Befragte Mitglied einer Religionsgemeinschaft ist. Wenn er es nicht wäre, würde er sicher keine Kirchensteuer zahlen. Zum anderen kann man aus der Anwort entnehmen, daß der Befragte – wenn es richtig analysiert wird – ein Einkommen in Höhe von DM . . . haben muß.

3. Abschnitt: Besondere Vernehmungsmethoden

1. Die Mehrkanalmethode

Häufig sind auch Vernehmungen von wahrheits- und auskunftswilligen **631** Auskunftspersonen wenig ergiebig. Die üblichen Ermahnungen, der Zeuge möge sein Gedächtnis anstrengen, fruchten in der Regel wenig. Hier hilft oftmals die Mehrkanalmethode weiter (nach *Ch. Nagler,* StV 1983, 211 ff.).

**a) Jeder Vorgang wird nicht nur durch die Empfangskanäle „Sehen"
und „Hören" aufgenommen.**

Jeder Vorgang aktiviert auch – mehr oder weniger stark – die Gefühle der Beteiligten, oder bloß Wahrnehmenden, veranlaßt sie zu mehr oder minder bedeutenden Handlungen. Deshalb ist es sinnvoll, die Auskunftsperson auch zu fragen,
(1) welchen Eindruck sie von dem Vorgang hatte,
(2) welche Gedanken sie sich darüber gemacht hat,
(3) welche Gefühle der Vorgang bei ihr ausgelöst hat,
(4) ob und welche Aktivitäten, Handlungen, Ausrufe, Gespräche mit Dritten usw. der Vorgang bei der Auskunftsperson ausgelöst hat.

b) Häufig wird die Auskunftsperson durchaus noch Erinnerungen an die bei ihr ausgelösten Gefühle und Aktivitäten haben.

Indem sie sich diese Erinnerungen in das Gedächtnis ruft, dienen diese sozusagen als „Brücken" zur Eröffnung bisher „verschüttet" gewesener Assoziationsbahnen zu – in der Regel zahlreichen – weiteren Einzelheiten des Vorgangs selber.

c) Auch bei weniger wahrheits- und auskunftswilligen Auskunftspersonen ist diese Methode sinnvoll.

Immer, wo die Natur des streitigen Vorfalls es nahelegt, daß dieser Gefühle und Aktivitäten bei der Auskunftsperson ausgelöst haben müsse, diese aber keine überzeugende Antworten geben kann oder will, besteht der Verdacht, daß die Auskunftsperson es mit der Wahrheit nicht genau nimmt oder mit ihr zurückhält (vgl. „Situationsfragen" Rn. 610).

2. Das kognitive Interview

632   Das kognitive Interview ist eine Vernehmungstechnik, die im empirischen Test wesentlich bessere Erinnerungsleistungen (47% mehr als sonst) des Befragten erbracht hat. Es scheint so zu sein, daß eine Kombination von Techniken notwendig ist, um ein assoziatives Netzwerk zu aktivieren. Diese Vernehmungstechnik wurde von *Geiselman* und *Fisher* (Interviewing victims and witnesses of crime. Research in Brief: National Institute of Justice, U.S. Departement of Justice, Washington, DC 20531) entwickelt. Übersetzung aus: *Köhnken/Sporer:* Identifizierung von Tatverdächtigen durch Augenzeugen, 1990, S. 151:

„Das kognitive Interview besteht aus vier allgemeinen Methoden zur Auffrischung des Gedächtnisses sowie aus einigen speziellen Techniken. Die vier nachfolgend beschriebenen Methoden werden dem Zeugen vor seiner Aussage erklärt. Die **ersten beiden Methoden** sollen dazu beitragen, daß mehr Elemente der im Gedächtnis gespeicherten Informationen mit den Hinweisreizen für die Erinnerung übereinstimmen. Die **beiden zuletztgenannten Methoden** sollen dazu anregen, unterschiedliche Abrufpfade zu nutzen.

1. Rekonstruieren des Wahrnehmungskontextes: Bei dieser Methode wird der Zeuge instruiert, den Vorfall insgesamt zu rekonstruieren. Denken Sie daran, wie die Umgebung aussah, z. B. die Räume, Mobiliar, Fahrzeuge, Wetter, Beleuchtung, umstehende Personen oder Objekte. Denken Sie auch daran, wie Sie sich zu diesem Zeitpunkt fühlten und wie Sie auf den Vorfall reagierten (vgl. die Mehrkanalmethode, Rn. 631).

2. Berichten Sie alles: Der Vernehmende erklärt, daß Zeugen manchmal Informationen zurückhalten, weil sie nicht sicher sind, ob diese überhaupt wichtig sind. Der Zeuge wird gebeten, alles anzugeben, auch Dinge, die ihm unwichtig erscheinen.

3. Erinnern Sie sich an die Ereignisse in einer anderen Reihenfolge: Die entsprechende Instruktion könnte folgendermaßen lauten: Normalerweise berichtet man einen Vorfall vom Anfang bis zum Ende. Sie sollten jedoch auch versuchen, die Ereignisse einmal in umgekehrter Reihenfolge durchzugehen. Oder beginnen Sie damit, was Sie an diesem Vorfall am meisten beeindruckt hat, und gehen Sie von dort aus vorwärts bzw. rückwärts im Ablauf.

4. Wechseln Sie die Perspektive: Bei dieser Methode versucht der Zeuge, sich aus verschiedenen Perspektiven an den Vorfall zu erinnern. Dies können Perspektiven sein, die der Zeuge selbst während des Vorfalls einnahm, er kann sich aber auch in die Perspektiven anderer Personen, die bei der Tat anwesend waren, hineinversetzen. Die Zeugen können instruiert werden, sich in die Situation einer zentralen Person des Vorfalls zu versetzen und zu überlegen, was er oder sie gesehen haben muß."

Mit den beiden ersten Methoden leiten Sie den Bericht ein. Die Methoden 3 und 4 verwenden Sie erst, wenn die Auskunftsperson ihren Bericht abgeschlossen hat. Sie sind sozusagen der Beginn des Verhörs.

Zu 1:
Die erste Methode ist ein Ersatz für den Augenschein. Unterstützen Sie die Rekonstruktion des Wahrnehmungskontextes durch Pläne, Skizzen, Fotografien usw.

Wann immer dies möglich ist, sollten Sie einen Augenschein durchführen. Am Geschehensort sollten Sie möglichst die damalige Situation wiederherstellen.

Zu 2:
Den Zeugen immer wieder einmal darauf hinweisen, daß auch die ihm selber unwichtig erscheinenden Dinge vielleicht sehr wichtig sein können, gehört zu jeder Vernehmung.

Zu 3 und 4:
Überfordern Sie den Zeugen nicht. Wenn der Zeuge in der Lage ist, ein Erlebnis „am Schwanz aufzuzäumen", oder aus der Perspektive des Opfers oder gar des Täters zu schildern, um so besser, Sie werden bald merken, ob Sie dem Zeugen zu viel zumuten.

Die erfolgversprechendste Machart:	633
Am ehesten wird es noch gelingen, wenn Sie – immer erst nach dem Bericht – damit beginnen, den Zeugen aufzufordern, er solle einmal sagen,

was ihn am meisten beeindruckt hat; das wird ihm am leichtesten fallen. Dann fragen Sie weiter: Was geschah unmittelbar davor? Dann: Und was war unmittelbar vor dem? usw.

Mit Hilfe dieser Fragetechnik wird es Ihnen vielleicht gelingen, den Fall von der Mitte nach vorn aufzurollen. Dann können Sie z. B. fragen: Was war das Letzte von der Geschichte, was sie noch mitbekommen haben? Sodann können Sie fortfahren wie oben: Was geschah unmittelbar davor? usw.

Die soeben geschilderte Machart wird sich oftmals für den Rechtsanwalt empfehlen.

Der Anwalt wird nicht selten bemerken, daß der Richter gar keinen Bericht eingefordert hat, sondern gleich mit Sachfragen begann, oder daß der Richter sich mit einem allzu dünnen Bericht zufrieden gab. Andererseits würde der Richter vermutlich unwirsch, wenn der Anwalt einen Bericht herkömmlicher Art einforderte. Die vorgenannte Machart hingegen wird der Richter kaum beanstanden; der Anwalt macht ja nur von seinem Fragerecht Gebrauch – und bekommt doch einen Bericht.

3. Das Zick-Zack-Verhör

634   Dies ist eine sehr wichtige Art des Verhörs, mit welcher der Wahrheitsgehalt einer Aussage überprüft werden soll. Allerdings hat dieses Verhör auch seine Gefahren.

Der Vernehmende stellt in schneller Folge seine Fragen kreuz und quer durch den Sachverhalt.

Beispiel:

Sie haben den Bericht der Auskunftsperson nicht durch Sachfragen unterbrochen (Rn. 562). Aber Sie haben – während Sie aktiv zuhörten (Rn. 500) – sich in Stichworten notiert, welche Fragen Sie nachher im Verhör stellen wollen (Rn. 562). Da nun fast alle Auskunftspersonen in chronologischer Reihenfolge zu berichten pflegen, haben auch Ihre notierten Verhörsfragen eine chronologische Folge. Aber niemand zwingt Sie, diese Fragen nun auch in der notierten Folge zu stellen.

Sie können durchaus mit der Frage 8 z. B. beginnen, dann die Frage 3 stellen, zur Frage 5 übergehen, zur Frage 1 springen usw. Wenn Sie das tun, dann haben Sie ein Zick-Zack-Verhör durchgeführt.

Wenn der Vernommene das übersteht, ohne sich in unerklärbare Widersprüche zu verwickeln, **dann ist das ein ganz wichtiges Indiz dafür, daß er das geschilderte Erlebnis wirklich hatte.**

Erklärung:

Wer das geschilderte Erlebnis wirklich hatte, für den stehen die Bilder seines Erlebnisses in der Rückerinnerung sozusagen „vor seinem geistigen Auge". Er kann auf diese „Bilder schauen" und auch losgelöst vom Zusammenhang widerspruchsfrei berichten. Soweit er eine wirklich sichere Erinnerung hat (und Sie wirklich einfach und verständlich gefragt haben, Rn. 590 ff), wird er das in der Regel auch ohne große Überlegungspausen können (Rn. 279).

Wenn der Vernommene das Zick-Zack-Verhör nicht schadlos übersteht, dann ist der Indizwert (der auf eine Phantasiegeschichte hindeutet) nicht in allen Fällen sicher. Es könnte auch sein, daß Sie eine geistig wenig bewegliche Auskunftsperson mit dieser Frageart überfordert haben. Das müssen Sie in jedem Einzelfall selbst entscheiden, ob von dieser Auskunftsperson erwartbar wäre, daß sie das Zick-Zack-Verhör übersteht, wenn sie das Erlebnis wirklich gehabt hätte.

3. Kapitel. Besondere Vernehmungstechnik

Einführung

Bisher stand im Vordergrund unserer „Handreichungen" zur Vernehmung der Gesichtspunkt, den Auskunftspersonen das leichter zu machen, was der Vernehmer haben will, nämlich eine vollständige und wahrheitsgemäße Aussage. Daneben war aber auch immer schon der Gesichtspunkt mitberücksichtigt worden, es der Auskunftsperson nicht nur leichter, sondern geradezu attraktiv zu machen, vollständig und wahr zu berichten (insb. *„Columboeffekt"*, Rn. 501). Hier in diesem Kapitel sehen wir den Schwerpunkt umgekehrt. Hier geht es in erster Linie darum, dem weniger Auskunftswilligen oder weniger Wahrheitswilligen es geradezu wünschenswert erscheinen zu lassen, doch Auskunft zu geben und zwar richtige Auskunft. Die Motivierung der Auskunftsperson steht also im Vordergrund.

a) Die Motive des Menschen

635 (1) Der Mensch hat – wie alle Lebewesen – **physiologische Bedürfnisse,** z.B. nach Sauerstoff, Nahrung, Wärme usw. Sie spielen in diesem Zusammenhang keine Rolle.

(2) Der Mensch hat – wie alle höheren Tiere – **soziale Bedürfnisse,** nämlich nach

aa) Sicherheit, z.B. Freiheit von Not, Gefahr usw. Bedürfnis nach Schutz, Geborgenheit, Unterstützung

bb) Gruppenzugehörigkeit, z.B. nach Zuwendung, Kontakt, Mitteilung, Liebe usw.

(3) Der Mensch hat darüber hinaus **psychische Bedürfnisse,** nämlich nach

aa) Wertschätzung, durch andere, z.B. Prestige, Erfolg, Macht, und Wertschätzung durch sich selbst z.B. Selbstachtung

bb) Selbstverwirklichung, z.B. Selbständigkeit, Weiterentwicklung, Bewährung.

Die Weckung und die Befriedigung aller Bedürfnisse läßt sich in einem einfachen Schema darstellen:

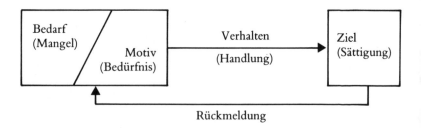

Zuerst wird ein Mangel empfunden, der das Bedürfnis nach seiner Beseitigung weckt. Dann werden die Handlungen unternommen, die der Beseitigung dienlich erscheinen. Ist die Beseitigung des Mangels gelungen, erfolgt eine entsprechende Rückmeldung, das Bedürfnis erlischt.

b) Rangfolge der Bedürfnisse

Die Motive stehen untereinander (grundsätzlich) in sogenannter „Lexikali- **636** scher Rangordnung". Das heißt, daß die jeweils „höheren" Bedürfnisse erst dann zum Zuge kommen, wenn die jeweils „niedrigeren" Bedürfnisse befriedigt sind.

Jemand ist am Ersticken. In diesem Moment sind ihm seine Bedürfnisse nach Zuwendung, Wertschätzung und Selbstverwirklichung gleichgültig. Er will Sauerstoff (und vielleicht Hilfe), alles andere ist ihm gleichgültig.

Ausnahmsweise können manche Menschen (z. B. Künstler oder Wissenschaftler) ihre Bedürfnisse nach Erfolg und Selbstverwirklichung so sehr bevorzugen, daß sie ihre „niedrigeren" Bedürfnisse nach Nahrung, Sex usw. vernachlässigen.

Schaubild: Rangfolge der Bedürfnisse.

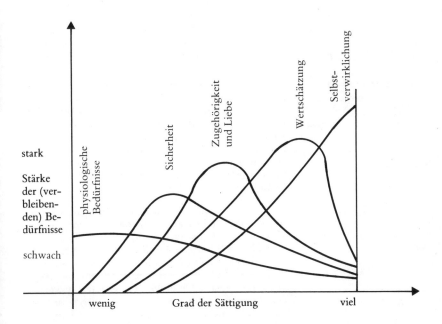

aus: Managementtechniken S. 20

Wenn die Bemühungen, die vorhandenen Bedürfnisse zu befriedigen, scheitern, tritt **Frustration** ein. Die Frustration kann führen zu Aggression, zu Restriktion (Ausweichen, Flucht) oder zu einem Kompromiß (teilweise Unterdrückung des Bedürfnisses).

Alle drei möglichen Reaktionen auf die Frustration sind in der Vernehmungssituation unerwünscht. Daher gilt es, solche Frustrationen zu vermeiden, zu Beginn der Vernehmung meist schon vorhandene Frustrationen abzubauen (Warmwerden, Rn. 556).

637   Beispiel: Eine gelungene Motivation

Stoßen Sie sich nicht an der altertümlichen Sprechweise des Vorsitzenden. Es handelt sich um das Protokoll eines Sensationsprozesses aus dem Jahre 1907 um Philipp zu Eulenburg, der sich homosexuell betätigt haben soll. Einer seiner Partner soll der Fischer Jakob Ernst gewesen sein. Ernst bestritt entschieden homosexuelle Beziehungen. Der Angeklagte, ein Redakteur, hatte behauptet, daß Fürst zu Eulenburg sich homosexuell betätigt habe.

Aus dem zweiten Teil der Vernehmung des Ernst:

Columbo-Effekt:
Lob, Wertschätzung
Wiederholung der Belehrung:
Appell an das eigene Sicherheitsbedürfnis

Vorsitzender: **„Herr Ernst, Sie sind ein** *verständiger Mann, der seine Pflicht kennt. Sie dürfen nichts,* **was zur Sache gehört,** *zurückhalten.* **Die Folgen wären arg für Sie. Wollen Sie noch etwas sagen?"**

Zeuge: **„Ich habe nix mehr zu sagen; was ich zu sagen hatte, habe ich gesagt."**

Verteidiger: **„Wenn Sie jetzt die Unwahrheit sprechen, früher oder später kommt's doch heraus; und so leid es mir tut, ich müßte Sie dann ins Zuchthaus bringen …"**

Persönlichkeit
Geistesgegenwart
Kompetenz
die zu harte Gangart des Verteidigers war geeignet, den Zeugen endgültig zu verprellen und wird abgemildert

Vorsitzender: **„Der Herr Verteidiger hat da vom Zuchthaus gesprochen. Das war nicht so gemeint, nicht als Drohung. Sollte nur heißen, daß er selbst eine Pflichterfüllung nicht scheuen würde. Das dürfen wir alle nicht. Sie auch nicht, Ernst. Niemand bedroht Sie hier; niemand will etwas aus Ihnen heraus holen, was nicht in Ihnen ist. Niemand kann und darf es. Hier kommt jeder zu seinem Recht; jeder auch zu seiner Pflicht.**

Columbo-Effekt:
Teilnahme

Lob
Selbsteröffnung

Rücksichtnahme

Ich verstehe ja, **daß es Ihnen nicht leicht werden könnte, die Wahrheit zu sagen, wenn diese Wahrheit so wäre, wie mancher im Saal glaubt. Sie sind ein** *geachteter Mann,* **haben Kinder und müßten nun unsaubere Geschichten ausgraben. Das Leben erspart** *uns* **so schwere Stunden nicht immer, Ernst. Es muß sein. Sie haben uns schon viel Geduld und Lungenkraft gekostet. Überlegen Sie.** *Wollen Sie noch eine Pause?* **Jetzt sind Sie erregt. Man soll nicht sagen, hier sei in Sie hineingepulvert worden. Das kommt auch vor. Viel kommt vor. Wenn Sie als anständiger Mann handeln, kann Ih-**

Kontaktsuche

Selbsteröffnung
Religiöser Appell mit
Hinweis auf Unaus-
weichlichkeit

Teilnahme
Schuldverlagerung
Appell an das eigene
Wertschätzungsbe-
dürfnis

Sprache:
Zu langer Satz
(70 Worte!), der auch
wegen der ineinander
geschachtelten Ne-
bensätze das Ver-
ständnis des wenig ge-
bildeten Zeugen über-
fordert haben dürfte

2. Wiederholung der
Belehrung mit Appell
an das eigene Sicher-
heitsbedürfnis
Eröffnung einer letz-
ten Chance

Der Zeuge wankt

Geistesgegenwart,
Überraschung

letzter Appell an das
eigene Sicherheitsbe-
dürfnis
Realitätskriterien:
Unverständnis
zwiespältiges
Gefühlskriterium

Deliktstypik

nen nichts geschehen. Wollen Sie für eine Viertelstun-
de hinaus?"
Zeuge: „Ich brauche keine Pause."
Vorsitzender: „Ich muß jetzt Ihre Vernehmung abschließen. Zum letztenmal *bitte ich Sie,* wahrhaftig zu
sein. Haben Sie weiter nichts zu sagen, so tat unser
wiederholtes Mahnen Ihnen Unrecht. *Wir sind Menschen*
und irren menschlich. Allwissend ist nur einer, er
sieht, was Ihres Herzens Falte dem Licht verbirgt.
Denken Sie daran, Ernst. Den letzten Richter betrügt
keiner. Noch eines müssen Sie bedenken: Wenn Sie als
junger Bursche von einem vornehmen Herrn zu häßli-
chen Sachen *verleitet worden sind,* kann kein Rechtschaf-
fener Sie darum schelten. Keiner, der je in Gefahr
stand und sich selbst erkannt hat, wird's tun. Und die
anderen zählen nicht. Das offene Eingeständnis macht
Sie der Achtung nur würdiger.

Wenn Sie aber, geschehe es auch nur aus Scham,
triebe Sie auch der an sich lobenswerte Wunsch, einen
anderen, dem Sie vielleicht Dank schulden und der um
sein Leben ringt, zu schonen: Wenn Sie hier falsch be-
schwören, Ernst, Sie wären für all die Jahre, die Ihnen
noch bleiben, ein unglücklicher und friedloser Mann,
der vor jedem Zufall zittern müßte; denn jeder Zufall
könnte Sie in die Gefahr furchtbar strenger Strafe
bringen.

Noch ist es Zeit. Antworten Sie ganz ruhig, wie Ihr
Gewissen befiehlt. *Ich frage Sie nur dieses eine Mal noch:*
„Ist zwischen dem Fürsten zu Eulenburg und Ihnen
niemals etwas Unsittliches vorgekommen?"
Zeuge: „Jetzt ... gar nie ... das kann ich nicht sagen."
Vorsitzender: „Sprechen Sie Ernst, *was ist also vorge-*
kommen?"
Zeuge: „Ich weiß gar nichts."
Vorsitzender: „Zu spät, Ernst. Sie können keinen
mehr retten. Der Stein ist im Rollen. Trachten Sie,
daß er nicht auch Ihr Glück noch begräbt!"
Zeuge: „Wenn ich's dann sagen muß: Wie die Leute
so reden, so war's. *Wie man's nennt, weiß ich nicht.* Er hat
mich's gelehrt, die *Gaudi,* die *Lumperei.* Ja, keinen richtigen Namen weiß ich nicht. Wenn wir so hingefahren
sind, haben wirs im Kahn gemacht. *Zuerst fragte er ob ich*
ein Mädel habe ... (aus *Harden,* S. 254–258).

Leider fehlt die Fortsetzung der Vernehmung, so daß eine
endgültige Glaubwürdigkeitsbeurteilung nicht möglich ist.

Uns Heutigen wird der Sprachstil des Vorsitzenden mitunter als zu „erhaben" vorkommen. Berücksichtigt man jedoch, daß diese Vernehmung zu Beginn dieses Jahrhunderts stattfand, so dürfte dieser Sprachstil die Mentalität der Damaligen getroffen haben. Daher darf man zu folgender Bewertung kommen:

Dieser Vorsitzende eines Münchener Schöffengerichts war ein ausgezeichneter Vernehmungtechniker. Schon von der Verständlichkeit her bestechen seine kurzen, klaren Sätze (mit einer einzigen Ausnahme) unter fast völligem Verzicht auf Nebensätze. Daher wirken seine Ausführungen gedruckt manchmal primitiv und holprig – gesprochen aber außerordentlich verständlich und eindrucksvoll.

Vorbildlich die Geduld, das Einfühlungsvermögen, die Rücksichtnahme und die Geistesgegenwart des Vorsitzenden. Besser ist das kaum zu machen; dem Vorsitzenden ist es gelungen, unter sehr ungünstigen Bedingungen (vollbesetzter Gerichtssaal mit sensationslüsternem Publikum) eine persönliche Beziehung zwischen sich und dem Zeugen herzustellen. Allein diese Methode konnte hier zum Erfolg führen.

Wie jede Perfektion immer schon sich auf der Grenze zur „Überperfektion" befindet, so kann man auch hier Bedenken bekommen, ob der Vorsitzende die Motivation des Zeugen zum Geständnis nicht doch etwas zu weit getrieben haben könnte (Übermotivation, (Rn. 638). Manche Zeitgenossen waren jedenfalls der Meinung, der Vorsitzende habe doch *„etwas aus dem Zeugen herausgeholt, was gar nicht in ihm war".*

c) Blinder Eifer schadet nur

638   Grundsätzlich ist es vorteilhaft, wenn Sie die Auskunftsperson zu einer umfangreichen und wahrheitsgemäßen Aussage möglichst stark motivieren. Dies erreicht man durch guten Kontakt (Rn. 496). Eingehen auf ihr Sicherheitsbedürfnis (Rn. 636), ihr Hilfsbedürfnis, ihr Mitteilungsbedürfnis, ihr Bedürfnis nach Anerkennung, nach Selbstachtung usw.

In jedem Fall muß man sich aber davor hüten, die Auskunftsperson zu stark zu motivieren. Bei „Übermotivation" kann der Effekt leicht „umkippen". Die Aussageleistung wird dann plötzlich wieder – und erheblich – schwächer; die Auskunftsperson „gesteht" Dinge, die sie gar nicht begangen oder nicht beobachtet hat.

Ein Übermaß an Motivation kann nervös oder ängstlich machen und dadurch die Aussageleistung schwächen. Auskunftspersonen, die schon optimal aussagewillig, wenn auch oftmals nicht sehr aussagefähig sind, darf man nicht noch mehr anspornen wollen. Eine offensichtlich nervöse oder ängstliche Auskunftsperson muß man im Gegenteil „dämpfen". Ihr muß man klarmachen, daß sie nicht gleich ins Gefängnis kommt, wenn sie versehentlich etwas vergißt oder sich nicht mehr ganz richtig erinnert.

d) Die Bedürfnisse sind in Richtung und Stärke individuell verschieden.

639   Nicht nur unterschiedliche Situationen lassen andere Bedürfnisse hervortreten, sondern auch die verschiedenen Auskunftspersonen neigen in unter-

Schaubild: Übermotivation

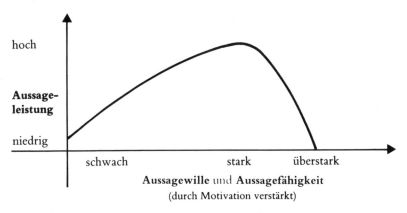

hoch

**Aussage-
leistung**

niedrig

schwach   stark   überstark

Aussagewille und **Aussagefähigkeit**
(durch Motivation verstärkt)

(aus *v. Rosenstiel*, S. 34 und 59)

schiedlicher Weise dazu, diesen oder jenen Bedürfnissen mehr Gewicht bei-
zumessen.

Welchen Bedürfnissen mehr und welchen weniger Gewicht beigemessen wird,
hängt einmal von den Erbanlagen ab (primäre, angeborene Bedürfnisse) und zum
anderen von der sozialen Umwelt, vor allem während der Kindheits- und Jugendjahre
(sekundäre, erlernte Bedürfnisse).

Der Vernehmer wird deshalb
bei manchen Auskunftspersonen **mehr auf gefühlsmäßige Werte abheben,** auf die Familie, den Gemeinschaftssinn, die Mutter,
bei andern **mehr die Verstandesebene ansprechen,** indem er Vor- und
Nachteile für die Auskunftsperson hervorhebt,
bei wieder anderen **mehr die Ehre und die Verantwortung betonen,** an
das Pflichtbewußtsein und den Gerechtigkeitssinn der Auskunftsperson appellieren
und bei nach anderen **mehr die religiösen Bedürfnisse verstärken.**

Im ganzen Buch, besonders aber in diesem Kapitel, dürfen deshalb unsere „Handreichungen" nicht als „Patentrezept" angesehen werden. Sie müssen versuchen, sie mit
Beobachtungs- und Einfühlungsvermögen den ganz persönlichen Bedürfnissen der
jeweiligen Auskunftsperson anzupassen. Auch wenn wir nachfolgend „typische" Verhaltensweisen besprechen, darf man nie vergessen, daß alle Abstufungen und „Misch-
formen" vorkommen und daß wir nur die wichtigsten Typisierungen besprechen
können.

1. Abschnitt: Acht „Typen" von Auskunftspersonen
Vernehmungstechnik bei typischer Verhaltensweise

Geerds 189–201, Mönkemöller 34–41

Auch hier wird davor gewarnt, die Ratschläge als „Patentrezepte" anzusehen. Sie sollten immer versuchen, mit Hilfe Ihres Beobachtungs- und Einfühlungsvermögens sich den persönlichen Bedürfnissen des Vernommenen anzupassen.

A. Die Wahrheitswilligen

Diese Gruppe bietet die geringsten Schwierigkeiten bei der Vernehmung. Es gilt, das Potential an Fakten, das diese Auskunftspersonen bereithalten, möglichst vollständig und möglichst unverfälscht in das Verfahren einzubringen. Sie werden daher versuchen, mit den Mitteln der Vernehmungstechnik die Aussagewilligkeit optimal auszuschöpfen und Ihr Augenmerk in erster Linie auf die Möglichkeiten des Irrtums zu lenken.

Gerade in diesen Fällen empfiehlt sich die Mehrkanalmethode (Rn. 631) bzw. das kognitive Interview (Rn. 632) oder eine Kombination von beiden.

1. Typ: Die redliche Auskunftsperson

640   Sie arbeitet bereitwillig mit. Ihr gesamtes Ausdrucksverhalten und der Inhalt ihrer Aussage lassen vermuten, daß sie den Sachverhalt richtig und vollständig wiedergeben will.

Behandeln Sie diese Auskunftspersonen von Anfang an freundlich und betonen die Wichtigkeit ihrer Bekundung. Fordern Sie zur Mitarbeit bei der zutreffenden Rekonstruktion des Geschehens auf, soweit Anhaltspunkte dafür bestehen, daß Erinnerungslücken oder Irrtümer die Aussage beeinträchtigt haben könnten.

Vermeiden Sie alles, was geeignet sein könnte, eine solch wertvolle Quelle der Erkenntnis zu verschütten. Geben Sie am Schluß der Vernehmung eine kurze Zusammenfassung der Aussage, um Mißverständnisse zu verhüten und haken Sie nochmals nach, ob die Auskunftsperson nicht doch noch etwas Relevantes weiß, was sie bisher vergessen hat vorzubringen oder irrtümlich für unerheblich gehalten hatte. Bei der Entlassung sollten Sie ihr für ihre Mitarbeit danken und nochmals betonen, wie wichtig ihre Mitteilung war. Dadurch ermuntern Sie die Auskunftsperson, auch bei einer wiederholten Vernehmung oder in einem anderen Fall den Justizbehörden zur Hand zu gehen.

2. Typ: Die weitschweifige und redselige Auskunftsperson

641   Sie erzählt entweder Geschichten, die überhaupt nicht zur Sache gehören, oder sie berichtet zwar zur Sache, aber so umständlich, daß über all die

Nebensächlichkeiten das Wesentliche zu kurz zu kommen droht. Häufig bietet die Auskunftsperson beide unangenehmen Eigenheiten in Kombination.

Nicht zur Sache gehörende Geschichten beenden Sie am schnellsten und freundlichsten, indem Sie ihr vermutliches Ende erraten (Rn. 609, Rangierfrage). Umständliche Schilderungen zur Sache sollte man zunächst nicht unterbrechen. Wenn sich als sicher abzeichnet, daß die vielen Nebensächlichkeiten keinen zusätzlichen Erkenntnisgewinn bringen, dann hilft eine enge, konkrete Fragenstellung, die Auskunftsperson zum Beweisthema zurückzuführen.

Die Gründe für die Weitschweifigkeit können vielfältig sein. Manche Menschen sind so veranlagt, daß sie nicht fähig sind, sich knapp, präzise und auf das Wesentliche beschränkt auszudrücken. Die Weitschweifigkeit kann aber auch ein Manöver sein, unangenehmen Wahrheiten auszuweichen, sie sozusagen durch neutrale Themen zuzudecken. Manche hören sich auch nur gerne reden.

In allen Fällen ist es zweckmäßig, den weitschweifigen Zeugen zunächst reden zu lassen. Unterbricht man den veranlagungsmäßig Weitschweifigen vorzeitig, so besteht die Gefahr, daß er gehemmt wird und wichtige Mitteilungen unterläßt. Aber auch den weitschweifig Manövrierenden sollte man zunächst gewähren lassen. Sein Verhalten und seine Mitteilungen lassen häufig Schlußfolgerungen auf seine Glaubwürdigkeit zu.

Weit freundlicher und meist auch wirkungsvoller, als die Auskunftsperson abrupt zu unterbrechen und sie zu ermahnen, sich kurz zu fassen und auf das Wesentliche zu beschränken, ist in der Regel folgende Taktik: Man überspringt eine Reihe von Zwischengliedern und errät das (meist naheliegende) Ende der Geschichte.

3. Typ: Die einsilbige Auskunftsperson

Wenn die Auskunftsperson offensichtlich aussage- und wahrheitswillig ist **642** und trotzdem kaum redet, so kann das zwei Gründe haben: Entweder ist sie extrem schüchtern oder sie ist einfach zu ungewandt.

Sie müssen unbedingt versuchen, auch von einer anfänglich einsilbigen Auskunftsperson eine möglichst umfangreiche Aussage zu erhalten, weil:

(1) Mehr Aussagematerial die Chance einer richtigen Entscheidung erhöht, da dem Richter breitere und tiefere Informationen zufließen,

(2) die Chance, die Glaubhaftigkeit der Aussage richtig zu beurteilen, um so größer ist, je mehr Aussagematerial zur Verfügung steht.

Empirischer Beleg: Vergleichsbefragungen durch Fachpsychologen ergeben regelmäßig, daß Zeugen und Parteien wesentlich mehr rechtlich relevante Tatsachen wissen, als sie bei der Vernehmung vor der Polizei oder dem Gericht zur Sprache gebracht haben.

a) Die schüchterne Auskunftsperson

Die ungewohnte Situation im Gerichtssaal kann die Auskunftsperson be- **643** fangen, die Verantwortung kann sie unsicher, die Anwesenheit bestimmter Personen kann sie ängstlich machen.

Die häufigsten Symptome sind: Lange Pausen, abgebrochene sinnlose Satzfetzen, Stottern. Solche Auskunftspersonen findet man häufig unter Bevölkerungsgruppen, die wenig mit Behörden zu tun haben oder mit ihnen schlechte Erfahrungen machen mußten: Kinder, Greise, Ausländer und Randgruppen aller Art. **Hier hilft nur unendliche Geduld und nicht nachlassende Freundlichkeit. Suggestivfragen sollte man bei ängstlichen Auskunftspersonen möglichst weder stellen noch durch andere Prozeßbeteiligte zulassen.**

(1) Am meisten Hemmungen verursachen erfahrungsgemäß im Gerichtssaal anwesende Verwandte und Bekannte. Machen Sie von der Möglichkeit Gebrauch, den Angeklagten (§ 247 StPO) oder Zuhörer (§§ 171b, 172 GVG) vorübergehend aus dem Gerichtssaal zu entfernen, wenn infolge deren Anwesenheit keine wahrheitsgemäße Aussage des Zeugen zu erwarten ist.

Empirischer Beleg: Vergleichsbefragungen mit und ohne anwesende Bezugspersonen haben ergeben, daß ohne dieselben die Aussageleistungen wesentlich umfangreicher und wahrheitsgetreuer waren.
Der Vernehmende muß alles tun, um Hemmungen und Ängste abzubauen. Wenn ein Höchstmaß an Freundlichkeit und Geduld noch nicht hilft, ist es erforderlich, den Grund für die Aussagehemmung in Erfahrung zu bringen. Vielfach haben solche Auskunftspersonen ganz unbegründete Ängste, die mit ihrer Unkenntnis des Verfahrens zusammenhängen. Solche Ängste lassen sich leicht ausräumen (so soll es z. B. schon Zeugen gegeben haben, die annahmen, sie müßten die Kosten des Verfahrens tragen, wenn man ihnen nicht glaubt). Manche Auskunftspersonen nehmen im Ernst an, das ihnen (im Zivilprozeß) mitgeteilte Beweisthema sei bereits eine gerichtliche Feststellung. Schließlich muß man auch an die übergewissenhafte Auskunftsperson denken, die sich selbst und ihrem eigenen Sinnen nichts mehr zutraut.

Ganz falsch wäre im Umgang mit der schüchternen Auskunftsperson ein harter Ton oder gar Vorwürfe. Die Ermahnung, sich doch „zusammenzunehmen" und den Hergang klar und zusammenhängend zu schildern, würde nur dazu führen, daß die Hemmungen noch anwachsen und aus der Auskunftsperson überhaupt nichts mehr herauszubringen ist.

b) Die ungewandte Auskunftsperson

644   Personen, die wenig sprachlichen Umgang pflegen und auch wenig mit Behörden zu tun haben, werden meist noch schwerfälliger und unsicherer, wenn sie vor das Gericht geladen werden. **Es hat gar keinen Sinn, solche Personen zu ermahnen und sie antreiben zu wollen. Auch hier hilft nur unendliche Geduld, einfachste Sprechweise und genaues Zuhören. Vergewissern Sie sich stets, ob Sie die Auskunftspersonen richtig verstanden haben.** (Rn. 571).
Es empfiehlt sich, bei solchen Personen mehrere Deutungsmöglichkeiten (aber nicht mehr als drei auf einmal!) und eine offene Frage als Auswahlfragen (Rn. 603) zu verwenden. Damit schneidet man die Möglichkeit ab, daß die Auskunftsperson einfach zu allem „ja" sagt *(das Gericht wird es schon besser wissen, wenn ich ja sage, bin ich die lästige Prozedur am schnellsten los).*

Diese Frageform empfiehlt sich auch sonst, wenn die Auskunftsperson zu keinen anderen Antworten als „ja" oder „nein" zu bewegen ist.

B. Die weniger Wahrheitswilligen

4. Typ: Die nachlässige Auskunftsperson

Die Auskunftsperson kann ihre Zeugenpflichten nur nachlässig erfüllen, **645** weil sie allgemein ein oberflächlicher Mensch ist oder weil ihr die Situation vor Gericht gleichgültig ist.

a) Die oberflächliche Auskunftsperson

Sie redet daher, was ihr gerade einfällt. Eine relativ schnelle Sprechweise ist typisch. Gerade weil die Darstellung oberflächlich bleibt, wirkt sie oft verführerisch glatt und rund. **Sie müssen unbedingt mit präzisen Fragen nachhaken.** In gewissem Sinne das Gegenstück zur schüchternen, übergewissenhaften Auskunftsperson ist die oberflächliche. Sie nimmt die ganze Situation im Gerichtssaal nicht so ganz ernst. Nicht, daß sie lügen wollte, aber sie ist auch nicht bereit, in eine ernsthafte Gewissensprüfung einzutreten.

Die oberflächliche Auskunftsperson ist deshalb so gefährlich, weil ihre Aussage meist so glatt und unproblematisch in das erwartete Beweisergebnis paßt. Es gehört eine beachtliche Portion Selbstüberwindung des Vernehmenden dazu, gerade hier wachsam zu sein und durch nachgreifende Fragen sicherzustellen, ob es sich nicht der Zeuge *(und mit ihm der Vernehmende)* **zu leicht macht, wenn die passende Aussage so einfach hingenommen wird (Rn. 344).**

Auch hier hilft die Mehrkanalmethode (Rn. 631) oft weiter.

b) Die gleichgültige Auskunftsperson

Sie steht auf dem Standpunkt, die Behörden sollen „ihre Sache selber **646** machen, dafür werden sie bezahlt, ich halte mich da raus". Vielfach bedient sich die gleichgültige Auskunftsperson der „Ich-Weiß-Nicht-Methode".

Sie müssen zunächst das Vertrauen der gleichgültigen Auskunftsperson zu erwerben versuchen, am besten, indem Sie Interesse an ihr zeigen; sodann müssen sie das Interesse der Auskunftsperson an ihrer Mitarbeit zur Aufklärung der Sache wecken.

Die Gleichgültigkeit kann verschiedene Gründe haben. Es kann sich um eine allgemeine Einstellung handeln, „sich nur in nichts hineinziehen zu lassen". Das sind die Menschen, die schnell vom Tatort wegeilen. Weil sie nichts gesehen haben wollen, haben Sie auch tatsächlich wenig gesehen und auch davon vieles schon bald verdrängt.

Die Gleichgültigkeit kann aber auch darauf zurückzuführen sein, daß die Auskunftsperson früher einmal Verdruß im Umgang mit den Behörden gehabt hat und sich nicht ein zweites Mal Ärger auf den Hals laden will. Diese Auskunftsperson hat im Zweifel gut beobachtet und könnte viel zur Aufklärung der Sache beitragen. Sie ist ja nicht grundsätzlich gleichgültig, sondern will nur speziell den Behörden nicht zur Hand gehen. Das ist nicht selten die Folge davon, daß die Auskunftsperson früher einmal vom Gericht schlecht behandelt worden ist.

Vielleicht will sie aber auch nur sich selbst oder einen Beteiligten schonen. Sie sollten versuchen herauszubringen, warum die Auskuftsperson nicht mitarbeiten will. Stellen Sie zuerst fest, ob es sich wirklich um eine gleichgültige und nicht etwa nur um eine schwerfällige, gehemmte oder ängstliche Auskunftsperon handelt.

Befriedigen Sie das Bedürfnis fast aller Menschen nach Zuwendung und Ansehen, indem Sie betonen, wie wichtig und wertvoll die Aussage für die Aufklärung des Falles ist. Bleibt die Auskunftsperson dabei, „nichts zu wissen", dann versuchen Sie zunächst, über fernerliegende Themen mit der Auskunftsperson ins Gespräch zu kommen. Hat die Auskunftsperson erst einmal Vertrauen zu Ihnen gefaßt, ist „das Eis gebrochen", haben Sie eine gute Chance, daß sie weiterhin Auskunft gibt, auch wenn Sie jetzt wieder vorsichtig zum Beweisthema zurückkehren.

Hilft auch das nichts, dann besteht eine große Wahrscheinlichkeit dafür, daß die Auskunftsperson Sorge hat, sie könne sich selbst oder einer ihr nahestehenen Person mit einer wahrheitsgemäßen Aussage schaden. Es handelt sich dann um den Unterfall:

c) Die zurückhaltende Auskunftsperson

647 Sie sollten versuchen herauszufinden, warum die Auskunftsperson nicht alles sagen will, was sie weiß. Fragen Sie ruhig direkt danach. Bekommen Sie keine vernünftige Antwort, dann sollten Sie der Auskunftsperson auf den Kopf zu sagen, daß sie offenbar jemand helfen oder schaden will mit ihrer Zurückhaltung.

Weisen Sie die Auskunftsperson energisch auf ihre Verantwortung, auf ihre staatsbürgerliche Pflicht und die Möglichkeiten der Aussageerzwingung hin. Sie erleichtern der Auskunftsperson einen Sinneswandel, wenn Sie ihr beispielhaft vor Augen halten, was Sie schon alles wissen und offenlassen, ob Sie nicht noch viel mehr wissen. Dadurch erleichtern Sie ihr die Bürde der Verantwortung, die sie quält. Sie kommen auch leichter zum Ziel, wenn Sie der Auskunftsperson helfen, das Gesicht zu wahren:

Beispiel: *„Vielleicht haben Sie sich bisher bloß noch nicht so genau erinnert. Ich gebe Ihnen noch einmal einige Stichworte, um Ihr Gedächtnis zu stützen".*

Schlägt auch Letzteres fehl, dann sind Sie vielleicht einfach nicht die richtige Person, um mit der Auskunftsperson Kontakt zu bekommen. Jemand anderer sollte die Vernehmung übernehmen, Rn. 565.

5. Typ: Die wichtigtuerische und geltungsbedürftige Auskunftsperson

648 Sie ist meist redselig, tritt sicher und selbstbewußt auf, liebt es, im Mittelpunkt zu stehen. Immer dann, wenn der Aufwand der Mitteilung in einem Mißverhältnis zu ihrem Inhalt steht, sollte man aufmerken.

Lassen Sie den Geltungsbedürftigen nicht merken, daß Sie ihn durchschaut haben. Er würde entweder beleidigt abbrechen oder zu einer Selbstverteidigungsrede ansetzen, statt zur Sache zu sprechen. Vielmehr sind Geduld, ja „Schmeichelei" notwendig, ihn aussagewillig zu erhalten. Präzise, nüchterne Sachfragen im anschließenden Verhör sind geeignet,

**die Tatsachen von den Ausschmückungen und den reinen Phantasiegebil-
den zu trennen, insbesondere Sondierungsfragen (Rn 601).**

Positiv ist zu werten, daß die wichtigtuerische Auskunftsperson unter dem vielen,
was sie sagt, auch einige bedeutsame Tatsachen mitzuteilen haben wird. Der Umfang
ihrer Mitteilungen erlaubt auch eine gute Überprüfung der Glaubhaftigkeit der Aussage.

Negativ ist zu werten, daß es für die Eitelkeit der geltungsbedürftigen Auskunftsperson schwer erträglich ist, nur mit einer unbedeutenden Aussage aufzuwarten. Sie
wird deshalb dazu neigen, das, was sie nicht weiß, durch Phantasie zu ersetzen.

Läßt der Vernehmende auch nur durchblicken, daß er der wichtigtueri-
schen Auskunftsperson nicht glaubt, besteht die Gefahr, sie immer mehr auf
den Weg der Lüge abzudrängen. Wahrheitswillen und Selbstkritikfähigkeit
prüft man am besten durch Fragen über Umstände, die man selbst schon
kennt, was die Auskunftsperson aber nicht weiß (Rn. 601).

6. Typ: Die rechthaberische Auskunftsperson

Ihre Rechthaberei kann darauf beruhen, daß die Auskunftsperson ein ei- **649**
gensinniger Mensch ist, der immer recht hat oder auch darauf, daß eine
spezielle, auf das Verfahren bezogene Voreingenommenheit, die Auskunftsperson realitätsblind macht (Rn. 87).

a) Die eigensinnige Auskunftsperson

Sie kann durchaus wahrheitswillig sein und lediglich infolge mangelnder **650**
Selbstkritik eigensinnig auf einer falschen Aussage beharren. Es kann für sie
auch unerträglich sein, einen selbst erkannten Irrtum einzuräumen oder eine
Schwindelei zuzugeben.
**Hier helfen Vorhalte meist nichts. Gehen Sie besser auf ein anderes
Thema über und versuchen Sie, in einem anderen Zusammenhang auf die
Sache zurückzukommen. Sie müssen aber streng darauf achten, daß die
eigensinnige Auskunftsperson vor sich und den Prozeßbeteiligten ihr Ge-
sicht wahren kann, wenn Sie auf diesem Umweg zu einer inhaltlichen
Berichtigung der Aussage kommen wollen.**

Dieser Typ kommt häufig unter Jugendlichen und Greisen vor. Ungeduldiges und
scharfes Anfassen führt fast immer zu ausweisloser Versteifung.
Ein Sonderfall ist der Querulant. Auch wenn dieser Sie noch so sehr aufbringt,
haben Sie Mitleid mit ihm. Denken Sie daran, daß ihm zu Beginn seiner Querulanten-
laufbahn fast immer wirkliches Unrecht geschehen ist, das ihm zum Trauma wurde.
Der hartnäckige Querulant befindet sich fast immer an der Grenze des Pathologischen.
Hab Mitleid mit ihm.

b) Die voreingenommene Auskunftsperson

Sie hat bestimmte – schwer erkennbare – einseitige Einstellungen zu be- **651**
stimmten Personengruppen, Lebenshaltungen, Vorgängen usw., die sich
verfälschend auf ihre Aussage auswirken. Man erkennt solche Auskunftspersonen am ehesten durch eine auffallend emotionsgeladene Ausdrucksweise,
durch kaum vertretbare be- oder entlastende Wertungen, sowie durch das
Ungleichgewicht (Rn 279) in ihrer Aussage.

Wichtig ist hier vor allem, durch geeignete Testfragen solche verfälschende Einstellungen aufzudecken (Rn. 614) und die mit jenen Einstellungen konform gehenden Bekundungen besonders kritisch zu würdigen. Hier geht es nicht darum, daß die Auskunftsperson ein eigenes Interesse am Prozeßausgang hätte oder besondere Sympathien oder Antipathien gegenüber einem Prozeßbeteiligten. Es geht vielmehr einerseits um grundsätzliche Werthaltungen und pauschale Vorurteile und andererseits um teils erlebnisbedingte Verallgemeinerungen, teils suggestive Beeinflussungen.

Eine streng katholische Auskunftsperson kann grundsätzlich gegen Scheidungen oder Geschiedene eingestellt sein. Jemand kann alle Ostfriesen für dumm oder alle Italiener für gewalttätig halten. Wer einstmals unter seinem Lehrer zu leiden hatte, wird vielleicht grundsätzliche Aversionen gegen Lehrer entwickeln. Wenn im Dorfkrug allgemeine Meinung ist, daß nur der Angeklagte der Täter sein könnte, dann ist es für die meisten Stammgäste schon schwer, überhaupt dran zu denken, er könne möglicherweise auch unschuldig sein.

Wer solche Einstellungen nicht aufzudecken vermag, kann schlimme Fehler machen. Die Voreingenommenheit wirkt sich auf die Wahrnehmung, die Erinnerung und auf die Wiedergabe aus.

C. Die Wahrheitsunwilligen

652   Wer nicht die Wahrheit sagen will, kann das auf zweierlei Weise tun. Er kann die Wahrheit unterdrücken, indem er verschweigt, was er weiß. Manche versuchen das dadurch zu erreichen, daß sie der Wahrheit auszuweichen trachten. Andere verweigern mehr oder weniger offen ihre Mitarbeit an der Wahrheitsfindung. Viele Menschen halten die Unterdrückung der Wahrheit bloß für eine halbe Lüge. Das ist selbstverständlich ein Irrtum (Rn. 306). Nicht immer läßt sich das Lügenziel dadurch erreichen, daß man etwas verschweigt. Die Auskunftsperson muß dann eine inhaltliche Aussage machen. *(wenn auch eine erlogene),* wenn zugunsten einer Person bestrittene Tatsachen festgestellt werden müssen, damit sie den Prozeß gewinnt.

Geben Sie sich niemals mit unklaren Aussagen zufrieden.

Beispiel: Festpreis oder nicht, das ist hier die Frage.

Der Ehemann der Grundstückskäuferin (ein Architekt) hatte sich privatschriftlich verpflichtet, dem Verkäufer – auf einem anderen Grundstück – ein Haus zu einem billigen Festpreis zu errichten. Er verweigert die Erfüllung mit der Begründung, anläßlich des Abschlusses des notariellen Kaufvertrages habe man sich geeinigt, daß diese Verpflichtung hinfällig sein solle.

Die Ehefrau des Beklagten *(die Grundstückskäuferin)* sagte in 1. Instanz aus:

Ich erinnere mich, daß der Käufer beim Notar einen Zettel *(den handschriftlichen Vertrag mit dem Festpreis)* **auf den Tisch gelegt hat und haben wollte, daß der dort genannte Festpreis für das Haus in den Vertrag aufgenommen werde. Mein Mann erklärte, er könne das nicht, sonst könne der Kaufvertrag nicht zustandekommen. Dann hat der Beklagte eine Bemerkung gemacht und das Papier auf die Seite gelegt.**

Das Gericht geht dieser – auffallend dürftigen Aussage nicht weiter nach und stellt keine Frage.
Stattdessen attackiert der Beklagtenvertreter die Zeugin mit heftigen Vorhalten, wobei diese – *erklärlicherweise statt, wie beabsichtigt, unsicher* – immer bestimmter wird. Die Befragung der Zeugin durch den Beklagtenvertreter schließt wie folgt:

Beklagtenvertreter hält der Zeugin vor: „ob es nicht richtig sei, daß der Beklagte dem Ehemann der Zeugin bei der Notarverhandlung gesagt habe, wie es mit dem Haus stünde und der Ehemann der Zeugin darauf erwidert habe, der Beklagte habe darüber ein Schriftstück, was er noch mehr wolle?"

Die Zeugin:

Ich weiß, daß mein Mann gesagt hat, das mit dem Festpreis käme nicht in Frage, sonst komme der Kaufvertrag über das Grundstück nicht zustande.

Das Landgericht hat die Klage abgewiesen.

In der Beweisaufnahme 2. Instanz sagte die Ehefrau des Bekl. wie folgt aus:

Im Büro des Notars holte der Beklagte einen Zettel heraus und wollte, daß der auf dem Zettel vermerkte Betrag in den Kaufvertrag aufgenommen werde. Mein Mann sagte daraufhin, das gehe nicht, das sei eine Sache für sich und habe mit dem Kaufvertrag nichts zu tun. Wenn Herr Schweizer darauf bestehe, daß dies in den Kaufvertrag hineinkomme, könne der Vertrag nicht abgeschlossen werden.

Auf Frage des Vorsitzenden, ob darüber etwas gesprochen wurde, was es mit dem Papier sonst auf sich habe.

Daran kann ich mich nicht erinnern.

Auf weitere Frage des Vorsitzenden, ob über die Gültigkeit des Papiers, die Wirksamkeit oder die Rechtsbeständigkeit seitens des Ehemannes der Zeugin etwas gesagt wurde.:

Daran kann ich mich nicht erinnern.

Die Berufung hatte Erfolg, weil nicht von einer einverständlichen Aufhebung des Vertrages mit dem Festpreis ausgegangen werden kann, eher von standesrechtlichen Erwägungen des Architekten.

7. Typ: Die unwillige Auskunftsperson

a) Die ausweichende Auskunftsperson

Sie erzählt umsomehr über andere Dinge, desto unangenehmer ihr das **653** Beweisthema ist. Auf direkte Fragen schweigt sie entweder oder gibt unpassende Antworten.

Auch die ausweichende Auskunftsperson lassen Sie eine Zeitlang gewähren. Ihr Verhalten gibt Ihnen wichtige Fingerzeige. Wenn dieses Verfahren keine weiteren Erkenntnisse mehr verspricht, dann nageln Sie die ausweichende Auskunftsperson auf das Beweisthema fest.

Wenn Sie mit Ihren Fragen entsprechend variieren, werden Sie sehr schnell merken, wo genau der Punkt ist, über welchen die Auskunftsperson auf gar keinen Fall reden will.

Schweigt die Auskunftsperson auf Ihre präzise Frage zu diesem Punkt, so wiederholen Sie die Frage nochmals in gehobenem Ton, schauen der Auskunftsperson fest und erwartungsvoll in die Augen und schweigen. Schweigen Sie solange, bis die Auskunftsperson spricht. Und sie wird sprechen, weil die wenigsten Menschen eine so peinliche Stille lange aushalten. Sie wird vielleicht wiederum Ihre Frage nicht beantworten, sondern erneut ausweichen, aber sie wird reden.

Weicht die Auskunftsperson erneut aus, dann lassen Sie den Protokollführer Frage und Antwort nochmals vorlesen. Jetzt wiederholen Sie die Frage in monotonem Tonfall und sagen Sie: „Bitte, beantworten Sie jetzt diese Frage":

Abgrenzung: Vermeiden Sie es, in einen Zeugen, der behauptet, nichts zu wissen oder sich nicht mehr zu erinnern, beständig einzudringen, wenn es möglich ist, daß er wirklich nicht die notwendige Tatsachenkenntnis hat.

Beim „gleichgültigen" Zeugen besteht die Gefahr, daß er die gewünschte Antwort gibt, nur um die Belästigung durch Sie loszuwerden. Statt Gefühlen wie Ungeduld oder Ärger Platz zu machen, sollten Sie vielmehr darüber nachdenken, mit welchen Gemüts- und Empfindungswerten Sie den Vernommenen zu einer Mitarbeit bewegen können. Der Widerstand eines Zeugen auszusagen, wird häufig durch einen Appell an seine Verantwortung oder seine persönlichen Ideale überwunden.

b) Die aussageverweigernde Auskunftsperson

654   Sie kämpft mit offenem Visier. Sie tut nicht so, als ob sie nichts wüßte, sondern sagt gleich, daß sie nicht aussagen will.

Hat sie das Recht, die Aussage zu verweigern und bestehen keine Aussichten, daß eine Aussage ihre Lage oder die Lage der Personen verbessern könnte, derentwegen ihr das Aussageverweigerungsrecht eingeräumt ist, dann wären alle Versuche, sie doch zu einer Aussage zu bringen, unzulässig.

In allen anderen Fällen helfen oft die bei der zurückhaltenden Auskunftsperson beschriebenen Maßnahmen (Rn. 647).

Einen sich ausschweigenden „gewohnheitsmäßigen" Täter, der das für die beste Taktik hält (was sie auch oft ist, wenn er schuldig ist), können Sie mit keiner wie immer gearteten Methode zum Reden veranlassen, es sei denn, Sie können ihm klarmachen, daß er tatsächlich seine Lage verbessert, wenn er spricht.

Denken Sie daran, daß das Gesetz das Recht des Beschuldigten zu schweigen nicht nur deshalb schützt, weil dieses Recht eine notwendige Konsequenz der Abschaffung der Folter ist. Es geht vielmehr auch darum, die Freiheit der Person zu wahren, z. B. notfalls lieber unschuldig eine Strafe auf sich zu nehmen, als öffentlich über eine Sache auszusagen, über die man lieber schweigen möchte.

8. Typ: Die lügnerische Auskunftsperson

655   Ganz gleich, welche der drei nachfolgenden Taktiken Sie anwenden wollen, in allen Fällen gilt:

Möglichst lange weiter lügen lassen. Dabei verraten Sie keinesfalls, daß Sie den Lügner durchschaut haben, ja nicht einmal, daß Sie die Wahrhaf-

tigkeit seiner Erzählung anzweifeln. Je überraschender die Erkenntnis über den Lügner hereinbricht, daß er ertappt ist, desto größer ist Ihre Chance.

Es gibt mehrere erfolgversprechende Taktiken, die Wahrheit zu erfahren; im Zweifelsfalle ist die erste die erfolgversprechendste:

a) Lassen Sie die Auskunftsperson zunächst unbekümmert lügen. Wenn Sie jeden Anschein des Verdachtes unterdrücken und durch neutrale Bemerkungen „soso", „mhm" zum Weiterreden motivieren, besteht eine reelle Chance, daß die Auskunftsperson sich in immer faustdickere Lügen verstrickt. Notieren Sie wenigstens die Kernpunkte wörtlich auf Ihrem Notizzettel. Jetzt halten Sie der Auskunftsperson die dagegen sprechenden Einwände zunächst nur sehr pauschal formuliert vor, um zu testen:

(1) Ob die Auskunftsperson bereit ist, etwaige Unüberlegtheiten zu korrigieren,

(2) ob die Auskunftsperson sich in ihren Lügen festlegt. Im letzteren Fall nehmen Sie das zu Protokoll. Jetzt konfrontieren Sie den Lügner mit den Widersprüchen zwischen den feststehenden Tatsachen und den Lügen in einem ernsten bis dramatischen Tonfall; aber nur die wirklich eindeutigen Beispiele. Wenn Sie auch nur ein einziges Beispiel bringen, das der Lügner widerlegen oder aus dem er sich herausreden kann, dann haben Sie verloren.

Stellen Sie mit vollem Ernst der Auskunftsperson die schwerwiegenden Folgen konkret und drastisch vor Augen, die sie treffen, wenn sie bei ihren Lügen bleibt (Rn. 557).

b) Nachdem die Auskunftsperson ihre Lügengeschichte erzählt hat, schauen Sie ihr fest in die Augen (Blickkontakt erschwert die Lüge). Dann schlagen Sie *„in aller Freundschaft"* der Auskunftsperson vor, *„so, und jetzt sagen Sie uns einmal, wie es wirklich war"*.

Wenn Sie es richtig getroffen haben, kann es Ihnen nicht allzu schwer fallen, die mehr oder weniger schwächlichen Versuche des Protestes der Auskunftsperson „verständnisvoll" zu beschwichtigen und sie zu veranlassen, die Wahrheit zu sagen.

c) Wenn die Auskunftsperson ihre Lügengeschichte erzählt, halten Sie alles genau fest. Sodann fragen Sie nochmals den ganzen Sachverhalt kreuz und quer ab (*Zick-Zack-Verhör*, Rn 634) und streuen auch Fragen dazwischen über Tatsachen, die Sie aus anderen Quellen sicher kennen. Jetzt können Sie die Auskunftsperson mit den Widersprüchen konfrontieren, die sich notwendigerweise ergeben müssen, wenn sie wirklich gelogen hat. Der Überraschungseffekt ist geeignet, die Auskunftsperson zu veranlassen, mit der Wahrheit herauszurücken.

Erkennbarkeit der Neigung zur Lüge:
Trauen Sie sich aufgrund der relativ kurzfristigen Konfrontation im Gerichtssaal kein allzu sicheres Pauschalurteil über den Charaker der Auskunftsperson zu. **656**

Achten Sie umso genauer auf konkrete Hinweise, die auf einen „Lügencharakter" schließen lassen können.

(1) Bei den **Ängstlichen, Beeinflußbaren** beobachten Sie häufig verstohlene Blicke, die um Unterstützung oder Zustimmung bitten seitens anderer Personen.

Deshalb bittet man bei der Vernehmung einer Ehefrau aus südlichen und östlichen Ländern grundsätzlich den Ehemann *(am besten die ganze Verwandtschaft)* aus dem Saal. Bei Mitteleuropäern ist es meist vorteilhafter, die Ehefrau zu entfernen, wenn der Mann die Wahrheit sagen soll.

(2) Die **Leichtfertigen, Rücksichtslosen** verraten sich oft dadurch, daß ihre Bekundungen, die ursprünglich als die Wiedergabe eigenen Erlebens dargestellt werden, auf Nachfrage sich bestenfalls als Schlußfolgerungen, häufig als bloßes Hören-Sagen oder gar als reine Vermutung entpuppen.

(3) Die **Boshaften, Rachsüchtigen** verraten sich meist selbst, indem sie auch objektiv neutrale Fakten im Sinne ihrer Aggressivität ausdeuten; zumindest ergreifen sie dankbar die Gelegenheit, wenn man ihnen (zu Testzwecken) dazu die Stichworte liefert.

(4) Die **Durchtriebenen** und die **Heuchler** lügen begreiflicherweise am häufigsten. Für sie sind zwei unterschiedliche Kriterien typisch:

aa) Häufig stellen sie sich selbst als – im guten Sinne – schlau vorausdenkend oder die Sache besonders klug eingefädelt habend dar (vgl. Das Futurum, Rn. 322).

Beispiel: „Ich habe es schon immer gesagt:

Der Belastungszeuge sagt aus: **„Ich habe es schon immer gesagt – jedem, der es hören wollte – wenn der (Ermordete) einmal tot im Graben liegt, dann war das kein anderer als der Karle" (Angeklagter).**

Abgrenzung: Ähnlich strukturierte Aussagen finden sich allerdings auch bei weniger durchtriebenen Zeugen, die von einem unverrückbaren Vorurteil geprägt sind: „Unser Vater (der Ermordete) hat es immer gewußt, der Karle (Angeklagter) wird ihn noch eines Tages erschlagen, das hat er uns oft gesagt."

Gleichzeitig wird vom durchtriebenen Zeugen häufig der andere als ein durch und durch verschlagener, arglistiger, krankhaft lügnerischer Mensch dargestellt (vgl. die Projektion, Rn. 153).

bb) Das andere, keineswegs ganz seltene Kriterium ist geradezu gegensätzlich: Der Lügner stellt sich selber als Einfaltspinsel, als ahnungslos, unbedarft, gottesfürchtig, vom Schicksal geschlagen dar, wirft mitleidheischende Blicke insbesondere zum Vernehmenden. Der Gegner wird in diesem Falle weniger offen als mit der Methode „... und Brutus ist ein ehrenwerter Mann" (vgl. Rn. 203) schlecht gemacht.

2. Abschnitt: Die Vernehmung des Beschuldigten

Banscherus, **Polizeiliche Vernehmung: Formen, Verhalten, Protokollierung, BKA-Forschungsreihe Nr. 7, 1977;** *Beneke,* **Das falsche Geständnis als Fehlerquelle im Strafverfahren unter kriminologischen, speziell kriminalpsychologischen Aspekten, 1990;** *Busam,* **Das Geständnis im Strafverfahren, 1983;**

Fischer, Die polizeiliche Vernehmung, Schriftenreihe des BKA 1975/2–3; *Schmitz,* Tatgeschehen, Zeugen und Polizei, BKA-Forschungsreihe Nr. 9, 1978; *Schubert,* Die Vernehmung im Ermittlungsverfahren, 1983; *Wulf,* Strafprozessuale und kriminalpraktische Fragen der Beschuldigtenvernehmung auf der Grundlage empirischer Untersuchungen, 1984.

Bender/Wartemann, Vernehmung, in: Kube/Störzer/Timm, Kriminalistik Bd 1, 1992, S. 551 ff; *Burghard,* Taschenbuch für Kriminalisten, Bd 36, 1986; *Geerds,* Vernehmungstechnik, 5. Aufl. 1976; *Denny,* Der Kronzeuge unter besonderer Berücksichtigung der Erfahrungen mit Kronzeugen in Nordirland, ZStW 103 (1991), 269; *Eisenberg,* Vernehmung und Aussage (insbesondere) im Strafverfahren aus empirischer Sicht, JZ 1984, 912, 961; *ders.,* Persönliche Beweismittel in der StPO, 1993, S. 74 ff; *Gerling,* Informatorische Befragung und Auskunftsverweigerungsrecht, 1987; *Haubrich,* Informatorische Befragung von Beschuldigten und Zeugen, NJW 1981, 803; *Hermanutz,* Psychologische Beeinflussungsmöglichkeiten bei der Vernehmung von Zeugen und Beschuldigten, Kriminalistik 1994, 215; *Hoffmanns,* Falsches Geständnis nach überzeugender Zeugenaussage, Kriminalistik 1968, 576; *Hußmann,* das falsche Geständnis, 1935; *Janetzke,* Das widerrufene Geständnis, Kriminalistik 1951, 227; *Krause,* Die informatorische Befragung, Die Polizei 1978, 305; *Lange,* Fehlerquellen im Ermittlungsverfahren, 1980; *Peters,* Zur Beurteilung der Glaubwürdigkeit eines Geständnisses im Strafverfahren, StV 1987, 375; *Pfister/Kästle,* Der Fall Lettenbauer, Kriminalistik 1968, 524, 580; *Rasch/Hinz,* Für den Tatbestand ermitteln . . ., Kriminalistik 1980, 377; *Rieß,* Die Vernehmung des Beschuldigten im Strafprozeß, JA 1980, 293; *Rottenecker,* Modell der kriminalpolizeilichen Vernehmung des Beschuldigten, 1976; *Schäfer,* Die Praxis des Strafverfahrens, 5. Aufl. 1992, S. 105 ff; *Schlothauer,* Das falsche Geständnis – ein Prozeßbericht, StV 1981, 39; *Schweitzer,* Die Bonner Autogangster, Kriminalistik 1960, 513; *Steffen,* Analyse polizeilicher Ermittlungstätigkeit aus der Sicht des späteren Strafverfahrens, BKA-Forschungsreihe Nr. 4, 1976; *Steiner/Gay,* Der Fall Kuerten; *Stüllenberg,* Die Vernehmung, Lehr- und Studienbriefe Kriminalistik Nr. 4, 1989; *Weihmann,* Kriminalistik, 1992, S. 118.

A. Rechtliche Grundlagen

1. Überblick

Hier werden nur die für die Vernehmungslehre wichtigen Rechtsvor- **657** schriften zur Vernehmung des Beschuldigten im Ermittlungsverfahren und im Hauptverfahren behandelt (ausführlich dazu: *Rieß*). Auch die polizeiliche Beschuldigtenvernehmung unterliegt der Sachleitung des Staatsanwalts, denn er „leitet verantwortlich die Ermittlungen der sonst mit der Strafverfolgung befaßten Stellen" (§ 161 StPO, Nr. 1 RiStBV). In bedeutsamen oder in rechtlich oder tatsächlich schwierigen Fällen soll der Staatsanwalt den Beschuldigten selbst vernehmen (Nr. 3 RiStBV).

Wann der Beschuldigte zu vernehmen ist, bestimmt

für das Ermittlungsverfahren § 163 a Abs. 1 StPO,

für die Hauptverhandlung § 243 StPO.

Worüber und mit welcher Zielrichtung (vgl. dazu Nrn. 3 Abs. 2, 11 RiStBV) er zu vernehmen ist,

regelt § 136 StPO;

darauf verweisen § 163 a StPO (für Polizei und Staatsanwaltschaft im Ermittlungsverfahren) und § 243 StPO (für die Hauptverhandlung).

Die **wesentlichen Belehrungspflichten** stehen in § 136 StPO (Ermittlungsverfahren) und § 243 StPO (Hauptverhandlung).
Bestimmte Vernehmungsmethoden sind von § 136a StPO verboten.
Die Protokollierung ist in §§ 168 bis 168b StPO geregelt.
Bei der Vernehmung von **sprachunkundigen Ausländern** ist Nr. 181 RiStBV zu beachten.

2. Beschuldigteneigenschaft

658   **Beschuldigter wird man durch einen Willensakt der Strafverfolgungsbehörde.**

Beschuldigter ist nach der Rspr derjenige, gegen den die Strafverfolgungsorgane das Verfahren als den für eine Straftat Verantwortlichen betreiben; es ist erforderlich, daß gegen diese Person als Beschuldigter ermittelt wird, sog. formeller Beschuldigtenbegriff (BGHSt 10, 8, 12; 34, 138, 140; 38, 96; 38, 302; vgl. auch § 397 Abs. 1 AO). Die Beschuldigteneigenschaft – der Rechtsstatus als Beschuldigter – wird also nicht durch die Stärke des Tatverdachts, sondern durch einen Willensakt der zuständigen Strafverfolgungsbehörde begründet (zur Konsequenz für § 55 StPO siehe BGHSt 38, 302).
Davon zu unterscheiden ist die Frage, wann die Strafverfolgungsbehörde diesen Willensakt vornehmen muß.
Sie darf nicht willkürlich über die Beschuldigteneigenschaft disponieren. Vielmehr obliegt es ihrer pflichtgemäßen Beurteilung, ob sie gegen jemand einen solchen Grad des Verdachts auf eine strafbare Handlung für gegeben hält, daß sie ihn als Beschuldigten verfolgt (BGHSt 10, 8, 12; 37, 48, 51; 38, 214). Die Vernehmung als Beschuldigter ist geboten, wenn sich der bestehende Verdacht so verdichtet hat (im Sinne von zureichenden tatsächlichen Anhaltspunkten gemäß § 152 Abs. 2 StPO), daß die vernommene Person ernstlich als Täter der untersuchten Straftat in Betracht kommt. Dabei hat der Beamte einen Beurteilungsspielraum, den er freilich nicht mißbrauchen darf, um den Zeitpunkt der Belehrung möglichst weit hinauszuschieben (BGHSt 38, 214).

3. Förmliche Vernehmung

659   **Vernehmung ist jede amtliche Befragung, auch die sog. informatorische Befragung.**

Die Rechtsvorschriften zur Wahrung der Beschuldigtenrechte gelten grundsätzlich nur für Vernehmungen, d. h. amtliche Befragungen in einem Ermittlungsverfahren, wobei es unerheblich ist, ob die Aussage protokolliert wird (BGHSt 29, 230, 232). Nach § 168b Abs. 2 StPO soll über die staatsanwaltschaftliche Vernehmung aber ein Protokoll nach den §§ 168 (Vernehmung durch den Ermittlungsrichter) und 168a StPO aufgenommen werden; entsprechendes gilt für polizeiliche Vernehmungen (vgl. auch Nr. 5a RiStBV). Die Rechtsvorschriften können aber auch bei vernehmungsähnlichen Situationen zur Anwendung kommen (vgl. BGHSt 34, 362; 36, 384, 389; BGH NStZ 1992, 247; LG Stuttgart NStZ 1985, 568 m. Anm. *Hilger*).

Auch die „formlose", sog. informatorische Befragung (zur Sache) ist eine Vernehmung (BGHSt 29, 230, 232 zu § 252 StPO), für die die Vorschriften zur Vernehmung gelten. Das wird immer wieder übersehen. Und: Über das Ergebnis der Erörterung ist ein Vermerk niederzulegen (Nr. 3 Abs. 3 RiStBV).

Davon zu unterscheiden ist die – meist ganz zu Beginn stehende – **Befragung zur Klärung der Frage, wer als Tatverdächtiger in Betracht kommt.**
Als Konsequenz aus dem formellen Beschuldigtenbegriff folgt, daß es nicht nur zulässig – sondern oft sogar notwendig – ist, eine Person, die zum Kreis der Tatverdächtigen gehört, zunächst zur Klärung der Frage anzuhören, ob gegen sie als Beschuldigter zu ermitteln ist (BGH NStZ 1983, 86, auch zur Verwertbarkeit; zurückhaltend: BGHSt 38, 214) und ob sie dann weiter in diesem Rechtsstatus zu vernehmen ist.
Keine Vernehmungen sind Spontanäußerungen des Beschuldigten.
Sie sind verwertbar (BGH NStZ 1990, 43; 1992, 247 zum Zeugen). Schweigt der Beschuldigte, nachdem er belehrt wurde, so dürfen aus dem nachfolgenden Schweigen keine nachteiligen Schlüsse gezogen werden (OLG Köln NStZ 1991, 52).

4. Ablauf der Vernehmung

a) Vorgespräch und Kontaktgespräch

Auch das Vorgespräch ist schon eine Vernehmung. Der Beschuldigte 660 **muß zuvor belehrt werden.**
Die meisten polizeilichen Vernehmungen beginnen mit einem Vor- oder Kontaktgespräch; das ist empirisch gesichert. Ein Vorgespräch ist mit der polizeilichen Literatur zu empfehlen. Dabei sollte allerdings genauer, als dies meist geschieht, unterschieden werden: Das Erzählen zur Sache sollte man besser als Vorgespräch bezeichnen. Das Vorgespräch ist schon Teil der Vernehmung, mit der Folge, daß der Beschuldigte – zuvor – belehrt werden muß. Andernfalls würde sein Schweigerecht unterlaufen, zumal dann, wenn ihm der Tatvorwurf noch nicht eröffnet worden ist, was bei Beginn der ersten Vernehmung zu erfolgen hat (§ 136 Abs. 1 S. 1 StPO). Die Belehrung des Beschuldigten ist auch nach Nr. 45 Abs. 1 RiStBV vor der ersten Vernehmung zu erteilen und aktenkundig zu machen.
Das Kontaktgespräch ist noch nicht Teil der Vernehmung. Es betrifft 661 **nicht das Beweisthema und bereitet die Vernehmung vor.**
Von dem Vorgespräch sollte das Kontaktgespräch unterschieden werden. Es betrifft gerade nicht das Beweisthema, sondern soll nur der Kontaktgewinnung dienen, es soll Spannungen und Hemmungen abbauen und so eine optimale Erinnerungsleistung des – aussagewilligen – Beschuldigten ermöglichen. Das Kontaktgespräch ist auch Teil der Vernehmungstaktik, es kann z. B. der Einschätzung der Person des Beschuldigten dienen, darf aber nicht dazu benutzt werden, den definitiv nicht zur Aussage entschlossenen Beschuldigten, etwa mit der sog. Kumpeltour (Rn. 718), zum Reden zu drängen. Sobald sich das Kontaktgespräch aber dem Beweisthema nähert (dazu

können auch Umstände zur Person gehören), ist der Beschuldigte zu belehren.

b) Vernehmung zur Person

662   **Die Vernehmung zur Person ist ein wichtiger Teil der Kontaktgewinnung. Aber Vorsicht: Persönliche Umstände können schon zur Sache gehören.**
      Noch vor der Vernehmung zur Sache wird die Identität des Beschuldigten
festgestellt. Die unter die Auskunftspflicht des § 111 OWiG fallenden Personalien muß der Beschuldigte angeben (der Umfang ist strittig). Detaillierte
Anweisungen dazu enthalten die Nrn. 13 bis 15 RiStBV, wobei manche der
dort erwähnten Umstände erst nach der Belehrung erfragt werden dürfen,
wenn sie die Schuldfrage und die Rechtsfolgen betreffen (z. B. die Vorstra-
fen, die Alkoholabhängigkeit). Ein geschickter Vernehmer wird die Vernehmung zur Person zur Kontaktgewinnung nutzen, etwa indem er sich für die
Familie, den Beruf des Beschuldigten oder die Haftsituation interessiert (soweit diese Umstände noch nicht zur Sache gehören).

c) Eröffnung des Tatvorwurfs

663   **Den Tatvorwurf so eröffnen, daß sich der Beschuldigte sachgerecht
verteidigen kann. Der Vernehmer braucht aber noch nicht alle seine
„Karten aufdecken“.**
      Bei Beginn der ersten Vernehmung – noch vor den Belehrungen – ist dem
Beschuldigten zu eröffnen, welche Tat ihm zur Last gelegt wird (§ 136
Abs. 1 S. 1, § 163a Abs. 4 S. 1 StPO) und – das gilt nicht für polizeiliche
Vernehmungen – welche Strafvorschriften in Betracht kommen. Ihm muß
der belastende Sachverhalt wenigstens in groben Zügen dargestellt werden,
so daß er sich sachgerecht verteidigen kann. Besondere Vorschriften gelten
für die Vernehmung vor dem Haftrichter (§§ 115 Abs. 3, 115a Abs. 2 S. 2,
Abs. 3 StPO).
      Nach § 136 Abs. 2 StPO soll dem Beschuldigten Gelegenheit gegeben
werden, die gegen ihn vorliegenden Verdachtsgründe zu beseitigen und die
zu seinen Gunsten sprechenden Tatsachen geltend zu machen. Dazu müssen
ihm die Verdachtsgründe mitgeteilt werden, auch wenn er schweigt. Solange der Abschluß der Ermittlungen aber noch nicht in den Akten vermerkt ist
(§ 147 Abs. 2 StPO), brauchen die Verdachtsgründe aus ermittlungstakti-
schen Gründen – unter Beachtung der Grundsätze des fairen Verfahrens –
aber noch nicht sofort und vollständig offengelegt werden.

d) Belehrungen

664   **Eine Vernehmung ohne Belehrung führt zu einem Verwertungsverbot.**
      Nach der Eröffnung des Tatvorwurfs ist der Beschuldigte zu belehren
(§ 136 Abs. 1 S. 2 und 3 StPO). Wichtig: die Belehrung ist aktenkundig zu
machen (Nr. 45 Abs. 1 RiStBV). Von zentraler Bedeutung sind die Belehrungen über das Schweigerecht und das Recht auf Verteidigerbefragung.
Verstöße hiergegen führen regelmäßig zu einem Verwertungsverbot
(BGHSt 38, 214 zum Schweigerecht; BGHSt 38, 372 zur Verteidigerbefragung). Erst dann folgt die Vernehmung zur Sache.

e) § 136 StPO in der Polizeipraxis

Zwischen Gesetz und Gesetzeswirklichkeit gibt es große Unterschiede. 665
Wulf hat als teilnehmender Beobachter bei 100 polizeilichen Erstvernehmungen von Beschuldigten zahlreiche Verstöße gegen die Vernehmungsvorschriften festgestellt. Diese Ergebnisse lassen sich sicherlich nicht verallgemeinern, aber mit ähnlichen Vernehmungspraktiken wird durchaus auch sonst zu rechnen sein. Lediglich bei neun von 100 Vernehmungen wurde der Beschuldigte in jeder Hinsicht den gesetzlichen Anforderungen entsprechend belehrt. Die Verstöße gegen § 136 StPO waren besonders bei der Vernehmung von festgenommenen Beschuldigten zu verzeichnen:

(1) Nur bei zwei von 46 Festnahmefällen (weniger als 5%) wurden die Belehrungen korrekt durchgeführt.

(2) Bei 80% der Vernehmungen, insbesondere im Anschluß an Festnahmen, fand ein Vorgespräch im Sinne einer informatorischen Befragung statt. Dieses Vorgespräch wurde von den Vernehmungsbeamten jedoch oft – irrtümlich – noch nicht als förmliche Vernehmung angesehen, so daß der Beschuldigte zuvor noch nicht belehrt wurde. In 71% der Fälle erfolgte die Belehrung zu spät oder gar nicht.

(3) Auch gegen die Pflicht zur Eröffnung des Tatvorwurfs wurde häufig verstoßen; in fast der Hälfte der Fälle – überwiegend bei Festgenommenen – unterblieb sogar der Hinweis.

In einem Fall erklärte der Beamte zum Belehrungsbogen: „Lassen Sie sich nicht durch die Formulierung ‚Ihnen wird vorgeworfen‘ irritieren. Ihnen wird gar nichts vorgeworfen. Ich kläre nur Sachverhalte auf.“

Durch derartige Hinweise könnte der Beschuldigte glauben, die Polizei wolle ihn quasi als Mitarbeiter bei der Tataufklärung gewinnen. Der Hinweis auf Verteidigungsmöglichkeiten nach § 136 Abs. 2 StPO erfolgte in über 80% der Vernehmungen entweder gar nicht oder jedenfalls mangelhaft.

(4) Besonders problematisch sind verspätete oder fehlende Belehrungen. Mehr als 2/3 der von *Wulf* befragten Vernehmungsbeamten standen der Belehrungspflicht negativ gegenüber.

„Die Belehrung ist ein notwendiges Übel.“ „Ich halte davon nicht viel... Die Belehrung birgt die Gefahr in sich, daß Beschuldigte nicht aussagen.“ „Bei gerade Festgenommenen kann der Schock nicht mehr ausgenutzt werden.“

(5) Bei 30% der Vernehmungen erfolgte erst im Verlaufe der Sachvernehmung oder gar danach die Belehrung über das Schweigerecht.

Nach durchgeführter Sachvernehmung fragt der Beamte: „Wollen wir Deine Aussage aufnehmen? Hier lies das mal“, wobei er den Belehrungsbogen übergibt. Der Beschuldigte liest, worauf der Beamte nochmals fragt: „Was meinst Du selber – ist es besser, auszusagen oder nicht? Ich will Dir aber sagen, daß sich Deine Aussage positiv auswirken kann. Bisher war es nur ein Gespräch. Geschrieben ist noch nichts. Möchtest Du billig davonkommen oder nicht?“

Durch unzureichende Belehrungen über das Schweigerecht bleibt für den Beschuldigten im Dunkeln, daß die Aussageverweigerung keine negativen Konsequenzen haben darf.

Etwa wenn dem Beschuldigten der Belehrungsbogen mit dem Hinweis überreicht wird: „Den Spruch kennst Du ja." Die Belehrung wurde auch von Fragen und Hinweisen begleitet wie: „Wollen Sie Angaben machen?" „Ich muß Sie zunächst darüber belehren, daß ich Sie nicht zwingen kann, auszusagen." „Es macht sich besser für den Staatsanwalt, wenn Du aussagst."

(6) Nicht besser steht es mit Belehrungen über das Recht auf Verteidigerbefragung. Bei drei Viertel der Vernehmungen wurde der Hinweis unterlassen oder mangelhaft erteilt. Bei etwa 10% der Vernehmungen wurde das Recht zwar angesprochen, der Beschuldigte wurde aber im Ergebnis daran gehindert, davon Gebrauch zu machen. Beispiele:

„Warten Sie damit man noch etwas. Das Verfahren kann ja vielleicht eingestellt werden." „Aber sagen Sie mal, warum wollen Sie einen Anwalt nehmen? . . . Ich will Sie ja nur beraten, aber ein Rechtsanwalt kann sich seinen Mandanten aussuchen, und wenn Sie Dinge erzählen, daß die Lampen wackeln, wird dabei kein Rechtsanwalt mitmachen."

(7) Nur bei einer von 100 Vernehmungen wurde der Beschuldigte auf sein Beweiserhebungsantragsrecht nach § 136 Abs. 1 Satz 3 hingewiesen.

B. Technik und Taktik der Vernehmung

1. Beschuldigt heißt noch nicht schuldig

Gerichtspräsident: Warum lügen Sie, wenn Sie unschuldig sind?
Angeklagte: Damit Sie nicht glauben, daß ich schuldig bin.
Verteidiger: Ich glaube, meine Mandantin will sagen, daß sie, obwohl sie unschuldig ist, manchmal die Unwahrheit sagen muß, weil die Wahrheit sie in wahrheitswidriger Weise belasten würde. (*Curt Goetz*)

666   **Der Vernehmer ist nicht „dem Täter" auf der Spur, sondern der Wahrheit. Die „eingleisige Ermittlungshypothese" ist die gefährlichste Fehlerquelle.**
Gerade bei der Beschuldigtenvernehmung ist es besonders wichtig, daß der Vernehmungsbeamte – und auch der Richter, dem ein polizeiliches Geständnis vorliegt – keinesfalls mit der einzigen vorgefaßten Hypothese an die Vernehmung herangeht, er sei „dem Täter auf der Spur". Der Ermittlungsbeamte und der Richter sind immer nur der „Wahrheit auf der Spur"; und sie werden damit nur dann Erfolg haben, wenn sie mit alternativen Hypothesen (Rn. 534 ff.) in die Vernehmung des Beschuldigten gehen. Kein anderer Fehler hat in der Kriminalgeschichte so oft zu nicht wiedergutzumachenden Justizirrtümern geführt, wie die „eingleisige Anfangshypothese", der Verdacht ohne Alternative (Rn. 485). Behalten Sie deshalb stets die Alternativen im Auge, daß auch ein anderer der Täter gewesen sein könnte, daß der Tatbeitrag der Beteiligten unterschiedlich sein kann, daß das Verbrechen, das hier untersucht wird, gar nicht stattgefunden hat, oder daß der Beschuldigte doch nicht in dem Ausmaß schuldig geworden ist, als es zunächst den Anschein hat. Einer der wichtigsten Irrtümer in diesem Zusammenhang ist

die Auffassung, daß die Lügen des Beschuldigten ein besonders sicheres Indiz für seine Schuld seien.

2. Motive für die Lügen Unschuldiger

Manche Beschuldigte streiten Indiztatsachen nur deshalb ab, weil sie die 667
Gefahr ungerechtfertigter Verfolgung fürchten.
Der BGH (Beschl. v. 17. 12. 1993 – 2 StR 666/93 –) sagt:

> „Der Bundesgerichtshof hat mehrfach darauf hingewiesen, daß für widerlegt erachtete Behauptungen eines Angeklagten nicht Grundlage für eine Verurteilung sein können, ähnlich wie das Scheitern eines Alibis noch kein Beweis für seine Schuld ist. Lügen des Angeklagten lassen sich nur mit Vorsicht als Beweisanzeichen für strafrechtliche Schuld verwerten, weil auch ein Unschuldiger vor Gericht Zuflucht zur Lüge nehmen kann und ein solches Verhalten nicht ohne weiteres tragfähige Rückschlüsse darauf gestattet, was sich in Wirklichkeit ereignet hat."

Jedermann kann in die Situation des Verdachtes geraten. Wenn jemand sich erstmals in einer solchen Situation befindet, ist er in der Regel zudem noch überängstlich. Er wird in manchen Fällen das Gefühl haben, sich in einen heillosen Verdacht zu bringen, selbst wenn er eine objektiv ziemlich belanglose Indiztatsache zugesteht und er wird deshalb vielleicht lügen. Hier ist es Aufgabe des Vernehmenden, dem Beschuldigten klarzumachen, daß er sich mehr verdächtig macht, wenn er der Lüge hinsichtlich einer Indiztatsache überführt wird, als wenn er wahrheitsgemäß selbst belastende Indizien einräumt. Dem Unschuldigen, auch wenn er belastende Indizien einräumen muß, kann von seiten der Behörde oft mehr geholfen werden als er selber glaubt. Und davon, von der Unvoreingenommenheit des Vernehmenden, muß er überzeugt werden. Ist der Beschuldigte hingegen erst einmal der Lüge hinsichtlich einer Indiztatsache überführt, dann fällt es dem Vernehmenden meist sehr schwer, dessen Unschuldsbeteuerungen im übrigen ernst zu nehmen. Zwar sollte der Vernehmende sich darüber klar sein, daß jemand, der einmal lügt, keineswegs immer lügen muß. Aber dem Beschuldigten kann man gleichwohl klarmachen, daß er, wenn er unschuldig ist, fast immer besser fährt, sich der Untersuchungsbehörde rückhaltlos anzuvertrauen, als wenn er sich in immer ausweglosere Lügengebäude verstrickt.

Der Beschuldigte kann Anlaß haben, irgendwelche privaten Geheimnisse 668 zurückzuhalten, die mit dem kriminellen Vorwurf nur in einem äußeren – räumlichen, zeitlichen oder personellen – Zusammenhang stehen. Solche störenden Lügenmotive gilt es auszuräumen.

Im Ermittlungsverfahren sollten während der Vernehmung keine dritten Personen anwesend sein, vor denen der Beschuldigte derartige Geheimnisse möglicherweise bewahren will. Gleiches gilt, soweit prozessual möglich, für die Hauptverhandlung. Diese Vorsorgemaßnahme allein mag in den Fällen noch nicht ausreichen, in welchen der Beschuldigte befürchtet, daß die Personen, vor welchen er seine privaten Geheimnisse zu bewahren wünscht, Kenntnis vom Akteninhalt erhalten könnten. Es wird hier in jedem Einzelfall abzuwägen sein, ob es verantwortbar und zulässig ist, solche für den Beschuldigten peinliche Details nicht in das Protokoll aufzunehmen. Läßt sich das nicht bewerkstelligen, weil der Vorgang für das Verfahren von wesentlicher Bedeutung ist, dann kommt man manchmal weiter, indem man dem Beschuldigten klarmacht, daß dann, wenn er nicht selbst mit der Wahrheit herausrückt, man zu diesem Punkt umfangreiche Erhebungen anstellen müsse, von denen die Personen zwangsläufig erfahren müßten, vor denen er offenbar etwas verbergen wolle.

Die privaten Geheimnisse können aber auch mit dem Tatvorwurf unmittelbar zusammenhängen. So fiel es einem der Vergewaltigung beschuldigten Bodybuilder sichtlich schwer, zu offenbaren, daß er Potenzschwierigkeiten hatte. Bei Ausländern und Asylbewerbern kann auch ein Geständnismotiv sein, eine Auslieferung oder Abschiebung zu verzögern.

3. Vernehmung als gemeinsamer Rekonstruktionsprozeß

669   Die Vernehmung ist ein gemeinsamer Rekonstruktionsprozeß, bei dem Vernehmender und Beschuldigter den Tathergang gemeinsam „aushandeln".

Der bei einer polizeilichen Vernehmung stattfindenden Kommunikationsvorgang wurde vor allem von *Banscherus* und *Schmitz* empirisch untersucht. Die Vernehmung ist – besonders in der Befragungsphase – ein gemeinsamer Rekonstruktionsprozeß, bei dem Vernehmender und Auskunftsperson den Tathergang quasi gemeinsam „aushandeln". Das danach erstellte Protokoll ist das Ergebnis einer längeren kommunikativen Interaktion. Die Vernehmung wird sogar als geistiger Judo beim Kampf ums Geheimnis bezeichnet (ein Beschuldigter resigniert: „Okay, hast gewonnen. Spann das Ding ein."). An dieser Tatrekonstruktion wirkt der Vernehmungsbeamte in beträchtlichem Maße mit, auch seine Persönlichkeit spielt eine Rolle. Deshalb kommt es darauf an, daß der Beschuldigte zunächst seine Version unverfälscht und mit seinen eigenen Worten (vgl. Nr. 45 Abs. 2 S. 2 RiStBV) zum Ausdruck bringen kann.

4. Bestätigungsvernehmung

670   Die Vernehmung in der Hauptverhandlung darf keine Bestätigungsvernehmung sein.

Geerds bezeichnet die polizeilichen Vernehmungen als Ermittlungsvernehmungen. Die richterlichen Vernehmungen in der Hauptverhandlung nennt er Bestätigungsvernehmungen, und zwar deshalb, weil es seiner Ansicht nach in der Hauptverhandlung (nur noch?) darauf ankomme, die bereits erwirkten Aussagen auf Stichhaltigkeit und Ordnungsmäßigkeit hin zu überprüfen.

Dieses Verständnis der Vernehmung in der Hauptverhandlung teilen wir nicht. Der Richter und die übrigen Verfahrensbeteiligten müssen die Auskunftspersonen ohne jede Einschränkung originär, selbst vernehmen, um sich durch deren Aussagen in der Hauptverhandlung ein eigenes Bild vom Tathergang zu machen. Gleichwohl sind die polizeilichen Vernehmungsprotokolle von eminenter praktischer Bedeutung. Aus ihnen werden Vorhalte gemacht, Widersprüche werden für die Beurteilung der Glaubhaftigkeit der

Aussage herangezogen, und auch dann, wenn der Inhalt von polizeilichen Vernehmungsprotokollen selbst nicht als Beweisgrundlage verwertet wird, so bleibt das Protokoll doch nicht ohne Einfluß auf die Entscheidungsfindung. Noch mehr dürfte dies für das Amtsgericht gelten, wo dem Richter oft nicht genügend Zeit bleibt, die Zeugen ausführlich zu vernehmen.

Der große Einfluß der polizeilichen Vernehmungsprotokolle ist ein Handicap vor allem für die Verteidigung, die auf das Zustandekommen der polizeilichen Zeugenvernehmungen kaum Einfluß nehmen kann. Deshalb kommt es umso mehr darauf an, den Beweiswert der polizeilichen Vernehmungsprotokolle richtig – und das heißt vor allem in Kenntnis der polizeilichen Vernehmungspraxis – zu bewerten.

5. Vorbereitung der Vernehmung

Die Auswahl des Vernehmungsortes und der Vernehmungsperson ist in der Regel nur bei der polizeilichen Vernehmung möglich. Dazu werden in der Polizeiliteratur zahlreiche Vorschläge gemacht. Einige dort unterbreitete Ratschläge, die für die Aussagesituation des Beschuldigten wichtig sind, sollen vorgestellt werden.

a) Vernehmungsort

Am besten in einem dafür geeigneten Dienstzimmer vernehmen.   671

Zur Wahl des Vernehmungsortes wird vorgeschlagen, den Beschuldigten immer an einem Ort zu vernehmen, der ihm „keinen moralischen Auftrieb" gebe, ihn aus seinem gewohnten Milieu herauslöse, grundsätzlich daher im Dienstzimmer. So soll der Beschuldigte insbesondere nicht zur Hause vernommen werden, dort wachse „erfahrungsgemäß die Widerstandsenergie" Es müsse klargemacht werden, daß der Beamte als Vertreter der Staatsautorität allein über Form und Inhalt der Befragung entscheide. Im Vernehmungsraum solle man den Beschuldigten ständig beobachten können (auch im Hinblick auf seine Körpersprache). Der Vernehmende solle selbst das Licht im Rücken haben; der Vernommene dürfe niemals im Schatten oder Gegenlicht sitzen. Richtig ist zweifellos die Empfehlung, daß der Vernehmungsort frei von akustischen und sonstigen Störungen sein soll.

b) Person des Vernehmungsbeamten

Auf den Beamten kommt es an. Aber: erfahrene Beamte sind keines-   672 wegs die besseren Vernehmer.

Zurecht wird die Bedeutung der Persönlichkeit des Vernehmungsbeamten für das Ergebnis der Vernehmung hervorgehoben. Interessanterweise erbrachte die empirische Untersuchung von *Schmitz,* daß erfahrene Beamte durch die Befragung häufiger und mehr Falsches produzieren als weniger erfahrene Beamte; das mag daran liegen, daß sich erfahrene Beamte sehr früh ein Vorstellung über den Tathergang machen und ihre Vorstellung dann in der Vernehmung durchsetzen können. Wichtig ist, daß zwischen Vernehmer und Beschuldigtem keine größeren sprachlichen Barrieren bestehen sollten. Es wird auch vorgeschlagen, einen für die Vernehmungsperson geeigneten

Beamten mit der Vernehmung zu beauftragen. *Geerds* nennt als – sicher antiquiertes – Beispiel:

„Ein junges Mädchen wird wahrscheinlich gegenüber einem schneidigen, gut aussehenden, jungen Beamten bereitwilliger aussagen, während eine alte, etwas verfettete Dame häufiger am aufgeschlossensten ist, wenn ihr ein älterer Beamter mit den Allüren eines Kavaliers der alten Schule gegenübersitzt."

6. Drei Grundsätze der Beschuldigtenvernehmung

673   **Grundsätzlich gilt: Am effektivsten ist eine Vernehmung, wenn schon andere Beweismittel gesichert sind.**
Die Vernehmung ist dann am effektivsten, wenn andere Beweismittel bekannt und gesichert sind; die in Nr. 8 S. 2 RiStBV die zu anonymen Anzeigen gemachte Empfehlung kann generalisiert werden. Darüber hinaus gilt: Gleichgültig, ob nun letztlich sich herausstellen wird, daß der Beschuldigte unschuldig oder daß er schuldig ist, Sie werden immer der Wahrheit am nächsten kommen, wenn Sie die drei nachfolgenden Grundsätze beachten: Eine möglichst rasch nach dem Geschehen erfolgende und gründliche erste Vernehmung, das Eingehen auf das Mitteilungsbedürfnis des Beschuldigten und das Verständnis für seine Situation.

a) Rasche und gründliche erste Vernehmung

674   **Jeder Tag, um den die erste Vernehmung des Beschuldigten unnötig hinausgeschoben wird, ist für die Wahrheitsfindung verloren.**
Der Zeitabstand zwischen dem Geschehen und der ersten Vernehmung und die Gründlichkeit, mit welcher die erste Vernehmung durchgeführt wird, sind oft entscheidend für die Ermittlung der Wahrheit. Was bei der ersten Vernehmung an Gründlichkeit versäumt wurde, ist manchmal überhaupt nicht mehr nachholbar; wenn aber ausnahmsweise doch, dann nur mit einem Vielfachen an Aufwand. Mit zunehmendem Zeitabstand verblaßt einerseits die Erinnerung an das Geschehen, andererseits schreitet auch der Prozeß der „Schuldverdrängung" immer weiter fort. Unmittelbar nach der Tat kann der Beschuldigte sich am ehesten auch an solche Umstände erinnern, die seine Schuld mildern können, etwa eine Provokation durch den Geschädigten im Sinne des § 213 StGB. Andererseits wird er möglicherweise ihn belastende Fragen bejahen, ohne daß er den tatsächlichen Hergang mit eigenen Worten schildert (siehe die Beispiele bei Rn. 701).
Die Empfehlung in der Polizeiliteratur, die Vernehmung des Beschuldigten so früh wie möglich durchzuführen ist daher grundsätzlich richtig. *Stüllenberg* begründet dies so: Der Beschuldigte stehe noch unter dem Eindruck des Geschehens, Absprachen und Beeinflussungen seien möglicherweise noch nicht erfolgt. Die Geständnisbereitschaft bei einem Tatverdächtigen sei unmittelbar nach der Tat erfahrungsgemäß am größten. Unmittelbar nach der Festnahme ist allerdings die Gefahr falscher Geständnisse besonders groß, weil diese eine außerordentliche psychische Belastung darstellt (Rn. 741 ff.).

(1) Zeitablauf. Die Erinnerung an die Tat verblaßt schnell und wird mit 675
falschen Details angereichert.

Wie Sie aus der Irrtumslehre wissen, schreitet gerade in der allerersten Zeit nach dem Erlebnis die sogenannte „Verblassungstendenz" (Rn. 116) besonders schnell fort. Dadurch wird auch die wahre Aussage detailärmer, abstrakter und die „mitschwingende Gefühlsbeteiligung" wird schwächer. Das bedeutet, daß es erheblich schwieriger wird, die wahre Aussage von der Lüge zu unterscheiden. Zugleich nimmt die „„Anreicherungstendenz" (Rn. 119) zu; das heißt, der Beschuldigte schmückt (unbewußt) seine Erinnerung durch Details aus, die so nie stattgefunden haben, sondern meist aus anderen, ähnlichen Erlebnissen stammen. Diese lassen sich oft leicht widerlegen; es scheint dann so, als sei der Beschuldigte der Lüge überführt, und es besteht die Gefahr, daß der Richter ihm jetzt – zu Unrecht – gar nichts mehr glaubt.

Es läßt sich auch umso leichter – und besser! – lügen, je länger das Ereignis zurückliegt (Rn. 191). Manche Beschuldigte nützen die Zeit bis zur ersten Vernehmung auch dazu, ein Komplott zu organisieren (Rn. 845 ff.) oder Beweismittel zu verfälschen (Rn. 860).

(2) Schuldverdrängung. Mit zunehmendem Abstand vom Geschehen 676
setzt sich beim Beschuldigten ein halbbewußter Verdrängungsvorgang in
Lauf, der mit der Zeit zu echten Erinnerungsverfälschungen führen kann.

Der Vorgang dürfte im allgemeinen mit einem Akt der Selbstbemitleidung beginnen, wobei die Schuldverlagerung zunächst noch ziemlich persönlichkeitsnah bleibt (vergl. Rn. 152).

Sie kann sich darauf beziehen, daß man seiner eigenen Veranlagung (für die man ja nichts kann) die Schuld gibt oder darauf, daß die Beute geringwertig, der Getötete schon sehr alt gewesen ist und sowieso bald gestorben wäre. Von der Geringschätzung des Opfers ist es nicht mehr sehr weit bis zu der Überzeugung, daß das Opfer eine Mitschuld, schließlich die Alleinschuld trägt (der Ermordete ist schuld). Wo es nicht oder nur schwer möglich ist, die Schuld auf das Opfer zu verlagern, hilft es auch, die Verhältnisse anzuklagen. Das kann die persönliche Umgebung des Täters sein, die Menschen und die Verhältnisse, mit denen er lebt und leben muß. Es können aber auch die allgemeinen gesellschaftlichen Verhältnisse sein, die mehr oder weniger zwangsläufig die Tat auszulösen oder zu rechtfertigen vermögen.

Die Schuldverdrängung kann mit der Zeit zu echten Erinnerungsverfälschungen führen, sowohl hinsichtlich der Fakten als auch hinsichtlich der Motive. Der Beschuldigte vermag zunächst nicht mehr sicher zwischen Wahrheit und Konfabulation zu unterscheiden, um am Schluß fest an das von ihm selbst aufgebaute Trugbild zu glauben.

Beispiel: Was geht mich mein dummes Geschwätz von gestern an

Zeugin X, 1. Aussage: Plötzlich sagte der Angeklagte, daß wir zu ihm in die Wohnung kommen sollten, er habe rotes Haschisch zu Hause.
In der Wohnung des Angeklagten haben wir zuerst Platten gehört. Als wir den Joint geraucht hatten, da war es bei mir aus. Ich habe es in keiner Phase mehr gebucht (mitbekommen). Ich war nicht einmal fähig, nach Hause zu laufen. Ich bin halt am nächsten Tag heimgekommen.

Zurückhaltung	2. Aussage: Ich war an dem Tag so betrunken, daß ich *keine Einzelheiten mehr weiß* Ich weiß auch nicht mehr, was dort geraucht wurde.
Unklarheit	Bei meiner ersten Vernehmung (Herr Richter) bei Ihnen
Abstraktheit	stand ich unter Druck. Sie haben gesagt, es kommen gleich die grünen Männlein und holen mich ab. Ich mußte wiederholen, was ich schon *bei der Polizei unter Druck ausgesagt hatte.*
Freud'scher Versprecher	Mit dem Brief an Lutz (in welchem die Zeugin vom Haschischrauchen berichtet hatte) wollte ich mich aufspielen. Nur durch den Brief an Lutz *kam alles ans Licht.*

b) Mitteilungsbedürfnis des Beschuldigten

677 **Die meisten Beschuldigten – wenn schon nicht ganz schuldlos – haben doch zumindest Gründe vorzubringen, die ihr Vorgehen in einem milderen Lichte erscheinen lassen. Es erscheint deshalb auch beim Beschuldigten gerechtfertigt, Aussagehemmungen abzubauen und auf sein natürliches Mitteilungsbedürfnis einzugehen, um die Wahrheitsfindung zu verbessern.**

Für jenen Straftäter, der schuldig ist und für seine Taten keinerlei Milderungsgründe anführen kann, ist es unbestreitbar die beste Taktik, keinerlei Aussagen zu machen. Und das ist dazuhin noch sein gutes Recht. Allerdings halten die Wenigsten eine konsequente Aussageverweigerung bis zum Ende des Verfahrens durch. Meist wird das natürliche Mitteilungsbedürfnis, das jedem Menschen innewohnt, so übermächtig, daß es das Selbstschutzbedürfnis überwindet.

Nicht nur der Unschuldige, sondern auch jeder, der nicht so schwer gefehlt hat, als es den Anschein haben mag, ist oft besser dran, wenn er aussagt. Aber gerade jene, die nur wenig gefehlt haben, sich vielleicht (was sie aber nicht wissen) gar nicht strafbar gemacht haben, sind oftmals erleichtert, wenn sie erfahren, daß sie nicht verpflichtet sind, Aussagen zu machen. Vor allem unmittelbar nach dem Ereignis, das den Beschuldigten schon schwer genug seelisch belastet haben mag – gleichgültig wieviel Schuld er daran trägt –, wird es oftmals als Erleichterung empfunden, nicht auch noch darüber sprechen zu müssen.

Das natürliche Mitteilungsbedürfnis wird oftmals erst nach einem gewissen Zeitablauf stärker als die Aussagehemmungen, manchmal zu spät für den Unschuldigen oder weniger Schuldigen.

678 **(1) Ambivalenz der Aussageverweigerung. Die ordnungsgemäße Belehrung des Beschuldigten über sein Aussageverweigerungsrecht – vor allem bei der ersten Vernehmung, also häufig zeitlich nah an dem Geschehen – hat aussagepsychologisch ihre Tücken. Die Belehrung kann – so kommentarlos wie sie häufig erfolgt –, wenn der Beschuldigte von seinem Aussageverweigerungsrecht Gebrauch macht, für ihn sehr schädlich sein.**

Zwar darf die Aussageverweigerung als solche dem Beschuldigten nicht zum Nachteil gereichen. Tatsächlich kann die Verweigerung der Aussage unmittelbar nach dem Erlebnis ihm aber doch zum Nachteil gereichen, und daran vermag kein Gesetz etwas zu ändern. Das hängt in erster Linie damit zusammen, daß die Erinnerung gerade in der allerersten Zeit nach dem Erlebnis stark nachläßt. Wer sofort zu einer Aussage bereit ist, hat größere Chancen, sich an mehr Einzelheiten zu erinnern, die gegen seine Täterschaft sprechen oder wenigstens seine Tat in einem milderen Licht erscheinen lassen. Zu diesem Zeitpunkt könnte die Polizei oftmals auch noch Spuren sichern, die die entlastenden Einlassungen des Beschuldigten zu stützen vermöchten. Macht der Beschuldigte hingegen von seinem Aussageverweigerungsrecht Gebrauch, läuft er Gefahr, daß die Polizei nur solche Spuren sichert, die gegen ihn sprechen. Sagt er dann schließlich doch aus, ist es oftmals zu spät; alle objektiven Spuren, die für ihn sprechen könnten, sind inzwischen verwischt.

Auch das relativ wenige, was der Beschuldigte bei einer erst späteren Aussage noch an Einzelheiten in Erinnerung haben mag, die ihn entlasten könnten, wird umso mehr vom Gedächtnisverschluß (Rn. 564) bedroht, je länger das Erlebnis zurückliegt. Er wird deshalb vielfach solche Einzelheiten erst in einer noch späteren (zweiten, dritten usw.) Vernehmung vorbringen. Dann aber läuft der Beschuldigte erst recht Gefahr, daß solch späteres Vorbringen vom Richter als sog. „Schutzbehauptung" abgetan wird.

Schließlich führt kein Weg daran vorbei, daß eine unmittelbar dem Erlebnis folgende Aussage des Beschuldigten mehr Überzeugungskraft vermittelt, als wenn – oft Monate später – eine Schutzschrift des Anwalts zu den Akten gelangt. Diese ist notwendigerweise mehr von der juristischen Zweckmäßigkeit geprägt, als von einer anschaulichen, farbigen, einfühlbaren Sachverhaltsschilderung. Glaubt dann noch der Beschuldigte, bei seiner späteren Aussage sich mehr an jene Schutzschrift seines Anwaltes halten zu sollen als an seine – inzwischen allerdings auch blasser gewordene – Erinnerung, dann wirkt er meist wenig überzeugend.

Oftmals aber ist die eigene überzeugende Sachdarstellung des Beschuldigten das einzige Mittel, einer ungerechtfertigten Verurteilung zu entgehen, wenn gewichtige Indizien gegen ihn sprechen oder (scheinbar) zuverlässige Zeugen ihn entscheidend belasten.

Die vermeintliche Ladendiebin (Beispiel Rn. 356) hätte gegenüber so „potenten" Belastungszeugen keine Chance mehr gehabt, weil sie ein halbes Jahr später keine so restlos überzeugende Einlassung mehr zustande gebracht haben würde.

Wir hielten es daher für fair, wenn die Belehrung dahin ergänzt würde, daß eine Aussageverweigerung auch schädlich sein kann, weil der Beschuldigte Gefahr läuft, daß er wichtige (entlastende) Einzelheiten vergißt oder entlastende Sachbeweise später nicht mehr gesichert werden können.

(2) Verstärkung des Mitteilungsbedürfnisses des Beschuldigten. Ist der Beschuldigte aussagebereit, dann kommen Sie der Wahrheit am nächsten, wenn Sie die (gerade beim Beschuldigten besonders starken) Aussagehemmungen dadurch abbauen, daß Sie sein Mitteilungsbedürfnis verstärken. 679

Warum reden die Beschuldigten früher oder später fast ausnahmslos, obwohl es doch für einige von ihnen die aussichtsreichste Taktik wäre, konsequent zu schweigen? Die Beschuldigten reden, weil der Mensch als soziales Wesen einen fast unwiderstehlichen Mitteilungsdrang hat, insbesondere das Bedürfnis, sich zu rechtfertigen. Dieses Rechtfertigungsbedürfnis richtet sich einmal nach außen, Rechtfertigung gegenüber den Anklägern und Rechtfertigung „gegenüber der Welt". Das Rechtfertigungsbedürfnis besteht aber auch gegenüber dem eigenen Ich. Um sich aber sich selbst gegenüber zu rechtfertigen, benötigen die meisten die Unterstützung ihrer Mitmenschen, denen sie sich zu diesem Zweck mitteilen müssen.

So überraschend dies auch zunächst klingen mag, der Beschuldigte sucht in vielen Fällen mit seinen Mitteilungen Hilfe, und zwar auch und gerade bei seinen Anklägern. Der Beschuldigte ist durch die gegen ihn erhobene Anklage in eine Situation versetzt, die ihm – als Ersttäter – ganz fremd ist und deshalb besonders ängstigt. Darum ist es gar nicht so abwegig, daß er Halt, Verständnis, ja Hilfe gerade bei jenen sucht, die Macht über ihn haben, auch die Macht, seine Ängste zu mildern.

Deshalb können Sie das Mitteilungsbedürfnis des Beschuldigten dadurch verstärken, daß Sie jenes Verständnis zeigen, das er erstrebt. Letztlich scheinen viele Beschuldigte mit ihren Mitteilungen gerade auf ein Geständnis hin zu arbeiten. Man kann den Geständniszwang als die Umkehrung der allmählichen Schuldverdrängung (Rn. 676) auffassen. Obwohl beide Erscheinungen, der Geständniszwang und die Schuldverdrängung, zu gegensätzlichen Ergebnissen führen, hängen sie psychologisch eng miteinander zusammen. Der Beschuldigte kann sich in einem gewissen Sinne durch „Selbstreinigung" rechtfertigen, nämlich dadurch, daß er ein Geständnis ablegt. Aber er kann seine Rechtfertigung auch „anders herum" betreiben, indem er andere Menschen oder die „Verhältnisse" zum „Geständnis" ihrer Schuld, mindestens „Mitschuld" bringt. Er lädt die Schuld nicht durch ein Geständnis von seiner Seele, sondern er überbürdet sie auf andere oder anderes.

c) Alles verstehen heißt nicht alles verzeihen

680   **Der erfolgreiche Vernehmer hat für alles und jedes Verständnis. Deshalb billigt er noch lange nicht das Verbrechen. Aber er hütet sich davor, Entrüstung über die Tat – sei sie auch noch so scheußlich – in sich selbst hochkommen oder gar den Beschuldigten spüren zu lassen.**

Der Beschuldigte muß spüren, daß er beim Vernehmenden Verständnis findet. Das Verständnis bildet die Brücke dafür, daß der Beschuldigte Vertrauen in die Fairneß der Vernehmenden faßt. Das setzt beim Vernehmenden voraus, daß er dieses Vertrauen nicht mißbraucht. Der Vernehmende muß es „ehrlich" meinen, d. h. er muß versuchen, wirklich so viel Verständnis für den Täter aufzubringen, als er vorgibt, für ihn zu haben. Sicher darf er darüber hinaus im Zweifel noch ein wenig mehr abmildern als er selbst empfindet, aber er darf keinesfalls ein Verständnis heucheln, wo er in Wahrheit empört ist. Solche Heuchelei würde früher oder später vom Beschuldigten durchschaut, und dann wäre die Basis des Verstehens endgültig zerstört.

7. Ausbruch aus der Routine

681   **Nicht bei jedem Beschuldigten dieselbe Vernehmungstechnik anwenden. Gehen Sie auf jeden Beschuldigten individuell ein.**

Der Vernehmer neigt zur Routine. Das Schema, das er sich einmal als
erfolgversprechend zurecht gelegt hat, wendet er zu gerne auf alle vorkommenden Fälle an. Aber gerade bei der Beschuldigtenvernehmung kommt es
besonders darauf an, auf den ganz konkreten Beschuldigten einzugehen, auf
die gerade für ihn gemäße Weise. Niemand kann dem Richter die Beurteilung im Einzelfall abnehmen; niemand kann für alle vorkommenden Fälle
„Rezepte" anbieten. Es soll hier lediglich versucht werden, einige Hinweise
für das Verhalten gegenüber bestimmten Gruppen von Beschuldigten zu
geben und mehrere mögliche Vorgehensweisen anzubieten.

a) Situationstäter
Am besten ist die gefühlsbetonte Ansprache.   682

Dazu gehören die Affekttäter, die Mehrzahl der jugendlichen Straftäter
und die überwiegende Zahl der erwachsenen „wirklichen" Ersttäter. Es handelt sich um Straftaten, die viele schon irgendwann einmal begangen haben
oder doch schon begangen haben könnten, wenn sie in eine vergleichbare
Situation geraten wären.

Für die Vernehmungstechnik ist bei dieser Tätergruppe insbesondere
wichtig, daß sie in der Regel auf eine gefühlsbetonte Ansprache des Vernehmenden positiv reagiert und daß sie oftmals schwer dazu zu bringen ist, sich
mitzuteilen. Das sollte nicht vorschnell als Verstocktheit gedeutet werden.
Es handelt sich eher um Scham über die Tat, Angst vor der Schande oder um
das Nichtwahrhabenwollen dessen, was geschehen ist. Im allgemeinen ist es
nicht allzu schwer, diese anfängliche Barriere des Schweigens zu durchbrechen. Diesen Versuch sollte man unbedingt auch im Interesse des Beschuldigten selbst unternehmen. Die Situationstat ist praktisch niemals das per-
fekte Verbrechen, das nicht auch durch andere Beweismittel als ein Geständnis erwiesen werden könnte. Milderungsgründe lassen sich aber in der Regel
bloß dann ermitteln, wenn der Beschuldigte redet.

b) Die „Nichtverantwortlichen"
Hier helfen meist nur andere Beweismittel.   683

Für die unerfreulichen Folgen ihres Tuns kann jeder und jedes verantwortlich sein, nur nicht sie selbst. Die Gruppe unterscheidet sich von den „Situa-
tionstätern" insbesondere dadurch, daß das delinquente Risiko geradezu Teil
ihrer Persönlichkeit ist. Von den „Berufsdelinquenten" unterscheidet sich
diese Gruppe vor allem dadurch, daß sie die offiziellen Wertpräferenzen der
Gesellschaft grundsätzlich anerkennt. Typisch für diese Gruppe sind Delikte
im Grenzbereich zwischen bewußter Fahrlässigkeit und bedingtem Vorsatz.
Man könnte sagen: Die „Nichtverantwortlichen", das sind die „unverant-
wortlich Handelnden". Die Täter dieser Gruppe erscheinen formal häufig als
Ersttäter, während sie in Wirklichkeit fast immer Vielfachtäter sind, die
bisher lediglich noch niemals gefaßt worden sind. Ein beträchtlicher Teil der
Wirtschaftsstraftäter und der Verkehrsdelinquenten gehört hierher.

Für die Vernehmungstechnik ist wichtig, daß eine gefühlsbetonte Ansprache bei dieser Gruppe in der Regel wirkungslos abprallt. Die Gruppe der
„Nichtverantwortlichen" hat sozusagen mit der Schuldverdrängung vor der

Tat begonnen, so daß es nachher nicht mehr allzuviel zu verdrängen gibt. Die „Nichtverantwortlichen" reden in der Regel von selber, denn die „Nichtverantwortlichkeit" will ja schließlich dargetan werden. Mit ihnen läßt man sich am besten auf keine langen Diskussionen über die subjektive Tatseite ein. Ein Geständnis der eigenen Schuld ist hier sowieso nicht zu erwarten. Hier wird man immer darauf angewiesen sein, von den Fakten her auf die subjektive Tatseite zu schließen. Wenden Sie daher Ihr Interesse ausschließlich diesen Fakten zu. Sie aufzuklären, hilft der Beschuldigte meist weitgehend selbst, denn er muß ja dartun, warum er nicht verantwortlich ist. Wenn der Vernehmende echtes Interesse dafür aufbringt, dann wird er auch viel erfahren. Er darf und soll sogar Verständnis dafür zeigen, in welch schwieriger Situation sich der Beschuldigte befunden hat, daß „die Konkurrenz ja schließlich auch nicht schläft", daß „ganz ohne Risiko kaum eine unserer Handlungsweisen ist" usw. Solche neutralen Redewendungen, die Verständnis – im Rahmen des Vertretbaren – signalisieren, sind das beste Mittel, in der Vernehmung weiterzukommen. Das liegt daran, daß der Beschuldigte im Zweifel weit mehr für vertretbar hält als dem Gesetz entspricht.

c) „Berufsdelinquenten"

684   Am besten ist die verstandesmäßige Ansprache.
Von diesen Tätern könnte man sagen, daß sie entweder das „Verbrechen zu ihrem Beruf" oder aber „ihren Beruf zum Verbrechen" machen. Typisch sind Straftaten mit (bedingtem oder unbedingtem) Vorsatz. Die Täter können auch aus gesellschaftlich etablierten Schichten kommen. Für die Vernehmungstechnik ist insbesondere wichtig, daß bei dieser Gruppe nur eine verstandesmäßige Ansprache Aussicht auf Erfolg hat.

8. Drei Ansprachen

Hier werden drei generelle Ansprachetechniken dargestellt: Die Gefühlsansprache, die Ansprache Jugendlicher und die Verstandesansprache. Besondere Vernehmungstaktiken werden bei Rn. 712ff. behandelt.

a) Gefühlsansprache

685   Der Gefühlsappell wendet sich an die sozialen Bedürfnisse des Menschen. Dazu gehören insbesondere das Bedürfnis nach Hilfe und Unterstützung, nach Zuwendung, Kontakt, Mitteilung, Anteilnahme und nach Wertschätzung
Der Gefühlsappell spricht das „bessere Ich" des Beschuldigten an, gelegentlich auch dessen „Verbrecherehre". Dabei macht man einerseits dem Beschuldigten das Strafbare seines Tuns klar, auf der anderen Seite macht man deutlich, daß man an seinen guten Wesenskern glaubt. Den Gefühlsappell sollte man in seiner Wirkung unterschätzen; denn die meisten Menschen orientieren sich stärker an Gefühlen, als sie es selbst wissen. Einem leugnenden Beschuldigten kann man z. B. klar machen, daß seine Umgebung ihn nach seinem gesamten Lebenswandel beurteilt und nicht nach einer einzigen Tat; daß er durch ein Geständnis zeigen kann, daß er seinen

Irrtum einsieht und ihn in Zukunft meiden will. Manche Menschen würden ihn vielleicht mehr achten, wenn sie erlebten, wie der Beschuldigte sich wieder aus eigener Kraft fängt, als wenn er – *letztlich vielleicht doch erfolglos* – versuchte, sich um die Verantwortung zu drücken.

(1) Die verständnisvolle Ansprache. Der Vernehmer versteht die   686
Zwangslage des Beschuldigten.
Der Vernommene braucht jemanden, der ihn versteht, da er offensichtlich in Nöten ist. Der Vernehmer versteht seine Zwangslage. Er weiß zu würdigen, daß Leute wie der Beschuldigte schicksalsmäßig in solche Situationen verwickelt werden können. Er ist bereit, sich die Lebensgeschichte des Beschuldigten von Anfang an einschließlich seines Unglücks erzählen zu lassen. Er weiß, wie leicht jemand z. B. ein Opfer von Alkohol oder Rauschmitteln werden kann. Er erkennt, daß der Vernommene nur einmal „ausgerutscht" ist und nie mehr wieder in „solche Affären" verwickelt sein wird. Freilich enthält die Affäre auch einen Gesetzesverstoß. Wenn der Beschuldigte die Sache aufrichtig erörtert, können die Folgen vielleicht begrenzt werden. Der Vernommene muß einige Dinge mit seinem Gewissen in Einklang bringen. Um seiner Familie und seiner selbst willen sollte er in dieser Sache reinen Tisch machen. Der Vernehmer hat andere Leute in der gleichen Lage gesehen. Er weiß, daß der Beschuldigte selber sein Gewissen entlasten will. Er hat noch sein ganzes Leben vor sich. Mit Hilfe des Vernehmers kann er den ersten Schritt zur Wiederherstellung seiner Ehre tun, indem er seine Geschichte ganz erzählt. Der Vernehmer will dem Beschuldigten eine Chance geben, sich selbst zu helfen. Die verständnisvolle Ansprache eignet sich in erster Linie für den Situationstäter.

(2) Der moralische Appell. Das Schuldgefühl verstärken.   687
Er dient dazu, die Gedanken und Gefühle des Beschuldigten auf die moralische Seite des Deliktes zu lenken. Auf diese Weise soll er sich vergegenwärtigen, daß er etwas falsch gemacht hat. Bei dieser Methode muß man sehr vorsichtig vorgehen, damit der Beschuldigte nicht zu erregt wird; sonst könnte die Vernehmungsmethode unzulässig sein.

Der Vernehmer beginnt mit der moralischen Erörterung des Delikts. Dabei appelliert er an den Gemeinschaftssinn des Beschuldigten, an seine Verantwortlichkeit als Staatsbürger. Er betont, welche Auswirkungen das Delikt auf die Ehefrau des Beschuldigten, auf dessen Kinder oder andere nahe Verwandte hat. Dann beschreibt er die Sorgen und Leiden des Opfers und die Auswirkungen auf dessen Familie. Der Beschuldigte mag seelisch erregt werden, wenn man über seine Mutter oder seinen Vater spricht, über seine Kindheit und seine Bindungen in der Kindheit, über seine moralische und religiöse Erziehung, über Personen, die er sehr schätzt, wie Lehrer, Pfarrer, Trainer, Nachbarn oder Freunde. Der Beschuldigte empfindet selbst, daß er moralische Werte verletzt hat, die er mit diesen Personen verbindet. Es gilt, dieses Schuldgefühl zu verstärken. Oft wird der Gefühlsappell in seiner Wirkung verstärkt mit dem zeitlichen und räumlichen Abstand, der den Beschuldigten von seiner früheren Umgebung trennt. Man kann die seelische Erregung intensivieren, indem man die Verbindung zwischen seinem jetzigen und früheren Lebensweg betont. Dies gilt insbesondere, wenn er von seiner Familie ausgerissen ist oder auf andere Weise von seiner Familie getrennt oder sonst aus der Bahn geworfen wurde. Die Hauptmotive, die einer Straftat zugrundeliegen, sind: Haß, Angst, Neid, Liebe, Gewinnsucht.

Indem man sich vorsichtig in die Denkweise, Gefühls- und Erfahrungs-
welt des Beschuldigten hineintastet, wird man vermutlich sein Problem auf-
spüren, bei dem man ansetzt. Dabei sollte man versuchen, in denselben
Vorstellungen wie der Beschuldigte zu denken und sich bemühen, eine gemeinsame Verstehensgrundlage zu schaffen. Man sollte dem Beschuldigten
helfen, sich eine Motivation für die Begehung der Tat aufzubauen. Dann fällt
es ihm leichter, darüber zu reden.

Für Straftäter, die sich mehr auf der Grenze zwischen den „Situationstä-
tern" und den „Nichtverantwortlichen" befinden, eignen sich eher zwei andere Untergruppen der Gefühlsansprache:

688   **(3) Schuldverlagerung. Der Beschuldigte ist nicht allein schuld.**
Offensichtlich gehört der Beschuldigte nicht zu den Leuten, die für gewöhnlich in solche Art von Delikten verwickelt sind. Der „Kummer" mit
dem Beschuldigten liegt in seinen kleinen Schwächen begründet, der Lust
am Risiko, der Neigung zum Trinken oder zu jungen Mädchen, oder er hat
Pech im Spiel gehabt. Diese Dinge können jedem passieren, besonders in
dem vorliegenden Fall. Wenn der Beschuldigte mit allem aufgeräumt hat
und die Geschichte so erzählt, wie sie war, stellt sich vielleicht heraus, daß
das Delikt weniger gravierend ist, als es den ersten Anschein hat, daß er nicht
allein die Schuld daran trägt, daß alles so gekommen ist.

689   **(4) Abmilderung. Das kann jedem passieren.**
Der Vernehmer sieht die Unbedachtsamkeit des Vernommenen nicht zu
ernst an. Er hat Tausende von Leuten in der gleichen Situation gesehen. Ein
schneller Schritt in einem unbedachten Augenblick oder eine unbedachte
Handlung auf Grund des Rates anderer Leute. Vielleicht, wenn der Vernommene bereit ist, die Einzelheiten seines „Unglücks" preiszugeben, kann der
Richter die Sache in milderem Licht sehen als in der Anklageschrift dargestellt.

b) Die Ansprache Jugendlicher

690   Für die Jugendlichen eignet sich grundsätzlich die Gefühlsansprache. Auch
heute noch ist für die meisten Jugendlichen die „Mutter" ein „magisches"
Wort, das Reue und Geständnisbereitschaft zu wecken vermag.

691   **(1) Der Jugendliche aus „gesellschaftlich integrierten" Schichten. Eine
freundliche Behandlung und eine gut geführte Gefühlsansprache führen
meist zum Ziel.**
Dazu gehört auch die sog. „Unterschicht". Dieser Jugendliche ist in den
herkömmlichen moralischen Grundsätzen erzogen worden, seine etwa geäu-
ßerte Ablehnung gegenüber Autoritäten ist mehr verbaler Natur als wirklich
verinnerlicht. Er ist vielleicht nicht besonders intelligent, ist unerfahren,
leichtgläubig und unbeherrscht. Der sich bietenden Gelegenheit oder der
Suggestion der Gruppe, in die er hineingeraten ist, hat er nicht widerstehen
können. Ein solcher Jugendlicher hat sich innerlich noch nicht völlig von den
anerzogenen Wertmaßstäben gelöst. Er glaubt – zumindest unterschwellig –
noch an Vieles. Daher haben Sie eine reiche Auswahl an Ansatzpunkten, mit
welchen Sie sein Gefühl ansprechen können, wobei immer wieder in erster
Linie die Mutter oder eine „muttervertretende" enge Bezugsperson in Be-

tracht kommt. Andererseits hat ein solcher Jugendlicher Angst vor dem Strafverfahren, für ihn ist das Gericht noch etwas Schlimmes. Eine freundliche Behandlung und eine gut geführte Gefühlsansprache führen hier fast immer zum Ziel. Gibt sich der Jugendliche „trotzig", dann vermeiden Sie auf alle Fälle, seinen Mut oder Stolz herabzusetzen, appellieren Sie besser an seine Männlichkeit. Dieser Jugendliche lehnt sich in seiner augenblicklichen Entwicklungsphase gegen die überkommenen Grundsätze auf. Aufgrund fehlenden Gemeinschaftssinnes und Sorglosigkeit hinsichtlich der Folgen seiner Tat wird er leicht „rebellisch" und widerspenstig, wenn Sie ihn wegen seiner Tat angreifen. Für ihn ist es aber in seinem jetzigen Stadium von größter Wichtigkeit, „männlich" zu sein. Daher sollten Sie alles vermeiden, was ihn in diesem Punkte kränken könnte, d. h. Sie dürfen nicht seinen Mut, seinen Stolz, seine Härte anzweifeln.

Beispiel: Wer diese Tat vollbracht hat, müßte eigentlich auch Mannes genug sein, sich dazu zu bekennen. Was soll Ihre Mutter von Ihnen denken, wenn Sie sich hinterher feige um die Verantwortung drücken wollten?

(2) Jugendliche aus nicht integrierten Randgruppen. Bleiben Sie „be- 692 **harrlich" freundlich.**

Dieser Jugendliche ist in einer Umgebung mit abweichenden Wertpräferenzen aufgewachsen. Das muß noch nicht heißen, daß er die gesellschaftsfeindlichen Einstellungen endgültig internalisiert hat. Aber jetzt und hier wird er sein Verhalten nach gelernten Vorstellungen orientieren. In seiner Umgebung genießt oftmals derjenige besonders hohes Ansehen, der ein „schweres Ding" gedreht hat, der die Polizei „am besten übers Ohr gehauen" hat; der gelernt hat, daß Polizei und Gericht seine natürlichen Feinde sind und wie man sich vor diesen Feinden schützt. Wer bei der Polizei „pfeift", gilt in seinen Kreisen als besonders verwerflich, weshalb er oftmals in fast „heldenhaftem" Schweigen verharrt. Trotzdem ist auch bei diesem Jugendlichen eine Gefühlsansprache nicht aussichtslos. Er ist kein Berufsverbrecher – braucht nie einer zu werden. Bleiben Sie deshalb während der gesamten Vernehmung unbeirrt freundlich, selbst über den Punkt der Albernheit hinaus. Dadurch vermeiden Sie, daß sich der Jugendliche in ein eingebildetes Martyrium hineinsteigert. Wenn Sie hart vorgehen, fühlt sich der Jugendliche nur in seiner Einstellung zur Justiz als Feind und in seinem Martyrium bestätigt. Gelingt es Ihnen dagegen, beharrlich freundlich zu bleiben, kommt sich nunmehr der Jugendliche dumm vor, weiter den Rebellen zu spielen. Durch Ihre beharrliche Freundlichkeit zeigen Sie dem Jugendlichen, daß er mit seiner rebellischen Haltung bei Ihnen nichts ausrichtet. Das hat zur Folge, daß auf Dauer der Vernommene sein Verhalten, weil erfolglos, aufgegeben wird. Diesen Jugendlichen kann man am besten zur Wahrheit bewegen, wenn man ihn in lächerliche Lügen verwickelt. Er erträgt es nämlich nicht, daß er auf so schmachvolle Weise sein Gesicht verliert. Es ist für ihn unehrenhaft, wenn Sie ihm bei seinen Ausflüchten wiederholt Widersprüche und Unbeständigkeiten nachweisen können. In seinem Milieu muß man „gut" lügen können. Nunmehr überzeugt man ihn, daß es für ihn das Gescheiteste ist, sich von seiner „klugen Seite" zu zeigen und mit den Tatsachen „herauszurücken", da seine Versuche, Ihnen einen Bären aufzubinden, ohnehin erfolglos bleiben. In seiner Umgebung ist es von größter Wichtigkeit, schlau zu sein. Niemand bewundert den „tölpelhaften" Rowdy.

c) Verstandesansprache.

693   Die Tätergruppen der „Nichtverantwortlichen" und der „Berufsdelinquenten" sind in der Regel von der Gefühlsseite her kaum ansprechbar, es sei denn, sie stünden noch ganz am Anfang ihrer „Karriere". Sie sind meist nur aus verstandesmäßigen Gründen dazu zu bewegen, an der Aufklärung mitzuwirken oder gar ein Geständnis abzulegen. Der Beschuldigte muß einen Vorteil darin sehen können, wenn er redet oder die Aussichtslosigkeit weiteren Schweigens oder Leugnens vor Augen haben.

694   **(1) Die „Nichtverantwortlichen".** Förmlich-korrekt ansprechen.
Der Beschuldigte aus dem Kreis der „Nichtverantwortlichen" muß von sich aus reden. Der Anschein spricht gegen ihn (sonst würde er nicht beschuldigt), also muß er dartun, warum er nicht (oder jedenfalls nicht in diesem Ausmaß) verantwortlich ist. Ganz falsch wäre es, wenn der Vernehmende sich nicht auf diese Verteidigungstaktik einließe, insbesondere, wenn er zeigte, daß er etwa überlegene Kenntnisse besitzt, die es ihm möglich machen könnten, das Verteidigungsvorbringen zu widerlegen. Ebenso falsch wäre es, die moralische Seite der Tat unmittelbar angehen zu wollen. Der Vernehmende nimmt eine mehr förmlich-korrekte Haltung ein. Er läßt sich geduldig über die Schwierigkeit der Verhältnisse, die Ungewöhnlichkeit der Situation und das Zusammentreffen unglücklicher Umstände ein, die der Beschuldigte zu seiner Verteidigung vorzubringen hat, und will alles noch genauer wissen. Etwaige Widersprüche hält er grundsätzlich für aufklärbare Mißverständnisse, die er dem Beschuldigten ermöglicht auszuräumen. Erst jetzt, wenn auf diese Weise keine weiteren Informationen mehr zu erwarten sind, ist es an der Zeit, alle Einzelheiten mit dem Beschuldigten noch einmal durchzugehen und ihm die verstandesmäßigen Gründe vorzuhalten, die es geraten erscheinen lassen, die eine oder andere unhaltbar gewordene Position zu räumen. Dabei lassen sich dann durch Abmilderung und Schuldverlagerung Brücken bauen zu einer wahrheitsgemäßen Schilderung des tatsächlichen Herganges.

695   **(2) Die Berufsdelinquenten.** Über die eigenen Kenntnisse im Unklaren lassen.
Der Beschuldigte aus dem Kreis der „Berufsdelinquenten" ist schon deshalb über die Gefühlsseite grundsätzlich nicht ansprechbar, weil die Werte, gegen die er verstoßen haben könnte, überhaupt nicht existieren oder jedenfalls für ihn nicht gelten. Er hat meist auch keinen Grund, überhaupt über die Sache zu reden. Wenn er das trotzdem tut, dann entweder, weil er sich nicht durch Schweigen noch mehr verdächtig machen will oder weil er vom Kern der Sache ablenken will. Die Ablehnung (eines Ausschnittes aus) der geltenden Wertordnung bedeutet natürlich nicht, daß nicht auch er um sein Schicksal bangt, daß er Angst vor dem Ausgang des Strafverfahrens hat. Das gilt für den Wirtschaftsstraftäter noch viel mehr als für den herkömmlichen „Berufsverbrecher". Ihm gegenüber nimmt der Vernehmende eine förmliche,

überlegene Haltung ein, was nur durchzuhalten ist, wenn man diesen Beschuldigten in seinen Ängsten beläßt. Das heißt, der Vernehmende muß den Beschuldigten möglichst lange im Unklaren darüber lassen, was er selbst über den Fall schon weiß. Diese Unklarheit, zusammen mit der Angst vor dem Ausgang des Verfahrens, ergeben die beste Chance dafür, daß sich der Beschuldigte in törichte Lügen und Widersprüche verwickelt. Von dort her kann man dann zusammen mit den vorhandenen Beweismitteln anfangen, den Beschuldigten zu überzeugen, daß es das Klügste ist, zu diesem oder jenem Punkt die Wahrheit einzuräumen. Solche Teilzugeständnisse können dann als „Keil" benützt werden, um schließlich die volle Wahrheit zu erfahren.

9. Zweiteilung der Vernehmung: Erst Bericht, dann Verhör

a) Zunächst im Zusammenhang aussagen

Eine gute Vernehmung trennt klar zwischen Bericht und Verhör.   **696**
Von zentraler Bedeutung für das Vernehmungsergebnis ist die Zweiteilung der Vernehmung in Bericht und Verhör (Rn. 562ff.). Sie ist in § 69 StPO für die Vernehmung eines Zeugen ausdrücklich vorgeschrieben. Nach Abs. 1 S. 1 ist der Zeuge zu veranlassen, das, was ihm von dem Gegenstand seiner Vernehmung bekannt ist, im Zusammenhang anzugeben (Bericht). Nach Abs. 2 sind – erst danach (BGHSt 3, 281, 283) – zur Aufklärung und zur Vervollständigung der Aussage nötigenfalls weitere Fragen zu stellen (Verhör). Die Wichtigkeit der Zweiteilung hat der BGH hervorgehoben (BGHSt 3, 281, 284: Revisionsgrund; BGH bei Pfeiffer/Miebach NStZ 1983, 212; vgl. auch OLG Stuttgart StV 1989, 6, *Schäfer* RdNrn 285, 701). Die Zweiteilung gilt nach fast einhelliger Meinung in gleicher Weise für die polizeiliche Zeugenvernehmung, auch wenn § 163a Abs. 5 StPO auf § 69 StPO nicht ausdrücklich Bezug nimmt.

Auch wenn die Zweiteilung weder für die polizeiliche, noch für die richterliche Vernehmung des Beschuldigten gesetzlich vorgeschrieben ist, ist sie nach nahezu einhelliger Meinung auch bei ihm zu beachten (vgl. auch § 243 Abs. 4 S. 2 StPO, dazu BGHSt 13, 358, 360; BGH StV 1990, 245; übrigens schrieb schon die Carolina von 1532 den zusammenhängenden Bericht des Beschuldigten in Art. 56 CCC vor: „Keynem gefangen die vmstände der missethat vor zusagen, sonder jn die gantz von jm selbst sagen lassen.".

b) Der Bericht in der Praxis

Die Praxis verfährt leider anders: Der Bericht wird häufig schon zu   **697**
Beginn vom Verhör und dazu noch durch geschlossene Fragen unterbrochen.
Der Forderung der Vernehmungslehre nach der Trennung von Bericht und Verhör wird in der Praxis aber nur selten entsprochen. Die empirische Untersuchung von *Schmitz* zur Praxis polizeilicher Vernehmungen hat erbracht, daß der Vernehmer sich in kaum einer Vernehmung strikt als Zuhörer verhält, der Bericht wird häufig unterbrochen. *Burghard* berichtet von einer Beobachtungsreihe, wonach nur sieben von 100 Vernommenen zu-

nächst relativ frei berichten konnten. Es kommt sogar vor, daß schon im Bericht auf Befragungsphasen doppelt so viel Zeit entfällt wie auf Erzählphasen. Ähnlich verhält es sich – leider – auch bei manchen richterlichen Vernehmungen. Hier darf – und sollte – der Verteidiger eingreifen; er kann sich dabei auf BGHSt 3, 281 (betrifft allerdings direkt nur den Zeugen) berufen.

10. Fragetechnik

Auch bei der Beschuldigtenvernehmung gelten die allgemeinen Grundsätze der Fragetechnik und Fragetaktik (Rn. 585 ff.). Hier werden nur die für den Beschuldigten zu beachtenden Besonderheiten behandelt.

a) Pygmalioneffekt

698   Das Vernehmungsergebnis paßt sich der Ermittlungshypothese an.

Das Vorwissen des Beamten hat erheblichen Einfluß auf die Vernehmungsführung. Wenn der Beamte einen Verdacht überprüft, so besteht die Gefahr, daß dieser durch das Ergebnis der Befragung bestätigt wird, Pygmalioneffekt genannt (Rn. 106). Das führt dazu, daß die Tatvorgangsbeschreibung im Laufe der Befragung tendenziell der schon vorliegenden Akte angepaßt und so im Protokoll festgehalten wird (Beispiele Rn. 701). Durch die strikte Planverfolgung bei der Vernehmung kann aber nicht nur die Aussage verfälscht werden, auch Informationen können verloren gehen.

b) Aktives Zuhören

699   Aktives Zuhören ist gut, aber gefährlich.

Der Pygmalioneffekt kann auch durch das – an sich vernehmungstechnisch sinnvolle – sog. aktive Zuhören hervorgerufen werden. Mit Minimaläußerungen, den sog. back channels wie „ja", „gut", „okay" wird signalisiert, daß dem Vernehmer die Aussage gefällt, was den Vernommenen in die anscheinend gewünschte Richtung lenken kann: Deshalb sind beim „aktiven Zuhörern Bewertungen strikt zu vermeiden, Rn. 500).

c) Einfluß der Frage auf die Antwort

700   Die Frage bildet mit der Antwort ein unteilbares Ganzes.

Wer fragt, der führt (Rn. 563). Was nicht gefragt wird, wird nicht beantwortet. Schon *Binet* sagte: „Die Frage bildet mit der Antwort ein unteilbares Ganzes . . . Eine Antwort, die von der sie hervorrufenden Frage isoliert wird, repräsentiert einen zweifelhaften Wert." Deshalb ist es ein schwerer Kunstfehler, wenn die Fragen nicht inhaltlich protokolliert werden (Rn. 843).

701   Geschlossene Fragen (zum Vorsatz) haben erheblichen Einfluß auf die Antwort.

Wie wichtig diese Erkenntnis ist, zeigen Erstvernehmungsprotokolle zu Mordmerkmalen bei Tötungsdelikten (ohne Anwesenheit eines Verteidigers), die *Rasch/Hinz* ausgewertet haben: Sie kommen zu dem Ergebnis, daß bei den vernehmenden Beamten eine Tendenz bestehe, einen eindeutigen Sachverhalt herauszuarbeiten. Die Asymmetrie der Vernehmungssituation biete eine hohe Wahrscheinlichkeit dafür, daß sich der Beamte mit seinen Deutungsmustern durchsetze. Die Auswertung ergab eine Vernehmungstaktik der Kriminalpolizei, die auf die Belastung des Beschuldigten hinaus-lief. Die Erwartungen des Gerichts, aus den Aussagen des Beschuldigten eine möglichst glatte, widerspruchsfreie Darstellung der Tatgeschehnisse zusam-menfügen zu können, würden durch die Vernehmungen der Polizei vorbe-reitet. Die Protokolle belegen eindrucksvoll die Problematik von geschlosse-nen Fragen. Beispiele:

Fragen zum Tötungsvorsatz:
Ist es richtig, daß Sie in der vollen Absicht, ihn zu töten, mehrfach zugeschlagen haben?
War es Ihnen wirklich lieber, daß das Kind stirbt, als daß Sie verhaftet werden?
war es Ihnen eigentlich egal, daß . . . ?
Es ist also richtig, wenn ich annehme, daß Sie bei der Tat auf jeden Fall den Tod des Vaters in Kauf genommen haben?
An sich war also von vornherein geplant, dem Tankwart Gewalt anzutun?

Fragen zu Mordmerkmalen
Mordlust: Hatten Sie im Moment des Tötens ein – wenn auch unbestimmtes – Gefühl der Freude in sich?
Geschlechtstrieb: Hatten Sie bei der Tötungshandlung selbst eine sexuelle Befriedi-gung?
Niedrige Beweggründe: Ist es richtig, daß Sie M. getötet haben, weil Sie ihn haß-ten, sich an ihm rächen wollten?
Heimtücke: Ich kann also davon ausgehen, daß M. arglos war?
Verdeckung: Töteten Sie Herrn T. vielleicht auch deshalb, weil Sie Angst davor hatten, daß die von Ihnen erwähnte Körperverletzung entdeckt würde?

Frage zur Schuldfähigkeit
Ihre Tatschilderung – insbesondere die Einzelheiten – lassen den Schluß zu, daß Ihre Geistestätigkeit nicht wesentlich eingeschränkt war, weil Sie sich ganz genau an alle Einzelheiten des Ablaufes erinnern können?

Verhör zum Tatmotiv (beachte auch die Verständlichkeit der Fragen)

Frage	Wenn ihn diese beiden Kinder an seine Frau nicht binden konnten, dann konnten Sie nicht davon ausgehen, daß dieses eine Kind ihn an Sie binden würde?
Antwort	Wir wollten in dem Augenblick, wo er geschieden ist, beide völlig von vorn anfangen.
Vorhalt	An dieser Zukunft haben Sie aber, wie Sie selbst sagen, offensichtlich starke Zweifel gehabt.
Antwort	Ja.
Frage	Mit anderen Worten wäre Ihre Zukunft noch schwieriger geworden als Ihre Vergangenheit, indem Sie nun nicht nur für sich, sondern auch für das Kind sorgen mußten?
Antwort	Ich wäre wieder anschaffen gegangen.
Vorhalt	Wobei das Kind aber klipp und klar eine zusätzliche Belastung darge-stellt hätte.
Antwort	Dann hätte ick das Kind wahrscheinlich ins Heim geben müssen.
Frage	Was Sie sicher als neue Belastung empfunden hätten, da ja dann noch weitere Unterhaltszahlungen auf Sie zugekommen wären?
Antwort	Dann hätte ick das Kind adoptieren lassen.

Frage	Ist Ihnen da nicht einmal der Gedanke gekommen, daß es besser wäre, wenn es gar nicht leben würde?
Antwort	Ja, natürlich, deshalb will ick ja auch keene Kinder mehr haben, damit werde ich sowieso nicht fertig.
Frage	Frau S. kann es sein, daß bei der mißlichen Lage, in der Sie waren, und bei der Tatsache, daß Sie sahen, daß Ihr Kind immer schlimmer gesundheitlich dran war, daß Sie auf den Gedanken kamen, es wäre besser, wenn das Kind stirbt?
Antwort	Nee, dann wäre ick ja nich in den Humpen gegangen, wo ick mit 'ner Razzia rechnen mußte.

Der Beamte setzt sich im Verhör mit seiner Version zum Tötungsvorsatz durch

Frage	Wie lag denn Ihr Vater auf dem Bett, und wo haben Sie genau hingeschlagen?
Antwort	Vater lag auf der Seite in Richtung Ofen. Wo ich genau hingeschlagen habe, weiß ich nicht.
Frage	War Ihnen das egal?
Antwort	Ja.
Frage	Wo haben Sie denn Ihrer Meinung nach nun hingeschlagen?
Antwort	Nur auf den Kopp, mal auf die Seite und mal ruff.
Frage	Da es Ihnen egal war, wo Sie hinschlugen, muß ich daraus schließen, daß Sie Ihren Vater auf jeden Fall töten wollten. Ist dies richtig?
Antwort	Töten wollt ich ihn ja nun ausgerechnet nich.
Frage	Was passiert wohl mit einem Menschen wenn man ihn sieben bis achtmal ziemlich kräftig mit einem Hammer schlägt, insbesondere dann, wenn man dabei nur den Kopf trifft?
Antwort	Daß er tot ist oder was. Aber er hat doch noch geatmet, als er bei uns abgeholt wurde.
Frage	Aus Ihrer Antwort muß ich entnehmen, daß Sie mit dem Tod Ihres Vaters gerechnet und den Tod somit in Kauf genommen haben?
Antwort	Ja.

Im Verlauf der weiteren Vernehmung wehrt sich die Beschuldigte noch einmal gegen die zuvor vom Beamten vorgenommene Definition. Erst am Ende der zweistündigen Vernehmung werden die unterschiedlichen Plausibilitätsstrukturen des Beschuldigten und des Beamten im Protokoll wieder auf eine Formel gebracht, übrigens unter Verzicht auf Logik:

Frage	Ich frage Sie noch mal, was Sie mit Ihrer Tat bezweckten und was wohl geschieht, wenn man einem Menschen sieben- bis achtmal einen Hammer auf den Kopf schlägt?
Antwort	Ich wollte Ruhe haben, und dazu war mir alles egal. Wenn man einem Menschen mit einem Hammer auf den Kopf schlägt, ist er tot oder was.
Frage	Es ist also richtig, wenn ich annehme, daß Sie bei der Tat auf jeden Fall den Tod des Vaters in Kauf genommen haben?
Antwort	Ja.

Zum Recht auf Anwaltsbefragung

Frage	Wozu brauchen Sie einen Rechtsanwalt? Haben Sie denn etwas zu verbergen? Sie werden doch hier zeugenschaftlich vernommen.

C. Geständnis

1. Confessio non est regina probationum

Noch immer gilt das Geständnis als wichtigstes Beweismittel, obwohl mit **702** den modernen naturwissenschaftlichen Methoden sehr viel zuverlässigere Sachbeweise zur Verfügung stehen können (vgl. *Kaut/v. Dohna*, Kriminalistik 1976, 53). Das mag mit der Geschichte des Geständnisses zusammenhängen, das auch nach Abschaffung der Folter seine zentrale Stellung im Beweisrecht behielt. Der Abschaffung der Folter folgten – nachdem die Beschuldigten nicht freiwillig gestanden – Lügen- und Ungehorsamsstrafen. Das Reichsjustizministerium erlaubte 1937 zur „intensiven Befragung" bis zu 25 Schläge, wobei im Protokoll zu vermerken war „unter Druck erlangt"; ein wesentlicher Grund für die Einführung des § 136a StPO. Die Strafprozeßordnung erwähnt das Geständnis nur noch an verstreuten Stellen, so in § 254, bei der Wiederaufnahme (§ 362) und – das falsche Geständnis – allein bei den Kostenvorschriften (§ 467 Abs. 3).

Der Richter muß sich von der Richtigkeit des Geständnisses überzeu- **703** **gen.**
Nach richtiger Auffassung ist das Geständnis ein Beweismittel wie jedes andere, das der freien richterlichen Beweiswürdigung nach § 261 StPO unterliegt und deshalb wie alle anderen Beweismittel auch zu würdigen ist (vgl. auch Nrn. 111 Abs. 4, 222 Abs. 2 RiStBV). Der Richter muß sich von der Richtigkeit des Geständnisses überzeugen, zurecht sagt der BGH (Beschluß vom 17. 9. 1992 – 2 StR 249/92):

> Wenn das Tatgericht einen Angeklagten auf Grund dessen eigener Einlassung verurteilt, so setzt dies voraus, daß es sich von der Richtigkeit dieser Einlassung überzeugt hat. Es ist nicht genügend, wenn es die Einlassung nur für unwiderlegt ansieht.

Ermittlungen unabhängig vom Geständnis durchführen. **704**
Busam weist zurecht darauf hin, daß die Hypothese von der Richtigkeit des Geständnisses für die weiteren Ermittlungen von vornherein die Bandbreite verschiedener, zunächst ernsthaft in Frage kommender Sachverhalte verengt (Rn. 666). Besonders im Anfangsstadium der Ermittlungen sollte so vorgegangen werden, als ob kein Geständnis vorläge (Rn. 731). Die Ermittlungen sollten unabhängig vom Vorliegen eines Geständnisses geführt werden, insbesondere, was die Sicherung des Tatortes angeht. Schließlich muß das Geständnis durch gezielte Nachermittlungen abgesichert werden. In der polizeilichen und staatsanwaltschaftlichen Praxis wird das zuweilen anders gehandhabt (vgl. auch Nr. 111 Abs. 4 RiStBV).

> Wenn ein Geständnis vorliegt, wird der Sachverhalt von der Polizei als „eindeutig aufgeklärt" betrachtet, bei (Betrug: 81%, Ladendiebstahl: 98%). Liegt ein Geständnis vor, so betrachtet die Staatsanwaltschaft den Fall als anklagefähig (z. B. bei 97% der Diebstähle an und aus Kfz).

Der vorzeitige Abbruch der Ermittlungen bei einem Geständnis ist ein schwerer Fehler, denn es besteht die Gefahr, daß die Beweisergebnisse im

Lichte des Geständnisses interpretiert werden; so kann es zu Zirkelschlüssen kommen.

705   **Die Bedeutung des Geständnisses für die Beweisführung in der Hauptverhandlung wird überschätzt.**

In der Polizeiliteratur wird viel Mühe auf das „zentrale Problem, wie man einen schweigenden Beschuldigten überhaupt zum Reden bringt", verwandt (einen Überblick gibt *Wulf*). Etwa 20% der Polizeibeamten sehen den Zweck der Beschuldigtenvernehmung darin, ein Geständnis zu erzielen. Offenbar hat die Polizei dabei beachtlichen Erfolg, denn 61% der Beschuldigten sind zur Aussage bereit, nur 7% verweigern die Aussage und die übrigen sind für die Polizei nicht erreichbar. Je älter die Beschuldigten sind, desto mehr nimmt die Aussagebereitschaft ab (zur Aussage bereit sind 83% der Kinder, 73% der Jugendlichen, 57% der Heranwachsenden und 49% der Erwachsenen).

Ohne den Wert eines Geständnisses – auch für die Verfahrensökonomie – herabzusetzen, muß doch aus richterlicher Sicht vermerkt werden, daß die Bedeutung des polizeilichen Geständnisses für die Hauptverhandlung in der Polizeiliteratur und Polizeipraxis zuweilen überschätzt wird. Wichtiger sind die übrigen – wenn möglich sachlichen – Beweise. Sind diese von guter Qualität, dann wird ein Richter sich ohne größere Mühe eine tragfähige Überzeugung vom Tathergang verschaffen können.

2. Drei Wege zum Geständnis

706   **Spontan abgelegte Geständnisse sind selten; notwendig sind meist bestimmte Motivationstechniken und das rechtzeitige Erkennen der Geständnisbereitschaft, vor allem am Verhalten des Beschuldigten.**

Zur Herbeiführung der Aussage- und Geständnisbereitschaft werden in der Literatur die nachfolgend dargestellten Strategien vorgeschlagen. Die empirischen Untersuchungen zeigen aber, daß zwischen Theorie und Praxis erhebliche Unterschiede bestehen.

Wenn im folgenden verschiedene Wege zum Geständnis aufgezeigt werden, so heißt das nicht, daß der Vernehmende je nach der Art des Delikts oder dem Typus des Täters immer nur einen dieser Wege mit Aussicht auf Erfolg einschlagen könnte. Auch wenn ein bestimmter Weg aussichtsreicher erscheint, ist es oft angezeigt zu „kombinieren".

a) Vorteile des Geständnisses

Es gibt nur zwei Gesichtspunkte, unter welchen das Geständnis legitimerweise dem Beschuldigten Vorteile bringt:

707   **Nur der geständige Beschuldigte kann neue objektive Umstände oder Motive in das Verfahren einbringen, die die Tat in einem milderen Licht erscheinen lassen.**

Die Problematik zeigt sich insbesondere bei solchen Tötungsdelikten, wo keine Zeugen vorhanden sind. Bestreitet der Beschuldigte die Tat, so sind ihm viele Verteidigungsmöglichkeiten abgeschnitten (mit der Folge, daß lebenslange Freiheitsstrafe droht): Er habe nicht vorsätzlich getötet oder jedenfalls nur mit bedingtem Vorsatz. Er habe keine Mordmerkmale (Habgier, Befriedigung des Geschlechtstriebs) verwirklicht. Er kann keine Umstände anführen, die einen minder schweren Fall des Totschlags nach § 213 StGB begründen könnten. Er sei nur eingeschränkt schuldfähig gewesen. Er sei von der Tat zurückgetreten. Der Richter steht dann oft vor der Frage „alles oder nichts", Alternativen mit eingeschränktem Schuldumfang lassen sich nur schwer begründen.

Das Geständnis sollte grundsätzlich strafmildernd berücksichtigt werden. 708

Das Geständnis sollte grundsätzlich – so verfahren auch die Gerichte – strafmildernd berücksichtigt werden; jedenfalls dann, wenn es von Einsicht in das begangene Unrecht getragen ist. Schon bei der Strafrahmenwahl (Annahme eines minder schwerer Falles) ist ein Geständnis zu berücksichtigen; das sollte in der Regel auch bei den Strafzumessungserwägungen im Urteil erörtert werden. Ein Geständnis kann auch bei der Kriminalprognose als Indiz für gute Resozialisierungschancen herangezogen werden. Umgekehrt dürfen aber ein fehlendes Geständnis und fehlende Reue dem Beschuldigten nicht strafschärfend angelastet werden; das gehört zum legitimen Verteidigungsverhalten des Beschuldigten (std. Rspr). Der BGH sagt (BGHR StGB § 46 Abs. 2 Lebensumstände 12):

Auch das Verteidigungsverhalten eines Angeklagten darf ihm nicht nachteilig angelastet werden, wenn es nicht über die Grenzen einer angemessenen Verteidigung hinausgeht, was als Ausdruck einer zu mißbilligenden Einstellung zu werten ist. Das ist bei dem Teilgeständnis des Angeklagten nicht der Fall. Zum Ablegen eines „vollen Geständnisses" ist er aus Rechtsgründen nicht gehalten.

Der Polizeibeamte sollte Hinweise auf eine mildere Bestrafung bei ei- 709 **nem Geständnis besser unterlassen.**

Der Polizeibeamte sollte Hinweise auf eine mildere Bestrafung bei einem Geständnis besser unterlassen (siehe die BGH-Entscheidung Rn. 723). Wenn ein solcher Hinweis aber hilfreich erscheint, dann sollte sich der Polizeibeamte mit dem Staatsanwalt in Verbindung setzen; dieser kann in Aussicht stellen, wie er ein Geständnis bei seiner Entscheidung berücksichtigen wird. Es kann sich auch eine Vernehmung beim Ermittlungsrichter empfehlen (Rn. 734), der dann Hinweise für die Strafzumessung geben kann.

Wie Sie beim Vorteilsgeständnis (Rn. 753) noch sehen werden, ist die Erwartung kurzfristiger Vorteile ein Hauptmotiv falscher Geständnisse. Dabei mögen die angestrebten Vorteile oftmals (aus der Sicht eines in Freiheit befindlichen Beurteilers) als ausgesprochen minimal erscheinen. Umso wichtiger ist es, daß keinerlei kurzfristige Vorteile in Aussicht gestellt werden. Selbst wenn es in manchen Fällen noch nicht einmal falsch wäre, daß der Haftgrund der Verdunkelungsgefahr entfallen kann, wenn ein Geständnis vorliegt, so sollte doch niemals Haftentlassung für den Fall des Geständnisses vorher in Aussicht gestellt werden (siehe die BGH-Entscheidung Rn. 723). Diese Maßnahme ist insbesondere bei Ersttätern in besonderem Maße geeignet, zu der Kurzschlußhandlung eines falschen Geständnisses zu verleiten.

b) Einprägung des Schulderlebnisses

710   **Je tiefgehender und nachhaltiger Sie den Beschuldigten veranlassen können, sich immer wieder mit seiner Tat zu befassen, sich mit ihr und ihren Folgen auseinanderzusetzen, desto größer ist die Chance, ihn zum Geständnis zu veranlassen.**

Erklärung: Wie wir immer wieder an uns selbst feststellen können, haben Schulderlebnisse die Tendenz, sich in unserem Seelenleben mit ungeheurer Zähigkeit geradezu festzukrallen, man spricht hier von „Perseveration". Andererseits haben Sie eine Abwehrreaktion, die sog. Schuldverdrängung (Rn. 676), bereits kennengelernt Aber auch die Schuldverdrängung setzt eine dauernde Befassung mit dem Vorgang als solchem voraus. Dort, wo Schuldverdrängung nicht gelingt, liegt eine andere Form der Bewältigung des Problems nahe, das Geständnis. Der hier beschriebene „Geständniszwang" ist wohl weniger als ein Drang zur Selbstbestrafung anzusehen. Der Geständniszwang beruht vielmehr auf anderen menschlichen Grundbedürfnissen:
Der Beschuldigte will Schluß machen mit der ständigen Gespanntheit, die sich aus der Angst ergibt, sich selber zu verraten oder in anderer Weise entdeckt zu werden einerseits und er hat ein Mitteilungsbedürfnis, das Rat, Hilfe und Vergebung verspricht andererseits.

Sie können in der Vernehmung die genannten Bedürfnisse des Beschuldigten verstärken. Die Aufrechterhaltung des vorgenannten Spannungszustandes gelingt umso eher, je länger und tiefer der Beschuldigte im Ungewissen darüber ist, was der Vernehmende schon alles weiß und was er demnächst vielleicht noch in Erfahrung bringen wird. Es ist deshalb im allgemeinen falsch, wenn der Vernehmende sofort „alle Karten auf den Tisch legt". Nur solange der Beschuldigte das Gefühl hat, daß noch mehr gegen ihn vorliegt oder vorliegen könnte, als ihm bislang vorgehalten wurde, ist er gezwungen, sich immer wieder mit seiner Tat zu befassen; den ihm noch offenstehenden Möglichkeiten, sie abzuleugnen, aber auch der Gefahr, sich möglicherweise selbst zu verraten. Der geschickte Vernehmer wird aber nicht nur den Beschuldigten in seinen Ängsten belassen, sondern wird auch immer wieder auf die Möglichkeit hinweisen, sich von ihnen durch ein Geständnis zu befreien; auch wird er im Rahmen des Vertretbaren Verständnis für den Täter in Aussicht stellen, Verständnis vor allem seitens der Personen, auf die es dem Beschuldigten ankommt.

Oftmals verraten kleinste Andeutungen, daß der Beschuldigte dem Geständnis zuneigt. Wer das nicht heraushört, den Faden nicht sofort aufgreift und weiterspinnt, der hat eine Chance vertan, die vielleicht niemals wiederkehrt.

c) Der letzte Schritt zum Geständnis

711   **Es gilt, zum richtigen Zeitpunkt einen guten Anlaß zum Geständnis zu schaffen und dem Beschuldigen den letzten Schritt so leicht wie möglich zu machen.**

Der richtige Zeitpunkt zum Geständnis ist dann gekommen, wenn so viele Beweise gegen den Beschuldigten vorliegen, daß man das Geständnis eigentlich gar nicht mehr braucht (Rn. 730ff.). Welchen Anlaß man am besten nutzt, läßt sich nicht allgemein sagen.

Manchesmal mag es zweckmäßig sein, den Beschuldigten nochmals an den Tatort zu führen oder ihn mit seinem Opfer zu konfrontieren. Wo vergleichbare Möglichkeiten fehlen, einen letzten Anstoß zum Geständnis zu geben, wird es sich im allgemeinen empfehlen, das Ermittlungsergebnis zusammenfassend vorzuhalten, unter Heraushebung der wichtigsten Beweismittel. Dabei ist wichtig, daß dieser Vorhalt betont langsam gesprochen wird. Der Beschuldigte ist in diesem Stadium so aufgeregt, daß er im Zweifel selbst bei normaler Sprechgeschwindigkeit kaum die Hälfte des Inhalts der Worte wirklich aufnehmen könnte. Damit ginge der Eindruck, den der Vorhalt auf den Beschuldigten machen soll, weitgehend verloren.

Ist man mit dem Vorhalt des Ermittlungsergebnisses am Ende, so läßt man eine Pause eintreten. Der Beschuldigte muß jetzt in Ruhe seine Gedanken sammeln können, um einen Entschluß zu fassen. Zeigt sich nach einiger Zeit, daß der Beschuldigte von sich aus keinen Anfang finden kann, dann muß der Vernehmende ihm helfen, die richtigen Worte zu finden. Jeder falsche Zungenschlag kann in dieser Situation alles verderben. Wichtig ist vor allem, daß jede Kränkung des Beschuldigten, ja selbst die unmittelbare Nennung der Tat vermieden wird, und daß der Beschuldigte spürt, daß ihm jedes vertretbare Verständnis entgegengebracht wird.

So wird man z. B. nicht sagen: „Sie haben ihn also umgebracht", sondern z. B.: „Sahen Sie keinen anderen Ausweg mehr?"

3. Vernehmungstaktiken

a) Acht Taktiken

Vor allem in der Polizeiliteratur werden die nachfolgenden Taktiken zur Erzielung eines Geständnisses vorgeschlagen. Nicht wenige sind im Hinblick auf Verfahrensrechte des Beschuldigten und das faire Verfahren äußerst problematisch, wenn nicht verboten (Rn. 723); wir wollen sie hier gleichwohl vorstellen, allerdings damit keineswegs alle empfehlen.

(1) Sondierungstaktik. Sie ist der Regeltyp der Vernehmung und wird 712 **hier für die meisten Vernehmungen vorgeschlagen.**
Dabei wird zwischen Vernehmung zur Person, Bericht und Verhör klar getrennt und das Verhör wird mit offenen Fragen eröffnet. In der Praxis der polizeilichen Beschuldigtenvernehmung scheint diese Methode aber keinesfalls der Regelfall zu sein. Diese Taktik kann mit der Methode des Rückwärtsbefragens verbunden werden, wobei der Beschuldigte aufgefordert wird, das Geschehen chronologisch rückwärts zu erzählen. Die relevanten Geschehnisse können auch mehrfach durch ähnliche Fragestellungen abgefragt werden, um dem Beschuldigten das Tatgeschehen möglichst oft ins Bewußtsein zu rufen (Rn. 710). Der lügende Beschuldigte wird veranlaßt, seine Lügen mehrfach in unterschiedlichen Variationen zu wiederholen.

(2) Festlege- bzw. Verstrickungstaktik. Der Beschuldigte soll sich kon- 713 **kret festlegen. Dann wird er mit den Fakten konfrontiert.**
Die Vernehmung wird gründlich durchgeführt; insbesondere erstreckt sie sich auch auf objektiv nachprüfbare Fakten. Man kann den Beschuldigten auch auffordern, den Hergang zeitlich rückwärts zu schildern. Der Beschuldigte soll sich dazu festlegen; das wird protokolliert. Dann werden gezielte

Fragen und Vorhalte gemacht, bei denen der Beschuldigte mit gesicherten Erkenntnissen konfrontiert wird. Diese Methode ist vor allem bei bestreitenden Beschuldigten zu empfehlen. Man kann es auch bei den Widersprüchen belassen und die Klärung der richterlichen Vernehmung in der Hauptverhandlung überlassen. Das kann man mit dem Entzug der Glaubwürdigkeit verbinden: „Erzählen Sie lieber nichts, bevor Sie weiter lügen." Will man den Beschuldigten aber damit zu einem Geständnis veranlassen, dann wird man ihm meist einsichtig machen müssen, daß ein Geständnis vorteilhaft ist (zu den Grenzen siehe BGHSt 35, 328). Insoweit ist eine Vernehmung durch den Ermittlungsrichter zu empfehlen (vgl. Nr. 10 RiStBV).

Ob die nachfolgenden Methoden bedenklich oder gar verboten sind, hängt einerseits von der Situation und andererseits von der Art und Weise der Durchführung ab.

714   **(3) Überrumpelungstaktik.** Unmittelbar nach der Festnahme wird dem Beschuldigten die Aussichtslosigkeit seiner Lage deutlich gemacht (sog. „Schutzimpfung"). Ihm wird die Tat sofort unverblümt auf den Kopf zugesagt. Dies kann auch in einer für den Beschuldigten überraschenden Situation geschehen (Zitate aus Vernehmungsprotokollen: „Ja, jetzt machst Du dicke Backen!" „Was würdest Du sagen, wenn B. ein Polizeibeamter ist?").

715   **(4) Zermürbungstaktik.** Der Widerstand des Beschuldigten wird durch mehrfache Wiederholungen (*Schubert* empfiehlt, den Beschuldigten jeden Tag in der U-Haft aufzusuchen) und Erörterung schon abgehandelter Komplexe oder auch durch abrupte Wechsel des Kommunikationsstils zum Erlahmen gebracht. Die Vernehmung wird breit angelegt – dazu gehört auch das Anschweigen –; das Zickzackverhör (Rn. 634) wird angewendet. Sie wird auch mit der Festlegetaktik verbunden, die Glaubwürdigkeit wird bei Widersprüchen entzogen. Die bisherige Einlassung wird „zerpflückt", man geht zur Beichtvatertaktik (Rn. 717) über.

Grundlegend zur Ermüdung iSd § 136a StPO ist BGHSt 38, 291 (vgl. auch BGHR StPO § 136a Abs. 1 Ermüdung 2):

> Der Begriff der Ermüdung bezeichnet nach dem Kontext, in dem er steht, in erster Linie ein bestimmtes Verhalten des Vernehmenden und nicht einen bestimmten Zustand des Vernommenen. Dem Vernehmenden ist der Beginn oder die Fortsetzung einer Vernehmung nicht nur dann untersagt, wenn er den Zustand der Ermüdung absichtlich herbeigeführt hat, sondern auch dann, wenn durch die bestehende Ermüdung eine Beeinträchtigung der Willensfreiheit zu besorgen war (BGHSt 1, 376, 379; 13, 60, 61). Das wird in aller Regel zu verneinen sein, wenn der Beschuldigte vor der Vernehmung ausreichend Gelegenheit zur Ruhe und zum Schlaf gehabt und sich bei der Vernehmung nicht auf Übermüdung berufen hat. Macht er nachträglich geltend, daß er trotz der wahrgenommenen Bettruhe keinen Schlaf gefunden hat, so ist das, für sich gesehen, unerheblich; denn die geistige Leistungsfähigkeit kann auch durch Ruhe und Entspannung ohne Schlaf wiederhergestellt werden. Das Landgericht stellt daher zu Unrecht allein darauf ab, wie lange der Angeklagte nach seiner für glaubhaft angesehenen Einlassung in der Hauptverhandlung damals bis zur Vernehmung nicht geschlafen hat. Es läßt rechtsfehlerhaft den Zeitraum außer acht, während dessen er sich zum Schlafen hingelegt und „gedöst" hat.

716   **(5) Routinetour.** Der Vernehmer gibt sich „beamtenmäßig" und vernimmt in einer kühl-sachlichen Grundhaltung. Das kann mit der Festlege-

taktik und der mit der Kalt- und Warmwassertour (Rn. 719) kombiniert werden.

(6) Gefühlstour oder Beichtvatertaktik. Ohne daß der Beamte die Tat **717** ausdrücklich oder stillschweigend billigt, gibt er durch Mimik, Gestik oder aktives Zuhören (Rn. 699) zu verstehen, daß er dem Beschuldigten nicht feindlich gesonnen ist und sein Motiv versteht bzw. nachvollziehen kann (siehe auch Rn. 685 ff.). Dem Beschuldigten werden „goldene Brücken" gebaut („Sie quälen sich doch nur selbst"). Es wird an seine Ehre appelliert: „Man muß auch dafür gerade stehen." Peinliche und schwierige Fragen werden – wenn überhaupt – erst am Ende der Vernehmung gestellt. Man läßt den „Gewissenswurm" im Beschuldigten arbeiten, indem man ihm nahestehende Personen erwähnt („was wird Ihre Mutter von Ihnen denken, wenn sie von der Tat erfährt"). Die Gefühlstour kann mit der Kalt- und Warmwassertour kombiniert werden.

(7) Kumpeltour. Der Beamte kennt den Beschuldigten von früheren Er- **718** mittlungsverfahren („was ist denn nun schon wieder") und man begegnet sich mit einer Art gegenseitiger Achtung („auf mich kannst Du Dich verlassen. Du weißt, ich nehme Dir nichts übel."), weil man das erprobte Verhalten gegenseitiger „Fairneß" kennt. Der Vernehmungsbeamte „fühlt mit" (dabei kann er leicht die Grenzen des Erlaubten überschreiten, wie die Beispiele zeigen).

„Ich kann Dich eigentlich gut leiden, aber das heißt nicht, daß mir das, was Du getan hast, gefällt." „Prinz Eisenherz – bei Dir kommt die Ganovenehre durch!"; „Und jetzt müssen wir beide uns einigen, wie wir den Staatsanwalt zum Weinen kriegen. Du mußt so viel Schmalz ablassen, daß der glaubt, Du hast gar nichts gemacht."

(8) Kalt- und Warmwassertour. Zwei Beamte vernehmen mit verteilten **719** Rollen. Der eine ist der „Harte, Unerbittliche", der andere der „verständige Beichtvater". Mit der sog. „Freund-Feind-Methode" (ein seltsames Rollenverständnis) beginnt der eine Beamte zunächst mit der Überrumpelungstaktik, der andere verwendet die Gefühlstour. Eine chronologische Ordnung wird durch das Zickzackverhör bewußt vermieden. Dazu gehört auch der systematische Aufbau von Gefühlsspannungen („in Ihrer Haut möchte ich nicht stecken") und die Methode des Niederdrückens und Aufrichtens.

b) Vernehmungstaktiken in der Praxis

Wulf (S. 350 ff.) hat als teilnehmender Beobachter die Praxis polizeilicher **720** Vernehmungen untersucht; inwieweit seine Ergebnisse reprässentativ sind, kann hier nicht beurteilt weden. Eine freundliche Vernehmungsathmosphäre beobachtete er nur in geringem Maße; am ehesten noch bei Wirtschaftsstraftaten, wo die Beschuldigten zuvorkommend behandelt werden („Ich bin praktisch der Gebissene." „Ja, das kann ich verstehen."). Hingegen wurde dem Beschuldigten frühzeitig, schon bei der Feststellung der persönlichen Verhältnisse, die überlegene Position des Vernehmers demonstriert.

„Du bist 17 mal in Erscheinung getreten." „Ich habe auch das Sternzeichen Fisch. Die lügen, und wenn man sie an der richtigen Stelle hat, fallen sie um."

Häufig kommen offenbar auch Suggestiv- und Fangfragen sowie Überrumpelungstaktiken vor. Nicht selten sind auch Zurechtweisungen („aber wenn Sie das Blaue vom Himmel herunterlügen, bin ich nicht gewillt, das aufzuschreiben." „Sag die Wahrheit! Ich prüf das nach.") und Einschüchterungen durch massives Anschreien („Du gehst ins Gefängnis. Kannst Du deutsch lesen?"; „Erzähl mir das nicht noch mal, sonst krieg ich wieder meinen Wutanfall"). Mittels Ermahnungen und Drohungen wird gelegentlich versucht, den Beschuldigten zu disziplinieren („Heinzi mach kein Ärger!" „Können wir gleich abbrechen und Dich wieder in den Keller bringen?"). Besonders problematisch sind derartige Methoden beim festgenommenen Beschuldigten, der die Aussage verweigert:

„Erzähl keinen Scheiß! Du weißt ja, daß es auf die Gewaltanwendung ankommt. Solange das nicht geklärt ist, kommst Du hier nicht raus. Das ist hier wie beim Denksport zwischen zwei Gegnern – Feinden hätte ich beinahe gesagt. Es ist Dein Recht zu lügen, und meine Aufgabe, das herauszufinden."

„Ich weiß noch nicht, ob ich Dich einsperren soll, aber für mich ist das ein Leichtes. . . . Wenn Du mich anspinnst, sperr ich Dich erst recht ein! Sagst Du die Wahrheit, kommst Du raus." Ein Kollege ruft aus dem Nebenraum: „Einsperren! Verdunkelungsgefahr!"

Der Beamte wendet sich an den Dolmetscher: „Sagen Sie ihm, daß er wahrscheinlich in U-Haft geht und mit einer hohen Strafe rechnen muß. Er soll sich nochmals überlegen, ob er nicht die Wahrheit sagen will."

Bei der Protokollierung gelingt es den Beamten häufig, sich mit seinen Definitionen durchzusetzen, allerdings werden auch – häufiger bei Wirtschaftsstraftaten – den Beschuldigten entlastende Definitionen durchgesetzt („ich bin unschuldig wie ein neugeborenes Lamm." „Vielleicht kann man sagen, daß Sie durch ihre medizinische Tätigkeit abgehalten wurden, sich um wirtschaftliche Dinge zu kümmern?" „Ja, das ist gut."). Bei Wirtschaftsstraftaten scheint die Bereitschaft vorhanden zu sein, die Vernehmungsführung aus der Hand zu geben, so daß der Vernehmungsbeamte zum bloßen Protokollanten umfunktioniert wird.

721   **Kritik an der Arbeit der Polizei ist – wenn man deren Arbeitsbedingungen kennt – oft unfair. Wichtiger ist: Der Richter muß sich der Fehlerquellen bewußt sein und der Staatsanwalt hat fehlerhafte Vernehmungen zu verantworten.**
Trotz dieser Kritikpunkte an der polizeilichen Beschuldigtenvernehmung sollte man aber berücksichtigen, daß die Arbeitsbedingungen und der hohe Arbeitsanfall bei der Polizei nur selten ideale Vernehmungen erlauben. Die Polizeibeamten stehen manchmal auch unter einem erheblichen Erfolgsdruck und der Umgang mit vielen Beschuldigten ist außerordentlich schwierig. Kritik ist dabei leicht – oft zu leicht – geübt. Worauf es deshalb eher ankommen sollte, ist, daß derjenige, der polizeiliche Vernehmungsprotokolle zu würdigen hat, sich der Schwachstellen bewußt ist, und in Rechnung stellt, unter welchen Bedingungen diese zustande kommen. Deshalb ist es so wichtig, daß der Richter seine Vernehmung in der Hauptverhandlung nicht nur als Bestätigungsvernehmung (Rn. 670). ansieht. Und der Staatsanwalt muß Ermittlungsfehler „auf seine Kappe nehmen", denn er „leitet verant-

wortlich die Ermittlungen" (Nr. 1 RiStBV, Rn. 657); keinesfalls dürfen sie auf dem Rücken des Beschuldigten ausgetragen werden.

c) Beispiel einer Beschuldigtenvernehmung

Wulf (S. 394) dokumentiert die Vernehmung eines Beschuldigten, in des- **722** sen Wohnung aus einem früheren Einbruch stammender Schmuck gefunden worden war.

Beispiel: Und jetzt müssen wir uns beide einigen, wie wir den Staatsanwalt zum Weinen bringen.

Beamter:	„Herr N., kennen Sie mich?"
Besch.:	„Nein."

Jetzt stellt sich der Beamte vor, nennt den Tatvorwurf und hält dem Besch. vor, daß man bei ihm Diebesgut gefunden habe.

Beamter:	„Ihre Rechte kennen Sie? Sie brauchen keine Aussage zu machen, Sie können mit einem Rechtsanwalt sprechen und und und." Nach einer kurzen Pause: „Haben Sie schon oft was mit den Scheißbullen zu tun gehabt? Darf ich Dich beim Vornamen nennen?"

Der Besch. stimmt zu.

Beamter:	„Warst Du gestern abend dabei?"
Besch.:	„Nee."
Beamter:	„Wer war denn da drin?"
Besch.:	„Das weiß ich nicht, ich hab' nur den Scheiß gefunden."
Beamter:	„Erzähl' von gestern abend."

Worauf der Besch. vom angeblichen Auffinden des Schmuckes berichtet. Als er hierbei ständig zu Boden schaut, fordert ihn der Beamte auf:

Beamter:	„G., guck' mich immer schön an, wenn Du mit mir sprichst!" Und dann: „Fundsachen hat man doch abzugeben."
Besch.:	Der Besch. beginnt: „Ja, ehrlich . . .", wird aber sofort vom lachenden Beamten unterbrochen:
Beamter:	„Hör' auf, G.! Mit ‚ehrlich' kommen wir erst später! Das kommt erst in der zweiten Abteilung! Jetzt bleiben wir erst mal bei Grimms Märchen!"
Besch.:	„Wenn ich den Bruch gemacht hätte, hätte ich die Sachen nicht bei mir gehabt."
Beamter:	„G., und das wollen wir nun aufschreiben?"
Besch.:	„Ja."
Beamter:	„Das sieht aber nicht gut aus, wenn das der Richter liest."
Besch.:	„Was soll ich machen? Ich kann doch nichts anderes sagen!"
Beamter:	„Gut. Fragen wir 'mal andersrum. Wer hat den Wagen gemietet?", worauf der Besch. einen Mitverdächtigen angibt.
Beamter:	„Wo wohnst Du?"

Nun nennt der Vernommene die Adresse seiner Freundin, was vom Beamten notiert wird.

Besch.:	„Warum schreiben Sie sich die Adresse meiner Freundin auf?"
Beamter:	„Wir müssen sie befragen und bei ihr vielleicht eine Durchsuchung machen, und das sieht nicht gut aus."
Besch.:	„Ja, was soll ich machen? Ich bin müde."

Beamter:	„Kannst Du also keiner Vernehmung folgen?"
Besch.:	„Doch, natürlich."
Beamter:	„Was hast Du am Abend der Tat vor 24 Uhr gemacht?"
Besch.:	„Geschlafen."
Beamter:	„Was meinst Du, warum ich das frage?"
Besch.:	„Was soll ich denken?"
Beamter:	„G., zur Zeit stell' ich fest: Du lügst."
Besch.:	„Ich lüge nicht."
Beamter:	„Ich stelle fest, daß Du lügst!" Und dann: „Ich schreibe auf, was Du sagst, aber ich werde Dir nachweisen, daß Du lügst."
Besch.:	„Tun Sie das."
Beamter:	„Kannst Du 'ner Vernehmung folgen?"
Besch.:	„Ja."

In sehr viel eindringlicherem Ton fährt der Beamte fort:

Beamter:	„G., ich will jetzt die Wahrheit wissen!"
Besch.:	lächelnd: „Das ist die Wahrheit."
Beamter:	„Ich dachte, Du würdest Charakter beweisen, aber da habe ich mich wohl wieder geirrt. Du lügst!" Und nach einer kurzen Pause: „Wir wollen doch auf einen Nenner kommen."
Besch.:	„Ja, auf einen Nenner."
Beamter:	„Das ist nicht der richtige Nenner. Warum seid Ihr mit dem Wagen zum Tatort gefahren?"
Besch.:	„Ja, warum?"

Daraufhin der Beamte mit stark erhobener Stimme:

Beamter:	„Du kannst doch eine Frage nicht mit einer Gegenfrage beantworten!"

was den Besch. zu der nicht weniger lautstark vorgebrachten Erwiderung veranlaßt:

Besch.:	„Am besten, Sie machen drei Striche!"
Beamter:	immer noch sehr laut: „G., jetzt mach' 'mal 'n Spruch und sag' die Wahrheit!"
Besch.:	„Ich hab' doch schon 'n Spruch gebracht!"
Beamter:	„Schau mich an! G., sag' die Wahrheit, ich will die Wahrheit!"
Besch.:	„Ja, warum brauchen Sie dann noch mich dazu?"

Von einer Beantwortung dieser Frage sieht der Beamte ab. Dafür hält er dem Vernommenen wieder die „erdrückenden" Beweise vor

Beamter:	„G., was ist denn nun?"
Besch.:	„Ja, was soll ich denn sagen?"
Beamter:	„Bring 'n müden Spruch."
Besch.:	„Soll ich sagen, daß ich da 'rumgeknackt hab'?"
Beamter:	„Ihr habt da 'rumgeknackt! Was ist, G, wer ist auf die Idee gekommen? Ihre alle drei zusammen? Ihr seid alle drei mause. Man braucht Geld für die Freundin, für die Kneipe. So G., nun komm! Bring' 'n Spruch!"

Als der Besch. den Beamten jetzt kurz einmal duzt, bietet der Beamte an:

BV:	„Du kannst mich ruhig duzen."

Woraufhin der Besch. im weiteren Verlauf von diesem Angebot Gebrauch macht.

Besch.:	„Ich weiß nicht, was ich sagen soll."

Nun stellt der Beamte den Tatverlauf nach seiner Version dar. „... und das in Reinschrift von Dir." Nach einer kurzen Pause erklärt der

Besch.:   „Okay, hast gewonnen. Spann' das Ding ein."

Beamter sehr ruhig: „Erzähl' erst 'mal." Darauf berichtet der Besch. vom Tatablauf. Der Beamte fragt jetzt wiederum nach einem weiteren Einbruch.

Beamter: „Weißt Du was über den Täter?"
Besch.:   „Davon hab' ich keine Ahnung, ehrlich nicht."
Beamter: „Aber in Deiner Wohnung ist auch Schmuck vom Dezember-Bruch gefunden worden. Nun bring' 'n Spruch."
Besch.:   „Die Uhr hab' ich bei einem Türken gekauft."
Beamter: „Dann wirst Du als Hehler verurteilt, und auch die Versicherung wird auf Dich zutreten." Und dann weiter: „Wenn Dir jetzt einfällt, wo noch was liegen könnte, dann können wir sagen, das haben wir ermittelt. Wir können uns dann eine richtig flotte Lüge ausdenken, aber nur, wenn Du uns die Wahrheit sagst, sonst nicht, sonst wird M. (der Beamte nennt seinen eigenen Vornamen) wieder böse."

Sodann legt der Beamte mehrere Schmuckstücke vor den Besch. auf den Tisch.

Beamter: „Die stammen aus dem Dezember-Bruch."
Besch.:   „Ich hab' den Schmuck von einem Ausländer gekauft."
Beamter: „Guck' mich an, wenn Du lügst!"

Als der Besch. weiterhin bestreitet, verweist der Beamte auf die belastende Aussage eines Mitbesch.

Beamter: „Könnte es denn nicht anders sein?"
Besch.:   „Nein."
Beamter: „Aber der N. hat den Dezember-Bruch schon gestanden."
Besch.:   ungehalten: „Mann, warum soll ich Dich denn vollspinnen, wo ich schon einen Bruch gestanden habe? Ich hab' die Uhren nicht aus 'nem Bruch!"

Trotz weiterer Versuche des Beamten bleibt der Besch. hinsichtlich dieses Tatvorwurfs bei seiner Darstellung. Anschließend beginnt der Beamte, das Protokoll herzustellen, wobei er den Besch. jeweils fragt und die erhaltenen Antworten dann selbst formuliert. Zwischendurch resümiert der Beamte:

Beamter: „Wir hatten ein kleines Spiel – Du hast verloren. Warum haßt Du mich?"
Besch.:   „Ich hasse Dich doch nicht!"
Beamter: „Bist Du schlecht behandelt worden?"
Besch.:   „hier nicht, aber zuerst."
Beamter: „Scheißbullen?"

was den Besch. lediglich zu einem Lächeln bewegt. Im späteren Verlauf befragt der Beamte den Besch. nochmals zum bereits behandelten Dezember-Einbruch.

Beamter: „Was sagst Du zu den in Deiner Wohnung sichergestellten Schmuckstücken?"
Besch.:   „Einige gehören mir rechtmäßig. Die anderen gehören N."
Beamter: „Nenn' mir das Kaufdatum der Uhr."
Besch.:   „Das weiß ich nicht."
Beamter: „Hast Du die denn vor dem ... gekauft (es handelt sich hierbei um das Datum des besagten Einbruchs)?"
Besch.:   „Daran kann ich mich nicht mehr erinnern."

Beamter:	im ruhigen Ton: „Du bist doch ein Schwein, eine kleine Ratte! Was macht es denn, wenn Du das auch noch zugibst? Das schreiben wir ja doch dem Richter mit unter, ohne daß der das merkt." Und sehr viel lauter: „Du lügst!"

Der Besch. beharrt jedoch auf seiner Aussage. Zum Abschluß des Protokolls schlägt der Beamte vor:

Beamter:	„Und jetzt müssen wir beide uns einigen, wie wir den Staatsanwalt zum Weinen kriegen."
Besch.:	„Wie denn?"
Beamter:	„Du mußt soviel Schmalz ablassen, daß der glaubt, Du hast gar nichts gemacht."
Besch.:	„Aber ich hab' doch was gemacht!"

Jetzt protokolliert der Beamte von sich aus, der Besch. sei von den Mittätern zur Tat überredet worden und habe zudem versucht, diese von ihrem strafbaren Vorhaben abzubringen.

Beamter:	„Bring' noch mehr."
Besch.:	„Das muß langen."

d) Problematik der Vernehmungstaktiken

723   **Manche der Vernehmungstaktiken können in den Bereich der verbotenen Vernehmungsmethoden hineinreichen.**

Bis auf die Sondierungs- und der Festlegetaktik können die vorgeschlagenen Methoden rechtlich zumindest problematisch sein; sie können auch verhängnisvolle Fehler produzieren. Nicht nur unter dem Aspekt des Täuschungsverbots des § 136a StPO (zur Aussageerpressung siehe auch § 343 StGB), sondern auch wegen des fairen Verfahrens (vgl. dazu BGHSt 38, 214); die Verletzung dieses Grundsatzes wird allerdings mit der Revision nur ausnahmsweise erfolgreich gerügt werden können. Auch die – im Gegensatz zur erlaubten List – verbotene Täuschung im Sinne des § 136a StPO wird von der Rechtsprechung eng ausgelegt. Nicht jede List ist verboten, auch ein geschickter Vernehmer wird ohne List nicht auskommen. Der Vernehmer ist auch nicht verpflichtet, Irrtümer des Vernommenen über Tatsachen zu verhindern oder aufzuklären; er darf sie ausnutzen, aber nicht verstärken, vertiefen oder ausweiten (BGH StV 1988, 419, auch zu entsprechenden Vorhalten).

Grundlegend zu den Grenzen bei der Täuschung im Sinne des § 136a StPO ist die Entscheidung BGHSt 35, 328 (siehe auch BGHSt 39, 335):

„Die Vorschrift gilt nach § 163a Abs. 4 Satz 2 StPO auch für Polizeibeamte. Sie schließt nicht jede List bei der Vernehmung aus, verbietet aber eine Lüge, durch die der Beschuldigte bewußt irregeführt und seine Aussagefreiheit beeinträchtigt wird. . . .

Ein Vernehmungsbeamter kann jedenfalls auch dann über Tatsachen täuschen, wenn er dem Beschuldigten gegenüber nur pauschal und ohne bestimmte Beweismittel vorzuspiegeln von einer Beweislage spricht, die ausreiche, ihn zu überführen, und daher eine Entlassung und einen späteren Freispruch ausschließe. Weiß der Vernehmende, daß aufgrund der bisherigen Ermittlungen kein dringender Tatverdacht, sondern allenfalls ein Anfangsverdacht gerechtfertigt ist, erklärt er aber dem vorläufig Festgenommenen trotzdem, die gegen ihn vorliegenden Beweise ließen ihm keine

Chance, er könne seine Lage nur durch ein Geständnis verbessern, weil die ihm nachweisbare Tat dann milder beurteilt werden könne, so täuscht er ihn über die Beweis- und Verfahrenslage. Bei einer solchen Fallgestaltung ist die Behauptung, der Beschuldigte werde, auch wenn er nicht gestehe, auf jeden Fall verurteilt werden, nicht nur – wie der Generalbundesanwalt meint – eine unrichtige Prognose über den künftigen Ausgang des Gerichtsverfahrens, sondern eine unzulässige Einwirkung auf das Vorstellungsbild des Beschuldigten, um ihm die Überzeugung von einem so nicht vorliegenden Beweisergebnis und der Richtigkeit darauf gestützter falscher rechtlicher Schlußfolgerungen zu verschaffen.

Ob in solchen Fällen das Verhalten des Vernehmungsbeamten einen auf bewußte Irreführung angelegten Erklärungswert hat oder es sich lediglich um eine leichtfertige Fehlbewertung belastender Indizien handelt, kann nicht allein aus dem Wortlaut der polizeilichen Vorhaltungen geschlossen werden. Es kommt darauf an, wie sie der Beschuldigte im Hinblick auf die konkreten Umstände der Vernehmungssituation verstehen konnte und verstanden hat. Je erfahrener er im Umgang mit Strafverfolgungsbehörden ist, um so weniger werden nicht ausreichend substantiierte Behauptungen und Bewertungen geeignet sein, ihn in seiner durch § 136 a StPO geschützten Aussagefreiheit wesentlich zu beeinträchtigen. Erkennt der Vernehmungsbeamte aber, daß der Beschuldigte seiner Bewertung der bisherigen Ermittlungen zu glauben bereit ist, so täuscht er den Beschuldigten in rechtserheblicher Weise, wenn er, dieses Vertrauen ausnutzend, von einer erdrückenden, dem Beschuldigten keine Chance lassenden Beweiskette spricht, obwohl er weiß, daß er den Beschuldigten ohne ein Geständnis mangels dringenden Tatverdachts wieder freilassen muß."

Mit Hinweisen zu den Vorteilen des Geständnisses vorsichtig umgehen. 724
Deshalb sollte der Vernehmer im Ermittlungsverfahren – vor allem beim nicht verteidigten Beschuldigten – mit Hinweisen sehr zurückhaltend verfahren (etwa so, wie es *Schäfer,* S. 113, vorschlägt). Zulässig ist sicher der Hinweis, bei Verweigerung der Aussage werde es schwer, entlastende Gesichtspunkte zu sichern, die verlustig gehen können (vgl. § 160 Abs. 2 StPO). Namentlich bei Tötungsdelikten kommt es immer wieder vor, daß damit Umstände, die gegen einen Tötungsvorsatz sprechen können, deswegen unberücksichtigt bleiben, weil der Beschuldigte schweigt (Rn. 707).

Der Hinweis, daß ein Geständnis bei der Strafzumessung mildernd berücksichtigt wird, sollte bei polizeilichen Vernehmungen besser unterlassen werden. In der Sache ist der Hinweis sicher richtig, aber es kann leicht der Eindruck erweckt werden, Leugnen oder Schweigen würde – entgegen der gefestigten Rspr – strafschärfend berücksichtigt. Über die Höhe der Strafe befindet nun einmal das Gericht aus einer Gesamtschau vieler Gesichtspunkte, und ein Geständnis, namentlich zum Vorsatz, muß sich keineswegs strafmildernd auswirken, zumal dann, wenn es eine Festlegung in der Schuldfrage beinhaltet (siehe die Beispiele Rn. 701). Wenn ein solcher Hinweis aber gegeben wird, dann sollte das damit zusammenhängende Vernehmungsgespräch möglichst wörtlich protokolliert werden. Wie gefährlich der Hinweis ist, der Beschuldigte könne seine Lage nur durch ein Geständnis verbessern und daß weiteres Leugnen keinen Sinn habe, zeigt die oben zitierte BGH-Entscheidung (vgl. auch BGHSt 1, 376; 14, 189; 37, 298).

Auf jeden Fall sollten Hinweise zur Haftentlassung nach einem Geständnis unterlassen werden; das mag der Polizei zwar die Arbeit erleichtern, die

Hauptverhandlung wird dadurch aber erschwert; es kann sogar zur Unverwertbarkeit des Geständnisses führen.

4. Prüfung der Glaubhaftigkeit des Geständnisses

725   **Ebenso wichtig wie die Tatfrage ist der eingestandene Schuldumfang; er ist von erheblicher praktischer Bedeutung.** Im Mittelpunkt der Überprüfung von Geständnissen steht in der Literatur traditionell die Tatfrage. Das ist sicher richtig, denn die Frage, ob der Beschuldigte der Täter war, muß am Anfang der Prüfung stehen. Für den Richter stehen aber die Fragen nach dem Schuldumfang in der Praxis mehr im Mittelpunkt. Dieser wird häufig bei Vernehmungen vernachlässigt, obwohl der Vernehmer besonders im Hinblick auf die Hauptverhandlung darauf achten sollte.

Der BGH verlangt vom Tatrichter bei gefährlichen Gewaltdelikten eine sorgfältige Prüfung und Begründung im Urteil, ob der Beschuldigte mit bedingtem Tötungsvorsatz oder nur Körperverletzungsvorsatz gehandelt hat (Hemmschwellen-Theorie). Die innere Tatsache Vorsatz kann zwar durch äußere Merkmale – etwa die Begehungsweise – erschlossen werden, von zentraler Bedeutung sind aber die Bekundungen des Beschuldigten über seine inneren Vorstellungen; hier kann es auf Nuancen in der Wortwahl ankommen (siehe das Beispiel Rn. 701).

Ebenfalls von eminenter forensischer Bedeutung sind die Fragen zur Schuldfähigkeit: Wieviel Alkohol hat der Beschuldigte getrunken, wie sah sein Leistungsverhalten aus, wie hoch war sein Betäubungsmittelkonsum zur Tatzeit? War er alkoholkrank oder betäubungsmittelabhängig? Hat eine andere seelische Abartigkeit, vor allem ein Affekt, vorgelegen, welche Tatsachen sprechen dafür und dagegen?

Fragen nach dem Schuldumfang werden nicht selten unzureichend ermittelt. So werden die gehandelten Mengen von Betäubungsmitteln und deren Wirkstoffgehalte nur grob angegeben und manchmal nicht näher überprüft, obwohl sie für die Strafhöhe bestimmend sind. Bei Serienstraftaten wie dem langjährigen sexuellen Mißbrauch in einem sog. sexuellen Beziehungsgeflecht werden die Einzelakte und die Art ihrer Durchführung (mit Gewalt?) – entgegen den strengen Anforderungen des BGH – nicht konkret und bestimmt genug festgehalten. Umstände die für die Strafrahmenwahl bestimmend sind (insbesondere Mordmerkmale und die Alternativen des § 213 StGB) sollten in der Vernehmung angesprochen und abgeklärt werden. Der Rücktritt ist eine häufige „Aufhebungsfalle", allein deshalb, weil nicht geprüft wurde, ob die Rücktrittsvoraussetzungen vorgelegen haben.

Die Glaubhaftigkeit eines Geständnisses läßt sich auf folgende Weise überprüfen:

a) Aussageanalyse

726   **Ein glaubhaftes Geständnis muß eine beträchtliche Anzahl von guten Realitätskriterien (Rn. 231 ff.) aufweisen und sollte keine auffälligen Phantasiesignale (Rn. 258 ff.) enthalten.** Um Mißverständnisse auszuschließen, sollte man sich zunächst vergewissern – etwa durch Rückfragen –, ob überhaupt ein Geständnis vorliegt. Dann

sollte das Geständnis mit den Mitteln der Aussageanalyse auf seine Glaubhaftigkeit überprüft werden.

Dazu zählen insbesondere der Vergleich mit anderen Aussagen des Beschuldigten (einschließlich der Erweiterung, Präzisierung), der Detailreichtum (einschließlich Gefühlskriterien, Komplikation, Gesprächskennzeichen), die Originalität, das Aussageverhalten und die Körpersprache. Auch die innere Einstellung zur Tat und die Schilderung des Vor- und Nachtatverhaltens müssen einbezogen werden (Erinnerung an das Randgeschehen bei gleichzeitigen Erinnerungslücken zum Kerngeschehen?). Versucht der Beschuldigte, auf jede Frage eine Antwort zu geben oder ist er auch bereit zuzugeben, daß er eine Antwort nicht weiß?

Ein anschauliches Beispiel für ein durch Realitätskriterien (insbesondere **727** Komplikationen) belegtes glaubhaftes Geständnis – mit vielen Einzelheiten zum Täterwissen – ist das hier abgedruckte vier Jahre nach der Tat abgelegte erwähnte Mordgeständnis (Protokoll des Vorgesprächs bei Rn. 761).

Es läßt mich nicht locker und kommt immer wieder hoch.

Am 8. 5. 1984 wird der 52jährige *Rudolf (Rudi) Baumann* in Hamburg St. Georg ermordet. Mehr als vier Jahre später stellt sich einer der Täter, der 33jährige *Karsten Dorn* und gesteht, die Tat zusammen mit dem 26jährigen *Hans-Jürgen Peters* verübt zu haben. Am 22. 10. 1988 erscheint *Karsten Dorn* auf dem Polizeirevier und will Informationen zu einem Mordfall vom Mai 1984 machen. Er wird zur Kripo gebracht. Im Vernehmungsprotokoll heißt es:

„Den *Rudi* traf ich damals in St. Georg wieder. Wo genau, das weiß ich nicht mehr. Das war nach meiner Haftentlassung das erste Mal, daß ich *Rudi* wiedertraf. Als ich *Rudi* traf, war auch der Zigeuner bei mir, der *Rudi* bis dahin nicht kannte. Gemeinsam mit *Rudi* waren wir damals auf unser Zimmer gegangen, um dort etwas zu saufen. An die Tageszeit kann ich mich nicht mehr erinnern. Ich glaube aber, daß es nachmittags war und daß die Geschäfte zu dieser Zeit noch geöffnet hatten. Ich erinnere mich deshalb daran, weil wir oben im Zimmer *Rudi* losschicken wollten, noch mehr zum Saufen zu holen.

Bevor der Sprit alle war, hatten wir ca. 2–3 Stunden im Zimmer aus den mitgebrachten Flaschen getrunken. Wir saßen hierbei in dem Doppelbettzimmer auf Stühlen um einen Tisch herum. Ich habe den Kriminalbeamten das Zimmer so aufgezeichnet, wie ich es in Erinnerung habe. Als *Rudi* nicht runtergehen wollte, obwohl wir beide ihn dazu drängten weitere Flaschen zu kaufen, bekam er eine Ohrfeige.

Frage: Können Sie noch erinnern, wer ihn schlug?
Antwort: Das war alles so durcheinander, so daß ich nicht mehr weiß, ob der Zigeuner ihn schlug oder ob ich ihn geschlagen habe. Mit einem Mal lag er auf dem Bett, vermutlich durch die Wucht des Schlages. Er lag auf dem Rücken und drohte uns. Das konnten wir auf keinen Fall zulassen, daß er jetzt zur Polizei ging und gegen uns eine Anzeige wegen Körperverletzung erstattet, denn sowohl der Zigeuner als auch ich hatten Bewährung.

Es war wie ein stilles Einverständnis zwischen dem Zigeuner und mir, daß das nicht geht und daß wir etwas machen müssen. Wir haben ihn dann erstmal die Arme und die Beine gefesselt. Ich kann mich nicht mehr daran erinnern, welches Fesselungsmaterial wir dazu benutzten. Ich erinnere nicht mehr, ob wir *Rudis* Hände vorne oder hinten fesselten. Die Beine fesselten wir an den Knöcheln.

Frage: hat *Rudi* sich ohne Gegenwehr fesseln lassen?

Antwort: Ich weiß nicht mehr, ob er sich gewehrt hat, aber was soll er machen, wir waren schließlich zu zweit. Es war alles so eine Hektik, daß ich mich jetzt nicht mehr im einzelnen erinnern kann, ob *Rudi* vielleicht um Hilfe geschrien hat. Ich stelle mir aber vor, daß er nicht um Hilfe schrie, weil dieses sonst sicherlich in dem Hotel gehört worden wäre und sich jemand auf diese Hilferufe gemeldet hätte. Ich erinnere nur, daß er uns drohte zur Polizei zu gehen, wenn er wieder frei wäre.

Ich glaube, wir setzten uns anschließend erst einmal auf den Stuhl, um zu überlegen, was zu machen sei. Unsere Gedanken waren dadurch bestimmt, daß wir Angst hatten, daß *Rudi* zur Polizei geht und durch die Anzeige möglicherweise unsere Bewährung widerrufen worden wäre. Irgendwann saß der Zigeuner auf *Rudis* Brustkorb und hatte einen Strumpf um seinen Hals gelegt. Die beiden Enden dieses Strumpfes waren nach vorne gerichtet. Der Zigeuner würgte *Rudi* , indem er an diesen Enden zog. Ich selber habe dann auch ein Ende in die Hand genommen und wir zogen dann gemeinsam, bis wir den Eindruck hatten, daß *Rudi* nicht mehr leben würde. Als wir den Strumpf nun lockerten, fing *Rudi* plötzlich wieder an zu röcheln und wir merkten, daß er noch nicht tot war. Daraufhin zogen wir den Strumpf wieder fest, der Zigeuner an der einen Seite und ich an der anderen. Wie lange wir zogen und den *Rudi* damit würgten, erinnere ich nicht mehr.

Frage: In Ihrem Vorgespräch haben Sie zunächst gesagt, daß bei *Rudi* der Mund und die Nase zugehalten wurden. War das so richtig oder hatte ich Sie da falsch verstanden?

Antwort: Nein, das war glaube ich so. Ich erinnere, daß *Rudi* irgendwann einmal, vermutlich als wir ihn gewürgt hatten, ganz komisch aussah. Ich meine damit, daß sein Gesicht blau anlief und die Augen irgendwie so verdreht waren.

Frage: Wem gehörte der Strumpf, den Sie zum Würgen bzw. Drosseln benutzten?

Antwort: Das weiß ich nicht genau, entweder gehörte dieser Strumpf dem Zigeuner oder mir. Mir fällt jetzt gerade ein, daß es nicht mein Strumpf gewesen sein kann, denn ich war in dieses Zimmer erst anschließend eingezogen. Dieses hatte ich anfangs den Kriminalbeamten falsch erzählt.

Ich hatte zu diesem Zeitpunkt noch ein Einzelzimmer, und der Zigeuner bewohnte das Doppelbettzimmer mit einem anderen. Die Personalien dieses Mannes kenne ich nicht. Ich werde auf diesen Mann zu einem späteren Zeitpunkt noch zu sprechen kommen. Den von uns benutzten Strumpf kann ich nicht näher bezeichnen. Ich kann auch nicht sagen, ob es eine Socke oder tatsächlich ein Strumpf gewesen war. Das ganze passierte mit sehr viel Hektik, und außerdem waren wir sehr stark angetrunken, so daß ich solche Details nicht mehr erinnere.

Frage: Wer hatte die Idee, *Rudi* mit dem Strumpf zu drosseln, bzw. wer hat damit angefangen?

Antwort: Ich habe hieran nur noch eine schwache Erinnerung. Mir kommt hierbei das Bild vor Augen, daß der Zigeuner auf *Rudis* Brustkorb saß und mit dem Strumpf drosselte. Wie bereits zuvor angegeben, meine ich mich erst dann beteiligt zu haben.

Frage:	Hat der *Rudi* sich gewehrt oder möglicherweise um Hilfe geschrien?
Antwort:	Ich weiß es nicht mehr, aber kann es mir nicht vorstellen, weil man es sonst sicherlich im Hotel gehört hätte.
Frage:	Wo waren Sie, als Sie an dem Strumpf zogen?
Antwort:	Es war ein großes Bett, und ich war mit auf das Bett gegangen.
Frage:	Erinnern Sie, ob *Rudi* auch geschlagen wurde?
Antwort:	An weitere Schläge, als der bereits genannten Ohrfeige zu Beginn des Streites, kann ich mich nicht erinnern.
Frage:	Woran haben Sie gemerkt, daß *Rudi* tot war und was passierte danach?
Antwort:	Er sagte plötzlich nichts mehr, er war so eigenartig ruhig. Anschließend ließen wir *Rudi* auf dem Bett liegen, einfach so, ohne ihn zuzudecken. Dann machten wir uns Gedanken, wie wir den Toten beseitigen könnten.

Die anschließenden Ereignisse bringe ich alle so durcheinander. Ich erinnere, daß nach der Tat der Mitbewohner in das Zimmer wollte, als der Tote noch auf dem Bett lag. Mit dem Letzten bin ich mir doch nicht ganz sicher.

Wie bereits zuvor erwähnt, wollte der Mitbewohner des Zigeuners in das Zimmer. Dieses muß nach der Tat gewesen sein, denn wir haben *Rudi* ja deshalb in den Schrank gepackt. Anschließend ließen wir den Mann ins Zimmer und hatten darauf auch mit diesem Streit, weil er nichts zu Saufen bringen wollte. Er bekam auch eine gescheuert. Ich weiß aber nicht mehr, ob vom Zigeuner oder von mir. Dieser Mann wollte dann das Zimmer verlassen. Wir haben ihn aber nicht rausgelassen. Ich glaube, das war deshalb, weil wir dem auch schon eine in die Fresse gehaun hatten und er dann ebenfalls die Polizei hätte holen können. Aus Angst war dieser Mann aus dem Fenster des im Erdgeschoß gelegenen Zimmers auf den Bürgersteig gesprungen. Das Fenster hatte er entweder geöffnet, oder es war offen gewesen. Beim Sprung hatte er noch die Lichtreklame der darunter liegenden Bar beschädigt. Aufgrund dieses Vorfalles kam dann die Polizei und hatte uns in dem Tatzimmer festgenommen. Sie hatten sich auch das Zimmer angesehen, aber nicht in den Schrank geguckt, in dem die Leiche lag.

Wir waren dann zur Polizeireviewache 11 am Hauptbahnhof gebracht worden, wo man unsere Personalien feststellte und uns entweder eine Blutprobe entnommen worden war oder wir in das Alko-Testgerät pusten mußten. Dieses weiß ich nicht mehr genau. Als wir aus der Wache entlassen worden waren, sind wir wieder zurück in unser Hotelzimmer gegangen. Dort machten wir uns dann Gedanken, wohin wir die Leiche verschwinden lassen könnten. Uns fiel hierbei auch die Alster ein, aber der Weg war zu weit.

Um den Toten zu transportieren, hatten wir zunächst vor, ihn in eine Decke zu wickeln. Dies schien uns aber zu auffällig, mit der eingewickelten Leiche nachts durch Hamburg zu laufen. Vor allem mußten wir an den Nutten vorbei, die unten an den Eingangstüren auf ihre Freier warteten. Dann kamen wir auf den Gedanken, den Toten in einen Wäschekorb zu legen, der im Flur des Hotels stand. Dieses haben wir dann auch so gemacht. Auf die Frage, ob wir den Toten zugedeckt haben, kann ich nur sagen, daß ich es wohl annehme, es aber nicht mehr genau weiß. Der Zigeuner und ich trugen den

Toten bis zu einer Litfaßsäule am Hansaplatz und kippten ihn dort einfach aus.

Frage: Gab es Schwierigkeiten beim Transport mit der großen Leiche in dem kleinen Wäschekorb?

Antwort: Ich erinnere vage, daß es Schwierigkeiten gab, kann aber nicht mehr erinnern, welche. Ich vermute auch, daß es ein größerer Korb war.

Frage: In dem Vorgespräch erklärten Sie, daß es schwierig war, die Leiche zu transportieren, da diese schon steif und sperrig war. Ist das so richtig?

Antwort: Ich kann das nicht mehr so genau sagen, wie wir das genau gemacht haben, erinnere nur, daß der Tote unhandlich war.

Frage: Haben Sie dem Toten die Fesseln gelöst und ggf. wann?

Antwort: Ich meine, daß wir dem Toten letztlich die Fesseln abnahmen, kann aber nicht mehr genau sagen, wann das geschehen war.

Frage: Können Sie den Ablageort der Leiche näher beschreiben?

Antwort: Wie gesagt, an einer Litfaßsäule am Hansaplatz, direkt auf dem Gehweg. Besonderes, wie z. B. ein Kraftfahrzeug, ein Anhänger, Wohnwagen oder Bauwagen, war mir dabei nicht aufgefallen.

Frage: Wie kam der Tote zu liegen, nachdem Sie ihn aus dem Wäschekorb gekippt hatten?

Antwort: Das weiß ich nicht mehr.

Frage : Erinnern Sie noch, welche Bekleidung der Tote trug?

Antwort: Ich kann mich nicht mehr daran erinnern, was er getragen hatte. Wir hatten ihn in der Bekleidung belassen, wie er zu uns hochgekommen war. In diesem Zusammenhang fällt mir noch ein anderes Ereignis ein, das an diesem Tage bzw. in der Nacht passiert war. Der Zigeuner und ich waren nach der Tat zur Alster gegangen und haben dort einen Mann, der dort mit seinem Mofa gefahren kam, eine gescheuert, so daß dieser in die Büsche stürzte. Ich möchte jetzt aber einschränkend sagen, daß ich mir doch nicht ganz sicher bin, an welchem Tag dieses passiert war. Wegen dieses Deliktes wurden der Zigeuner und ich zu einer Freiheitsstrafe verurteilt, und zwar wegen Raubes, da wir mit der Mofa anschließend weitergefahren waren. Der Zigeuner erhielt 1/2 Jahr und ich 1 Jahr Freiheitsstrafe.

Frage: Was hat Sie dazu bewegt, sich bei der Polizei zu stellen?

Antwort: Ich konnte so nicht weiterleben mit diesem Schuldgefühl und nachts plötzlich aufzuwachen in Erinnerung daran, wie *Rudi* zu Tode gekommen war. Es läßt mich nicht locker und kommt immer wieder hoch. Ich hatte schon einmal versucht, mir bei der Polizei diese Schuld von der Seele zu reden. Ich glaube, es war 1985. Damals hatte ich aber jedoch einen Rückzieher gemacht, denn es ist eine schwere Entscheidung, die mit einer hohen Freiheitsstrafe verbunden ist. Es tut mir leid, daß *Rudi* so ums Leben kommen mußte, wegen so einem nichtigen Anlaß. Wenn dieses bei einer Schlägerei passiert wäre, könnte ich ruhiger darüber schlafen.

Frage: Im Vorgespräch erwähnten Sie, daß Sie bereits 11 Jahre Haft hinter sich haben. Sie sagten außerdem, daß Sie sich in der Haft fast wohler fühlen, als in der Freiheit, dieses fast möchte ich sogar streichen.

Antwort: In der Haftanstalt ist ein geordnetes Leben und dort habe ich meinen Platz. Ich habe mich an die Spielregeln, die dort herrschen, schon gewöhnt und kam immer mit den Häftlingen sowie auch mit den Beamten gut zurecht. In der Freiheit schaffe ich es schwer, meinem

Leben einen geregelten Gang zu geben. Ich leide unter starken Angstzuständen vor großen Menschenmengen, davor mit der Bahn oder dem Bus zu fahren. Wegeņ dieser Angstzustände saufe ich auch und war bereits mehrfach in ärztlicher Behandlung im AK Ochsenzoll. Über mich wurden schon verschiedene Gutachten angefertigt; das letzte erst in meinem laufenden Verfahren. Ich entbinde alle mich behandelten Ärzte von ihrer Schweigepflicht. "

b) Körpersprache

Auf die Körpersprache sollte geachtet werden; aber Vorsicht bei der Interpretation. 728

In der Literatur wird empfohlen, nicht nur zur Erkennung, sondern auch zur Beurteilung der Glaubhaftigkeit eines Geständnisses die Körpersprache mit einzubeziehen: Etwa Mimik (Beben von Kinn und Unterkiefer, Zucken der Wangenmuskeln), Weinen, Zittern, Veränderung der Gesichtsfarbe, Schweißausbrüche oder Schluckbeschwerden. Wir sind, was die Relevanz für die Glaubhaftigkeit angeht, skeptisch. Abgesehen davon, daß die Körpersprache ambivalent gedeutet werden kann, dürften signifikante Merkmale für die meisten – psychologisch nicht hinreichend geschulten – Vernehmer nur schwer erkennbar sein. Hinzu kommen häufig Streß bei der Vernehmung sowie Alkohol- und Rauschgiftabhängigkeit bei den Beschuldigten. Trotzdem sollte auf die Körpersprache geachtet werden, um eine Geständnisbereitschaft zu erkennen.

c) Geständnismotive erfragen

Für ein Geständnis gibt es vielfältige Motive und Motivbündel. Bei jedem Geständnis sollte der Vernehmer unbedingt nach dem Motiv für das Geständnis fragen und die Angaben des Beschuldigten im Vernehmungsprotokoll festhalten. 729

Unbedingt erforderlich ist es, den Beschuldigten nach den Motiven seiner Geständnisbereitschaft zu befragen; das schrieb schon Art. 70 der Strafprozeßordnung für das Königreich Württemberg von 1843 (Rn. 730) vor. Und der BGH (BGHSt 21, 285) verlangt (beim widerrufenen Geständnis)

„die sorgfältige Prüfung, unter welchen Umständen und weshalb der Angeklagte die früheren Aussagen gemacht hat sowie unter welchen Umständen und weshalb er sie widerrufen hat."

Die Entstehungsgeschichte (äußerer Anlaß und innerer Beweggrund) muß ebenso kritisch hinterfragt werden, wie die Aussageentwicklung und der Inhalt des Geständnisses. Besondere Vorsicht ist bei Geständnissen unmittelbar nach der Festnahme angezeigt; entsprechendes gilt für Geständnisse mit gleichzeitiger Fremdbeschuldigung. Zu ermitteln ist auch das persönliche Umfeld des Beschuldigten und seine Beziehung zur Tat.

Die Aufklärung des Geständnismotives ist nicht nur für den Beweiswert des Geständnisses wichtig; sondern auch, um der Gefahr eines falschen Geständnisses vorzubeugen oder um einen späteren Widerruf beurteilen zu können. Geben Motive, Anlaß, Zeitpunkt und Form des Geständnisses Grund zu Zweifeln? Gibt es Hinweise des Beschuldigten auf seine tat- und geständnisauslösenden Motive? Das Motiv kann auch für die Beurteilung der Schuldfähigkeit eine Rolle spielen.

Der Anlaß zum Geständnis braucht nicht mit dem Geständnismotiv übereinzustimmen. Zudem wirkt häufig ein Motivbündel zusammen. *Busam* empfiehlt ein Raster zur Durchführung der Motivanalyse. In einem ersten Schritt sollen die von vornherein ausscheidbaren Motive abgeklärt werden. In dem zweiten Schritt wird die Wechselbeziehung zwischen Motiv und Aussageinhalt nach charakteristischen Eigenarten des Geständigen bewertet. Dabei können Motivgruppen gebildet werden.

Dennoch gibt es keine eindeutigen Kriterien, anhand derer falsche Geständnisse erkannt werden können. Bei Selbstbelastungen mit psychopathologischem Hintergrund fällt manchmal schon die Absurdität des „Geständnisses" auf. Besonders schwierig ist dies jedoch bei unerkannt psychisch Kranken. Nach der Fehlerquellen-Untersuchung von Peters war in 70% der wegen Schuldunfähigkeit durchgeführten Wiederaufnahmeverfahren die strafrechtliche Verantwortlichkeit nicht untersucht worden. Dies dürfte sich inzwischen verbessert haben, da kaum noch Kaptitalverbrechen ohne Sachverständige verhandelt werden.

Eher für ein echtes Geständnis sprechen Reue, Unrechtseinsicht, Verantwortungsbewußtsein, die Einsicht in die Sinnlosigkeit weiteren Lügens nach der Sondierungstaktik, aber auch das Geständnis nach überraschenden Vernehmungssituationen. Gegen ein echtes Geständnis sprechen eher starke körperliche und seelische Beeinträchtigungen.

d) Täterwissen mit objektiven Fakten überprüfen

730   **Das glaubhafte Geständnis sollte Umstände enthalten, die nur der Täter wissen kann, und dieses Täterwissen muß objektivierbar sein.**
Nach Nr. 45 Abs. 2 S. 2 RiStBV ist darauf zu achten, daß besonders solche Umstände aktenkundig gemacht werden, die nur der Täter wissen kann (Täterwissen). Diese Umstände sind aktenkundig zu machen (Nr. 45 Abs. 2 S. 3 RiStBV).

Schon die Carolina bestimmte in Art. 53 (siehe auch Art. 54 CCC): „Darum solch warzeychen vnnd vmbstende von dem jhenen der eyn missethat bekent hat, gefragt werden, die keyn vnschuldiger wissen oder sagen kan, vnnd wie der gefragt die fürgehalten vnderschiedt erzelt, soll auch eygentlich auffgeschrieben werden." Art. 70 der Strafprozeßordnung für das Königreich Württemberg von 1843 schrieb für den Fall der Selbstbeschuldigung vor, der Betroffene solle „zur umständlichen (eine schöne Umschreibung für Konkretheit) Erzählung des ganzen Vorgangs und zur Angabe alles dessen, was zu näherer Aufklärung dienen mag, aufgefordert, auch insbesondere über den Beweggrund zur Selbstanzeige befragt werden."

Zum Täterwissen gehört nicht nur die Tat selbst (vgl. dazu den Fall BGH, Urt. vom 2. 12. 1992 – 2 StR 477/92 –), sondern die nur dem Täter bekannten Hintergrundinformationen, die Vorgeschichte und die Motive der Tatbegehung, das Verhalten des Beschuldigten nach der Tat. Es empfiehlt sich, diese Umstände mehrfach im Protokoll zu wiederholen, und zwar überall dort, wo sie zur Sprache kommen.

In der Kriminalgeschichte gibt es aber erstaunliche Fälle von Falschge-
ständnissen mit angeblichem Täterwissen. Der Beschuldigte hat seine Informationen in Wirklichkeit aus Presseberichten und aus den Vernehmungen
und Vorhalten (siehe Rn. 753 und 747). Um den Einwand abzufangen, der
Beschuldigte habe sein Wissen aus Presseveröffentlichungen entnommen,
empfiehlt es sich, die polizeiliche Öffentlichkeitsarbeit und die einschlägigen
Veröffentlichungen über die Tat zu dokumentieren.

Lehrreich ist in diesem Zusammenhang der von *Schweitzer* dokumentierte Fall des
Renommier-Geständnisses der „Bonner Autogangster":
Zwei Passanten waren aus einem fahrenden Auto heraus erschossen worden. Zwei
Heranwachsende legten aus übertriebenem Geltungsbedürfnis ein falsches Geständnis
ab, unter gleichzeitiger Beschuldigung eines Dritten. Das Geständnis enthielt eine in
allen wesentlichen Einzelheiten zutreffende Schilderung der Tat. Die Polizei ermittelte
gleichwohl weiter und fand heraus, daß drei andere Personen zweifelsfrei die Täter
waren. Die Geständnisse waren so detailreich, weil die Heranwachsenden die Einzelheiten aus Presseveröffentlichungen kannten und von den Vernehmungsbeamten unter dem Vorwand „herauslockten", sie könnten sich wegen ihrer Alkoholisierung und
aufgrund der Aufregung nicht mehr an alle Einzelheiten erinnern.

**Das zeigt: Es kommt darauf an, daß das Geständnis objektiv nachprüf-
bare Einzelheiten enthält, die bis dahin noch nicht einmal die Polizei
kannte.**

e) Nach dem Geständnis weiter ermitteln

Auch um dem Widerrufs des Geständnisses vorzubeugen, sollte der Tat-   **731**
nachweis unabhängig vom Vorliegen eines Geständnisses angestrebt werden
(das schrieb schon § 378 der preußischen Criminalordnung von 1806 vor).
Deshalb müssen – auch und gerade – nach Vorliegen eines Geständnisses,
insbesondere bei einer sog. „Generalbeichte", die Ermittlungen weitergeführt werden. Mittels des Verflechtungskriteriums (Rn. 271) ist zu prüfen:
Stimmt die Tatschilderung mit den übrigen Ermittlungsergebnissen überein? Stimmt Tatrekonstruktion des Beschuldigten mit kriminaltechnischen
und sonstigen Befunden überein? Wird die Aussage des Beschuldigten der
jeweiligen Beweislage angepaßt?

f) Wiedergabe und Protokollierung in eigenen Worten

Nach Nr. 45 Abs. 2 S. 2 RiStBV sind vom Beschuldigten „die Einzelhei-   **732**
ten der Tat möglichst in seinen eigenen Worten wiederzugeben".

Noch mal die Carolina (Art. 53): „ . . . vnnd wie der gefragt die fürgehalten vnderschiedt erzelt, soll auch eygentlich auffgeschrieben werden."
Beispiele für Verstöße hiergegen (aus *Herren/Bortz*, Kriminalistik 1976, 313):
„Ich versuchte es zunächst mit einem Nachschlüssel, dann aber drückte ich die Tür
mit einfacher Gewalt auf."
Die 15jährige Schweinehirtin: „Ich gebe zu, die der Bäuerin gehörigen, bei mir
gefundenen Kleidungsstücke genommen und getragen zu haben. Ich habe daher nur
einen furtum usus begangen."

Die Beachtung dieser Grundsätze kann ein Geständnis „widerrufsfest" machen. Das gilt vor allem für den Bericht; aber auch im Verhör sind Umstän-

de, die zum Täterwissen gehören noch durch gezielte Nach- und Querfragen weiter abzuklären. Wenn möglich, ist der Beschuldigte zu veranlassen, Tatortskizzen selbst anzufertigen. Unter Umständen kann es sogar ratsam sein, daß der Beschuldigte sein Geständnis selbst handschriftlich niederlegt oder selbst diktiert.

g) Protokollarische Sicherungen

733 **Die Entstehungsgeschichte der Aussage dokumentieren.** Die Qualität des Geständnisprotokolls entscheidet über den Erfolg eines Widerrufs des Geständnisses. Mehr als sonst gilt, daß das Protokoll die Entstehungsgeschichte der Aussage – die Aufteilung in Bericht und Verhör und nicht nur das Ergebnis – widerspiegeln und Beginn, Dauer und Unterbrechungen der Vernehmung festhalten sollte. In einem Vermerk (§ 168a Abs. 3 S. 2 StPO) sollte festgehalten werden, daß das Protokoll dem Beschuldigten nach § 168a Abs. 3 S. 1 StPO zur Genehmigung vorgelesen oder ihm zur Durchsicht vorgelegt wurde. Von ihm vorgenommene Änderungen sind – am besten durch seine Unterschrift oder Paraphe an dieser Stelle – kenntlich zu machen. Die Namen der Personen, die das Geständnis angehört haben, sind zu vermerken (Nr. 45 Abs. 2 S. 4 RiStBV). Liegen Anhaltspunkte für eine Alkoholisierung oder einen Betäubungsmittel- oder Tablettenkonsum vor, empfiehlt sich eine Blut- bzw. Urinprobe.

Das Geständnis ist durch Kontrollfragen abzusichern. Das Sprechtempo soll verlangsamt, schwierige Fragen sollten in einfache Teile aufgespalten werden. Vorhalte und Fragen sind so zu gestalten, daß der Beschuldigte nicht nur mit „ja" oder „nein" antworten kann.

Das schrieb schon die Carolina in Art 56 CCC vor: „Keynem gefangen die vmbstende der missethat vor zusagen, sonder jn die gantz von jm selbst sagen lassen."

Man sollte sich vergewissern, ob die Fragen verstanden werden. Unbestimmte Zahl-, Zeit- und Entfernungsbegriffe („manchmal", „meistens") sollten vermieden werden. Oft empfiehlt sich ein zwangloses Nachgespräch zu den Geständnismotiven.

Zur Absicherung des Geständnisses sollten Kontrollvernehmungen – am besten durch andere Beamte und von einem anderen Ausgangspunkt aus – durchgeführt werden, die bisherigen Vernehmungen nicht nur formal wiederholen oder bloß bestätigen (das kommt leider bei richterlichen Vernehmungen häufig vor).

734 **Der Ermittlungsrichter muß eine eigenständige Vernehmung durchführen; Bezugnahmen können das richterliche Protokoll entwerten.** Es empfiehlt sich auch, das Geständnis in einer richterlichen Vernehmung festzuhalten (Nr. 10 RiStBV, § 254 StPO), allerdings nicht so, daß der Beschuldigte beim Ermittlungsrichter nur auf seine polizeiliche Vernehmung Bezug nimmt. Ein solches Protokoll ist nicht nach § 254 StPO verlesbar. Der BGH stellt in ständiger Rspr (vgl. BGHSt 7, 73; BGHR StPO § 254 Abs. 1 Vernehmung, richterliche) strenge Anforderungen für die Verlesbarkeit nach § 254 StPO auf:

Danach hat der Richter dem Beschuldigten Gelegenheit zu geben, sich umfassend (!) zu den gegen ihn erhobenen Vorwürfen zu äußern. Erst wenn sich bei dieser zusammenhängenden (!) Äußerung ergibt, daß der Vernommene ganz oder teilweise das gleiche aussagt, wie früher, dürfen ihm zur Erleichterung der Niederschrift die früheren Protokolle verlesen und darf auf sie Bezug genommen werden. Das Protokoll über die richterliche Vernehmung muß auch in diesem Fall den wesentlichen Inhalt (!) dessen, was der Beschuldigte zur Sache ausgesagt hat, mitteilen und muß ferner zweifelsfrei (!) ergeben, daß ihm der Inhalt des polizeilichen Protokolls vorgelesen (und nicht nur vorgehalten) worden ist und er darauf erklärt (!) hat, daß er die früheren Angaben auch in der ihnen von den Polizeibeamten gegebenen Fassung (!) als Bestandteil seiner Erklärung vor dem Richter betrachtet wissen wolle. "

5. Echtes Geständnis

Es enthält mehr nachprüfbare Fakten als der Vernehmende weiß oder 735 **ein Unbeteiligter wissen kann (Täterwissen). Es ist nach Motiv, Anlaß, Zeitpunkt und Form „stimmig". Die Merkmale der Glaubwürdigkeit (Glaubwürdigkeitskriterien Rn. 726) sind deutlich.**

a) Weitergehende Fakten

Hat der Beschuldigte lediglich ein pauschales Geständnis abgelegt und die 736 gemachten Vorhalte bestätigt, dann ist die Untersuchung so lange weiterzuführen – so als ob gar kein Geständnis vorläge –, bis weitere Beweismittel vorhanden sind, die das Beweisergebnis unabhängig vom Geständnis stützen (Rn. 731). Ein Geständnis, das weiter nichts enthält als die Zustimmung zu allen vorgehaltenen Fakten, verbunden vielleicht mit einigen nicht nachprüfbaren Fantasieprodukten, ist wertlos.

Deshalb ist es ein zwar häufiger, aber schwerer Fehler, sich mit einem solchen pauschalen Geständnis zu beruhigen und die weiteren Ermittlungen zu vernachlässigen. Eine solche Unterlassungssünde kann sich nach zwei Richtungen rächen:

Der Beschuldigte kann auf Grund eines falschen Geständnisses verurteilt werden. Stellt sich seine Unschuld nachträglich heraus, dann wird ein solcher Justizirrtum von der Öffentlichkeit der Justiz und nicht dem Geständigen zugerechnet.

Im Falle eines Widerrufes eines solchen Geständnisses sind andere Beweismittel später oft nicht mehr beschaffbar. Der Beschuldigte muß – oft zu unrecht – freigesprochen werden.

b) Drei Hauptmotive für echte Geständnisse

(1) Strafmilderung. Für das Motiv, durch ein Geständnis Strafmilderung 737 zu erlangen, ist typischer Anlaß die zusammenfassende Vorstellung der erdrückenden Beweise gegen den Beschuldigten durch den Vernehmenden. Das Geständnis folgt in solchem Falle in der Regel alsbald nach und ist gekennzeichnet durch das Vorbringen zahlreicher mildernder Umstände, die oftmals näherer Nachprüfung nicht standhalten.

(2) Reue. Das Motiv der Reue, des Entlastungs- und Mitteilungsbedürf- 738 nisses wird in der Regel durch eine Gefühlsansprache (Rn. 685 ff.) des Vernehmenden zu einem Geständnis führen. Hierfür ist typisch die immer stärker werdende Spannung, ja Erregung, die den Beschuldigten ergreift. Sie führt oft zu einem Kampf mit sich selbst, der relativ lange andauern kann, um dann plötzlich, ja geradezu eruptiv, in eine Entladung, das Geständnis, umzuschlagen.

Solche Geständnisse pflegen zunächst sehr pauschal gefaßt zu werden. Das ist auch verständlich, wenn der Beschuldigte nach der langen schweren Anstrengung des Kampfes mit sich selbst jetzt zunächst seine Ruhe haben und sich nicht sofort der Plackerei eines weiterführenden Verhörs ausgesetzt sehen will. Gleichwohl darf man – wenn der erste Gefühlssturm etwas abgeebbt ist – diesem verständlichen Wunsch des Beschuldigten nicht nachgeben (zu den Grenzen siehe Rn. 715). Nach kurzer Pause müssen die Einzelheiten des Tatherganges sofort zu Protokoll genommen werden, wenn man nicht Gefahr laufen will, daß das pauschale und daher ziemlich wertlose Geständnis später widerrufen wird.

Es versteht sich von selbst, daß man in der nachfolgenden Erörterung verständnisvoll und schonend vorgeht. In der Regel hat der Beschuldigte in solchen Fällen das Bedürfnis, über sein Schicksal und seine Motive mehr zu sprechen als über die Einzelheiten der Tat. Dem geschickten Vernehmer wird es nicht schwerfallen, einerseits auf diese besonderen Bedürfnisse des Geständigen einzugehen, andererseits dabei aber doch immer wieder auf die Tat hinzuführen und neue Einzelheiten zu erfahren, deren Protokollierung einen falschen Widerruf erschweren oder unmöglich machen.

739   **(3) Pflichtbewußtsein.** Das gilt vor allem dann, wenn der Beschuldigte die Gefahr sieht, daß etwa ein Unschuldiger – möglicherweise sogar eine ihm nahestehende Person – wegen des zunächst ihm vorgeworfenen Delikts belangt zu werden droht. Doch empfiehlt sich gerade in solchen Fällen die besonders gründliche Überprüfung aller gestandenen Einzelheiten, weil es oftmals auch ein falsches Geständnis zum Schutze der wahrhaft schuldigen, nahestehenden Person (Begünstigungs-Geständnis Rn. 750) sein kann.

Das wahre Geständnis tendiert in einem solchen Falle eher dahin, nur soviel zuzugeben, als gerade noch erforderlich ist, den Vernehmenden von der eigenen Schuld zu überzeugen. Das falsche Geständnis wirkt in dieser Hinsicht oftmals überzogen und wird immer wieder vermischt mit Unschuldsbeteuerungen hinsichtlich der zu schützenden Person.

c) Taktiken, ein echtes Geständnis zu entwerten

740   **Es kommen immer wieder Fälle vor, in welchen das Geständnis dem Beschuldigten sozusagen „entschlüpft" ist.**

Der Beschuldigte sagt z. B. etwas, was eigentlich nur der Täter wissen kann. Er ist darüber so erschreckt, daß er die Tat zugibt – um alsbald wieder das Geständnis zu bereuen. In einem Widerruf sieht er vielleicht keine echte Chance und greift deshalb zu einer anderen Taktik. Er „gesteht" entweder noch andere Verbrechen, die er niemals begangen hat, oder er gibt eine über die begangene Tat hinausgehende Beschreibung, die zu einer schwereren Bestrafung führt (Rn. 749). In beiden Fällen hegt er die Hoffnung, daß seine erfundenen Bekenntnisse nachgeprüft und als falsch festgestellt werden. Die weitere Hoffnung, daß man daraus den Schluß ziehen werde, auch sein ursprüngliches Geständnis sei falsch gewesen, braucht sich nicht zu bewahrheiten. Der erfahrene Vernehmer wird in einem solchen Falle immer auch an eine gezielte „Konfabulation" (Ablenkungs-Geständnis Rn. 749) denken.

6. Falsches Geständnis

Es kommt häufiger vor als wir Juristen das wahr haben wollen und ist 741 **der häufigste Grund für vermeidbare Justizirrtümer. Dabei ist das Erkennen eines falschen Geständnisses meist nicht allzu schwer.**
Über die Häufigkeit von falschen Geständnissen gibt es keine gesicherten Erkenntnisse. *Busam* hat die dazu vorliegenden Beiträge ausgewertet. Falsche Geständnisse sind viel seltener als echte, kommen aber häufiger vor, als allgemein vermutet wird. Eine Quantifizierung dahin, daß Geständnisse von unfreiwillig Beschuldigten zu 90% wahr, diejenigen von Selbstgestellern aber zu 80% falsch sein sollen, können wir aufgrund unserer Praxis als Richter nicht bestätigen.
Oftmals hat es den Vernehmenden ungeheure Mühe gekostet, das Geständnis überhaupt erst herauszuholen. Und nun soll er sich noch einmal genausoviel Mühe machen zu überprüfen, ob es nicht vielleicht falsch ist. Das ist fast zuviel verlangt. Und doch müssen Sie sich diese doppelte Mühe machen, wenn Sie die Gefahr schweren Unrechts vermeiden wollen. Falsche Geständnisse kommen keineswegs nur in der kleinen und mittleren Kriminalität vor, sondern auch bei schweren Verbrechen.

a) Gründe für das Unerkanntbleiben des Falschgeständnisses

Die wichtigsten Gründe für das Unerkanntbleiben des falschen Geständ- 742
nisses sind (nach *Peters*):
Die Entstehung des Geständnisses und der Wechsel zwischen Geständnis und Widerruf werden nicht hinreichend überprüft.
Infolge des Geständnisses ist die Lückenhaftigkeit des Beweises nicht mehr so sichtbar und wird deshalb nicht hinreichend überprüft.
Willensschwache Menschen können dem Vernehmungsdruck nicht mehr widerstehen, insbesondere sehr junge und sehr alte Menschen, labile, psychopathische und schwachsinnige Menschen. Diese Willensschwäche wird nicht erkannt.

b) Wichtigste Gründe für ein Falschgeständnis

Die wichtigsten Gründe für falsche Geständnisse sind (nach *Peters*): 743
Zu frühzeitige Überzeugung von der Täterschaft des Beschuldigten – und dadurch bedingt
Unterlassen der Verfolgung anderer Spuren – und dadurch bedingt
scheinbare Aussichtslosigkeit, weiterhin (wahrheitsgemäß) zu leugnen verbunden mit der Hoffnung auf Entlassung aus der Haft oder mildere Bestrafung – häufig verursacht durch Anwendung unrichtiger Vernehmungsmethoden.
Lange hat aus dem Material der Untersuchung von Peters über „Fehlerquellen im Strafprozeß" auch Wiederaufnahmeverfahren mit falschen Geständnissen ausgewertet.

Unter den 1.110 Wiederaufnahmeverfahren fanden sich auch 66 falsche Geständnisse. Bei einem Drittel der falschen Geständnisse wollte der Beschuldigte den wirklich Schuldigen schonen. Weitere wichtige Ursachen waren: Der Beschuldigte hatte den Überblick über seine Straftaten verloren; es wurde von einer schwereren Straftat abgelenkt oder der Beschuldigte wollte aus der Haft entlassen werden.

c) Emotionale Gründe

744   **Aus der Kriminalgeschichte der falschen Geständnisse kennen wir eine Vielzahl von emotionalen Motiven für ein falsches Geständnis:**
Pathologisch bedingte Selbstanschuldigungen von psychisch Kranken, Psychosen (toxisch beeinflußte) Selbstvernichtungsabsicht aufgrund von Depressionen, Schock (etwa nach einem Verkehrsunfall), Suggestionen, Kompensation von Minderwertigkeitsgefühlen, Renommiersucht, Sensationsbedürfnis, Nachahmungstrieb, Rache, Wut, Haß oder Vergeltungsbedürfnis, vor allem bei der Simultanbelastung Dritter. Der Druck der Haftsituation („Verhaftungsschock"; zum Vorteils-Geständnis siehe Rn. 753), die Androhung von Haft, eine feindselige öffentliche Meinung (Angst vor Lynchjustiz). Eine verzweifelte und aussichtslose Lage (vgl. den Fall Lettenbauer), vor allem bei Jugendlichen und Heranwachsenden (etwa das Bestreben, vom Stiefvater weg und in ein Heim zu kommen). Der Wunsch nach einer Therapie, nach Verlegung in eine andere Haftanstalt. Der Schutz nahestehender Personen oder anderer Tatbeteiligter – häufig bei Verkehrsdelikten –, auch um seinen Kindern die Zeugenvernehmung zu ersparen, Freundschaft, Kameradschaft oder Dankbarkeit.

Falsche Geständnisse aus Geltungs- und Renommiersucht, Sensationslust und Wichtigtuerei, Nachahmungstrieb (Renommier-Geständnisse) kommen immer wieder vor, namentlich, wenn unaufgeklärte Verbrechen in der Öffentlichkeit großes Aufsehen erregen. So wurden etwa im Fall des Düsseldorfer Massenmörders Kuerten über 200 falsche Selbstbezichtigungen registriert, manchen Selbstbezichtigern mußte geradezu nachgewiesen werden, daß sie als Mörder „leider" nicht in Frage kämen; vgl. auch den von *Schweitzer* dokumentierten Fall der „Bonner Autogangster" (Rn. 730. Derartige Geständnisse zeichnen sich häufig durch betonte Übertreibung aufsehenerregender Einzelheiten aus.

Psychisch Kranke haben oft bemerkenswerte Fähigkeiten. Alkohol- und Betäubungsmittelkranke neigen nicht selten zu Selbstanschuldigungen. Depressive gestehen häufig in Selbstvernichtungsabsicht. Paranoide Persönlichkeiten zeigen sich manchmal in der Hoffnung an, durch die polizeilichen Ermittlungen Klarheit über ihre wirklichen oder eingebildeten Erlebnisse zu gewinnen. Bei Schizophrenen kommt es vor, daß sie sich prophylaktisch durch eine falsche Selbstanzeige schützen wollen. Auch Suggestion kann dazu führen, daß der Beschuldigte selbst an sein Geständnis glaubt (zur Haftpsychose als Ursache falscher Geständnisse siehe *Busam* S. 126). Vor allem bei Straßenverkehrsdelikten kann auch eine Selbstbezichtigung aufgrund eines Irrtums vorkommen (vgl. den Fall BGHSt 39, 291).

d) Rationale Gründe

745   Eine Vernehmung erstreckt sich keineswegs nur auf den zentralen Schuldvorwurf, sondern auch auf eine Reihe von Einzeltatsachen, die je einzeln rechtlich nicht relevant sind, zusammen aber entscheidende Indizien für den zentralen Schuldvorwurf hergeben können. Hinsichtlich dieser Einzeltatsa-

chen befinden sich der Vernehmende und der Beschuldigte in verschiedenartiger Situation. Der Beschuldigte mag eine oder mehrere Einzeltatsachen der Wahrheit zuwider abstreiten aus ganz anderen Gründen als dem, daß er hinsichtlich der vorgeworfenen Haupttat schuldig wäre. Andere Einzelheiten mag er wahrheitsgemäß abstreiten, hinsichtlich dritter sich vielleicht irren. Der Vernehmende hingegen mag einzelne erfragte Einzeltatsachen schon genau kennen, zu anderen mag er einzelne Indizien haben, während er hinsichtlich noch anderer vielleicht kaum eine Ahnung hat, wie es gewesen sein könnte.

e) Neun Arten von Geständnissen

(1) **Erschöpfungs-Geständnis.** Relativ häufig sind falsche Geständnisse **746** aus Resignation. Der Beschuldigte hat das Gefühl, daß er gegen den „Apparat" doch nicht ankommt. Die Vernehmungspersonen können sich abwechseln. Der Beschuldigte ist immer „dran". Auch wenn die immer sich wiederholenden stundenlangen Verhöre rechtlich noch nicht als Quälerei zu qualifizieren sein sollten, können sie doch die Kraft solcher Personen überschreiten, die von Natur aus wenig belastungs- und widerstandsfähig sind. Der Beschuldigte will endlich seine Ruhe haben und die bekommt er nur, wenn er gesteht. Unter diesem Aspekt kann man dieses Geständnis auch als einen Unterfall des Vorteils-Geständnisses (Rn. 753) auffassen.

Typisch ist für diese Art von Geständnis, daß sich kein direkter Anlaß für das Geständnis sicher ausmachen läßt, daß vielmehr die Widerstandskraft allmählich sichtbar nachläßt, bis schließlich das Geständnis sozusagen „als reife Frucht vom Baume fällt". In der Regel zeigt der Beschuldigte in einem solchen Fall auch körperliche Anzeichen der Erschöpfung, insbesondere: Beben der Lippen, Zucken der Gesichtsmuskulatur, Zittern der Hände, unruhiges Flackern der Augen und Schweiß auf der Stirn. Da der resignierende Geständige bereit ist, zu allem ja zu sagen, kann man ihn leicht testen, indem man einen mit Sicherheit unzutreffenden Vorhalt macht.

Beispiel: Erschöpfungs- und Vorteilsgeständnis (der Nitsche) und „Rache-Geständnis" des Ohm

Im Jahre 1947 wurde Frau Ohm ermordet. Herr Ohm, ein vielfach vorbestrafter Gewohnheitsverbrecher, gab die Tat zu. Er behauptete, Frau Nitsche habe ihn zur Tat angestiftet und Beihilfe geleistet. Unmittelbar nach der Tat hätten sie beide miteinander Verkehr gehabt.

Ohm hatte mit Frau Nitsche, die häufig wechselnden Geschlechtsverkehr hatte, die Ehe gebrochen und hatte sie auch heiraten wollen; er war aber von ihr abgewiesen worden (Rachemotiv). Frau Nitsche, die bei ihrer Verhaftung gerade wieder mit einem Mann im Bett lag, bestritt entschieden, an dem Plan oder der Ausführung der Tat beteiligt gewesen zu sein.

Der vernehmende Kriminalbeamte vermerkte in den Akten: Die Nitsche hatte schon mit 15 Jahren Geschlechtsverkehr und hat sich vielfach mit Männern abgegeben. Die Mordtat ist ihr ohne weiteres zuzutrauen (wie verräterisch das Wort!). Der Untersuchungsrichter sagte als Zeuge in der Hauptverhandlung: Er sei davon ausgegangen, daß die Schuld der Nitsche erwiesen sei; er sei hart und energisch mit ihr verfahren (man kann sich's vorstellen).

Der psychiatrische Sachverständige gutachtete:
Mit welcher machtvollen Stärke die Triebhaftigkeit im Mittelpunkt des Geschehens steht und wie verschwindend gering höhere seelische Regungen und Gemütsreaktionen sind, zeigt ein Blick auf den Verlauf der Tragödie, auf den hemmungslosen Geschlechtsverkehr nach der Tat neben der Ermordeten (der gar nicht erwiesen war!). Frau Nitsche legte auf Drängen einer Mitgefangenen ein Geständnis ab, das sie zwei Tage später widerrief. Das Geständnis von Frau Nitsche, die Aussage der Mitgefangenen über das ihr gegenüber erfolgte Eingeständnis und der wirkliche Tatablauf widersprachen sich in vielen Punkten.

Frau Nitsche erklärte (anläßlich des Widerrufs), ihr sei von allen Seiten zum Geständnis geraten worden, weil sie dann besser wegkomme; da Ohm ohnehin bei seiner belastenden Aussage bleiben werde, habe Leugnen keinen Zweck. Das immerwährende Verhör habe sie schier zur Verzweiflung und zum Verrücktwerden gebracht. Herr Ohm und Frau Nitsche wurden zum Tode verurteilt. Offenbar hatte sich niemand gefragt, warum sie am Mord von Frau Ohm interessiert gewesen sein sollte, wo sie doch offensichtlich genügend Männer zur Verfügung und Herrn Ohm gerade abgewiesen hatte; und ob nicht gerade dies Anlaß für ein „Eifersuchts- und Rache-Geständnis" des Ohm gewesen sein könnte.

Die Todesstrafe für Frau Nitsche wurde im Gnadenweg in lebenslängliches Zuchthaus umgewandelt. Acht Jahre später wurde bei dem Untersuchungsrichter eine Geisteskrankheit festgestellt, nachdem er in einer anderen Mordsache einem nachweisbar Unschuldigen ein Geständnis abgepreßt hatte. Es fand sich auch ein ehemaliger Mitgefangener von Herrn Ohm, der bekundete, daß sich Herr Ohm ihm gegenüber als Alleintäter bezeichnet habe, der verhindern wolle, daß Frau Nitsche mit anderen Männern in Freiheit lebe. Frau Nitsche wurde im Wiederaufnahmeverfahren freigesprochen (aus *Peters* II, Bd. 1, S. 73–76).

747   **(2) Renommier-Geständnis.** Solche falschen Geständnisse sind zwar nicht gerade häufig, kommen aber doch immer wieder einmal vor. Hierfür kommen vor allem zwei Typen von Beschuldigten in Frage, einmal geltungssüchtige Psychopathen, zum anderen ausgesprochene „Kraftmeier". Die Psychopathen haben mit der Tat, die sie gestehen, in der Regel überhaupt nichts zu tun. Die Kraftmeier neigen mehr dazu, vollbrachte Taten auszuschmücken, was rechtlich zu einer schwereren Beurteilung führt.

Besteht der Verdacht auf ein Renommier-Geständnis, sollte man versuchen, den Renommiereffekt auszuschalten. Man kann z. B. „androhen", die Sache durch Strafbefehl erledigen zu wollen, oder man kann in der Hauptverhandlung die Öffentlichkeit ausschließen (soweit es dafür eine rechtliche Handhabe gibt).

Beispiel: Ich bin's gewesen

Im Jahre 1958 wurde ein Lebensmittelhändler ermordet. Ein Beschuldigter namens Stetig gab die Tat zu. Obwohl ansonsten alle Beweise fehlten, wurde er zu 15 Jahren Zuchthaus verurteilt. Später ergab sich ein anderer die Tat.

Im Wiederaufnahmeverfahren ergab sich, daß Stetig, ein haltloser, debiler Mann und pseudologischer Psychopath, die Tat gestanden hatte, um sich interessant zu machen. Rätselhaft blieb zunächst, wo der Nichttäter Stetig all die richtigen Einzelheiten in seinem Geständnis her hatte. Er sagte dazu aus: Als ich in die Straße geführt wurde, sah ich, daß sich vor einem Haus viele Neugierige versammelt hatten, daraus schloß ich, daß dies der Tatort sein müsse. Auf die Frage, wer die Türe geöffnet hätte, sagte ich, daß dies eine Frau gewesen sei, weil meistens Frauen die Türe öffnen. Die

Wohnung konnte ich beschreiben, weil sie so war, wie solche Wohnungen meistens sind. Die übrigen Einzelheiten entnahm ich den Vorhaltungen bei den Verhören. Wenn man bedenkt, wie selbst ein geistig so beschränkter Mensch wie Stetig die Ermittlungsbehörden so irreführen konnte, dann sieht man, wie wichtig die Einhaltung der Vernehmungsregeln ist: Keine zu engen Fragen (Rn. 602ff.), damit die Auskunftsperson nicht zu viele Informationen bekommt. Äußerste Skepsis gegenüber Aussagen, die abstrakt und nicht individuell durchgezeichnet sind, sondern farblos und abstrakt im Rahmen des Üblichen bleiben (Rn. 342ff.) (aus *Peters,* Bd. I, S. 72).

(3) Verdeckungs-Geständnis. Der Beschuldigte kann die Wahrheit ver- **748** schweigen, weil er andere Vorgänge verbergen will als die, deren er beschuldigt wird.

Der Beschuldigte gesteht eine leichtere Straftat, um eine schwerere zu verdecken (zur Beweiswürdigung vgl. den Fall BGH, Beschl. v. 24. 11. 1992 – 4 StR 536/92).

Diese Gefahr besteht vor allem dann, wenn der Ermittlungsführer den Beschuldigten im Unklaren darüber läßt, um was es genau geht. Hält der Ermittlungsführer schon mit den Straftaten als solchen hinter dem Berg – auch das soll vorkommen – dann verstößt er gegen § 136 StPO (Rn. 663). Aber auch dann, wenn der Beschuldigte bloß im Unklaren darüber gelassen wird, welcher konkreten Handlungen er genau beschuldigt wird, kann er meinen, es gehe um andere Vorgänge.

Hat er einmal aus diesem Grunde gelogen, dann fällt es oft schwer, ihn zur Wahrheit zurückzuführen. Manchen Beschuldigten geht es bloß gegen ihr Ehrgefühl zuzugeben, daß sie gelogen haben; andere glauben gar, sie hätten sich schon strafbar gemacht, weil sie gegenüber einer Behörde gelogen haben. Deshalb ist es in der Regel vorzuziehen, dem Beschuldigten klar zu sagen, weshalb er befragt wird und wenn man den Eindruck hat, belogen worden zu sein, ihn darüber aufzuklären, daß er jederzeit straffrei widerrufen könne.

(4) Ablenkungs-Geständnis. Der Beschuldigte gesteht eine kleinere Straf- **749** tat, um das Bestreiten der schwerwiegenden Tat glaubwürdiger erscheinen zu lassen.

Der Beschuldigte kann Anlaß haben, eine minder schwere Tat (die er nicht begangen hat) einzuräumen, wenn er eine Chance sieht, damit vom Verdacht auf eine schwerere Straftat (die er begangen hat) abzulenken. Typischer Anlaß für ein solches Geständnis ist der Übergang der Vernehmung zu einem anderen, für den Vernommen offensichtlich noch peinlicheren Thema. Der Zeitpunkt des Geständnisses erscheint deshalb als auffällig verspätet. Wenn der Vernommene die für ihn peinliche Wendung der Vernehmung nicht schon vorausahnt (was vorkommt), ist er genötigt, von sich aus wieder auf das eigentlich schon abgeschlossene Thema zurückzukommen, um sein Geständnis „an den Mann zu bringen". Hinsichtlich der Form des Geständnisses fällt auf, daß die beim wahren Geständnis typische Entspannung und Erschöpfung ausbleibt. Im Gegenteil, der Beschuldigte lebt in der eher noch stärkeren Spannung, ob das Geständnis die beabsichtigte Ablenkungswirkung haben wird.

Ein solches Ablenkungs-Geständnis kann auch zufälligerweise einmal wahr sein. Dann aber muß der Beschuldigte auch bisher nicht bekannte Einzelheiten nennen können. Beim falschen Geständnis hingegen kommt er über (nicht nachprüfbare) Gemeinplätze verständlicherweise nicht hinaus.

Ein Mann „gestand", eine Brieftasche mit einem hohen Geldbetrag gefunden und unterschlagen zu haben In Wirklichkeit befürchtete er eine Überprüfung seiner Einnahmen durch das Finanzamt (nach *Peters* II, Bd. 1, S. 361).

750   **(5) Begünstigungs-Geständnis.** Das Begünstigungs-Geständnis dient dem Schutz von Mittätern, vor allem bei der Organisierten Kriminalität oder dem Erhalt der Fahrerlaubnis von Nahestehenden. Beim Versicherungsbetrug soll dem wahren Täter der Versicherungsschutz erhalten bleiben. Auch sollen dadurch die Ermittlungsbehörden in die Irre geführt werden, um sich oder dem wahren Täter den Aufbau einer Verteidigungsstrategie zu ermöglichen.

Dieses falsche Geständnis kommt immer dann in Betracht, wenn der Geständige mit einem anderen Verdächtigen verbunden ist durch Verwandtschaft, Freundschaft oder auch nur Kameradschaft. Es kann in jeder Lage des Verfahrens erfolgen, gleich zu Beginn, um schon ein Ermittlungsverfahren von dem zu Schützenden abzuwenden, aber auch noch gegen Schluß der Hauptverhandlung, wenn sich abzeichnet, daß der andere verurteilt werden wird, falls jetzt nicht das Geständnis erfolgt. Im allgemeinen kann man sagen, daß das Geständnis umso früher erfolgt, je enger die Bindung ist und je geringer die Hoffnung, daß ohne das Geständnis beide ungeschoren davonkommen.

Typisch für solche Geständnisse scheint zu sein, daß die eigene Schuld eher gravierender dargestellt wird als z. B. bei einem Geständnis zwecks Strafmilderung erforderlich, und daß Beteuerungen der Unschuld des anderen selten fehlen. Der aufmerksame Vernehmende wird häufig schon vor dem Geständnis, wenn die Rede auf eine mögliche Täterschaft oder Teilnahme des anderen kommt, die Warnsignale der Körpersprache (Rn. 209) beim Vernommenen wahrgenommen haben.

751   **(6) Rache-Geständnis.** Geständnisse werden manchmal auch in der Absicht abgegeben, Dritten zu schaden. Beispiel Rn. 746.

Der BGH (BGHSt 21, 285, 288) sagt:

„Bezichtigt ein Angeklagter seine Mitangeklagten, daß sie sich an den Straftaten beteiligt oder diese gar ohne ihn selbst ausgeführt hätten, so ist, wenn sonst keine Beweismittel für die Täterschaft der Mitangeklagten sprechen, besondere Vorsicht geboten."

Hier wird die Selbstbelastung zum Hebel, um einer anderen Person zu schaden. Dabei spielt es eine untergeordnete Rolle, ob die Selbstbelastung zutrifft oder nicht. Die Selbstbelastung kann erfunden werden, um der Belastung des anderen größere Glaubwürdigkeit zu verleihen.

Umgekehrt kann die eigene Selbstbeteiligung auf das erforderlich Mindestmaß (wahrheitswidrig) vermindert werden, um den anderen die Hauptverantwortung zuzuschieben. Letztlich kann die Selbstbelastung zutreffen. Die Belastung des anderen entspringt in solchen Fällen oft weniger dem Haß als dem Neid: wenn ich schon für meinen Fehltritt bestraft werden soll, dann soll es dem anderen auch nicht besser gehen.

Typisch für solche Geständnisse sind oftmals drei Situationen: (1) Zwischen dem Geständigen und dem Beschuldigten bestand früher ein Vertrauensverhältnis, das jetzt zerstört ist. (2) Der Zeitpunkt der Tat, dessen der andere beschuldigt wird, liegt relativ weit zurück. (3) Das Geständnis war ein vorweggenommenes Geständnis, d. h. es handelt sich um eine Selbstanzeige.

Manchesmal gelingt es allerdings, die Selbstanzeige zu verschleiern, indem man der Behörde versteckte Hinweise gibt, die zu einem Ermittlungsverfahren führen, in das man (planmäßig) hineingezogen wird.

(7) Kronzeugen-Geständnis. Vorsicht beim „kleinen Kronzeugen" 752
nach § 31 BtMG.

Besonders problematisch – und von eminenter praktischer Bedeutung – ist das Geständnis des „kleinen Kronzeugen" nach § 31 Nr. 1 BtMG (siehe auch Rn. 935), eine Verlockung zu einem Schutz- und Schädigungs-Geständnis. Das Gericht (!) kann die Strafe mildern oder von einer Bestrafung absehen, wenn der Betäubungsmittel-Straftäter die Tat über seinen eigenen Tatbeitrag hinaus aufdeckt und zur Überführung eines anderen Betäubungsmittel-Straftäters beiträgt. Die Strafmilderung wirkt sich weniger wegen der Verschiebung der Strafrahmenuntergrenze nach § 49 Abs. 2 StGB, als vielmehr für die Strafrahmenwahl aus.

Man kann sehr oft in polizeilichen Vernehmungsprotokollen lesen, daß der Beschuldigte „auf die Möglichkeit des § 31 BtMG hingewiesen wurde." Darunter kann man sich manches vorstellen, für den – nicht selten betäubungsmittelabhängigen – Beschuldigten kann das aber zur Aufforderung werden, sich selbst einen „Strafrabatt" zu verschaffen, indem er andere beschuldigt. Einem solchen, zum Kronzeugen gewordenen Beschuldigten, sollte vom Richter die Glaubhaftigkeit nicht mit der Begründung attestiert werden, er habe sich auch selbst belastet. So gut das Kriterium der Selbstbelastung (Rn. 199) auch sonst sein mag, bei dem Aufdeckungs-Geständnis ist es mit größter Vorsicht zu handhaben. Deshalb ist hier der BGH (StV 1992, 98) zu Recht sehr streng:

> „Der Schuldnachweis gegen den Angeklagten hängt daher entscheidend von der Beurteilung der Glaubwürdigkeit des Zeugen und Tatbeteiligten und der Glaubhaftigkeit seiner Angaben ab. In einem solchen Fall, in dem nach den Urteilsgründen Aussage gegen Aussage steht, müssen diese erkennen lassen, daß der Tatrichter alle für die Beurteilung der Glaubwürdigkeit wesentlichen Umstände erkannt und – auch soweit es die Feststellungen zum Schuldumfang betrifft – in seine Überlegungen einbezogen hat
>
> Die Erwägung des Landgerichts, dem Zeugen sei deswegen uneingeschränkt Glauben zu schenken, weil er sich selbst belastet habe und auch zu einer Freiheitsstrafe verurteilt worden sei, läßt besorgen, es habe den naheliegenden, für die Glaubwürdigkeitsbeurteilung wesentlichen Gesichtspunkt, daß der Zeuge sich dadurch in dem gegen ihn gerichteten Verfahren im Hinblick auf § 31 BtMG entlasten wollte, außer acht gelassen. Mit der eigenen Verstrickung des Zeugen in Betäubungsmitteldelikte und den für ihn möglicherweise günstigen Auswirkungen seiner andere belastenden Aussagen hätte das Landgericht sich jedenfalls auseinandersetzen müssen."

753   (8) Vorteils-Geständnis. Das wohl häufigste falsche Geständnis verfolgt den Zweck, einen kurzfristigen Vorteil zu erlangen. Daneben laufen in der Regel noch andere Motivationsstränge mit: Entweder glaubt der Beschuldigte, das falsche Geständnis lasse sich „zu gegebener Zeit" problemlos widerrufen, oder er ist im Zeitpunkt des falschen Geständnisses unsicher, ob die Beweislage nicht so sehr gegen ihn spricht, daß ein falsches Geständnis vorteilhafter erscheint als wahrheitsgemäßes Leugnen. Kommt jetzt noch ein sicherer kurzfristiger Vorteil hinzu (z. B. sofortige Haftentlassung bei Geständnis), dann gibt dies oftmals den Ausschlag. Anlaß und Zeitpunkt sind hier durch die Vorteilsgewinnung ziemlich präzise auszumachen.

Beispiel: Ein Geständnis im „ureigensten" Interesse

Im Jahre 1935 fand man die Leiche einer sexuell mißbrauchten Frau. Ein Verdächtiger namens Bäumler gestand schließlich die Notzucht, bestritt aber die Tötungsabsicht. Er wurde zu lebenslangem Zuchthaus verurteilt.

Zwei Jahre später wurde ein Mann namens Bitter wegen mehrfachen Frauenmordes, verbunden mit Notzucht, festgenommen Er gestand auch die dem Bäumler zur Last gelegte Tat. Für seine Schuld in diesem Fall fanden sich eindeutige Beweise.

Im Wiederaufnahmeverfahren – befragt, warum er eine gar nicht begangene Tat gestanden habe – sagte Bäumler (allerdings sicherlich nicht mit diesen Worten): „Das Aktenstudium wird ergeben, daß ich zu Beginn der Ermittlungen meine Schuld ebenso konsequent und ruhig bestritten habe, wie ich einige Monate später, und zwar nur durch die Untersuchungsführer, gestützt auf deren Darlegung der Sachlage, mich habe bewegen lassen, ein sogenanntes Geständnis zu unterschreiben. . . . Ich kann mit ruhigem Gewissen behaupten, daß mein Begriffsvermögen in juristischen Dingen ganz bestimmt nicht ausreichend gewesen ist, um aus den Ausführungen des Kriminalassistenten . . . andere Schlüsse ziehen zu müssen, als ich es getan habe. Dieser Beamte hat es verstanden, mir die Notwendigkeit eines Geständnisses in meinem ureigensten Interesse klarzumachen. Meine Schuld sei ohnehin über jeden Zweifel erhaben. Weiteres Leugnen werde mich den Kopf kosten, zumindest polizeiliche Schutzhaft auf unbestimmte Zeit.

Ich dachte mir: Mein Geständnis werde zu einer Strafe von höchstens 5 Jahren führen. Polizeiliche Schutzhaft und anschließend wahrscheinlich erneute Unterbringung in einer Trinkerheilanstalt bedeute eine viel längere Freiheitsentziehung; die Überführung aus dem Untersuchungsgefängnis sei mit Hafterleichterung verbunden und werde eine Verbindung mit meinen Angehörigen ermöglichen."

Auf Frage, wie es ihm möglich gewesen sei, die Einzelheiten der Tat zu schildern: Aus den Vorhalten anläßlich der ständigen Vernehmungen habe ich mir den Tatablauf gut vorstellen können (nach *Peters* II, Bd. 1, S. 76/77).

754   (9) Strafklageverbrauch-Geständnis. Der – juristisch versierte – Beschuldigte „gesteht" solche zusätzlichen Tatsachen (für einen Fortsetzungszusammenhang oder ein Dauerdelikt) der ihm vorgeworfenen Tat, die einen rechtlichen Zusammenhang mit einer bereits rechtskräftig abgeurteilten Tat begründen, um in den Genuß des Strafklageverbrauchs zu kommen. Er gesteht eine dritte Tat, um die Klammerwirkung zu konstruieren.

7. Geständniswiderruf

755   Es ist ein schwerer Kunstfehler, dem Widerruf eines Geständnisses von vornherein mit Mißtrauen entgegenzutreten.

Dieses Mißtrauen, das eine vorurteilsfreie Analyse von Geständnis und Widerruf verhindert, ist eine der häufigsten Quellen der (nachweisbaren) Justizirrtümer. Man muß grundsätzlich davon ausgehen, daß der Widerruf weder die Vermutung der Unwahrheit noch die Vermutung der Wahrheit für sich hat.

Dem Geständniswiderruf wird zu unrecht von vornherein mißtraut, weil man in zu leicht als ein taktisches Verteidigungsverhalten („Schutzbehauptung") bewertet, zu dem der Beschuldigte im Laufe des Verfahrens gewechselt ist. Meist geht der Widerruf mit Beschuldigungen gegen die Vernehmungsbeamten einher, die aber fast immer verbotene Vernehmungsmethoden glaubhaft verneinen können. Der Richter wird schon deshalb über den Widerruf nicht erfreut sein, weil er ihm zusätzliche Arbeit macht und den Verfahrensabschluß verzögert.

Der BGH (BGHSt 21, 285) hat als Leitsatz formuliert: **756**

„Der Tatrichter ist grundsätzlich nicht gehindert, frühere Geständnisse oder sonstige Sachdarstellungen eines Angeklagten einschließlich etwaiger Bezichtigungen gegen einen anderen Angeklagten selbst dann für glaubhaft zu erachten, wenn sie in der Hauptverhandlung widerrufen worden sind. Dies setzt jedoch die sorgfältige Prüfung voraus, unter welchen Umständen und weshalb der Angeklagte die früheren Aussagen gemacht hat sowie unter welchen Umständen und weshalb er sie widerrufen hat."

a) Echter und falscher Widerruf

**Allenfalls sind zwei Faustregeln vertretbar, die aber auch nur einen   757
ersten Anhaltspunkt in einer bestimmten Richtung abgeben – nicht mehr.**
(1) **Falsches Geständnis, echter Widerruf.** Besonders oft sind falsche Geständnisse auffallend kurz, während der anschließende Widerruf eine sehr ausführliche Aussage enthält, die eine Analyse mit dem Ergebnis „glaubhaft" erlaubt.

In diesen Fällen hat der Vernehmende, der das Geständnis entgegengenommen hat, einen Fehler gemacht. Er hätte sich niemals mit einem so pauschalen Geständnis zufriedengeben dürfen.

(2) **Echtes Geständnis, falscher Widerruf.** Umgekehrt sind wahre Geständnisse meist umfangreich, während der anschließende Widerruf auffallend knapp ausfällt. Jedenfalls, was die darin enthaltenen Tatsachen anlangt). Der Widerrufer läßt sich auch kaum zu einer Erweiterung bewegen. Sein Widerruf ist daher auch kaum einer treffsicheren Aussageanalyse zugänglich.

Der Widerruf belastender Aussagen gegenüber nahestehenden Personen ist häufig – aber eben auch nur häufig – erlogen. Für gewöhnlich steht der Widerrufer unter sehr starkem Druck der Gruppe, der er sich zugehörig fühlt. Der Druck durch den Appell an die Solidarität des Widerrufers kann genau so stark wirken wie handfeste Drohungen.

b) Hinterfragung des Widerrufs

Im Falle des Widerrufs soll man (nach *Undeutsch*) die Auskunftsperson   **758**
fragen:
Wieso hat die Auskunftsperson bisher (angeblich) nicht die Wahrheit gesagt?

Wieso kommt die Auskunftsperson dazu, (jetzt plötzlich) ihr (bisheriges) Verhalten zu ändern?

Woher hatte die Auskunftsperson ihr Material für die (angeblich unwahre) belastende Aussage? Die Antworten auf diese Fragen müßten zumindest einen ersten Eindruck vermitteln, ob der Widerruf plausibel erscheint.

D. Protokollierung

Zum Protokoll allgemein und zu Protokollierungsfehlern siehe Rn. 821 ff.

1. Protokollierungspraxis der Polizei

759   *Wulf* (S. 466) hat die Protokollierungspraxis bei der Polizei empirisch untersucht; seine Ergebnisse decken sich weitgehend mit denen von *Banscherus*. Die gebräuchlichste Form der Protokollierung ist das Abschnittsprotokoll. Von der Tonbandprotokollierung wird wenig Gebrauch gemacht. In etwa der Hälfte der Fälle lesen die Beschuldigten das Protokoll nicht durch. In den meisten Fällen nehmen die Beamten eigene Formulierungen in das Protokoll auf. Besonders problematisch gestaltet sich die Vernehmung ausländischer Beschuldigter mit einem Dolmetscher.

Der Beamte will wissen, woher der Beschuldigte die bei ihm gefundene Waffe hat. Dessen Antwort übersetzt der Dolmetscher so: „Die hat er in einem Keller gefunden." Beamter: „Was hat er in dem Keller zu suchen gehabt? Er hat die Waffe dort gestohlen." Als der Dolmetscher übersetzt, protestiert der Beschuldigte auf deutsch: „Ich habe nicht gestohlen!" Der Dolmetscher führt ein längeres Gespräch mit dem Beschuldigten und erklärt: „Er macht einen Unterschied zwischen stehlen und finden." Der Beamte: „Wir können schreiben ‚gefunden und gestohlen'. Das kann er alles dem Richter erzählen."

Bei längeren Vernehmungen ist ein Abschnittsprotokoll besser als ein zusammenhängendes Protokoll, das erst am Ende der Vernehmung niedergeschrieben wird.

2. Zweiteilung der Vernehmung widerspiegeln

760   Ein zuverlässig zu beurteilendes Vernehmungsprotokoll sollte die Zweiteilung der Vernehmung in Bericht und Verhör widerspiegeln. In dem Verhörteil sollten die Fragen und Vorhalte wiedergegeben werden, am besten sogar mit den Antworten möglichst wörtlich, wie es Nr. 45 Abs. 2 S. 1 RiStBV vorschreibt:

„Für bedeutsame Teile der Vernehmung empfiehlt es sich, die Fragen, Vorhalte und die Antworten möglichst wörtlich in die Niederschrift aufzunehmen".

3. Stichwortartige Notizen beim Vorgespräch

761   **Bei dem Vorgespräch (Rn. 660) sollte der Vernehmer die wichtigsten Aussageteile wenigstens stichwortartig mitschreiben; originelle Ausdrucksweisen sogar wörtlich.**

Beispiel: Der Selbstgesteller

In einem Mordfall stellt sich der Beschuldigte und legt ein Geständnis ab. Der Polizeibeamte notiert sich während des „Vorgesprächs" Stichworte – später wird ein ausführliches Protokoll (Rn. 727) gefertigt –, die er dann in der Hauptverhandlung vorlegt. Die Notizen sind ein gutes Beispiel für eine Protokollierung und dokumentieren insbesondere recht gut die Geständnis-Motive.

Am 8. 5. 1984 wird der 52jährige *Rudolf (Rudi) Baumann* in Hamburg St. Georg ermordet. Mehr als vier Jahre später stellt sich einer der Täter, der 33jährige *Karsten Dorn* und gesteht, die Tat zusammen mit dem 26jährigen *Hans-Jürgen Peters* verübt zu haben. Am 22. 10. 1988 erscheint *Karsten Dorn* auf dem Polizeirevier und will Informationen zu einem Mordfall vom Mai 1984 machen. Er wird zur Kripo gebracht. Der Beamte notiert:

„Will nun alles sagen. Schon mal bei Pfarrer gewesen, der nahm mich aber nicht ernst, glaubte wohl ich bin besoffen. Zw. Einbruch u. sowas ist ein Riesen Unterschied. Gehe zwar nicht in Kirche, glaube aber an Gott. Geht mir schon seit Jahren durch den Kopf. Hab zwar schon 11 Jahre Knast weg, aber immer nur Einbruch u. sowas.

Das schlimme ist, wie er verreckt ist. Das geht mir nicht aus dem Kopf, weißt Du? Hat nicht geschrien. Wir haben zugezogen. Mit einem Strumpf, weißt Du? Eine lange Socke, die lag da oben. Es war in dem Doppelbettzimmer. Irgendwie kniete Zig. auf ihm u. zog zu.

Vorher: Wollte Anzeige machen, wollte raus. Wir konnten ihn doch nicht mehr laufen lassen. Schrie nach Polizei. Wurde immer mehr.

Sowas vergißt man nicht. Irgendwo ist 'ne Grenze. Ich bin nachts wachgeworden, hab' davon geträumt man, das klingt vielleicht albern weißt Du? Aber das ist so. Bring mal einen um ... Mann Du! Bei einer Schlägerei wäre das anders, aber so ... Alles wegen so 'ner Scheiße, wegen Saufen. "

4. Tonbandprotokoll

**Am besten ist das Tonbandprotokoll. Davon sollte weitgehend Ge-   762
brauch gemacht werden.**
§ 168a Abs. 2 S. 1 StPO gestattet, den Inhalt des Vernehmungsprotokolls mit einem Tonaufnahmegerät aufzuzeichnen. Das kann auch gegen den Willen des Beschuldigten geschehen; die Tatsache des Mitschnitts darf ihm nur nicht verheimlicht werden (BGHSt 34, 29, 52; aA zum Zeugen in der Hauptverhandlung: OLG Schleswig NStZ 1992, 399). § 168a StPO gilt zwar ausdrücklich nur für das Vorverfahren; es spricht aber nichts dagegen, auch in der Hauptverhandlung so zu verfahren.

Die Tonbandaufzeichnung ist allerdings noch nicht das Protokoll („vorläufig"), sondern bildet nur dessen verbindliche Grundlage. Es kann aber in der Hauptverhandlung zum Zwecke des Vorhalts (gegenüber dem Beschuldigten oder dem Vernehmungsbeamten) und als Augenscheinsobjekt abgespielt werden, wobei auch die Art und Weise der Aussage gewürdigt werden darf (BGHSt 14, 339).

Nach Nr. 5a der RiStBV „soll vom Einsatz technischer Hilfsmittel (insbesondere von Tonaufnahmegeräten) möglichst weitgehend Gebrauch gemacht werden". Dem können wir – jedenfalls für das Vorverfahren – nur zustimmen, wenn man sich die vielfachen Streitigkeiten um die Korrektheit der Protokollierung und vor allem die Bedeutung der Fragetechnik für die Antworten vor Augen hält. Wir könnten uns – de lege ferenda – auch vorstellen, die Vernehmung auf Video aufzuzeichnen (Rn 837).

3. Abschnitt: Personenidentifizierung

Köhnken/Sporer (Hrg.), Identifizierung von Tatverdächtigen durch Augenzeugen, 1990.

Bohlander, Die Gegenüberstellung im Ermittlungsverfahren, StV 1992, 441; *Gase/ Köhnken,* Psychologische Probleme der Identifizierung von Tatverdächtigen durch Augenzeugen, Der Kriminalist 1981, 514; *Gniech/Stadler,* Die Wahlgegenüberstellung – Methodische Probleme des kriminalistischen Wiedererkennungsexperiments, StV 1981, 565; *Görling,* Täteridentifizierung per Video-Gegenüberstellung, Kriminalistik 1985, 58; *Knußmann,* Die vergleichende morphologische Analyse als Identitätsnachweis, StV 1983, 127; *Künzel,* Die Erkennung von Personen anhand ihrer Stimme, NStZ 1989, 400 und in: Kube/Störzer/Timm, Kriminalistik, Bd. 1 1992, S. 817; *Lindsay/Wells,* What price Justice? Exploring the relationship of lineup fairness to identification accuracy, Law an human Behaviour, 4 (1980), 303; *dies.,* Improving eyewitness identifications from lineups: Simultaneous versus sequential lineups, Journal of Applied Psychology 70 (1985), 556; *Loftus/Greene,* Warning: Even memory for faces may be contagious, Law an human behaviour 4 (1980), 323; *Mannigel/Bodlée,* „Wiedererkennungsstatistiken". Unübliche Wege bei der Gegenüberstellung, Kriminalistik 1985, 282; *Nöldeke,* Zum Wiedererkennen des Tatverdächtigen bei der Gegenüberstellung und Bildvorlage, NStZ 1982, 193; *Odenthal,* Die Gegenüberstellung zum Zwecke des Wiedererkennens, NStZ 1985, 433; *ders.,* Die Gegenüberstellung im Strafverfahren, 2. Aufl. 1992; *Schindler/Stadler,* Tatsituation und Fahndungsphotos, StV 1991, 38; *Schweling,* Das Wiedererkennen des Täters. Beweiswert und Revisibilität, MDR 1969, 177; *Sporer/Meurer,* Zum Beweiswert von Personenidentifizierungen, 1990; *Stadler/ Fabian/Wetzels,* Wiedererkennen des Täters oder Identifizierung des Beschuldigten? Ein wirklichkeits(nahes) Experiment zum Beweiswert von Gegenüberstellungen, MSchrKrim 1992, 75; *Undeutsch,* Die Wiedererkennung von Personen, FG Peters, 1984, S. 461.

Rechtsprechungsübersicht:

Identifizierung durch Kind (Sachverständiger)	BGH StV 1989, 519
Identifizierung durch Polizeibeamten	AG Kaufbeuren StV 1987, 57
Identifizierung anhand Körpergeruch	BGH NStE Nr. 106 zu § 261 StPO
Veränderung des Beschuldigten zur Identifizierung	BVerfGE 47, 239
Anfertigung eines Videofilms vom Beschuldigten	LG Berlin NStZ 1989, 488
Vermummter Täter (morphologische Analyse)	BGHR StPO § 261 Identifizierung 4 BGHR StPO § 261 Identifizierung 6 BGH NStZ 1993, 47
Identifizierung anhand von Täterfotos am Tatort	LG Frankfurt StV 1985, 228
Wiedererkennen und Täterbeschreibung	BGH StV 1986, 287 BGHR StPO § 261 Identifizierung 6

	OLG Köln StV 1992, 412
	AG Bremen StV 1992, 414
Wahllichtbildvorlage, Dokumentation	OLG Karlsruhe NStZ 1983, 377
	OLG Köln NStE Nr. 1 zu § 58 StPO
	OLG Köln StV 1992, 412
Wahllichtbildvorlage, Begründungser-	OLG Frankfurt StV 1988, 290
fordernis im Urteil	OLG Frankfurt NStZ 1988, 41
Wiedererkennen und Sprechprobe	BGH StV 1987, 50
	BGHSt 40, 66

A. Einführung

763 Wenn ein Zeuge den Täter wiedererkennen soll, steht meist nicht die Frage einer Lüge im Vordergrund, sondern die Gefahr eines Irrtums. Die Lehre von der Personenidentifizierung geht von der noch näher zu differenzierenden Theorie aus, daß der Zeuge in seinem Gedächtnis ein Abbild des Täters gespeichert hat. Dieses „Gedächtnisbild" kann uns der Zeuge allerdings nicht direkt, sondern nur mit seiner Aussage vermitteln. Die Aussage des Zeugen wird aber nicht nur durch den Gedächtnisinhalt, sondern durch eine Reihe anderer Faktoren bestimmt.

Die nachfolgende Darstellung folgt weitgehend dem – ausgezeichneten – Standardwerk von *Köhnken/Sporer,* das zahlreiche weiterführende Literaturhinweise gibt und von uns für eine vertiefte Befassung mit der Thematik ausdrücklich empfohlen wird.

764 **Das Wiedererkennen einer Person durch den Augenzeugen ist ein Entscheidungsprozeß des Zeugen, bei dem dieser eine real (in einer Gegenüberstellung oder Lichtbildvorlage) vorgegebene Person (das wird meist der Beschuldigte sein) mit seinem Gedächtnisbild von der Zielperson (nachfolgend als Täter bezeichnet) vergleicht.**

Objektiv gibt es zwei Möglichkeiten:
(1) Der Täter ist anwesend
(2) Der Täter ist abwesend

Der Identifizierungsprozeß kann aber zu vier möglichen Ergebnissen führen:
(1) Richtige Identifizierung des Täters (Treffer)
(2) Richtige Zurückweisung
(3) Falsche Identifizierung (falscher Alarm)
(4) Falsche Zurückweisung

765 **Den Beweiswert der Identifizierung kann man anhand von Kriterien (Schätzvariable und Kontrollvariable) bestimmen. Die wichtigsten Kriterien der Identifizierungsaussagen sind** (nach *Köhnken/Sporer*):
1. Schätzvariable:
   a) Situative Faktoren: Lichtverhältnisse, Streß, Erregung, die Art der Täterhandlung und die darauffolgenden Tätigkeiten und Informationen
   b) Täterfaktoren: Besondere Merkmale der zu identifizierenden Person
   c) Zeugenfaktoren: Geschlecht, Alter, Intelligenz, Selbstbewußtsein und andere Persönlichkeitsfaktoren

2. Kontrollvariable (Einflußfaktoren, auf die die Ermittlungsbehörden direkt Einfluß nehmen können):
   a) Vernehmungstechniken vor dem Identifizierungsversuch
   b) Auswahl der Alternativpersonen
   c) Gegenüberstellungsmodus
   d) Instruktion an den Zeugen
   Bei der Identifizierung hat man nur eine einzige Chance. Fehler im 766 **Identifizierungsverfahren lassen sich im allgemeinen nachträglich nicht mehr korrigieren (BGHSt 16, 204). Ein Nachbessern ist grundsätzlich nicht mehr möglich; einmal gemachte Fehler würden sich lediglich reproduzieren.**

B. Rechtliche Grundlagen

Auf die rechtlichen Grundlagen und die Zulässigkeit des Verfahrens zur 767 Wiedererkennens wird hier nicht näher eingegangen (vgl. dazu *Odenthal*); hier soll es um die richtige Durchführung und den Beweiswert solcher Verfahren gehen.

Für den Zeugen ist das Mitwirken an der Gegenüberstellung Teil seiner Zeugenvernehmung. Soweit er selbst im Vorverfahren anderen Zeugen oder dem Beschuldigten gegenübergestellt wird, ist § 58 Abs. 2 StPO einschlägig.

Daß der Beschuldigte – in gewissen Grenzen – an der Gegenüberstellung mitwirken muß, ist in der Rspr unstreitig (vgl. BGHSt 39, 96); fraglich ist indes die Ermächtigungsgrundlage. Die § 58 Abs. 2 StPO und § 163b StPO sind nur scheinbar einschlägig. § 58 Abs. 2 StPO regelt nämlich nur die Konfrontation, die gleichzeitige Vernehmung, nicht aber die Identifizierungsgegenüberstellung. § 163b StPO betrifft nur die Feststellung der Personalien. Eher kommen die §§ 81a (körperliche Untersuchung des Beschuldigten durch einen Sachverständigen) und 81b StPO (erkennungsdienstliche Behandlung) in Betracht.

Wichtig – und für Polizei und Staatsanwaltschaft verbindlich – ist auch 768 Nr. 18 RiStBV (daneben gibt es noch polizeiliche Dienstvorschriften):

Soll durch eine Gegenüberstellung geklärt werden, ob der Beschuldigte der Täter ist, so ist dem Zeugen nicht nur der Beschuldigte, sondern zugleich auch eine Reihe anderer Personen gleichen Geschlechts, ähnlichen Alters und ähnlicher Erscheinung gegenüberzustellen, und zwar in einer Form, die nicht erkennen läßt, wer von den Gegenübergestellten der Beschuldigte ist (Wahlgegenüberstellung). Entsprechendes gilt für die Vorlage von Lichtbildern. Die Einzelheiten sind aktenkundig zu machen.

C. Zeugen-, Täter- und Situationsfaktoren

1. Beweiswert

Der Beweiswert der Zeugen-, Täter- und Situationsfaktoren ist durch 769 **zahlreiche Experimente empirisch untersucht. Allerdings ist zu beachten, daß die meisten Experimente Laborexperimente sind.**

Trotz aller Experimente ist bei der Bewertung der Kriterien große Vorsicht geboten; ihr Wert hängt von zahlreichen Umständen des jeweiligen

Einzelfalls ab. Ferner ist in Rechnung zu stellen, daß die meisten Experimente im Labor (idR an den Universitäten mit Studenten als Probanden) durchgeführt wurden. *Köhnken/Sporer* (S. 27) haben die Studien ausgewertet und die relevanten Zeugen-, Täter und Situationsfaktoren bei der Identifizierung bewertet. Die nachfolgende Liste weist die Effektstärke der Kriterien aus; wobei bedeuten:

wichtige Faktoren	+ + +
potentiell wichtige Faktoren	+ +
weniger wichtige Faktoren	+

1. Zeugenfaktoren

Kinder	+ + +
alte Personen	+ +
Geschlecht	+
Persönlichkeit	+
Intelligenz	+
Erwartung eines Wiedererkennungstests	+
angeblich gutes Personengedächtnis	+
Gewißheit vor der Identifizierung	+
Gewißheit nach der Identifizierung	+ +
Wahrnehmungsdefizite	+ + +

2. Täterfaktoren

Attraktivität	+
Geschlecht	+
Besondere Merkmale	+ + +
Verkleidung	+ + +
Veränderung im Gesicht	+ + +
Veränderung des Kontextes	+ + +

3. Situationsfaktoren

Dunkelheit	+ + +
Hell-Dunkeladaption	+ + +
Auffälligkeit	+ + +
Wahrnehmungsdauer	+ + +
Vorhandensein einer Waffe	+ + +
Schwere des Verbrechens	+ +
Streß und Gewalttätigkeit	+ +
Richtung der Aufmerksamkeit	+ +
Training im Wiedererkennen	+ +
Durchsicht von Lichtbildkarteien	+ +
Angehöriger des eigenen Geschlechts	+
Durchlesen der eigenen Aussage	+
Zeitabstand zum Verbrechen	+
verbale oder schriftliche Beschreibung	+

2. Zeugenfaktoren

a) Erwartungen des Zeugen

770   **Erwartungen des Zeugen können seine Wiedererkennensleistung beeinflussen.**

Zu solchen Erwartungen gehören auch Stereotype, d. h. Vorurteile des Zeugen, wie ein Krimineller aussieht, und der Hofeffekt (Rn. 94). Die Wiedererkennensleistung wird auch beeinträchtigt, wenn der Zeuge den „Täter" zuvor aus dem „Verbrecheralbum" ausgewählt hat (Rn. 797).

Eine andere Form der Erwartung ist, daß sich der Zeuge schon bei der Beobachtung der Tat dessen bewußt ist, daß er den Täter später beschreiben muß. So werden etwa Bankangestellte auf das Wiedererkennen von Bankräubern „trainiert". Experimente haben gezeigt, daß dies – im Gegensatz zu einer verbreiteten Meinung – keinen bedeutenden Effekt auf das korrekte Wiedererkennen hat.

b) Person des Zeugen

Das Geschlecht des Zeugen hat nur einen sehr geringen Einfluß auf die 771
Erinnerungsleistung und kann daher vernachlässigt werden.
Einige Untersuchungen erbrachten bei Frauen geringfügig mehr korrekte, aber auch etwas mehr falsche Identifizierungen als bei Männern; daraus wird auf eine bei Frauen stärker ausgeprägte Tendenz geschlossen, eine Person als wiedererkannt zu bezeichnen. Es gibt aber auch Hinweise, daß Mädchen andere Personen besser wiedererkennen als Jungen.

Zwischen der Intelligenz des Zeugen und seiner Wiedererkennenslei- 772
stung gibt es keinen signifikanten statistischen Zusammenhang.
Auch Personen, die ihre Wahrnehmung besser auf ein bestimmtes Ziel konzentrieren können, erzielen keine besseren Ergebnisse. Gleiches gilt für Personen, die ihr Denken und Verhalten eher an sozialen Erwartungen als an ihren eigenen Einstellungen und Überzeugungen ausrichten.

c) Alter des Zeugen

(1) Ältere Personen. Ob und Inwieweit die Wiedererkennensleistung bei 773
alten Personen abnimmt, ist bislang noch nicht hinreichend untersucht. Die Identifizierungsergebnisse von älteren Zeugen scheinen aber offensichtlich nicht schlechter zu sein; zu beachten sind aber altersbedingt verschlechterte Sinnesleistungen. Bei verbalen Personenbeschreibungen schneiden ältere Personen allerdings schlechter ab.

(2) Kinder. **Die Zuverlässigkeit der Identifizierung durch Kinder ver-** 774
bessert sich mit zunehmendem Alter; sie wird von den gleichen Faktoren
beeinflußt wie die von Erwachsenen.
Laborexperimente erbrachten folgende Anteile von richtigen Identifizierungen, wobei das Zufallsniveau bei 50% liegt (kaum untersucht wurden jedoch die falschen Identifizierungen):

Kindergartenalter	35% – 40%
6 bis 8 Jahre	50% – 58%
9 bis 11 Jahre	60% – 70%
12 bis 14 Jahre	70% – 80%

Davies/Flin (in *Köhnken/Sporer,* S. 179) dokumentieren einen Fall, bei dem ein zwei Jahre und zehn Monate altes Mädchen bei einer Wahlgegenüberstellung die Täter des sexuellen Mißbrauchs korrekt identifiziert hat.

Die meisten Experimente zur Identifizierungsleistung von Kindern sind aber lediglich Laborexperimente, die nur sehr begrenzt auf reale Situationen übertragen werden können. Die wenigen realistischeren Tests haben gezeigt, daß Kinder über sechs Jahren ähnlich gut wiedererkennen wie ältere Personen. Bei drei- bis sechsjährigen Kindern besteht hingegen ein höheres Risiko, daß das Kind bei einer Wahllichtbildvorlage eine unbeteiligte Person auswählt, wenn das Bild des Täters nicht mit dabei ist; das mag mit einer höheren Suggestibilität zusammenhängen (vgl. BGHSt 16, 204). Das kann die Beauftragung eines Sachverständigen notwendig machen.

Dazu sagt der BGH (StV 1989, 519): „Eine Motivation, sich an die ihm als Beschuldigte „präsentierte" Person als Täter „zu halten", kann mannigfacher Art sein. In einem Fall wie hier wird es sich für den Tatrichter empfehlen, sich bei der Beurteilung der Glaubwürdigkeit eines kindlichen Opfers der Hilfe eines psychologischen Sachverständigen zu bedienen."

Bei Wahlgegenüberstellungen schneiden Kinder schlechter ab als Erwachsene; dabei dürfte der bei Kindern erhöhte Streß eine wesentliche Rolle spielen; vor allem wenn es um Verbrechensopfer geht. Unter günstigen Bedingungen sind die Wiedererkennensleistungen von Kindern aber gut. Wenig untersucht ist bislang die Stimmenidentifizierung durch Kinder; offenbar sind Kinder im Alter von drei bis acht Jahren aber kaum in der Lage, ihnen unbekannte Stimmen zuverlässig zu identifizieren.

d) Polizeibeamte als Zeugen

775   Die Alltagstheorie, daß Polizisten aufgrund ihrer Ausbildung und Erfahrung generell eine bessere Wiedererkennensleistung als andere Personen erbringen, wurde durch Experimente nicht bestätigt. Lediglich bei längeren Interaktionen war die Erinnerungsleistung von Polizeibeamten besser. Dabei ist aber der veränderte Wahrnehmungskontext zwischen Wiedererkennen und Tatgeschehen zu beachten (Rn. 779), vor allem, wenn die Wahrnehmung der Tat in einer unübersichtlichen Situation und unter Streß stattfand und wenn der Selbstfestlegungs-Effekt (Rn. 795) hinzu kommt.

Das AG Kaufbeuren (StV 1997, 57) hatte bei der Festnahme eines gewalttätigen Demonstranten durch Polizeibeamte einen solchen unterschiedlichen Wahrnehmungskontext zu bewerten und dabei die möglichen Fehlerquellen anschaulich dargestellt.

e) Merkfähigkeit

776   Es ist bekannt, daß es individuelle Unterschiede in der Wiedererkennensfähigkeit gibt. Personen, die gut Gesichter wiedererkennen können, haben offenbar ein besseres visuelles Gedächtnis. Ein gutes verbales Gedächtnis wirkt sich insoweit aber offensichtlich nicht aus. Auch spezielle Trainingstechniken zur Verbesserung der Wiedererkennensleistung haben sich nicht als effektiv erwiesen.

f) Gewißheit des Zeugen

777   **Zwischen der Wiedererkennensfähigkeit und der eigenen Einschätzung zu dieser Fähigkeit besteht nur bei bestimmten Bedingungen ein signifikanter Zusammenhang.**
Zeugen, die vor der Identifizierung zuversichtlich waren, den Täter wiederzuerkennen (Gewißheit *vor* der Identifizierung), erbrachten keine besse-

ren Ergebnisse als weniger zuversichtliche Zeugen. Zwischen der Gewißheit *nach* der Identifizierung und der Korrektheit gibt es einen – allerdings nur geringen – Zusammenhang (vgl. OLG Frankfurt NStZ 1988, 41). Der Zusammenhang wird größer, wenn günstige Wahrnehmungsbedingungen (längere Beobachtungsdauer, auffällige Zielperson) vorgelegen haben. Offenbar ist dann aber nicht die subjektive Gewißheit der maßgebliche Indikator, entscheidend sind vielmehr die Faktoren, die ihrerseits für die Qualität des Wiedererkennens ausschlaggebend sind.

3. Täterfaktoren

a) Merkmale des Täters

Auffälliges wird besser wiedererkannt. Verändert der Täter sein Äuße- 778
res, so werden die Wiedererkennensleistungen deutlich schlechter.
Besonders auffällige Gesichter werden besser wiedererkannt als neutral beurteilte Gesichter. Großen Einfluß auf das Wiedererkennen hat aber die Veränderung des Aussehens bei der Identifizierung. Vor allem die Veränderung der Frisur, Haarfarbe und Barttracht lassen die Wiedererkennensleistung deutlich sinken (zur Zulässigkeit, das Aussehen des Beschuldigten zu verändern siehe BVerfGE 47, 239). Die Anzahl der richtigen Identifizierungen sinkt bei solchen Veränderungen auf die Hälfte, etwa wenn der Täter bei der Tat die Haare verdeckt hat. Ähnlich bedeutsam ist das Nicht-Tragen der Brille. Veränderungen in der Perspektive oder im Gesichtsausdruck hingegen beeinträchtigen die Wiedererkennensleistung weniger. Das Geschlecht des Täters hat keinen Einfluß auf das Wiedererkennen.

b) Wahrnehmungskontext

Auch die Veränderung des Wahrnehmungskontextes ist ein wichtiger 779
Faktor.
Aber nicht nur die Veränderung des Täters verschlechtert die Wiedererkennensleistung; auch die Veränderung des Wahrnehmungskontextes (der Kulisse) ist ein wichtiger Faktor.

Malpass weist darauf anschaulich hin (in *Köhnken/Sporer*, S. 142): „Straftaten finden normalerweise nicht im Polizeipräsidium oder im Gerichtssaal statt. Dort aber wird am häufigsten vom Zeugen verlangt, sich an den Täter zu erinnern."

Bei einem Vergleich von Identifizierungen im ursprünglichen mit einem veränderten Wahrnehmungskontext verschlechterte sich das Ergebnis des Wiedererkennens auf die Hälfte. Dies bedeutet umgekehrt, daß man die Wiedererkennensleistung deutlich verbessern kann, wenn man es möglich macht, daß der Zeuge die Identifizierung im ursprünglichen Wahrnehmungskontext durchführt (sog. geleitete Erinnerung). Dies kann ein Grund sein, einen Augenschein durchzuführen.
Wichtig ist auch die relative Auffälligkeit des Täters im Wahrnehmungsfeld, denn alles, was wir wahrnehmen, sind Unterschiede (Rn. 24 ff.). Dabei kommen die Gesetze der Gestaltpsychologie (Rn. 68 ff.) zum Tragen. Jemand ist weniger auffällig, je mehr andere Personen anwesend sind. Perso-

nen, die man aus einem bestimmten Wahrnehmungskontext kennt, kommen einem weniger bekannt vor, wenn sie sich nicht in der gewohnten Umgebung befinden; man erinnert sich schlechter, woher man das Gesicht kennt und wie die Person heißt.

In amerikanischen Studien hat man herausgefunden, daß das Wiedererkennen von Personen der eigenen Rasse am besten gelingt. Sowohl Schwarze als auch Weiße wählten mehr Fotos der jeweils anderen Hautfarbe als potentiell brauchbare Alternativpersonen aus. Das mag auch mit Vorurteilen zusammenhängen, die sowohl die Wahrnehmung als auch die Erinnerung beeinflussen (Rn. 87 ff).

4. Situationsfaktoren

a) Sichtverhältnisse

780 Die Hell-Dunkeladaption (Rn. 35) beeinträchtigt die Wahrnehmungsfähigkeit erheblich, vor allem während der bis zu 30 Minuten dauernden Anpassungsphase. Gesichert ist, daß eine längere Beobachtungsdauer die Wiedererkennensleistung deutlich verbessert; die Leistung wächst aber wohl nicht linear mit der Beobachtungsdauer.

Ferner sind die Licht- und Wetterverhältnisse, die Schnelligkeit des beobachteten Vorgangs, die Entfernung und der Standort des Zeugen zu beachten. Dies sind Fehlerquellen, die nicht selten übersehen werden. Am besten ist hier ein Augenschein (vgl. BGH StV 1987, 4: Aufklärungspflicht).

b) Aufmerksamkeit

781 Nur was interessiert, wird auch wahrgenommen (Rn. 78 ff.). Wichtig ist es, abzuklären, worauf der Zeuge seine Aufmerksamkeit gerichtet hat. Hat er sich bei der Beobachtung auf den Täter konzentriert, so ist seine Identifizierungsleistung nahezu doppelt so gut, wie wenn seine Aufmerksamkeit anderen Umständen gegolten hat.

c) Waffenfokus

782 Ein Sonderfall der Aufmerksamkeit ist der sog. Waffenfokus. Als Waffenfokus bezeichnet man die Konzentration des Zeugen auf die Waffe des Täters. Experimente – die allerdings nur begrenzt auf reale Situationen übertragen werden können – deuten darauf hin, daß das Opfer einer Straftat seinen Blick vor allem auf die Waffe richtet und dabei die Wahrnehmung des Täters vernachlässigt. Bei diesen Experimenten wurden bei offen erkennbarer Waffe nur 26% richtige Identifizierungen vorgenommen.

d) Schwere der Straftat

783 Experimente haben gezeigt, daß die Wiedererkennensleistung besser ist, wenn die Straftat schwerer wiegt; das wird vor allem mit der größeren Aufmerksamkeit zusammenhängen. Widersprüchliche Ergebnisse erbrachten Studien zur Wiedererkennensleistung von *Opfern* einer Straftat. Man wird derzeit davon ausgehen müssen, daß der Opferstatus nicht zu besseren Ergebnissen führt. Vor allem der Streß und das hohe Erregungsniveau, dem die Opfer ausgesetzt sind, dürfte schon die Wahrnehmungsfähigkeit beeinträchtigen.

e) Zeitabstand zur Identifizierung

**Generell gilt, daß das Wiedererkennen im Laufe der Zeit schlechter 784
wird.**
Empirisch belegt ist (die Ergebnisse sind allerdings nicht einheitlich), daß
sich bis zu einem Zeitintervall von vier Monaten der Anteil *richtiger* Identifizierungen nur geringfügig (linear) verringert, während der Anteil *falscher*
Identifizierungen relativ konstant bleibt.

Bei (verbalen) *Personenbeschreibun-
gen* scheint das Zeitintervall, innerhalb dessen die Beschreibung gleich zuverlässig bleibt, wesentlich kürzer zu sein (höchstens drei Wochen; teilweise
sogar nur eine Stunde); nicht nur der Detailreichtum nimmt ab, sondern
auch die Zuverlässigkeit der Beschreibung. Das hängt damit zusammen, daß
Wiedererkennen besser gelingt, als Rekonstruieren.

f) Nachträgliche Informationen

**Vor allem Informationen, die der Zeuge aus Vernehmungen über den 785
Täter erhält, können zu einer Quelle von Falschidentifizierungen werden.**
Wurde z. B. fälschlicherweise behauptet, der Täter habe einen Schnurrbart, wählten die so irregeführten Zeugen auch häufiger eine Person mit
einem Schnurrbart aus (siehe Beispiel Rn. 795). Wurden die Zeugen darüber
informiert, daß der Täter schwere Geräte gehoben hatte, so wurde sein
Körpergewicht höher geschätzt. Auch Fahndungsbilder können für falsche
Identifizierungen verantwortlich sein (Rn. 794). Solche nachträglichen Informationen kann der Zeuge auch aus Gesprächen mit anderen Beteiligten erhalten haben (Gruppenerinnerung, Rn. 794). Die Auswirkungen nachträgli-
cher irreführender Informationen kann man abschwächen, indem man die
Identifizierung im ursprünglichen Wahrnehmungskontext (auch in dessen
zeitlichem Ablauf) durchführt.

D. Personenbeschreibung

Die verbale Beschreibung von Personen, insbesondere von Gesichtern ist – 786
anders als das Wiedererkennen – psychologisch noch wenig untersucht, obwohl sie in der Praxis eine große Rolle spielt.

Der Täter einer Vergewaltigung wurde aufgrund einer detaillierten Personenbeschreibung mit einem Phantombild gesucht. Die Fahndung führte zu keinem Erfolg,
obwohl der Täter der Nachbar eines Polizeibeamten in einer Landgemeinde war
(*Köhnken/Sporer*, S. 53).
1984/1985 erschoß ein Polizeibeamter in der Nähe von Stuttgart drei Autofahrer
und beging mit deren Autos vier Banküberfälle mit einem Vorschlaghammer (der
„Hammermörder" beging später Selbstmord, so daß seine Schuld nicht durch ein
Urteil festgestellt ist). Erwachsene Zeugen beschrieben den Täter als bartlos, 1,75 m
groß und auffallend schlank. Auch ein Junge hatte den Täter beim Verlassen der Bank
beobachtet, aber anders beschrieben: Der Täter habe einen irgendwie watschelnden
Gang gehabt und seine Beine beim Gehen ungleich belastet; auch habe der Täter einen
Vollbart getragen, den der Junge sah, als er beobachtete, wie der Täter im Auto seine
Maske abzog. Die Soko Hammer glaubte indes den erwachsenen Zeugen. So konnte
der Beamte bei einer Ringfahndung nach einem Banküberfall ungehindert passieren.

Auch als Polizeibeamte überprüft wurden (der Täter hatte Polizeimunition verwendet), fiel der Beamte durch das Raster, denn er war von auffallend massiger Gestalt, untersetzt und trug einen schwarzen Vollbart; übrigens hatte er auch eine Gehanomalität. (*Breinersdorfer,* Der Hammermörder, 1986)

1. Schwierigkeit der verbalen Rekonstruktion

787   **Die verbale Rekonstruktion ist schwieriger als die visuelle; wir haben keinen speziellen Wortschatz zur Gesichterbeschreibung. Gesichter werden zudem vom Gedächtnis ganzheitlich verarbeitet.**
Während beim Wiedererkennen deih Zeugen eine bildliche Information vorgegeben wird, die der Zeuge mit der gespeicherten Information vergleicht (visuelle Reproduktion), muß der Zeuge bei der Personenbeschreibung eine verbale Reproduktion vornehmen, indem er seine bildlich gespeicherte Information verbalisiert. Die verbale Reproduktion stellt den Zeugen vor eine wesentlich schwierigere Aufgabe als das Wiedererkennen. Hinzu kommt, daß wir keinen speziellen Wortschatz für die Beschreibung von Gesichtszügen besitzen und eher einzelne Gesichtszüge als deren Beziehung zueinander beschreiben. Deshalb ist es vorteilhafter, zusammen mit dem Zeugen ein Phantombild zu erarbeiten, als eine nur verbale Beschreibung zu verlangen.
Gesichter werden im allgemeinen als Ganzes, also ganzheitlich, verarbeitet. Beim Wiedererkennen sucht der Zeuge in seinem visuellen Gedächtnis, bis ein „Vertrautheitseindruck" entsteht. Dafür reicht schon ein kleiner Anteil der Gesamtinformation des Gesichts aus. Nachdem der „Vertrautheitseindruck" entstanden ist, versucht der Zeuge, sich an die Situation zu erinnern, in der er das Gesicht gesehen hat.

2. Freie Beschreibung und Verhör mit Merkmalsrastern

788   **Auch bei der Personenbeschreibung ist die Zweiteilung der Vernehmung in Bericht und Verhör zu beachten.**
Bei Personenbeschreibungen sollte man die allgemeinen Vernehmungsgrundsätze beachten, insbesondere die Zweiteilung in Bericht und Verhör (Rn 562ff.). Freie Beschreibungen sind zwar weniger vollständig als die gezielte Befragung mit bestimmten Merkmalsrastern; dafür kann der Zeuge im freien Bericht manchmal besondere Merkmale nennen, die im Verhör nicht abgefragt werden. Zeugen neigen auch dazu, psychische („unfreundlich") statt physische Merkmale zu beschreiben. Das Verhör erbringt demgegenüber zwar eine detailliertere Beschreibung; diese ist aber aufgrund der Vorgaben fehleranfälliger.
Bei freien Gesichterbeschreibungen dominieren die Beschreibung der Haare (ein Merkmal, das sich leicht verändern läßt) und die Gesichtszüge der oberen Gesichtshälfte (Rangordnung der Wichtigkeit von oben nach unten); Kinder gehen dabei ähnlich vor wie Erwachsene. Daneben werden hauptsächlich das Alter und die Gesichtsform (beides ganzheitliche Merkmale; vgl. OLG Düsseldorf NStZ 1990, 506) beschrieben. Verletzte Opfer machen im Durchschnitt weniger komplette und andere Angaben als unverletzte Opfer.

3. Abschnitt: Personenidentifizierung

Das mag mit dem größeren Streß zusammenhängen, was auch erklären dürfte, weshalb Frauen – die bei verbalen Beschreibungen an sich besser abschneiden als Männer – weniger vollständige Beschreibungen als Männer abgeben, wenn sie Opfer-Zeuginnen sind.

3. Beschreibung der äußeren Erscheinung

Die Beschreibung von Größe und Kleidung ist sehr fehleranfällig. Zeu- 789 gen tendieren zum Normalen.

Wie unzuverlässig Personenbeschreibungen sein können, haben wir an mehreren Experimenten auf der Deutschen Richterakademie getestet, bei dem der Vortrag durch vorher instruierte Personen unterbrochen wurde. Die Befragung der Kolleginnen und Kollegen erfolgte einen Tag später. Bei der Schätzung der Größe des Besuchers gab es erhebliche Streubreiten. Wichtig ist vor allem die Erkenntnis, daß Zeugen dazu neigen, mangelnde Erinnerung durch Schlußfolgerungen dahin, wie es üblicherweise ist, zu ersetzen (Ausfüllungsneigung, Rn. 58ff.).

In einem Experiment war der Besucher der Hausmeister (1,75 m); im anderen war es die Sekretärin (1,76 m). Der Mann wurde zwischen 1,65 m und 1,90 m, die Frau zwischen 1,60 m und 1,80 m groß geschätzt. Die Tendenz zum Normalen („Frauen sind kleiner als Männer") zeigte sich vor allem daran, daß 73% den Hausmeister zu groß schätzten, aber nur 14% die Sekretärin.

Auch bei der Haarfarbe tendieren die Beobachter zum Normalen. „Braun" wird besser erkannt als „grau". Gleiches gilt für die Kleidung; so wurde bei einer Frau sehr häufig ein Kleid oder Kostüm „gesehen", obwohl sie Hose und Bluse trug. Farben werden besonders schlecht erinnert.

Das grün-gelb gemusterte Hemd des Hausmeisters wurde als bräunlich, beigegrün, dunkel-weiß, braun-grün, grün-grau, weiß gepunktet, gestreift und kariert beschrieben.

Wichtig für die Ergebnisse war auch die Frageform. Wurden Auswahlfragen (Rn. 603) gestellt und die richtigen Antworten mit vorgegeben, gab es wesentlich mehr Treffer, als wenn die richtigen Antworten nicht mit vorgegeben waren.

4. Zusammenhang zwischen Personenbeschreibung und Wiedererkennen

Die verbale Personenbeschreibung ist kein Indiz für die Zuverlässigkeit 790 des visuellen Wiedererkennens.

Die Alltagstheorie, daß Zeugen, die eine bessere verbale Personenbeschreibung abgeben, auch über eine bessere visuelle Wiedererkennensfähigkeit verfügen, hat sich empirisch nicht belegen lassen. Diese Alltagstheorie ist offenbar der Grund dafür, daß Gerichte nicht selten die Genauigkeit einer verbalen Personenbeschreibung als Indiz für die Verläßlichkeit des visuellen Wiedererkennens betrachten (siehe die Rspr-Übersicht). Tatsächlich scheint es aber zwischen verbaler Beschreibungsfähigkeit und visueller Wiedererkennensfähigkeit keinen signifikanten Zusammenhang zu geben, außer wenn der Täter auffällige Merkmale aufweist. Der Grund dürfte sein, daß visuelle und inhaltliche Erinnerung jeweils anders und in unterschiedlichen Teilen des Gehirns gespeichert sind. Deshalb muß auch zwischen dem Datailreichtum der Aussage zum Tatgeschehen und dem Wiedererkennen kein Zusammenhang bestehen.

5. Personenbeschreibung durch Kinder

791   **Personenbeschreibungen durch Kinder können ebenso zuverlässig sein wie die von Erwachsenen. Beim Verhör sind sie jedoch suggestionsanfälliger.**

Neuere Forschungen bestätigen die Theorien *Sterns* und *Binets* (*Davies/Flin* in *Köhnken/Sporer*, S. 179): Der erste freie Bericht eines Kindes über ein Ereignis ist ebenso zutreffend wie die Aussage eines Erwachsenen. Kinder neigen aber dazu, sich vor allem auf die Ereignisse und weniger auf die äußere Erscheinung der Personen zu konzentrieren. Wenn überhaupt spontane Personenbeschreibungen abgegeben werden, beziehen sie sich auf hervorstechende Eigenschaften (Haare, Bart, Brille). Zur Vervollständigung der Aussage wird sich deshalb meist eine Befragung anschließen müssen, die aber – vor allem, wenn geschlossene Fragen gestellt werden – sehr fehleranfällig ist. Das gilt primär für die Beschreibung von Größe, Gewicht und das Alter des Täters. Bei der Erstellung von Phantombildern sind Kinder (achtjährige: 34% genauere Rekonstruktion) etwas schlechter als Erwachsene (50% genauere Rekonstruktion); sie sind aber grundsätzlich in der Lage, Phantombilder zu erstellen.

E. Wiedererkennen

792   **Zeugen haben manchmal Angst, beim Wiedererkennen zu „versagen", denn sie wollen der Polizei helfen.**

Falschidentifizierungen sind weniger ein Problem der Lüge als des Irrtums. Auch Zeugen, die sich beim besten Willen nicht oder nicht zuverlässig erinnern können, glauben manchmal, sie würden „versagen", weil sie der Polizei bei der Überführung des Täters nicht helfen können. Wenn dann noch hinzu kommt, daß der Beschuldigte – was dem Zeugen aus anderen Quellen bekannt sein kann – der Tat dringend verdächtig ist, dann ist der Schritt zu einer Identifizierung des Beschuldigten nicht mehr weit. Deshalb kommt es darauf an, die Gegenüberstellung de lege artis durchzuführen und systematische Fehler, aber auch Zufallsfehler zu vermeiden.

1. Vorausgehende Lichtbildvorlage

a) Auswirkung der Lichtbild-Identifizierung

793   **Das zuerst vorgelegte Foto hat eine erhebliche suggestive Wirkung. Der Zeuge neigt dazu, diejenige Person bei der Gegenüberstellung „wiederzuerkennen", die er auf dem Lichtbild „identifiziert" hat.**

Auch hier empfiehlt sich, vor Durchsicht der Lichtbildkarte zusammen mit dem Zeugen ein Phantombild zu erarbeiten.

Wenn die Polizei noch keine bestimmte Person als Täter im Verdacht hat, wird sie häufig nicht umhin kommen, den Zeugen, der eine Täterbeschreibung abgegeben hat, zur Durchsicht der Lichtbildkartei zu veranlassen. Nur wenige Zeugen (etwa 5%) sind aber in der Lage, den Täter anhand der Lichtbildkartei wirklich zu identifizieren. So notwendig dieses Verfahren ist, um überhaupt gezielt zu ermitteln, so problematisch ist dieses Verfahren in seiner Auswirkung auf spätere Wahlgegenüberstellungen. Das bloße Betrachten der Fotos hat zwar an sich noch keine nachteiligen Auswirkungen. Anders ist es aber, wenn die Person der Wahlgegenüberstellung schon in der Lichtbildkartei enthalten war. Hier können zwei Fehler auftreten:

(1) Das Lichtbild einer Person, die dem „Gedächtnisbild" des Zeugen 794 vom Täter ähnelt, kann seine Erinnerung verändern; das Foto „überschreibt" dann das Täterbild im Gedächtnis des Zeugen.
Es entsteht ein neues Gedächtnisbild, welches das ursprüngliche Erinnerungsbild überlagert, so daß der Zeuge künftig den Beschuldigten nicht mit dem Täter, sondern mit seinem neuen Gedächtnisbild vergleicht (BGHSt 16, 204). Dieser Problematik muß sich der Tatrichter bewußt sein und sie im Urteil erörtern (vgl. die Rspr-Übersicht).

In der Entscheidung BGH NStE Nr. 111 zu § 261 StPO hatten zwei Zeugen den Angeklagten bei der Einzellichtbildvorlage und bei der späteren Wahlgegenüberstellung nicht sicher erkannt. Erst in der Hauptverhandlung waren sie sich sicher. Die Beweiswürdigung war rechtsfehlerhaft: „Unerörtert bleibt jedoch, daß die Zeugen sich beim Wiedererkennen in der Hauptverhandlung unbewußt an der Lichtbildvorlage und der Wahlgegenüberstellung orientiert haben könnten, weil sie sich dabei das Gesicht des Angeklagten eingeprägt haben konnten, ohne ihn bei der Tat gesehen zu haben."

Das gilt übrigens auch für die Veröffentlichung von Fahndungsbildern oder für Presseveröffentlichungen.

Instruktiv in diesem Zusammenhang ist der Überfall der RAF auf der Erdölministerkonferenz der OPEC in Wien im Jahre 1975 (vgl. dazu das – ausgezeichnete und besonders lesenswerte – Urteil des LG Köln, NStZ 1991, 202). Ein Teil der Geiseln wollte die Angeklagte in der Hauptverhandlung an der Haartracht wiedererkannt haben. Dabei hatte die Täterin während der Tat ihre Haare unter einer Haube verborgen. Das erklärt das LG damit, daß die Zeugen zwischenzeitlich Bilder der Angeklagten gesehen hatten, auf denen ihre Haare erkennbar waren.

(2) Hat der Zeuge eine bestimmte Person auf dem Lichtbild als Täter 795 „identifiziert" und sich damit öffentlich festgelegt, rückt er nur schwer davon ab (Selbstfestlegungs-Effekt).
Aus vielen Experimenten weiß man, daß der Zeuge, der auf dem Lichtbild erst einmal eine bestimmte Person identifiziert – und durch die öffentliche Festlegung weitere polizeiliche Ermittlungen veranlaßt – hat, häufig genau diese Person (das muß nicht der Täter sein) dann auch bei der persönlichen Gegenüberstellung wiedererkennen wird. Vor allem der Effekt der öffentlichen Festlegung ist psychologisch bedeutsam; der Zeuge tendiert dazu, bei seiner Entscheidung zu bleiben (Konservierungstendenz von Falschidentifi-

zierungen). So werden unbeteiligte Personen, die in der Lichtbildkartei vorhanden waren, mit derselben Häufigkeit identifiziert, wie der tatsächliche Täter.

In einem Experiment haben *Loftus/Greene* den Probanden nach dem Vorfall die falsche Information gegeben, die betreffende Person habe einen Oberlippenbart getragen. Dann wurden ihnen Fotos von Personen mit und ohne Bart gezeigt; die Zielperson befand sich nicht darunter. Überzufällig häufig wurden Personen mit Bart „identifiziert". Als ihnen anschließend eine zweite Fotoserie gezeigt wurde, unter der sich die Zielperson befand, blieben die Probanden bei ihrer falschen Wahl.

Ähnlich problematisch kann die Festlegung bei der Identifizierung durch Polizeibeamte sein. Hat der Polizeibeamte bei einer unübersichtlichen Situation eine Person als Täter festgenommen, so kann es ihm mitunter schwer fallen, in der Hauptverhandlung einzuräumen, daß er den Falschen festgenommen hat (vgl. den Fall AG Kaufbeuren StV 1987, 57).

796   **Nach einer einmal erfolgten Lichtbild-Identifizierung kann deshalb der Beweiswert des Wiedererkennens bei einer persönlichen Gegenüberstellung kaum mehr gesteigert werden. Bei der Beweiswürdigung sind daher nicht die Umstände des** *letzten,* **sondern des** *ersten* **Wiedererkennens zugrundezulegen.**

Auch die eingehende Befragung des Zeugen in der Hauptverhandlung erbringt keine zusätzlichen Informationen, weil es nicht um die Lüge, sondern um den Irrtum geht.

b) Auswahl des Lichtbildes

797   **Die Auswahl des Lichtbilds aus einem Deliktskatalog „vergrößert" den Verdacht.**

Ein weiteres Risiko liegt in der Auswahl der Lichtbilder, weil die Lichtbildkarteien meist nach Deliktsgruppen geordnet sind („Verbrecheralbum"). Wählt der Zeuge eine Person aus dem einschlägigen Deliktskatalog aus, so kann die ausgewählte Person leicht schon deshalb in einen größeren Verdacht geraten, weil auch bei ihr das Täterprofil „stimmt" (vgl. den Fall BGHSt 16, 204).

Um derartige Fehlerquellen möglichst gering zu halten, sollte im Anschluß an die Auswahl des „Täters" aus der Lichtbildkartei entweder eine Einzelgegenüberstellung oder eine Wahlgegenüberstellung zunächst ohne Anwesenheit des Beschuldigten anschließen. Die Polizei sollte auch aktenkundig machen, welche Lichtbilder aus welchem Deliktskatalog dem Zeugen vorgelegt worden sind.

2. Wahlgegenüberstellung

798   **In jedem Fall sollte eine Wahlgegenüberstellung de lege artis mit Alternativpersonen entsprechend Nr. 18 RiStBV erfolgen.**

Die Rspr (vgl. Rspr-Übersicht) verlangt zurecht eine Wahlgegenüberstellung entsprechend Nr. 18 RiStBV (Rn. 768). Ein Verstoß gegen Nr. 18 RiStBV schließt die Verwertung des Beweisergebnisses zwar nicht grundsätzlich aus, das Gericht muß aber im Urteil ausführen, daß es sich der Beeinträchtigung des Beweiswerts bewußt war (OLG Frankfurt NStZ 1988, 41; OLG Düsseldorf StV 1994, 8).

a) Simultane und sequentielle Gegenüberstellung

Besser als die simultane ist die sequentielle Gegenüberstellung; sie führt 799
**zu weniger Falschidentifizierungen. Der Zeuge nimmt dabei statt der
relativen eine absolute Ähnlichkeitsbeurteilung vor.** Wenn man den wirklichen Täter sieht, ist man manchmal überrascht, wie wenig ähnlich er der vom Zeugen identifizierten Person ist. *Lindsay/Wells* vermuten, daß die Zeugen diejenige Person identifizieren, die ihrem Gedächtnisbild relativ am ähnlichsten ist (*relative* Ähnlichkeitsbeurteilung). Sie haben daraus die Forderung nach einer *absoluten* Ähnlichkeitsbeurteilung abgeleitet. Der Zeuge soll nicht die Alternativpersonen miteinander, sondern er soll jede Person einzeln mit seinem eigenen Gedächtnisbild vergleichen.

Dazu sollte anstelle der üblicherweise angewandten simultanen eine sequentielle Gegenüberstellung nach folgenden Regeln erfolgen:

(1) Dem Zeugen wird immer nur *eine* Alternativperson vorgestellt.

(2) Für *jede* Person muß einzeln entschieden werden, ob es sich dabei um den Täter handelt oder nicht. Erst *danach* wird die nächste Vergleichsperson präsentiert.

(3) Der Zeuge weiß im voraus nicht, wieviele Personen (oder Fotos) ihm insgesamt vorgestellt werden. Das bedeutet, daß die Vergleichspersonen aus einem nicht einsehbaren Raum hereingeführt werden, bzw. daß der Stapel mit Lichtbildern für den Zeugen nicht sichtbar ist.

Experimente haben die Überlegenheit der sequentiellen Gegenüberstellung gezeigt. Zwar ist der Anteil der korrekten Identifizierungen dabei nur geringfügig höher; bei den Falschidentifizierungen gibt es aber signifikante Unterschiede (44% Fehler bei der sequentiellen Gegenüberstellung, aber 72% bei der simultanen Gegenüberstellung). Eine sequentielle Gegenüberstellung wird vor allem dann in Frage kommen, wenn man sie am Tatort durchführt (Tatortgegenüberstellung).

Auch wenn die sequentielle Gegenüberstellung Nr. 18 RiStBV nicht genau entsprechen dürfte („zugleich"), so meinen wir doch, daß sie mindestens zulässig ist und wegen der zuverlässigeren Ergebnisse der simultanen Gegenüberstellung sogar vorgezogen werden sollte.

Teilweise wird auch vorgeschlagen (*Odenthal,* S. 38), den Zeugen mehr 800 oder weniger zufällig an den Verdächtigen in dessen natürlichem Umfeld heranzuführen (ökologische Gegenüberstellung) oder in anderer Weise unverfänglich dem Zeugen zu zeigen (vgl. den Fall BGHSt 16, 204; zur heimliches Gegenüberstellung siehe *Odenthal,* S. 49 ff und *Nöldeke*).

b) Auswahl der Vergleichspersonen

Der Verdächtige darf sich in seiner äußeren Erscheinung nicht wesent- 801
lich von den Alternativpersonen in der Gegenüberstellungsgruppe unterscheiden (OLG Karlsruhe NStZ 1983, 377; OLG Köln StV 1986, 12; OLG Frankfurt NStZ 1988, 41).

(1) Objektives Auswahlverfahren. Wenigstens diese Merkmale müssen 802 bei den Alternativpersonen ähnlich sein: Größe, Gewicht, Körperbau, Alter, Frisur, Haarfarbe und Barttracht (objektives Auswahlverfahren). Zur Objektivierung trägt noch folgendes Verfahren bei: Vor der endgültigen Zusammenstellung wird die für die Gegenüberstellung vorgesehene Personengruppe mehreren unbeteiligten Beurteilern mit der Aufforderung gezeigt, diejenige Person zu nennen, die ihnen am auffälligsten erscheint. Bezeichnen die Beurteiler jeweils dieselbe Person, dann kann man diese auswechseln.

Die Bedeutung der Ähnlichkeit hat ein amerikanisches Experiment von *Lindsay/ Wells* anschaulich aufgezeigt. Bei einer Wahllichtbildvorlage (ohne den Täter) wurde zwei Gruppen von „Zeugen" anstelle des Täters das Lichtbild einer Ersatzperson mit zwei Varianten beigefügt: Bei der ersten Gruppe sah die Ersatzperson den Alternativpersonen ähnlich; bei der zweiten Gruppe unterschied sie sich deutlich von den Alternativpersonen. Die ähnliche Ersatzperson wurde von 31% der ersten Gruppe als angeblicher Täter identifiziert; die auffällige Ersatzperson wurde von 70% der „Zeugen" der zweiten Gruppe „identifiziert".

803   (2) Subjektives Auswahlverfahren. Für das subjektive Auswahlverfahren ist zusätzlich zu beachten, daß alle Alternativpersonen die gleichen Merkmale haben müssen, die dem Zeugen am Täter aufgefallen sind. Deshalb sollte der Zeuge befragt werden, was ihm am Täter aufgefallen ist.

Im Fall BGH StV 1993, 627 hatte die Zeugin den Täter eines Raubüberfalls anhand seiner Kleidung (Overall) beschrieben. Bei der Wahlgegenüberstellung trug der Angeklagte als einziger einen Overall. Das beanstandete der BGH: „Die Identifizierung wurde nicht fachgerecht durchgeführt; das gilt für die Einzellichtbildvorlage und vor allem für die Wahlgegenüberstellung. Der Angeklagte hatte dabei als einziger solche Kleidungsstücke getragen, wie sie die Zeugin bei der Täterbeschreibung angegeben hatte, und sich dadurch von den anderen Personen in einem hier wesentlichen Vergleichsmerkmal unterschieden. Eine solche Gegenüberstellung ist regelmäßig nicht geeignet, den Täter zweifelsfrei zu identifizieren."

804   (3) Kleidung der Alternativpersonen. Experimente (zu Wahllichtbildvorlagen) haben gezeigt, daß sich die Bekleidung der Alternativpersonen zwar nicht auf die Anzahl korrekter Identifizierungen, wohl aber auf die Anzahl der Falschidentifizierungen auswirkt. Vor allem dann sollte auf eine neutrale oder ähnliche Bekleidung geachtet werden, wenn dem Zeugen am Täter die Kleidung als signifikantes Merkmal aufgefallen ist (siehe den Fall BGH StV 1993, 627, Rn. 803).

805   (4) Größe der Vergleichsgruppe. Die Vergleichsgruppe sollte wenigstens aus acht Personen bestehen.
In dieser Gruppe sollte der Beschuldigte seinen Platz selbst auswählen dürfen. Ein zweiter Durchgang mit denselben Personen in veränderter Aufstellung ist wertlos und täuscht nur eine nicht vorhandene größere Zuverlässigkeit vor. Wesentlich besser ist es, mit zwei verschiedenen Personengruppen zu arbeiten, wobei sich der Beschuldigte nur in einer der Gruppen befindet.

806   (5) Kenntnis der Alternativpersonen. Der Verdächtige macht sich schon durch seine Körpersprache verdächtig.
Wenn die Alternativpersonen wissen, wer von ihnen der Täter bzw. Verdächtige ist, können von ihnen – scheinbar versteckte – Hinweise auf den Zeugen ausgehen. Sie können aus Neugier die Blicke auf den Verdächtigen richten, sie rücken etwas von ihm ab und schaffen einen auffälligen Zwi-

schenraum. Wenn der Beschuldigte in einer Gruppe von Polizeibeamten präsentiert wird, kann er sich aufgrund der psychischen Belastung durch seine Körpersprache verraten (vgl. *Stadler/Fabian/Wetzels*). Solche minimalen Hinweisreize können die Aufmerksamkeit des Zeugen auf den Verdächtigen richten.

Daher sollte nach Möglichkeit vermieden werden, daß die Alternativpersonen wissen, wer von ihnen der Verdächtige ist; ein Problem, das sich vor allem dann stellt, wenn die Alternativpersonen Polizeibeamte sind.

c) Leiter der Gegenüberstellung

Der Leiter der Gegenüberstellung sollte mit den Ermittlungen nicht 807 **befaßt sein.**

Auch der Leiter der Gegenüberstellung kann dem Zeugen – unbewußt – Hinweise auf den Verdächtigen geben. Er erhofft und erwartet vielleicht eine positive Identifizierung vom Zeugen; solche Erwartungshaltungen können in nonverbalem Verhalten zum Ausdruck kommen, die dem Zeugen bewußt gar nicht auffallen müssen. Derartige Effekte kann man am besten dadurch ausschließen, daß der Gegenüberstellungsleiter in die Vorbereitungen der Gegenüberstellung nicht mit einbezogen wird. Am besten ist ein Beamter, der mit den Ermittlungen überhaupt nicht befaßt ist (leider macht das in der Praxis meist sogar der Sachbearbeiter).

d) Instruktion des Zeugen

Vor der Gegenüberstellung darf der Zeuge den Vergleichspersonen 808 **nicht begegnen.**

Es liegt auf der Hand, daß ein mit Handschellen vorgeführter Verdächtiger eine hohe suggestive Wirkung auslöst. Mehrere Tatzeugen sind getrennt voneinander zu befragen. Um der Gefahr einer Suggestion vorzubeugen, empfiehlt *Köhnken* (*Köhnken/Sporer*, S. 171), den Zeugen vor der Gegenüberstellung wie folgt zu instruieren:

(1) Der Zeuge ist darauf hinzuweisen, daß sich der Täter möglicherweise nicht unter den Alternativpersonen befindet (ebenso OLG Karlsruhe NStZ 1983, 377).

(2) Dem Zeugen ist klarzumachen, daß das Ziel der Gegenüberstellung nicht primär in der Identifizierung einer Person besteht, sondern daß es eine genau so wichtige Information ist, wenn keine Identifizierung vorgenommen wird.

(3) Der Antwortbogen soll auch die gleichwertigen Antwortkategorien „der Täter ist nicht dabei" und „ich kann mich nicht erinnern" enthalten.

e) Identifizierung derselben Person durch mehrere Zeugen

Wenn mehrere Zeugen unabhängig voneinander dieselbe Person als Täter identifizieren, dann multiplizieren sich die Irrtumswahrscheinlichkeiten nach der Produktregel (Rn. 433); die Gesamt-Irrtumswahrscheinlichkeit nimmt also ab. Aber Vorsicht: Das gilt nur, wenn die Identifizierungen wirklich voneinander unabhängig sind. Das ist dann nicht der Fall, wenn bei allen Identifizierungen derselbe systematische Fehler gemacht wird (z. B. wurde allen Zeugen zuvor nur ein Lichtbild mit derselben Person gezeigt).

f) Dokumentation der Gegenüberstellung

809 **Die Einzelheiten der Gegenüberstellung sind aktenkundig zu machen.** Nr. 18 Satz 3 der RiStBV schreibt vor, daß die Einzelheiten der Gegenüberstellung aktenkundig zu machen sind. Das Gericht muß sich selbst einen Eindruck von der Art der Durchführung der Gegenüberstellung machen können. Dazu gehören die – möglichst wörtliche – Protokollierung der Zeugenaussagen vor und nach der Gegenüberstellung, die Namen aller an der Gegenüberstellung beteiligten Personen und die bildliche Fixierung (Foto, noch besser ist eine Videoaufnahme) der Vergleichsgruppen (vgl. die Rspr-Übersicht). Wir empfehlen darüberhinaus, den Vorschlägen *Köhnkens* (*Köhnken/Sporer*, S. 177) zu folgen:

(1) Von allen Varianten der Gegenüberstellungsgruppe ist ein Foto zu machen. Noch besser sind Videoaufnahmen des gesamten Gegenüberstellungsverfahrens.

(2) Wörtliche Protokollierung der Instruktionen, die dem Zeugen gegeben wurden.

(3) Wörtliche Protokollierung der von dem Zeugen vor der Identifizierung gegebenen Täterbeschreibung.

(4) Wörtliche Protokollierung der Identifizierungsaussage des Zeugen.

(5) Protokollierung auch der Gegenüberstellungen, in denen der Verdächtige nicht identifiziert wurde.

3. Wahllichtbildvorlage

a) Beweiswert

810 **Wahllichtbildvorlagen sind weniger zuverlässig als Wahlgegenüberstellungen. Zeugen legen sich zudem leichter fest.** Wahllichtbildvorlagen sind nach den gleichen Grundsätzen durchzuführen wie Wahlgegenüberstellungen; das schreibt auch Nr. 18 RiStBV vor. Bei Wahllichtbildvorlagen nimmt der Zeuge aber nicht die Person als ganzes wahr; Lichtbilder vermitteln zudem nur einen zweidimensionalen und statischen Eindruck (zur Frage der Farbfotografien siehe *Gase/Köhnken;* zu Videogegenüberstellungen siehe *Görling*). Auch sind die Fotos häufig nicht aktuell.

Wahllichtbildvorlagen sind deshalb nicht so zuverlässig wie Gegenüberstellungen. Experimente haben gezeigt, daß Zeugen sich hier leichter festlegen als bei einer Wahlgegenüberstellung. Sie sind schon bei einer geringeren Ähnlichkeit bereit, den Täter zu identifizieren, vor allem dann, wenn die Zielperson nicht bei der Auswahl dabei ist. Deshalb ist die Gefahr von Falschidentifizierungen größer.

Hat der Zeuge bei der ersten Fotoserie den Täter nicht identifiziert, kann ihm eine zweite Serie gezeigt werden. Dabei sollten aber andere Fotos gezeigt werden; vor allem sollte der Verdächtige, wenn er in der ersten Serie enthalten war, nicht erneut präsentiert werden. Dann stellt sich nämlich der sog. Vertrautheitseffekt ein: Die Person wird nur deshalb wiedererkannt, weil sie in der ersten Serie schon dabei war.

b) Dokumentation

Auch die Einzelheiten der Wahllichtbildvorlage sind aktenkundig zu 811
machen. Das schreibt schon Nr. 18 RiStBV vor. Bei einer Wahllichtbildvorlage
müssen daher dem Gericht alle dem Zeugen vorgelegten Lichtbilder zugänglich gemacht werden (vgl. die Rspr-Übersicht). Daß das in der Praxis –
leider – nicht immer eingehalten wird, zeigt die Rspr-Übersicht und – besonders eindrucksvoll – *Nöldeke* aufgrund seiner Erfahrungen als Berichterstatter im Lorenz-Drenkmann-Prozeß.

F. Stimmenidentifizierung

Bei der Stimmenidentifizierung sind (nach *Köhnken/Sporer*) drei Möglich- 812
keiten zu unterscheiden:
(1) Der Zeuge hat die Stimme schon einmal gehört (Bekanntheit).
(2) Er kann eine Stimme aus mehreren verschiedenen Stimmen heraushören (Wiedererkennen).
(3) Er kann entscheiden, wem eine Stimme gehört (Identifizierung).

1. Stimmengedächtnis

Stimmen werden nicht als „Kopie des Originals" im Gedächtnis gespei- 813
chert. Offenbar speichert unser Gedächtnis akustische Information überhaupt
nicht oder sie wird jedenfalls in einer uns noch nicht bekannten Form kodiert. Vermutlich werden stimmliche Informationen noch umkodiert
(„männliche Stimme"), bevor sie gespeichert werden. Es wird keine „Kopie
des Originals" im Gedächtnis gespeichert, sondern gespeichert wird zumeist
nur die Bedeutung des Gesprächs, die vielleicht noch mit dem „Informa-
tionsbit: männlich" verbunden ist. Das mag damit zusammenhängen, daß
das Kurzzeitgedächtnis die akustischen oder visuellen *Eigenschaften* von Gegenständen kodiert, während das Langzeitgedächtnis deren *Bedeutung* kodiert (das spart Platz im Gedächtnis). Stimmliche Information wird nur dann
behalten, wenn sie für den Hörer und für den Inhalt der Information relevant
ist.
Der Zeuge wird deshalb vermutlich nicht die Stimme des Verdächtigen
mit seiner Gedächtnisrepräsentation vergleichen, sondern er versucht zu rekonstruieren, wie die Stimme des Täters geklungen haben muß.

2. Für die Stimmenidentifizierung wichtige Faktoren

a) Wahrnehmungsdauer

Wahrnehmungsdauer und Inhalt sind für das Wiedererkennen wesent- 814
lich. Der Zeuge sollte die Stimme wenigstens eine Minute lang gehört haben,
damit er sie zuverlässig identifizieren kann; es gibt aber auch Studien, nach
denen wenige Sekunden ausreichend waren. Neben der Wahrnehmungsdau-

er ist auch der Inhalt des Gesprächs bedeutsam (Vielfalt der gehörten linguistischen Reize). Auch hier sind Aufmerksamkeit und Interesse des Zeugen wichtige Faktoren. Das Gedächtnis für vokale Informationen ist deutlich besser, wenn der Zeuge seine Aufmerksamkeit auf die Information gerichtet hat, als wenn er das Gespräch mehr beiläufig gehört hat. Hintergrundlärm verschlechtert das Wiedererkennen, auch deshalb, weil er die Hörfähigkeit beeinträchtigt. Der Täter wird auch möglicherweise lauter sprechen, so daß sich der Klang seiner Stimme verändert. Hört der Zeuge mehrere unbekannte Stimmen, so kann es zu Interferenzen bei der Wahrnehmung des Zeugen kommen.

b) Sichtbarkeit des Sprechers

815   **Die Sichtbarkeit des Sprechers beeinflußt das akustische Wiedererkennen.**

Wenn der Zeuge den Sprecher zugleich auch gesehen hat, kann die visuelle die akustische Wahrnehmung beeinflussen und umgekehrt. Deshalb dürfte ein gleichzeitiges Sehen die Wiedererkennensleistung verbessern (es gibt allerdings auch Studien mit dem gegenteiligen Ergebnis). Hörer sind offenbar auch in der Lage, allein aufgrund der Stimme auch andere Eigenschaften des Sprechers, wie das Alter, einzuschätzen; das Geschlecht kann mitunter schon beim Hören einer einzigen Silbe erkannt werden.

c) Bekanntheit des Sprechers

816   **Die Wiedererkennensleistung wird umso besser, je länger der Zeuge den Sprecher kennt.**

Dabei ist aber die Umgebung zu beachten, aus der der Zeuge den Sprecher kennt (Wahrnehmungskontext, Rn. 779). In dieser ihm vertrauten Umgebung kann der Zeuge den Sprecher mit einer ihm in der Umgebung auch bekannten Person verwechseln. Auch kann der Zeuge eine ihm bekannte Stimme außerhalb der üblichen Umgebung vielleicht nicht mehr erkennen.

d) Sprechverhalten

817   **Spricht der Täter mit einem für den Zeugen fremden Dialekt, besteht die Gefahr, daß der Zeuge jeden Sprecher mit diesem Dialekt identifiziert; das gilt erst recht für Stimmen von Ausländern.**

Dennoch muß ein fremder Dialekt die Wiedererkennensleistung nicht unbedingt verschlechtern. Wenn der Zeuge aber die Stimme an einem besonderen Merkmal (z. B. Akzent) wiederzuerkennen glaubt, muß man stets mit der Möglichkeit rechnen, daß der Zeuge auch andere Personen mit ähnlichen Stimmen identifizieren würde (vgl. BGH StV 1987, 49). Auch ist zu beachten, daß verschiedene Generationen unterschiedliche Sprachen oder Jargons verwenden.

Das Verstellen der Stimme kann die Wiedererkennensleistung erheblich verschlechtern. Selbst einfache Veränderungen wie langsames Sprechen oder Flüstern haben starke Auswirkungen. Dabei ist aber nicht nur auf absichtliches Verstellen zu achten; ebenso bedeutsam sind Heiserkeit oder die durch Streß und Affekt ausgelöste Stimmenveränderung.

e) Zeugeneigenschaften

Nicht selten wird übersehen, auf die Hörfähigkeit des Zeugen zu ach- 818
ten; das gilt vor allem bei älteren Zeugen.
Mit zunehmendem Alter verschlechtert sich die Wahrnehmung hoher Frequenzen. Kinder bis zu wenigstens zehn Jahren können Stimmen nicht so gut wie Erwachsene erkennen. Die Wiedererkennensfähigkeit ist individuell unterschiedlich ausgeprägt; so können blinde und musikalische Personen Stimmen besser identifizieren.

f) Zeitablauf

Innerhalb der ersten halben Stunde nach der Wahrnehmung nimmt die 819
Erinnerung stark ab, zwischen einem Tag und einer Woche etwas langsamer und danach verschlechtert sich die Erinnerung nur noch allmählich; einige Informationen können dauerhaft verfügbar sein. Bedeutsam ist auch, wie intensiv sich das Gespräch eingeprägt hat.

3. Akustische Gegenüberstellung

Zur Stimmenidentifizierung sollte ein „akustische Gegenüberstellung" 820
erfolgen, bei der der Zeuge die Vergleichspersonen nicht sieht.
Hier gelten dieselben Grundsätze wie für das Wiedererkennen. Es sollte eine „akustische Gegenüberstellung" erfolgen, d. h. der Zeuge sollte ähnliche Vergleichsstimmen hören (vgl. BGHSt 40, 66). Sie sollte unabhängig von einer visuellen Gegenüberstellung erfolgen; der Zeuge darf also nicht die zu den Stimmen gehörenden Personen sehen. Besteht Anlaß zu Zweifeln an der Hörfähigkeit, so sollte ein Hörtest durchgeführt werden.

Besser als eine Realgegenüberstellung ist ein Vergleich aufgrund von Tonbandaufnahmen; selbstverständlich von guter technischer Qualität.
Die zu vergleichenden Gespräche sollten den Satz enthalten, den der Täter tatsächlich gesagt hat. Betonung und Aussprache sollten, sofern bekannt, reproduziert werden. Der Zeuge sollte wenigstens 20 ähnliche (Geschlecht, Alter, Größe, Dialekt, Hintergrundgeräusche) Stimmen miteinander vergleichen. *Köhnken/Sporer* empfehlen, die Stimmen zunächst anderen Personen vorzuspielen und den Testpersonen sollte die Stimme des Verdächtigen nicht häufiger auffallen.

Die Beamten, die den Wiedererkennenstest durchführen, sollten selbst nicht wissen, welches die Stimme des Verdächtigen ist. Der Zeuge ist darauf hinzuweisen, daß die Stimme des Täters bei den Sprechproben möglicherweise nicht dabei ist. Dem Zeugen sollten zunächst alle Stimmen vorgespielt werden, bevor er sich entscheidet. Er darf das Tonband beliebig oft hören; erst dann muß er sich entscheiden. Hat sich der Zeuge falsch entschieden oder kann er sich dann nicht entscheiden, sollte der Versuch nicht weitergeführt werden, weil sonst eine Falschidentifizierung immer wahrscheinlicher wird.

Auch die akustische Gegenüberstellung ist aktenkundig zu machen, am besten durch eine Dokumentation auf Tonband.

4. Abschnitt: Das Vernehmungsprotokoll

Banscherus, Polizeiliche Vernehmung: Formen, Verhalten, Protokollierung, BKA-Forschungsreihe Nr. 7, 1977; *Banscherus/Brugger/Kube*, Polizeiliche Vernehmung: Formen, Verhalten, Protokollierung, Kriminalistik 1978, 97; *dies.*, Protokollierungsmängel bei polizeilichen Vernehmungen, Deutsche Polizei 1978, 24; *Burghard*, Taschenbuch für Kriminalisten, Bd 36, 1986; *Eisenberg*, Vernehmung und Aussage (insbesondere) im Strafverfahren aus empirischer Sicht – Teil 1, JZ 1984, 912; *Fischer*, Die polizeiliche Vernehmung, Schriftenreihe des BKA 1975/2–3; *Kube*, Protokollierungsprobleme bei Vernehmungen durch Polizeibeamte, Archiv für Kriminologie 163 (1979), 175; *Rasch/Hinz*, Für den Tatbestand ermitteln . . ., Kriminalistik 1980, 377; *Eb. Schmidt*, Der Stand der Rechtsprechung zur Frage der Verwendbarkeit von Tonbandaufnahmen im Strafprozeß, JZ 1964, 537; *Schneider*, Vernehmungskunst und Protokollierungstechnik, MDR 1965, 14, 181, 351, 535, 715; *Scheuerle*, Vorweggenommene Beweiswürdigung durch richterliche Aussageformulierung, ZZP 66 (1953), 306; *Schmitz*, Tatgeschehen, Zeugen und Polizei, BKA-Forschungsreihe Nr. 9, 1978; *Steinke*, Videographie bei Vernehmungen. Eine vernachlässigte Dokumentationsmethode, Kriminalistik 1993, 330; *Stüllenberg*, Die Vernehmung, Lehr- und Studienbriefe Kriminalistik Nr. 4.

A. Das Protokoll in Zivilsachen

> Beim Lesen des Protokolls lernt man wohl
> den Diktierenden, nicht aber den Vernommenen
> kennen. (*Hoche*)

821   Die geltenden Vorschriften über die Protokollführung sind aus der Sicht der Aussagepsychologie unzulänglich. Das richterliche Protokoll ist nur in Ausnahmefällen aussageanalytisch verwertbar.

1. Ohne Tonband kein optimales Protokoll

822   Gewiß kann man auch unter den gegebenen Umständen bessere Protokolle fertigen als weithin üblich. Aber in der Praxis des Gerichtsalltags lassen sich die Bedingungen für ein optimales Protokoll nicht herstellen.

Das beginnt schon mit dem Zeitaufwand. Auch wenn der Richter bereit ist, für die mündliche Verhandlung viel mehr Zeit zu investieren als heute üblich, dann investiert er die gewonnene Zeitspanne im Zweifel besser in eine geduldigere Anhörung des Berichts, in ein sorgfältigeres Verhör und in eine ausgedehntere Gegenüberstellung. Die dadurch zu erzielende Verbesserung der Wahrheitsfindung ist wichtiger als die Vervollkommnung des Protokolls. Wollte der Richter dazuhin noch ein optimales Protokoll fertigen, dann ginge er alsbald in seinem Referat unter. Aber selbst dann, wenn das ausnahmsweise nicht der Fall sein sollte, ließen sich zwei kontroverse Zielsetzungen immer noch nicht zur Deckung bringen:

Die Herbeiführung einer wahrheitsgemäßen – oder wenigstens mit Gewinn analysierbaren – Aussage verbietet es, daß der Zeuge immer wieder durch das Protokolldiktat unterbrochen wird. Wird aber das Protokolldiktat bis zum Schluß der Aussage hinausgeschoben, dann gehen notwendigerweise viele Einzelheiten verloren, die im Protokoll festgehalten zu werden verdient hätten.

Von den unersprießlichen und zeitraubenden Kontroversen mit Anwälten, ob das richterliche Protokolldiktat wirklich dem entspricht, was der Zeuge gesagt hat, was sonst noch alles zusätzlich ins Protokoll soll, und wie diese Zusätze formuliert werden müssen, soll hier nicht weiter die Rede sein.

Praktisch nutzlos ist die Vorschrift, daß das Protokoll vorzulesen ist (§ 162 Abs. 1 ZPO).

Wenn dem Zeugen seine Aussage wichtig ist und wenn er Mut hat, dann wird er den Richter schon beim Diktat unterbrechen, wenn er meint, er sei falsch verstanden worden. Ist das aber nicht der Fall, dann nützt auch das Vorlesen nichts; es kostet nur Zeit, die man besser in eine ausführlichere Vernehmung investiert haben würde. Die meisten Zeugen genehmigen sowieso alles, auch wenn das Diktat mit ihrer Aussage nur wenig Ähnlichkeit hat, denn sie sind froh, wenn sie die unangenehme Vernehmung abkürzen können.

2. Erneute Vernehmung durch das Berufungsgericht

Die Fehler, die der Richter macht, wenn er die Ergebnisse der Vernehmung protokollarisch festlegt, addieren sich mit den Fehlern des Richters, der dieses Protokoll verwertet. (*Berndt*)

Aus der Sicht der Aussagepsychologie hat die Rechtsprechung, wonach 823 **das Berufungsgericht einen Zeugen nicht nochmals zu hören braucht, wenn es die Aussage gleich würdigen will wie das Erstgericht, wenig Sinn.**

Unter zehn protokollierten Aussagen gibt es kaum eine, die sich allein auf Grund der Niederschrift sinnvoll würdigen ließe, weder gleich wie das Erstgericht, noch gegenteilig. Allenfalls läßt sich manchesmal sagen: eine andere Würdigung der Aussage (als die durch das Erstgericht) widerspräche so kraß allen sonst vorhandenen Indizien, daß sie auch bei nochmaliger Vernehmung nicht in Frage kommt. Ebenso ist die Vorschrift des § 160 Abs. 4 ZPO (wonach bei wiederholter Vernehmung *nur* die Abweichungen von der früheren Aussage zu protokollieren sind) aus der Sicht der Aussagepsychologie verfehlt. Gerade die Frage, *wie* der Zeuge eine inhaltlich im wesentlichen gleichlautende Aussage wiederholt, ist ein zentrales Realitätskriterium (Rn. 289). Mit Recht bleibt diese Vorschrift in der Praxis meist unbeachtet.

3. Herkömmliche Protokollierung

Solange es noch keine Originaltonaufnahme gibt sollte der Richter versu- 824 chen, mit den herkömmlichen Mitteln eine halbwegs vergleichbare Niederschrift der Beweisaufnahme herzustellen. Am wichtigsten ist, daß er sich während der Vernehmung laufend Notizen macht und erst am Ende der gesamten Aussage die Zusammenfassung ins Protokoll diktiert. Die Frage ist, was man und wie man es festhalten soll.

a) Der Bericht des Zeugen über die Vorgeschichte

825   Den Anfang des Berichts, bis der Zeuge (endlich) zur Hauptsache kommt, wird man in der Regel nicht inhaltlich festhalten.

Zwar wäre es für die Berufungsinstanz oftmals nützlich, wenn auch die Vorgeschichte festgehalten würde und so ein etwaiger Strukturbruch (Rn. 346) beim Übergang zum Aussagekern im Protokoll ersichtlich würde. Dazu wäre es aber erforderlich, auch die Vorgeschichte nahezu wörtlich zu protokollieren. Soviel Zeit wird man selten einmal zur Verfügung haben; und eine Zusammenfassung mit den Worten des Richters bringt zu wenig.

Als Gedächtnisstütze und zur Selbstkontrolle ist es aber zweckmäßig, über die Art und Weise der Schilderung sich Stichworte zu notieren, über ihre Detaillierung, die Originalität, die Struktur usw.

Ausnahmsweise sollte man solche Passagen aus der Vorgeschichte auch im Protokoll festhalten, in welchen der Zeuge über sein Verhältnis zu den Parteien, seine Einstellung zu ihnen (vgl. Rn. 183) oder sein Interesse am Rechtsstreit berichtet.

b) Der Bericht über das Kerngeschehen

826   Alles, was der Zeuge direkt zum Beweisthema und in unmittelbarem Zusammenhang damit sagt, muß jedenfalls dann einigermaßen wörtlich festgehalten werden, wenn es Zweifel an der Zuverlässigkeit der Aussage gibt.

Hier kann man des Guten kaum zuviel tun. Charakteristische Redewendungen, stereotype Wiederholungen, stockende Antworten, nicht zu Ende geführte Sätze sollten, so gut es eben geht, möglichst wortgetreu festgehalten werden. All das, was für die Aussageanalyse von Wert sein kann, sollte auch im Protokoll erscheinen.

Ferner ist es zweckmäßig, wenn man auf dem Notizzettel einen Rand freiläßt, auf dem man sich charakteristische Verhaltensweisen des Zeugen notiert, insbesondere die Glaubwürdigkeitskriterien der Aussagesituation z. B. „mitschwingende Gefühlsbeteiligung", „sucht Hilfe beim Klägervertreter" usw.

c) Widerspruch gegen das Protokolldiktat

827   Gerade dann, wenn der Richter erst nach Abschluß der Vernehmung ins Protokoll diktiert und wenn er die charakteristischen Einzelheiten festhält, ist öfters zu erleben, daß der Zeuge, die Partei oder der Anwalt protestieren: Das sei überhaupt nicht oder jedenfalls nicht so gesagt worden.

Wenn der Richter nicht nur aus seiner Erinnerung geschöpft, sondern wirklich nur diktiert hat, was auf seinem Notizzettel stand, dann wird ihn das nicht beirren. Er kann im Protokoll stehen lassen, was er diktiert hat. Dann nimmt er den Protest zu Protokoll und bittet alsdann die Auskunftsperson, selber wörtlich das ins Protokoll zu diktieren, was sie in Wirklichkeit gesagt haben will.

Kleinere Korrekturen hingegen, Ergänzungen, Klarstellungen usw., die der Zeuge während des Diktats vorbringt, sollte der Richter – als Korrekturen des Zeugen erkennbar – in das Protokoll aufnehmen. Solche „originalen Zutaten" im Protokoll erhöhen den Beweiswert des Protokolls ebenso, wie die Verwendung der „Originalausdrücke" des Zeugen, die Anfertigung von Skizzen durch den Zeugen usw.

4. Die häufigsten Protokollierungsfehler

a) Wortwahl

Die Wortwahl wird ins „Hochdeutsche" oder gar ins „Juristische" über-   **828**
setzt.

Beispiel: Der Kehrrichteimer

Zeuge: Kaum daß ich mich fange, rumpelt er mir mit dem Dreckkübel in der Hand
an die Gurgel.

Der Richter diktiert: „Ich hatte mich noch nicht vom ersten Schrecken erholt, als
der Beklagte, der zu diesem Zeitpunkt noch immer den Kehrrichteimer in der linken
Hand hielt, auf mich zustürzte, derart, daß ich den bestimmten Eindruck bekommen
mußte, er habe es darauf abgestellt, mir an die Kehle zu springen" (*Scheuerle* S. 306).

Die 15jährige Schweinehirtin „gesteht": „Ich gebe zu, die der Bäuerin gehörigen,
bei mir gefundenen Kleidungsstücke, genommen und getragen zu haben. Ich habe
daher nur einen furtum usus begangen." (*Herren/Bortz*, Kriminalistik 1976, 313)

Der Richter sollte in solchen Fällen die Originalausdrücke des Zeugen
verwenden. Notfalls sollte in einem Klammerzusatz die Übersetzung ins
Hochdeutsche angefügt werden.

b) „Verbesserung" der Aussage

(1) Straffung der Aussage. Scheinbar nebensächliche Aussageteile werden   **829**
unterschlagen, obwohl sie für die Glaubwürdigkeitsbeurteilung wesentlich
sind:
Die Einstellung des Zeugen zu den Parteien wird unterschlagen.

Beispiel: Er hat überhaupt nicht hingehauen.

In einem Prozeß um Schmerzensgeld wegen Körperverletzung sagt der Zeuge aus:
„Es ist schon ein starkes Stück, wenn der Kläger von diesem armen Teufel jetzt auch
noch Geld verlangt. Wenn man so sieht, wie diese Leute leben, alle Vierteljahre ein
neues Auto, und seine Frau steigt in den teuersten Pelzmänteln daher. Dabei hat der
Beklagte gar nicht hingehauen. Dieser rausgefressene Kerl dagegen . . ."
Der Richter diktiert: „Ich habe den klagegegenständlichen Vorgang mitangesehen.
Mit Bestimmtheit kann ich sagen, daß der Beklagte den Kläger nicht geschlagen
hat . . . (aus *Scheuerle* a. a. O.)

Die Entstehung der Aussage wird unterschlagen.

Die anfängliche Unsicherheit des Zeugen, seine Versprecher, seine Denk-
pausen usw. werden nicht festgehalten. Im Protokoll erscheint nur das letzt-
endliche Ergebnis – womöglich noch vom Richter „geglättet" – und vermittelt den Eindruck einer sicheren Erinnerung an einen eindeutigen Vorgang.

Der Inhalt der Fragen und Vorhalte wird unterschlagen.

Was nach dem Protokoll wie eine eigenständige Erinnerung des Zeugen
wirkt, war in Wahrheit schon als Vorhalt in der Frage enthalten (Rn. 623).
Der übliche Vermerk: „Auf Vorhalt" sagt nichts darüber aus, was dem
Zeugen vorgehalten wurde.

(2) Die Aussage wird „geglättet". Der manchmal umständliche, unklare   **830**
oder komplizierte Inhalt der Aussage wird umformuliert zu einer klaren,

knappen und sicheren Aussage, die aber der Zeuge so weder getan hat, noch wirklich verantworten kann. Vgl. das Beispiel: So ist es richtig, wie der Herr Richter sagt (Rn. 528).

c) Unterbrechung durch Protokolldiktat

831   **Bericht und Verhör werden immer wieder durch das (bruchstückhafte) Protokolldiktat unterbrochen.**
Der wahrheitswillige Zeuge wird aus dem Konzept gebracht. Er vergißt inzwischen, was er noch Wichtiges dazu hatte sagen wollen. Das Diktat, dem er nicht zu widersprechen wagt, gibt dem Vorfall ein anderes Gesicht. Dem paßt er dann seine Erinnerung an das weitere Geschehen an und berichtet auf dieser (verzerrten) Grundlage weiter.

Der wahrheitsunwillige Zeuge, der sich schon in ausweglose Widersprüche verwickelt sah, hat Zeit, sich neue Lügen auszudenken, mittels welchen er seine bisherigen Aussagen zu harmonisieren vermag.

Die Partei benutzt die Gelegenheit, zwischenzeitlich auf den Zeugen einzuwirken.

Grundsätzlich sollte der Richter sich während der Vernehmung nur Notizen machen und erst am Ende der gesamten Aussage die Zusammenfassung ins Protokoll diktieren. Nur ganz ausnahmsweise, wenn ein überraschendes Zugeständnis gemacht wird, empfiehlt es sich, dieses sofort in den „Hafen des Protokolls" zu retten.

5. Originaltonaufnahme

Nur die Originaltonaufnahme ergibt ein vollwertiges Protokoll.

a) Qualität der Originaltonaufnahme

832   Wie sehr sich der Richter auch immer um ein gutes Protokoll bemühen mag, an die Qualität eines Originaltonprotokolls kommt er nicht entfernt heran.

Beispiel: Der Doppelselbstmord

In einem Ehescheidungsprozeß (alter Art) war der Beklagten vorgeworfen worden, sie habe versucht, den Kläger zu vergiften. Dazu wurde die Beklagte als Partei vernommen. Der Vorsitzende hat versucht, ein möglichst getreues Protokoll zu diktieren, ließ aber gleichzeitig ein Tonband mitlaufen. Hier der Vergleich:

Diktiertes Protokoll	Originaltonaufnahme
Nach einem Streit mit meinem Mann – es war im Februar – als ich darüber sprach, so könne es nicht weitergehen, das Leben sei nicht mehr lebenswert, erklärte mein Mann, ich hätte ja gar nichts, um dem Leben ein Ende zu bereiten.	Es war im Februar. Dann ist er morgens gekommen zwischen 5 und ½ 6 Uhr. Ich habe es genau aufgeschrieben, wann er gekommen ist. Dann haben wir auch Krach gehabt miteinander. Dann sagte er zu mir: „Warum hast Du nicht schon lange was hinein getan in den Kaffee oder ins Essen, vergiftet, net?" Ich habe gesagt: „Otto, ich habe ein Mittele, wo wir uns vergiften könnten". Das stimmt, das habe ich gesagt (Beklagte weint). Ich habe schon oft gedacht, allein solltest du doch nicht vom Leben gehen und ihn auch mitnehmen, daß er nicht weiterhin so ein schö-

nes Leben sich machen kann. Ich bin ja doch immer allein mit dem Kind (Beklagte weint). Tag und Nacht alleine. Als ich gesagt hatte, ich hätte ein Mittele, hat er gesagt: „Dann hol das Mittele".

Da wollte ich ihm zeigen, daß doch etwas habe und brachte die hier vorgezeigte Paraldose.

Dann habe ich gesagt, das kann man in den Kaffee hineintun. Er hat es nämlich nicht geglaubt, daß ich etwas habe. Dann habe ich gesagt: „Doch ich habe eins". Dann hat er gesagt: „Mach einen Kaffee".

Ich schüttete davon auch vor seinen Augen in den Kaffee. Ich war sehr aufgeregt und meinte, es sei am besten, wenn wir beide aus dem Leben scheiden. Das wollte ich auch nicht, daß er allein ohne mich weiterlebt.

Und ich habe den Kaffee gemacht und habe es vor ihm hineingetan. Das stimmt. Ich habe ihn dann aber auch trinken wollen. Er hat es mir dann weggenommen. Ich habe noch nicht getrunken gehabt. (Beklagte weint stark, sie ist nicht zu verstehen). Warum, warum? Tag und Nacht alleine. Warum kann er so sein? Warum?

b) Vorbehalte gegen die Originaltonaufnahme

Die Vorbehalte gegen die Originaltonaufnahme sind unbegründet.   833
Während in den meisten Rechtsstaaten das Wortprotokoll selbstverständlich ist (sei es mittels Stenomaschine, sei es mittels Tonband), hält man in der Bundesrepublik unbeirrt an unseren veralteten und unzulänglichen Protokollmethoden fest. Dabei bestreitet niemand die großen qualitativen Vorteile des Tonbandes, und alle Vorbehalte dagegen sind bei näherer Prüfung unbegründet.

Der Haupteinwand geht dahin, daß die Originaltonaufnahme einen vielfach größeren Aufwand erfordere.

Die Originaltonaufnahme erfordert nicht mehr Aufwand als die herkömmlichen Protokollmethoden.

Dabei hat man offenbar die Erfahrungen vor Augen, die man in einigen Mammutstrafprozessen mit der Originaltonaufnahme gemacht hat, wobei der gesamte Gang der Verhandlung anschließend von Schreibkräften in Langschrift auf der Maschine geschrieben wurde. Das ist allerdings mit einem sehr großen Aufwand verbunden. Die Vorstellung aber, daß eine Originaltonaufnahme stets auch eine Übertragung des gesamten Tonbandes in Langschrift erfordere, ist bei Zivilsachen ein Irrglaube.

In weniger als der Hälfte der Fälle ist überhaupt eine Übertragung erforderlich; in den anderen Fällen brauchen bloß Ausschnitte aus dem Tonband übertragen zu werden. In den Fällen, die durch Vergleich enden und in den Fällen, in welchen der Einzelrichter oder die Kammer aufgrund der Beweisaufnahme ein Urteil fällen, das nicht mit der Berufung angegriffen wird, bedarf es überhaupt keiner Übertragung des Tonbandes. Das sind schon einmal ca. ¾ aller erstinstanzlichen Zivilsachen.

Aber auch in den anderen Fällen kommt es kaum einmal auf alle Zeugenaussagen an. Zweifelhaft sind meist nur die Aussagen von ein oder zwei Zeugen; und auch bei diesen genügt es häufig, einen Ausschnitt aus ihrer Aussage in Langschrift zu übertragen. Man muß dabei nur eine gewisse technische Mindestausstattung im Sitzungssaal haben und einige Regeln beachten. Die 20. Zivilkammer des Landgerichts Stuttgart, die durch das „Stuttgarter Modell" bekanntgeworden ist, hat monatelang mit der Originaltonaufnahme experimentiert und damit sehr gute Erfahrungen gemacht. Die Experimente mußten nur deshalb abgebrochen werden, weil die Justizverwaltung nicht bereit war, einige tausend DM in die Verbesserung der Akustik im Sitzungssaal zu investieren.

Um ein qualitativ hochwertiges und gleichzeitig wenig arbeitsaufwendiges Protokoll zu fertigen, braucht man im Sitzungssaal zwei voneinander unabhängige Tonbandaufnahmesysteme.

Das Aufnahmegerät I dient der Herstellung eines Protokolls nach der Zivilprozeßordnung. Auf dieses Band diktiert der Richter alle Förmlichkeiten. Vom Inhalt der Aussagen von Zeugen und Parteien kommt auf dieses Band lediglich eine stark gekürzte Zusammenfassung in indirekter Rede, z. B. „Zeuge X sagt, er erinnere sich nicht mehr, was die Parteien vereinbart haben", oder „Zeuge Y erklärt, er habe gesehen, daß der Beklagte dem Kläger eine Ohrfeige gegeben hat". Diese Zusammenfassungen haben keinen Beweiswert; sie dienen lediglich einer ersten Orientierung über das Ergebnis der Beweisaufnahme für alle, die die Akten in die Hand bekommen. Dieses Band wird immer in Reinschrift übertragen.

Mit dem Aufnahmegerät II werden die Originaltonaufnahmen von den Aussagen gemacht. Diese werden zunächst nicht übertragen. Entstehen bei der Beratung der Kammer oder bei der Urteilsabfassung Zweifel über den genauen Wortlaut der Aussage, dann hört man die Stellen auf dem Band ab, auf die es ankommt. Die Anwälte erhalten auf Anforderung Kopien von den Originaltonbändern. Geht der Fall in die Berufung, dann ordnet das Berufungsgericht an, daß die Aussagen (oder Teile von Aussagen), auf die es im Berufungsverfahren ankommt, in Reinschrift übertragen werden.

Auch andere Einwände gegen die Originaltonaufnahmen sind unbegründet.

Manche glauben, Zeugen und Parteien würden gehemmt, wenn sie wüßten, daß ihre Aussagen auf Tonband aufgenommen werden.

Soweit dieses Bewußtsein ihr Verantwortungsgefühl stärkt, weil sie nachher nicht – wie beim herkömmlichen Protokoll – sagen können, so hätten sie es nicht gesagt, wäre dagegen wohl nichts einzuwenden. Wir haben bei unseren Experimenten die Erfahrung gemacht, daß die Beteiligten nach ganz kurzer Zeitspanne völlig verdrängen, daß ein Band mitläuft. Sie reden genauso „frisch von der Leber weg" wie auch sonst. Das Mikrofon steht wie selbstverständlich im Raum; die Anlage selbst und das Bedienungspult sind in den Richtertisch eingebaut. Von der ganzen Technik sieht man fast nichts.

Richtig ist, daß die Originaltonaufnahme öfters unvollständig gebliebene Sätze, manchmal auch unverständliches Durcheinandergerede enthält.

Diesen „Wortsalat" kann tatsächlich niemand in Reinschrift übertragen. Aber das ist nicht schlimm. Der Vorsitzende muß in diesen Fällen – wenn sich die Gemüter wieder beruhigt haben – dasjenige, was im allgemeinen Wortgetümmel untergegangen ist, von den Zeugen nochmals wiederholen lassen.

c) Aufnahmetechnik

834   **Eine gelungene Originaltonaufnahme setzt die strikte Einhaltung einiger weniger Regeln voraus:**

(1) Der Vorsitzende muß jeden, der reden will, namentlich aufrufen, damit die Schreibkraft bei der späteren Übertragung immer weiß, wer gerade redet.

(2) Wenn jemand dazwischenspricht, der nicht aufgerufen ist, muß ihn der Vorsitzende sofort unterbrechen. Entweder muß er ihn auf später vertrösten oder er muß – wenn er ihm eine Zwischenbemerkung gestattet – ihn ebenfalls mit Namen nennen.

(3) Alles, was nicht zur Beweisaufnahme gehört, die rechtlichen Erörterungen, die Beweiswürdigung durch die Anwälte usw. gehören nicht aufs Tonband.

(4) Am besten geeignet sind Aufnahmegeräte, die es erlauben, für jeden Zeugen und jede Partei eine eigene Kassette zu verwenden und einzelne Stellen der Aufnahme (z. B. den Kernpunkt der Aussage) auf dem Tonträger zu markieren. Am besten bewährt hat sich die Verwendung eines Standmikrofons mit Rundumaufnahmeempfindlichkeit, das vor dem Richtertisch steht und in das alle Beteiligten – auch aus größerer Entfernung – sprechen können. Das Mikrofon sollte einen sogenannten „automatischen Eingang" haben, der eine zu leise Stimme automatisch verstärkt und eine zu laute dämpft.

B. Das Protokoll in Strafsachen

1. Schriftliches Protokoll

Alle Vernehmungen sind aktenkundig zu machen (§§ 168, 168b Abs. 1 835 **StPO).** Bei staatsanwaltschaftlichen Vernehmungen soll (bei Vernehmungen des Ermittlungsrichters muß) auch ein förmliches Protokoll aufgenommen werden (§ 168b Abs. 2 StPO). Das gilt – auch wenn dies nicht ausdrücklich geregelt ist – grundsätzlich auch für polizeiliche Vernehmungen. Das Protokoll muß angeben und ersehen lassen, ob die wesentlichen Förmlichkeiten des Verfahrens (z. B. Belehrungen) beobachtet sind (§ 168a Abs. 1 StPO).

In Hauptverhandlungen vor dem Amtsgericht müssen grundsätzlich auch die wesentlichen Ergebnisse der Vernehmungen des Angeklagten, der Zeugen und der Sachverständigen in das Protokoll aufgenommen werden (§ 273 Abs. 2 StPO; vgl. auch § 325 StPO). Solche Protokolle fertigt der Urkundsbeamte in eigener Verantwortung; die Vernehmenden brauchen das Protokoll nicht zu genehmigen (Ausnahme: § 273 Abs. 3 StPO).

Kommt es auf den Wortlaut einer Aussage oder einer Äußerung an, so ordnet der Vorsitzende auf Antrag oder von Amts wegen die vollständige Niederschreibung an (§ 273 Abs. 3 StPO). Dessen Inhalt bestimmt der Vorsitzende und das Protokoll ist den Beteiligten zur Genehmigung vorzulesen.

2. Tonbandprotokoll

§ 168a Abs. 2 S. 1 StPO gestattet, den Inhalt des Vernehmungsproto- 836 **kolls mit einem Tonaufnahmegerät aufzuzeichnen.** Das kann auch gegen den Willen des Beschuldigten geschehen; die Tatsache des Mitschnitts darf ihm nur nicht verheimlicht werden (BGHSt 34, 39, 52; aA zum Zeugen in der Hauptverhandlung: OLG Schleswig NStZ 1992,

399). Die Tonbandaufzeichnung ist allerdings noch nicht das Protokoll („vorläufig"), sondern bildet nur dessen verbindliche Grundlage. Es kann aber in der Hauptverhandlung zum Zwecke des Vorhalts (gegenüber dem Beschuldigten oder dem Vernehmungsbeamten) und als Augenscheinsobjekt abgespielt werden, wobei auch die Art und Weise der Aussage gewürdigt werden darf (BGHSt 14, 339). § 168a StPO gilt zwar ausdrücklich nur für das Vorverfahren; es spricht aber nichts dagegen, auch in der Hauptverhandlung so zu verfahren.

Nach Nr. 5a RiStBV „soll vom Einsatz technischer Hilfsmittel (insbesondere von Tonaufnahmegeräten) möglichst weitgehend Gebrauch gemacht werden". Der Verteidiger sollte sich auf diese Bestimmung der RiStBV berufen, wenn Fragen der korrekten Protokollierung im Streit sind. Unklarheiten sollten zu Lasten der Ermittlungsbehörden gehen, die die wörtliche Protokollierung bewirken können und auch sollen.

3. Videoaufnahme

837   **Am besten wäre – de lege ferenda – eine Videoaufnahme von der Vernehmung; man könnte – bei entsprechenden Sicherungen gegen Verlust – sogar auf eine Niederschrift verzichten. Dies hätte, zusätzlich zur optimalen Dokumentation – das ist der Sinn des Protokolls – verschiedene Vorteile** (vgl. *Steinke*):

(1) Die Polizei wäre erheblich entlastet. Nach Schätzungen von Polizeipraktikern entfällt ca. 80% der Ermittlungsarbeit auf Vernehmungen und man darf annehmen, daß die Niederschrift (auf altertümlichen Schreibmaschinen) davon etwa die Hälfte ausmacht.

(2) Die Dokumentation der gesamten Vernehmung auf Videoband würde wohl am besten sicherstellen, daß die Vernehmung rechtlich und vernehmungstechnisch optimal durchgeführt wird. Die Vernehmung bekäme ein Element von „Öffentlichkeit". Andererseits wäre auch die Polizei vor dem Vorwurf unfairer Vernehmungstaktiken geschützt (vgl. das von *Steinke* zitierte Projekt in Kanada).

(3) Das Videoband wäre eine optimale Grundlage für die Bewertung der Aussagen in der Hauptverhandlung und dadurch könnte die Hauptverhandlung wesentlich beschleunigt werden. Wenn man bedenkt, wieviel Streit entsteht, wieviel Zeit aufgewendet wird, wieviele Vernehmungsbeamte als Zeugen kommen müssen, wenn Inhalt und Zustandekommen der polizeilichen Vernehmungsprotokolle zu prüfen sind, dann liegen die Vorteile auf der Hand. Sie sind zudem durch das Projekt in Kanada (*Steinke*) belegt.

(4) Vor allem bei Sexualdelikten mit Kindern bestünde die Möglichkeit, den Kindern die Belastung durch wiederholte Vernehmungen zu ersparen; oder sie jedenfalls auf das nötigste zu beschränken.

Der technische Einwand, die Verfahrensbeteiligten (vor allem der Staatsanwalt bei der Prüfung der von der Polizei vorgelegten Unterlagen) müßten dann viele Bänder ansehen, ist leicht auszuräumen. Zum einen könnte man eine kurze Inhaltsangabe (mit den entsprechenden Bandzählstellen) schriftlich niederlegen (etwa so, wie bei Rn. 833 vorgeschlagen), so daß der Zugriff schnell erfolgen kann. Zum andern gibt es ja den schnellen Vor- und Rücklauf; und man könnte zudem die relevanten Stellen magnetisch markieren.

Der gewichtigste – und sehr ernst zu nehmende – Einwand gegen Videoaufnahmen ist rechtspolitischer Art: Die normalerweise flüchtige mündliche Aussage wird fixiert; der Zeuge wird als „Darsteller" auf dem Videoband zum Objekt der Begutachtung; auch seine Körpersprache kann besser als bei der unmittelbaren Wahrnehmung analysiert werden („visueller Lügendetektor"). Dennoch meinen wir, daß die Vorteile der Videoaufnahme so sehr überwiegen, daß die damit verbundenen Nachteile verantwortet werden können.

4. Praxis der Protokollierung

Theorie und Praxis der Protokollierung fallen – nicht nur bei der Polizei – oft weit auseinander.

a) Niederschrift der Aussagen

Banscherus und *Schmitz* haben anhand von Experimenten die Protokollie-   **838**
rungspraxis der Polizei untersucht. *Schmitz* hat die Fehlerquoten ausgewertet:

Durch das Verhör wird in der Tat – wie von § 69 Abs. 2 StPO vorgeschrieben – die Aussage vervollständigt. Es bleiben aber immer noch ca. 25% der notwendigen Items (d. h. der Einzelheiten, die ein Zeuge eines bestimmten Vorgangs normalerweise beobachtet hat) unerwähnt. Über 60% der notwendigen Items werden richtig beschrieben, falsch beschrieben werden ca. 13% und teilweise falsch ca. 7%. Lange Protokolle enthalten im Durchschnitt mehr richtige und weniger falsche Protokollaussagen als kurze Protokolle.

Die Beamten neigen dazu, ihre Protokollierungen zu idealisieren. 71% nehmen an, sie protokollieren getane Aussagen wörtlich. Tatsächlich aber formulieren sie den größten Teil der Protokollaussage selbst.

Im Polizeilehrbuch von *Fischer* heißt es: In der Regel muß der Beamte die Erklärungen des Vernommenen zum Diktat in protokollgerechte Sätze umwandeln. So sei es förmlich zur Gewohnheit geworden, daß der Vernehmende aus den Worten des Vernommenen sinnvolle, dem Inhalt der Aussage entsprechende Sätze formuliere, die dann in die Vernehmungsniederschrift aufgenommen werden.

Vor allem erfahrene Beamte machen sich sehr früh im Verlauf der Vernehmung ein Bild über den Tathergang.

Passen die Aussagen in das Bild, werden sie in das Protokoll übernommen. Passen sie nicht, werden sie unter Umständen modifiziert, in geringerem Maße einfach weggelassen. Gelten zwei sich widersprechende Versionen einem Beamten als nicht gleichermaßen erwartbar, dann wird die Tathergangsbeschreibung in dem entsprechenden Punkte von dem Beamten in seine Rekonstruktion aufgenommen, die seinem Erfahrungsbild entspricht.

Weniger erfahrenen Beamten unterlaufen bei der Protokollierung vor allem Auslassungen.

So werden die Erwartungen des Gerichts, aus den Aussagen des Angeklagten und der Zeugen eine möglichst glatte, widerspruchsfreie Darstellung
der Tatgeschehnisse zusammenfügen zu können, durch die Vernehmungen
der Polizei vorbereitet.

Um dem Anspruch auf möglichst wortgetreue Protokollierung zu genügen – auch um Zweifeln des Verteidigers vorzubeugen –, wird die Aussage
zumeist in direkter Rede festgehalten.

In der polizeilichen Literatur (z. B. *Stüllenberg*) wird empfohlen, jede Aussage nur in
direkter Rede zu protokollieren, denn bei indirekter Rede „gibt man dem Angeklagten
und seinem Verteidiger die beste Möglichkeit, die Aussage als in dieser Form abgegeben zu bezweifeln und die sachliche Richtigkeit des Inhalts der Niederschrift in Frage
zu stellen" (*Fischer*).

Selbst wenn eine Aussage der Auskunftsperson in Anführungszeichen gesetzt wird, ist das keine Gewähr dafür, daß sie auch so vom Zeugen gemacht
wurde. Auch der vom Beamten häufig gegebene Hinweis, „unterbrechen Sie
mich sofort, wenn ich etwas Falsches protokolliere", kann Fehlern nicht
vorbeugen, weil sich die Zeugen daran nicht halten bzw. keine Verbesserung
durchsetzen können.

b) Protokollierungsfehler

839   **Die wichtigsten Protokollierungsfehler sind Auslassungen, Modifikationen und falsche Paraphrasierungen.**

Beispiele von *Schmitz* **und** *Banscherus:*

Betrug, falsche Paraphrasierung

Antwort	dann sagte er also „Es tut mir leid, ich hab leider kein Kleingeld dabei" oder „Ich kann Ihnen nicht wechseln". *An den genauen Wortlaut kann ich mich eben auch nicht mehr erinnern.*
Protokoll	Der Herr lehnte mein Ansinnen ab, weil er, *wie er sagte, kein Kleingeld hatte.*

Raub, falsche Paraphrasierung

Frage	War der Geschädigte zu dem Zeitpunkt ä schon angetrunken?
Antwort	Ja.
Frage	Stark angetrunken?
Antwort	Ja, hunnertprozentig.
Frage	Ja, *richtig besoffen,* voll?
Antwort	Ja.
Protokoll	Dabei hat der Geschädigte, der meiner Meinung nach bereits *erheblich* unter Alkoholeinwirkung stand, mich gesehen und zu mir gesagt, daß er mich kennen würde.

Betrug, falsche Paraphrasierung

Frage	Hat der Mann sich irgendwie geäußert, eh, eh, wieviel Karat die Uhr hat, wenn er sagt, es wär 'ne goldene Uhr?
Antwort	Nein, Eh, nein. Er hat nur gesagt, 'ne goldene Uhr. Er hat *nicht gesagt* „echt golden", sondern nur „golden" und hat auch über Karatzahl gar nicht gesprochen.
Protokoll	Dieser Mann fragte mich, ob er mir diese Uhr abkaufen wolle, und er erklärte, daß es sich um eine *echt goldene* Uhr handele.

Protokollierung des Gegenteils

Frage	Sie hatten also mit anderen Worten *Angst, daß sie aus* ... *auffallen würden?*
Antwort	*Nein!* ...
Protokoll	*Ich hatte auch Angst, daß ich auffallen würde.* ...

Raub, Hinzufügung

Frage	Hatten Sie denn keine Angst, daß der Sie erkennen würde?
Antwort	Nein, an sich nicht.
Frage	Der hat Sie selbst aber nicht bemerkt, als Sie ankamen?
Antwort	Nein, an sich nein.

Protokoll

Ich wollte ihm die Tasche/Tüte von hinten entreißen. Ich hatte keine Angst, daß der Betreffende mich erkennen würde, denn persönlich war ich ihm noch nicht begegnet. *Ich hatte ihn bisher immer nur aus der Ferne gesehen.*

Der Beamte ersetzt die Schlußfolgerung des Zeugen durch seine eigene.

Antwort	Ja, ich habe auch erst auf der anderen Straßenseite gestanden und geguckt ...
Protokoll	Am besagten Samstag *stand ich auch wieder in der Deckung*

5. Zweiteilung der Vernehmung

Von entscheidender Bedeutung ist die Zweiteilung der Vernehmung in 840 Bericht und Verhör.

Schon die Carolina riet (Art. 56): „Keynem gefangen die vmbstende der missethat vor zusagen, sonder jn die gantz von jm selbst sagen lassen."

Die Zweiteilung ist von § 69 StPO vorgeschrieben – ausdrücklich nur für den Zeugen, sie sollte aber auch bei Beschuldigtenvernehmungen zur Anwendung kommen. Sie gilt auch für polizeiliche Vernehmungen, auch wenn die Vorschrift für polizeiliche Vernehmungen in § 163a Abs. 5 StPO nicht ausdrücklich in Bezug genommen ist.

§ 69 StPO bestimmt in Abs. 1 – vernehmungspsychologisch völlig richtig –, daß der Zeuge zunächst zu veranlassen ist, das, was ihm von dem Gegenstand seiner Vernehmung bekannt ist, *im Zusammenhang* anzugeben. Erst dann setzt das Verhör ein, von dem Abs. 2 bestimmt, daß zur Aufklärung und *zur Vervollständigung* der Aussage nötigenfalls weitere Fragen zu stellen sind. Fragen können auch zur Erforschung des Grundes, auf dem das Wissen des Zeugen beruht, gestellt werden (Filterfragen Rn 597).

Die Bedeutung dieser Zweiteilung der Vernehmung hat auch der BGH hervorgehoben (BGHSt 3, 281, 284; BGH bei Pfeiffer/Miebach NStZ 1983, 212; vgl. auch OLG Stuttgart StV 1989, 6), die Verletzung des § 69 StPO in Verbindung mit den Vorschriften zur Protokollverlesung in der Hauptverhandlung kann mit der Revision gerügt werden.

a) Bericht   841

Die empirische Auswertung der polizeilichen Vernehmungen hat erbracht, daß fast immer zu Beginn der Vernehmung ein Vorgespräch stattfindet. Aber in kaum einer Vernehmung verhält sich der Vernehmer strikt als Zuhörer, der Bericht wird häufig unterbrochen.

Burghard berichtet von einer Beobachtungsreihe, wonach nur sieben von 100 Vernommenen zunächst relativ frei berichten konnten. Es kommt sogar vor, daß schon im Bericht auf Befragungsphasen doppelt so viel Zeit entfällt wie auf Erzählphasen.

b) Verhör

842   Das Vorwissen des Beamten hat erheblichen Einfluß auf die Vernehmungsführung.

Wenn der Beamte einen Verdacht überprüft, so besteht die Gefahr, daß dieser durch das Ergebnis der Befragung bestätigt wird (Pygmalioneffekt Rn. 106). Das führt dazu, daß die Tatvorgangsbeschreibung im Protokoll tendenziell der schon vorliegenden Akte angepaßt wird. Durch die strikte Planverfolgung bei der Vernehmung kann aber nicht nur die Aussage verfälscht werden, auch Informationen können verloren gehen.

Den Pygmalioneffekt kann vor allem das – an sich vernehmungstechnisch sinnvolle – sog. aktive Zuhören hervorrufen, wenn sich der Vernehmer nicht strikt jeder Bewertung enthält (Rn. 500).

Mit Minimaläußerungen, den sog. back channels wie „ja", „gut", „okay", wird der Zeuge motiviert und manchmal auch – unbewußt – in eine bestimmte Richtung gelenkt. Fast 2/3 der Äußerungen der Vernehmungsbeamten sind solche Minimaläußerungen.

Ein Lehrsatz der Vernehmungslehre lautet: Wer fragt, der führt. Was nicht gefragt wird, wird nicht beantwortet.

Stern (ZStW 1902, 315, 370) zitiert *Binet:* „Die Frage bildet mit der Antwort ein unteilbares Ganzes ... Eine Antwort, die von der sie hervorrufenden Frage isoliert wird, repräsentiert einen zweifelhaften Wert."

Schmitz stellt fest: „So bemerken Geschädigte oder Zeugen vielfach gar nicht, wie sich ihre Aussagen unter dem Einfluß des Beamten (durch dessen Vorschläge, Gegenvorschläge, Vorhaltungen, Protokollierungen ohne vorheriges oder gleichzeitiges Vorlesen usw.) verändern und wie sie in ihren Auswahlmöglichkeiten eingeengt werden."

Die ursprünglichen Erinnerungsbilder werden überlagert von den Vorstellungen, die im Laufe einer Vernehmung entwickelt werden.

Das erklärt auch, weshalb die Aussagen in Zweitvernehmungen sich gegenüber Erstvernehmungen zu demselben Fall unterscheiden. Studenten sind dabei offenbar weniger stark beeinflußbar als Arbeiter. Erfahrene Beamte produzieren durch die Befragung häufiger und mehr Falsches als weniger erfahrene Beamte.

Vor allem geschlossene Fragen (zum Vorsatz) haben erheblichen Einfluß auf die Antwort.

Wie wichtig diese Erkenntnis ist, zeigen Erstvernehmungsprotokolle zu Mordmerkmalen bei Tötungsdelikten (ohne Anwesenheit eines Verteidigers), die *Rasch/Hinz* ausgewertet haben (Beispiele Rn. 701).

Sie kommen zu dem Ergebnis, daß bei den vernehmenden Beamten eine Tendenz bestehe, einen eindeutigen Sachverhalt herauszuarbeiten. Die Asymmetrie der Vernehmungssituation biete eine hohe Wahrscheinlichkeit dafür, daß sich der Beamte mit seinen Deutungsmustern durchsetze. Die Auswertung ergab eine Vernehmungstaktik der Kriminalpolizei, die auf die Belastung des Beschuldigten hinauslief. Die Erwartungen des Gerichts, aus den Aussagen des Beschuldigten eine möglichst glatte, widerspruchsfreie Darstellung der Tatgeschehnisse zusammenfügen zu können, würden durch die Vernehmungen der Polizei vorbereitet.

c) Fragen und Vorhalte mitprotokollieren

Der Beweiswert eines Protokolls hängt daher entscheidend davon ab, daß Fragen und Vorhalte mitprotokolliert sind. 843
Die Antwort wird maßgeblich davon beeinflußt, welche Frage gestellt und wie die Frage formuliert worden ist; dies wird zumeist unterschätzt. Deswegen bestimmt Nr. 45 Abs. 2 RiStBV völlig zurecht, daß – bei der Vernehmung des Beschuldigten – Fragen und Vorhalte und Antworten möglichst wörtlich in die Niederschrift aufzunehmen sind. Das sollte entsprechend für Zeugenvernehmungen gelten.

d) Geständnis

Für die Protokollierung eines Geständnisses (Rn. 702 ff.) enthält Nr. 45 Abs. 2 Satz 2 bis 4 besonders wichtige Bestimmungen, auf deren Einhaltung der Verteidiger unbedingt achten sollte. Sie kommen vor allem bei einem Widerruf zum Tragen.

Legt der Beschuldigte ein Geständnis ab, so sind die Einzelheiten der Tat *möglichst in seinen eigenen Worten* wiederzugeben. Es ist darauf zu achten, daß besonders solche *Umstände aktenkundig* gemacht werden, die *nur der Täter wissen kann.* Die Namen der Personen, die das Geständnis mit angehört haben, sind zu vermerken.
Beispiel zur Wiedergabe in „eigenen" Worten: Der Sexualpyromane
Ausgerechnet in einer Fabrik zur Herstellung von Feuerlöschern brannte die Lagerhalle ab. Die Polizei fand unter den Trümmern die Reste von Pornoheften. Der Verdacht fiel auf einen 16jährigen Lagerarbeiter ohne Hauptschulabschluß. Dieser war geständig. Das Protokoll begann mit dem Satz: „Ich gebe zu, ein krankhaft veranlagter Sexualpyromane zu sein." In Wirklichkeit hatte der Junge lediglich eine (unerlaubte) Zigarettenpause in der feuergefährdeten Lagerhalle gemacht und sich dabei die Zeit mittels Pornoheftchen vertrieben. Dann hatte er den Zigarettenstummel achtlos weggeworfen und sich während des Brandes auffallend untätig aufgeführt.

Wichtig ist also zum einen, daß das Protokoll die Aussage des Beschuldigten in dessen eigenen Worten wiedergibt; dazu sollten Fragen und Vorhalte mitprotokolliert werden. Zum zweiten sollte das Geständnis Täterwissen enthalten. Dies bedeutet auch, daß nach dem Geständnis die Ermittlungen weitergeführt werden müssen, um das Täterwissen abzusichern. Schließlich sollten im Vernehmungsprotokoll die Geständnismotive erkennbar sein. „Musterbeispiel" dafür, wie ein Geständnisprotokoll nicht aussehen sollte:

„Nach Abschluß der ersten Vernehmung wurde mit mir ein intensives Gespräch geführt (*Inhalt?*). Mir wurden die belastenden Momente vorgehalten (*Wortlaut?*), insbesondere die zeitliche und räumliche Nähe hinsichtlich des Brandausbruches und des Brandortes. Ich bin nun freiwillig (*Geständnismotiv?*) zum Entschluß gekommen, diese Brandstiftung zuzugeben. Es wurden mir keinerlei Versprechungen gemacht."

6. Ratschläge für den Verteidiger

844   Wenn ein Verteidiger den Beweiswert von Vernehmungsprotokollen prüfen will, sollte er vor allem auf folgendes achten:

(1) Fand ein Vorgespräch statt und ist dieses protokolliert?

(2) Ist aus dem Protokoll die Zweiteilung der Vernehmung in Bericht und Verhör erkennbar?

(3) Warum wurde kein Tonbandprotokoll gefertigt?

(4) Ist der Bericht knapp und wird sehr schnell in das Verhör übergeleitet? Sind die Angaben des Vernommenen in dessen eigenen Worten abgefaßt?

(5) Sind beim Verhör Fragen, Vorhalte und Antworten mitprotokolliert? Sind die Antworten sog. Überhangantworten, d. h. geht der Inhalt der Antwort über die Frage oder den Vorhalt hinaus?

(6) Wurde das Verhör mit offenen Fragen eingeleitet?

(7) Wie ist die Befragungstechnik? Wurde sehr oft mit geschlossen Fragen gearbeitet? Sind die Auswahlfragen richtig formuliert (immer eine offene Alternative mit angeben und die vermutlich richtige Antwort nicht mit vorgeben)?

(8) Wie wurde das Geständnis festgehalten? In den eigenen Worten des Beschuldigten (dazu können auch andere Vernehmungsprotokolle auf Strukturgleichheit überprüft werden)? Enthält das Geständnis Täterwissen? Ist das Geständnismotiv erkennbar und dokumentiert? Wurde nach dem Geständnis weiterermittelt, insbesondere im Hinblick auf das Täterwissen?

(9) Wurde das Geständnis vom Ermittlungsrichter festgehalten (Nr. 10 RiStBV)?

5. Abschnitt: Das Komplott

Einführung

Das Komplott ist in der gerichtlichen Praxis – sowohl im Zivil- als auch im Strafprozeß – weit häufiger, als viele Vernehmer sich das vorstellen. Vielfach stehen die Zeugen untereinander und mit einer Partei in enger Beziehung, sie sind verwandt, eng befreundet, stehen seit Jahren Tag für Tag am selben Arbeitsplatz usw. Ihr gemeinsames Interesse an einem bestimmten Ausgang des Gerichtsverfahrens ist häufig außerordentlich stark. Es wäre umgekehrt geradezu merkwürdig, wenn sie sich nicht gegenseitig auf's Genaueste darüber informierten, was sie aussagen werden und was sie ausgesagt haben.

Wenn die empirischen Untersuchungen von *Arntzen* (1993, S. 105), eher gegen das Vorkommen des Zeugenkomplottes sprechen, so dürfte das an dem speziellen Material liegen, das er geprüft hat. Es handelte sich um Aussagen von Schülerinnen gegen Lehrer bei Sittlichkeitsdelikten. Hier mag das Zeugenkomplott häufig daran scheitern, daß die Verbindung zwischen den Schülerinnen einer Klasse nicht eng genug ist, um für ein Komplott auszureichen. Auch mag der Gegenstand der Aussage Schamgefühle hervorrufen, die verhindern, daß die Mädchen viel darüber untereinander sprechen, was sie aussagen werden oder ausgesagt haben. Davon geht auch *Arntzen* selbst aus.

a) Vorbereitung zur Aufdeckung eines Komplotts

Wegen des häufigen Vorkommens des Komplotts ist es wichtig, daß der 845 Vernehmer diese Möglichkeit stets im Auge behält. Immer wo enge Bindungen zwischen mehreren Auskunftspersonen bestehen, muß der Vernehmer auf zwei Punkte achten:

(1) Der Vernehmer muß versuchen, die einzelnen Aussagen wesentlich über das hinaus zu erweitern, was die Auskunftsperson von sich aus bietet und dabei möglichst auch überraschende Fragen ins Spiel bringen, zu welchen die Antworten nicht gut vorher untereinander abgesprochen sein können.

(2) Der Vernehmer muß nicht nur dafür sorgen – was schon das Gesetz 846 **befiehlt –, daß der Zeuge in Abwesenheit der später zu Vernehmenden verhört wird. Vor Gericht darf der Zeuge auch nach seiner Aussage nicht im Sitzungssaal bleiben.**

Er soll aber möglichst auch nicht ins Zeugenzimmer zurück, um dort den Dritten über seine Aussage zu informieren. Vielmehr sollte er außerhalb des Sitzungssaales und des Zeugenzimmers sich an einem anderen Ort zwecks Wiedervorrufs und Gegenüberstellung zur Verfügung halten.

Darüber hinaus muß der Vernehmer auch daran denken, daß im Zivilprozeß eine der Parteien und im Strafprozeß der Angeklagte möglicherweise mit zum Komplott gehört. Im Strafprozeß erlaubt § 247 StPO die Entfernung des Angeklagten aus dem Sitzungssaal, wenn zu befürchten ist, daß der Zeuge in Anwesenheit des Angeklagten keine wahre Aussage machen werde.

In der Zivilprozeßordnung fehlt zwar eine entsprechende Vorschrift; § 247 StPO dürfte aber entsprechend anwendbar sein. In der Regel machen die Parteien im Zivilprozeß sowieso keine Schwierigkeiten, wenn man sie bittet, vorübergehend den Saal zu verlassen. Bei mehreren Personen auf Kläger- oder Beklagtenseite muß man schon bei der Parteianhörung an die Möglichkeit eines Komplottes denken und kann deshalb den Kläger Ziffer 2 hinausschicken, wenn der Kläger Ziffer 1 seine Sachdarstellung gibt, und umgekehrt.

b) Aufdeckung eines Komplotts

Kann man die verschiedenen Auskunftspersonen nicht zu den erwartbaren 847 Erweiterungen der Aussage veranlassen, dann verstärkt sich der Verdacht eines Komplottes.

Decken sich die einzelnen Erweiterungen beinahe schablonenhaft, dann kann man vermuten, daß es sich um einen – zunächst allseitig vergessenen – Teil der getroffenen Absprache oder eine gemeinsam vorausgeplante Erweiterung handelt. In diesem Falle müßte freilich ein ausgesprochener „Lügenprofi" am Werke gewesen sein. Er müßte die Übersicht gehabt haben, um zunächst überhaupt die anfängliche Zurückhaltung einzuplanen und dann auch noch jene Fragen vorauszusehen, die der Vernehmer voraussichtlich stellen wird. Theoretisch ist eine „generalstabsmäßige" Planung eines gegen alle denkbaren Verhörsfragen abgesicherten Komplottes zwar möglich. Aber dann bräuchte man dazu noch eine Gruppe hervorragender Schauspieler, die ihre – notwendig – umfangreichen Rollen fehlerlos auswendig lernen und überzeugend vortragen. Da die hierfür in Betracht kommenden Auskunftspersonen nicht beliebig auswählbar sind, müßte ein geschickter Vernehmer beinahe jedes Komplott aufdecken können.

Während ein allzu durchsichtig angelegtes wechselseitiges Abstützen wiederum an ein von einem Experten ausgehecktes, besonders fein gesponnenes Komplott denken läßt, sollte bei einem realitätsbegründeten Ereignis die zunächst nur teilweise und in Umrissen sichtbar werdende gegenseitige Abstützung der Erweiterungen sich in der anschließenden Gegenüberstellung noch wesentlich ergänzen und verdichten lassen. Im letzten Fall läge ein ausgesprochenes Realitätskriterium vor (wechselseitige Ergänzung, Rn. 297).

Besonders gefährlich, weil besonders schwierig aufzudecken, sind Komplotte mit sogenannter gewollter Kontamination (Beispiel Rn. 272). Hier wird ein reales Ereignis absprachegemäß auf einen anderen Zeitpunkt, einen anderen Ort, gelegentlich auch auf eine andere Person bezogen. Es leuchtet unmittelbar ein, daß die Prüfung einer solchen Schilderung anhand der meisten Realitätskriterien scheitern muß. Hier wird ja tatsächlich über ein reales Ereignis berichtet.

Beispiel: Wir waren ganz wo anders

In einer Mordsache wurden als Täter ein Ehepaar verdächtigt. Bei ihrer ersten Vernehmung gaben sie als Alibi an, zur Tatzeit in einem benachbarten Restaurant zum Abendessen gewesen zu sein. Bei ihrer getrennten Vernehmung schilderten beide bis auf's haarkleinste Detail ein- und dasselbe. So glichen sich z. B. haargenau die Angaben über ihre Ankunft im Restaurant, die Bezeichnung des benutzten Verkehrsmittels, die Speisefolge usw. Die Aussagen stimmten zu sehr überein, als daß sie hätten wahr sein können. In der Folgezeit stellte sich heraus, daß das Ehepaar tatsächlich den Mord begangen hatte.

Sie hatten sich aus folgendem Grund zu dem Restaurantalibi entschlossen:

Sie waren Stammkunden in diesem Restaurant und waren voll mit den verschiedenen Speisefolgen, die allabendlich in der Woche wechselten, vertraut. Sie vermuteten (zu recht), daß das angestellte Personal und die anderen Gäste sich nicht genau daran erinnern könnten, ob sie in jener Nacht da waren oder nicht (aus *Inbau*, S. 100, 101).

In diesen Fällen gilt es, zunächst zu überlegen, hinsichtlich welchen Umstandes im Einzelfall voraussichtlich manipuliert worden ist. Durch geschickte Testfragen im Umkreis dieses einen Umstandes gelingt es häufig, die Manipulation aufzudecken. Kommt man auch damit nicht zum Ziel, dann bleiben letztendlich noch die Kontrollkriterien (Rn. 476 ff.) als Maßstab dafür, was man von der Sache zu halten hat.

c) Falsche Alltagstheorien

848   Auch beim Komplott sind falsche Alltagstheorien anzutreffen, z. B.
„Wenn mehrere Zeugen eine in allen Punkten übereinstimmende Aussage machen, dann ist davon auszugehen, daß die Aussage zuverlässig ist."

Das Gegenteil ist richtig, wenn mehrere Zeugen eine in allen Punkten übereinstimmende Aussage machen, dann ist der Verdacht begründet, daß es sich um ein Komplott handelt.
Wie wir wissen, ist Wahrnehmung keine bloß passive Aufnahme eines Geschehens. Was wir wahrnehmen, hängt auch ab von unseren Interessen, unseren Wünschen, unserer Erfahrung, ja sogar von unserer jeweiligen Gestimmtheit (Rn. 73 ff.). Es leuchtet ein, daß diese Faktoren bei den verschiedenen Beobachtern eines Ereignisses individuell sehr verschieden sind.

Beispiel: Nehmen Sie einmal an, verschiedene Personen haben alle dieselbe Tanne gesehen, ein Oberförster, ein Umweltschützer und ein Holzkaufmann. Dann werden z. B. vielleicht sagen,

der Förster:
Es handelt sich um eine einzelstehende, alte, hohe Tanne. Ich habe mir schon überlegt, ob ich sie nicht fällen soll. Sie wirft soviel Schatten auf die junge Buchenschonung nebenan, so daß die jungen Buchen gar nicht recht hoch kommen.

Schaubild: Ich seh etwas, was Du nicht siehst   **849**

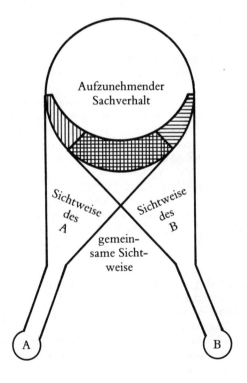

der Umweltschützer:
Es handelt sich um eine einzelstehende, alte, hohe Tanne; gerade solche Bäume sind vom sauren Regen besonders angegriffen. Man sieht auch schon, daß die Spitze der Tanne braun ist, und daß die Zweige herunterhängen wie Lametta.

der Holzkaufmann:
Die Preise für Weichholz sind ins Bodenlose gefallen, seit die Waldschäden so zugenommen haben. Aber hier handelt es sich um eine schöne, dicke, hohe Tanne. Für einen solchen Baum bekommt man schon noch einen schönen Preis.

Die Sichtweise wird bestimmt durch die individuellen Erfahrungen, Einstellungen und Bedürfnisse. Das Kernerlebnis freilich sollte im Wesentlichen übereinstimmen.

d) Vernehmungstechnik

850   Stellen Sie Situationsfragen (Rn. 610).
Situationsfragen, das sind alle Fragen die nicht – zumindest nicht unmittelbar – zum Beweisthema gehören. Auf diese Fragen sind die Komplotteure nicht vorbereitet. Es würde auch zu weit führen, wenn sich die Komplotteure auch noch über die möglichen Situationsfragen absprechen wollten. Sie haben schon genug damit zu tun, alle denkbaren Fragen zum Beweisthema selbst untereinander abzusprechen. Auch sind die möglichen Situationsfragen so zahlreich, daß kaum absehbar ist, welche der Richter stellen wird.

851   **Stellen Sie möglichst solche Situationsfragen, die die Komplotteure unbedingt wissen müßten, wenn sie das behauptete Erlebnis wirklich gehabt hätten.**
In aller Regel „erfordern" die „Erlebnisse" (wenn sie denn stattgefunden hätten), die die Mehreren erlebt haben wollen, ein „Vorspiel" und ein „Nachspiel". Zumindest ist es nur in Ausnahmefällen vorstellbar, daß nicht wenigstens hinterher das Erlebnis gemeinsam besprochen wird. **Dieses „Vorher" und das „Nachher" ist aber fast niemals untereinander abgesprochen.**
Sie haben deshalb fast immer eine gute Chance, wenn Sie ihre Vernehmung auf das „Vorher" oder das „Nachher" konzentrieren. Wenn die Mehreren das Erlebnis wirklich hatten, wird es ihnen nicht schwer fallen, darüber zu berichten; und die Berichte werden – abgesehen von unwesentlichen Ungereimtheiten, die sich aus der Irrtumslehre erklären lassen – miteinander „verträglich" sein.

Handelt es sich aber um ein Komplott, dann haben die Komplotteure nur zwei Möglichkeiten:
(1) Die Unbedarften, oder die von den Fragen (auf die sie ja nicht vorbereitet sind) allzusehr Überraschten, lassen sich inhaltlich auf diese Fragen ein. Dabei ist es fast unvermeidlich, daß sich dabei unauflösbare Widersprüche zu den Aussagen der anderen „Komplotteure" ergeben.

Beispiel:

A meldet (wieder einmal) seiner Versicherung einen selbst verschuldeten Unfall, den er mit seinem alten Fiat verursacht haben will. Beschädigt ist (wieder einmal) ein Luxusauto, ein Ferrari „Testarossa", der auch nicht erstmals „Schadensauto" gewesen ist, aber zwischenzeitlich repariert worden sein soll.

A schildert den Vorfall so:
Er habe seinen Bekannten B in dessen Hochhaus H besuchen wollen. Er sei mit seinem Fiat in die dortige Tiefgarage eingefahren, in der es auch Besuchsparkplätze gebe. Dabei sei er versehentlich vom Brems- auf das Gaspedal abgerutscht und auf den Testarossa seines Bekannten aufgefahren.

Der Senat hat sich nicht lange mit der Schilderung des Unfalls aufgehalten, sondern wollte ganz genau wissen, wie die Sache weiterging.

Zunächst wurde A dazu gehört. Er sagte aus, sein Bekannter habe sich gar nicht groß aufgeregt, eher Verständnis für sein Mißgeschick gezeigt. Auffallend war seine Wortkargheit. Auf Frage, ob man auch über die Möglichkeit gesprochen habe, die Polizei zuzuziehen, um eine Unterlage für die Versicherung zu haben, erklärte A, diese Frage habe man lange hin und her erwogen, schließlich aber doch darauf verzichtet.

Ähnlich verhielt sich zunächst B. Auch er blieb auffallend wortkarg, erklärte aber ebenfalls, er habe sich nicht groß aufgeregt. Auf die Frage nach der Polizei erklärte er: Nein, nein, davon habe man überhaupt nicht gesprochen, schließlich sei man ja befreundet.

(2) Sind die Komplotteure aber clever, dann denken sie sofort daran, 852 **daß diese Situationsfragen ja nicht abgesprochen sind, und daß es deshalb am besten sei, dazu gar nichts zu sagen.**
Sie erklären deshalb regelmäßig, „darauf hätten sie nicht geachtet" oder „daran erinnere ich mich nicht mehr".

Das ist bei der ersten Frage, die unbeantwortet bleibt, gewiß noch kein Indiz, und bei der zweiten Frage auch noch nicht, wenn es Fragen sind, die die Zeugen nicht unbedingt müßten beantworten können, wenn sie das Erlebnis gehabt hätten. Wenn die vermutbaren Komplotteure aber grundsätzlich allen Situationsfragen ausweichen, dann ist das sehr verdächtig. Aus der Erinnerungslehre wissen wir, daß zusammen mit dem Kernerlebnis immer auch etliche situative Gesichtspunkte erinnert werden. Wenn deshalb die vermutbaren Komplotteure grundsätzlich mauern, dann ist das sehr verdächtig. Dann sollten Sie deren Aussage als unzuverlässig ihrem Urteil nicht zugrundelegen.

(3) Erst recht höchst verdächtig ist es, wenn Sie in der Lage sind, Situationsfragen zu stellen, deren Antwort die vermutbaren Komplotteure wissen müßten, wenn sie das behauptete Erlebnis wirklich gehabt hätten. Wird auf solche Fragen ebenfalls „gemauert", dann dürfen Sie davon ausgehen, daß gelogen wird.

Beispiel:

Die Eheleute X hatten ihre eigene Fabrik angezündet.
Frau X berichtete: Sie habe in der Brandnacht zuhause bei ihrem neugeborenen Kind geschlafen. Um 0.15 Uhr morgens habe die Polizei angerufen, sie solle schnell

zur Fabrik herüberkommen (das Ehepaar X wohnte ganz in der Nähe) und die Schlüssel mitbringen; in ihrer Fabrik brenne es. Sie habe geantwortet, ihr Mann sei nicht zuhause, und sie selber könne nicht von ihrem neugeborenen Kind weg; die Feuerwehr solle halt die Türen einschlagen.

Der Ehemann X sagte aus: Er sei in dieser Nacht in verschiedenen (näher bezeichneten) Lokalen gewesen. Als er gegen 0.30 Uhr heimgekommen sei, habe seine Frau ihm von dem Brand berichtet. Zur Fabrik sei er in dieser Nacht nicht mehr gegangen, weil es jetzt ohnehin zu spät gewesen sei, die Schlüssel zu bringen, und weil er sehr müde gewesen sei.

Die Staatsanwaltschaft ermittelte lange zu den behaupteten Wirtshausbesuchen, insbesondere zum behaupteten Zeitpunkt, zu welchem der Ehemann das letzte von ihm benannte Lokal verlassen haben wollte, da es verschiedene Indizien dafür gab, daß X seine Fabrik selber angezündet haben könnte. Die Ermittlungen der Staatsanwaltschaft haben kein klares Ergebnis erbracht.

Der Senat hatte zur mündlichen Verhandlung (die Versicherung wollte nicht bezahlen) lediglich das Ehepaar X geladen. Der Senat hatte an beide – nach strenger Trennung – nur eine Frage, zuerst an die Ehefrau:

„Gegen 0.30 Uhr kam ihr Mann nach Hause. Sie berichteten ihm von dem Anruf der Polizei und dem Brand. Was haben Sie daraufhin mit Ihrem Mann gesprochen?"

Daraufhin die Frau:

„Wir ... gesprochen ... äh ... ja ... eigentlich nichts; ich weiß nicht, was wir gesprochen haben, vielleicht ... so ein Mist!"

Daraufhin stellte der Senat dieselbe Frage an den Mann. Er sagte:

„... gesprochen ... wir ... eigentlich nicht viel; was man da eben so sagt. Es war nur zwischen Tür und Angel."

Daraufhin hat der Senat die Klage gegen die Versicherung abgewiesen. Revision wurde nicht eingelegt.

Das, was die beiden in Wirklichkeit gesprochen haben dürften: „Gott sei Dank, diesmal hat es geklappt." (Auf die Fabrik war kurz vorher schon einmal ein mißlungener Brandanschlag verübt worden.) Das konnten sie schwerlich dem Senat sagen.

Mit der Aufgabe, auf die Schnelle etwas Einleuchtendes zu erfinden, waren sie offenbar überfordert. Auch wäre eine Erfindung recht gefährlich gewesen, da es ein höchst unwahrscheinlicher Zufall gewesen wäre, wenn beiden auf die Schnelle miteinander „verträgliche Erfindungen" eingefallen wären.

In der Regel ist es leichter, ein Komplott aufzudecken, als einen einzelnen Zeugen der Lüge zu überführen.

1. Das fantastische Komplott

853   Hier hat in Wahrheit überhaupt nichts stattgefunden, was mit der Geschichte, die die „Komplotteure" übereinstimmend erzählen, vergleichbar wäre. Ein Mitglied der Gruppe vermeint aber, etwas wahrgenommen zu haben, was alle irgendwie gemütsmäßig bewegt, sei es, weil es komisch,

sensationell, unterstützend, Widerspruch oder Mitleid erregend usw. ist (Beispiel Rn. 109). Typisch für solche „fantastischen" Komplotte sind neben der Gemeinsamkeit der Gefühlsbetroffenheit oder Interessenrichtung alle Merkmale, die Sie bei „Phantasiegeschichten" schon kennen, also das Fehlen von Realitätskriterien und das Auftreten von Phantasiesignalen.

2. Das fahrlässige Komplott

Auch dort, wo der Personenkreis charakterlich unverdächtig und das 854 **Interesse am Prozeßausgang zu geringfügig erscheint, als daß man allen Beteiligten eine falsche Aussage vor Gericht – oder gar einen Meineid – zutrauen möchte, muß man immer mit einem „fahrlässigen" Komplott rechnen.** Die „gutgläubige" und die „aufgehängte" Unwahrheit (Rn. 348f., 350f.) wirken innerhalb eines Personenkreises mit gewissen Bindungen außerordentlich „ansteckend". Weichen die eigenen Beobachtungen von den mitgeteilten Beobachtungen der anderen nicht allzusehr ab, dann wird oftmals das Vertrauen in die eigene Wahrnehmungsfähigkeit geschwächt, man paßt sich an.

Einen gerade zu klassischen Fall eines fahrlässigen Komplotts zeigt das in Rn. 193 wiedergegebene Beispiel „Ich hatte grün".

3. Das vorsätzliche Komplott

Wo die Aussagen der Teilnehmer eines vermutbaren Komplottes, so- 855 **weit sie zu verschiedenen Tatsachen aussagen, allzu paßlich in das Verteidigungskonzept des zu Begünstigenden sich einfügen, und, soweit sie zu denselben Tatsachen aussagen, „in allen Punkten übereinstimmen" oder allzu durchsichtig sich gegenseitig abstützen, sollte man immer besonders mißtrauisch sein.** Der Planung eines vorsätzlichen Komplottes liegt in der Regel eine Art „Theaterregie" eines Einzelnen zugrunde, die dann oftmals noch durch das Teamwork der anderen Teilnehmer „verbessert" wird. Diese Entstehungsgeschichte garantiert im allgemeinen eine Perfektion des gesamten Aussagegebäudes, wie es eine Mehrheit von Zeugen, die sich nicht untereinander abgesprochen haben, niemals zustandebringt. Einem geschickten Vernehmer, der das Komplott „riecht", sollte es nicht allzu schwer fallen, durch überraschende Fragen, über die die verschiedenen Teilnehmer Bescheid wissen müssten, diese in unerklärbare Widersprüche zu verwickeln, ja, manchesmal sogar zum Geständnis zu bringen.

a) Das Komplott der „Überzeugungstäter"

Das vorsätzliche Komplott kann gleichwohl mittels „gutgläubiger" 856 **Auskunftspersonen inszeniert werden. Der „Regisseur" überzeugt die Auskunftspersonen davon, daß die von ihm behauptete Haupttatsache wahr sei und daß es ihm lediglich an Beweismitteln fehle. Die Auskunftspersonen hätten also nur die Aufgabe, durch ihre Lügen der „Wahrheit zum Siege zu verhelfen".**

Beispiel: Ich schwöre es beim Augenlicht meiner Kinder

Der Kläger benötigte dringend einen größeren Geldbetrag. Er stellte zunächst eine angeblich vom Beklagten unterschriebene Quittung über 7000,– DM her. Dann ging er auf die Suche nach Zeugen. Seine Freundin war unverzüglich bereit, zu seinen Gunsten eine falsche Aussage zu machen. Nach mehreren Fehlschlägen fand der Kläger zwei weitere angebliche Augenzeugen. Dann klagte er die Summe ein.

In erster Instanz sagten aus:

Die Zeugin Layer:

Seit ca. 2 Jahren arbeite ich in dem Lokal „Fässle" als Kellnerin. Im vorigen Jahr, ich weiß nicht mehr das Der Kläger (als Initia- **Datum, kam der Kläger, der in dem Lokal als Zapfer** tor des Komplotts) **arbeitete, zu mir und sagte mir, daß er dem im Lokal** läßt sich als *schlau vor-* **anwesenden Beklagten 7000,– DM geben wolle.** *Ich solle* ausschauend darstellen *zugegen sein, falls der Beklagte später einmal den Empfang des* (vgl. Rn. 322) *Geldes abstreiten würde.*

In meinem Beisein hat der Kläger dann dem Beklagten das Geld vorgezählt, es waren 7000,– DM, und dem Beklagten das Geld übergeben. Dann holte ich ein Papier von der Theke.

Auf Vorhalt der Quittung Bl. 16 d. A.:

Ja, das ist das Papier, das der Beklagte geschrieben und unterschrieben hat.

Zwischenbemerkung des Klägers:

Nein, nur unterschrieben.

Deutlicher kann der (Die Unterschrift war nicht begutachtungsfähig) Kläger seine Rolle als Weiter die Zeugin: Initiator des Kom- **Ich wollte sagen, das Papier selbst hat der Kläger** plottes kaum mehr **geschrieben, nur die Unterschrift stammt vom Bekl.** aufscheinen lassen. **Zu der Geldübergabe hat der Kläger auch noch die** Die Frage, in welchen **Herren Conrad und Sauer als Zeugen zugezogen.** Scheinen der Betrag Auf Vorhalt des Bekl.-Vertr.: übergeben worden **Die Geldübergabe hat im Küchenteil stattgefunden.** sein soll, ist offenbar **Dort, wo das Personal sitzt. Das Geld ist in größeren** nicht abgesprochen **Scheinen übergeben worden.** worden. Hier weichen alle Zeugen aus.

Der Zeuge Conrad:

Im Jahre 1977 saß ich eines Tages als Gast mit dem Zeugen Sauer im „Fässle". Wir spielten Billard. Der Kläger hat uns darum gebeten, bei der Geldübergabe an den Kläger zugegen zu sein.

Er sagte, der Kläger könnte eines Tages die Geldübergabe ab- Die Stereotypie vom *streiten.* *schlau vorausdenkenden* **Als ich dazu kam, lag das Geld bereits auf dem** Kläger kehrt wieder **Tisch. Der Kläger sagte zu dem Bekl., er solle den Empfang bestätigen. Der Bekl. hat dann die Quittung** *– dem Zeugen wurde die Urkunde Bl. 16 im Original vorgelegt –* **unterschrieben. Der Text war schon geschrieben. Nach der Unterschrift hat der Kläger dann dem Beklagten das Geld ausgehändigt. In meiner Gegenwart ist das Geld nicht vorgezählt worden.**

Auf Vorhalt d. Bekl.-Vertr.:
Ich weiß nur noch, daß oben auf dem Päckchen ein Fünfhunderter lag. Um was für Geldscheine es sich sonst gehandelt hat, weiß ich nicht mehr. Die Übergabe fand im Küchenteil statt.

Daß der Zeuge die – abgesprochene – Rolle eines „offiziell" zur Geldübergabe zugezogenen Zeugen nicht mehr mtispielen will, entspricht seiner Tendenz, auch als Zeuge vor Gericht seine Rolle als „Kronzeuge" nur noch sehr eingeschränkt zu spielen.

Der Zeuge Sauer:
Im Jahre 1977, den genauen Tag kann ich nicht mehr angeben, spielte ich mit Conrad im „Fässle" Billard. Der Kläger bat Herrn Conrad darum, daß er bei einer Geldübergabe an den Beklagten als Zeuge anwesend sein möchte. Ich bin auch einfach mitgegangen.
Der Kläger, der an einem Tisch mit dem Beklagten zusammen saß, hatte in der Hand mehrere Geldscheine. Er hat einen Zettel, den die Zeugin Layer von der Theke holte, dem Beklagten zur Unterschrift vorgelegt.

Dem Zeugen wird die Quittung Bl. 16 vorgelegt.
Ich weiß nicht mehr genau, ob es dieser Zettel gewesen ist. Der Bekl. hat den Zettel unterschrieben und dann von dem Kläger das Geld erhalten. An die Einzelheiten kann ich mich nicht mehr erinnern; ich hatte wenig Zeit und mußte schnell wieder weg, weil meine Frau von der Arbeit kam.

Keine *„psychologische Passlichkeit"*:
Die Begründung ist nicht sehr plausibel, nachdem er ja den Schlußakt, die Geldübergabe noch miterlebt haben will.

Die Begründung steht auch in einem gewissen Widerspruch zu seiner Bekundung, er habe soviel Zeit gehabt, um aus bloßer Neugier an der Geldübergabe teilzunehmen.

Der Beklagte wurde vom Landgericht zur Zahlung von 7000,– DM verurteilt. Aus den Urteilsgründen:

Aufgrund der Beweisaufnahme steht zur Überzeugung des Gerichtes fest, daß der Kläger dem Beklagten am 6. Juni 1977 7000,– DM übergeben hat. Die Zeugen Conrad, Sauer und Layer haben übereinstimmend glaubhaft bekundet, daß der Kläger an diesem Tage dem Beklagten in ihrer Gegenwart 7000,– DM ausgehändigt hat. Es ist kein Anhaltspunkt ersichtlich, warum die Zeugen die Unwahrheit gesagt haben sollten . . .

Hier kommt wieder einmal die „herrschende Lehre in der Justizkantine" zum tragen: „Ich muß doch einem Zeugen glauben, wenn ich keine handfesten Anhaltspunkte dafür habe, daß er sich irrt oder lügt" Rn. 453.

Nach Erlaß dieses Urteils stellte sich heraus, daß der Kläger zwei anderen Personen vergeblich 250,– DM angeboten hatte, falls sie bereit seien, als Zeuge zu bestätigen, daß sie gesehen hätten, daß er dem Beklagten 7000,– DM gegeben habe.
Der Beklagte ging in die Berufung. Dort sagten aus,

Zeuge Conrad: Ich möchte die Sache richtig stellen, ich schlafe ohnehin seit vier Tagen kaum, weil ich schwere Gewissensbisse habe. Ich habe mich um die ganze Angelegenheit gar nicht gekümmert. Ich habe weder gesehen, daß irgendwelche Gelder übergeben worden sind, noch daß ein Zettel unterschrieben wurde.

Der Kläger hat mich dadurch überzeugt, daß er bei seiner Ehre, seinem Glauben und dem Leben seiner Kinder schwor, er habe dem Beklagten die 7000,– DM übergeben.

Zeuge Sauer: Ich bin nicht Zeuge der Geldübergabe gewesen und ich bereue meine Angaben im Ziviltermin. Der Kläger hat mir beim Augenlicht seiner Kinder geschworen, daß er dem Beklagten wirklich 7000,– DM gegeben habe. Deshalb habe ich beim Landgericht gesagt, ich hätte das gesehen, weil ich wirklich davon überzeugt gewesen bin, daß es wahr sei.

Zeugin Layer: Ich bleibe dabei, daß ich die Übergabe selber gesehen habe. Das haben auch Conrad und Sauer gesehen, die der Kläger extra als Zeugen an den Tisch gerufen hat.

Auf Vorhalt, daß die beiden schon zugegeben hätten, daß sie gelogen haben und gar nicht dabei gewesen sind:

Das ist mir egal, ich bleibe bei meinen Angaben.

Der Kläger nahm in der Berufungsinstanz seine Klage zurück.

Das ist eine Erfahrung, die man immer wieder einmal machen kann *(und auch in der Literatur öfters beschrieben wird)*: Männer neigen eher dazu aufzugeben, wenn sie sehen, daß weiteres Lügen zwecklos ist; Frauen halten öfters an der einmal gemachten Aussage fest und weigern sich einfach, zu den gegen ihre Aussage sprechenden Indizien Stellung zu nehmen.

b) Das Komplott der Verschworenen

857   **Hier sind die Mittäter darüber informiert, daß sie nicht nur lügen sollen, sondern daß auch der damit angestrebte Erfolg widerrechtlich ist. Auch an einem solchen Komplott sind oftmals charakterlich unverdächtige Personen beteiligt, die bereit sind, einen Meineid zu schwören, um einem anderen aus der „Patsche" zu helfen.**

Nicht ganz selten fallen die Komplotteure schon um, bevor es überhaupt zu einer falschen Aussage kommt.

Das nunmehr folgende Beispiel erlaubt einen der seltenen Blicke in die „Werkstatt" eines Komplottanstifters, weil es schriftlich vorbereitet wurde und das Schriftstück in unsere Hände geriet. Hier war offenbar ein prozeßerfahrener Ränkeschmied am Werke, was man schon daran sieht, daß in seinem „Drehbuch" Bericht und Verhör als voneinander getrennte Vernehmungsteile vorprogrammiert sind.

Typisch ist schließlich noch, daß der bereits überführte Anstifter zum Prozeßbetrug und zur Falschaussage am Schluß noch so dummdreist ist, dem Gericht mit einer Pressekampagne zu drohen.

Beispiel: Bei gutem Ausgang des Prozesses für jeden Zeugen 1000,– DM

Der Kläger (Bauunternehmer) verlangt den Werklohn für die Errichtung einer Jauchegrube. Der Beklagte (Landwirt) lehnt die Bezahlung ab, weil der Kläger sich geweigert hatte nachzubessern, nachdem die Baubehörde die Abnahme des Bauwerkes wegen vielfacher Verstöße gegen die Regeln der Baukunst versagt hatte. Der Kläger macht geltend, diese Verstöße gingen zu Lasten des Beklagten, weil dieser die von ihm zu leistende Vorarbeit (Ausheben der Baugrube) mangelhaft erbracht habe und auf seinen – des Klägers – Protest hin erklärt habe, er übernehme die Verantwortung für den Weiterbau auf die mangelhafte Vorarbeit.

Schon aus den Bauakten ergab sich, daß der Vortrag des Klägers nicht stimmen konnte. Für den Prozeß setzte der Kläger seinen beiden Zeugen *(den bei ihm beschäftigten Arbeitern)* den Text auf, den sie vor Gericht sagen sollten und versprach ihnen schriftlich je 1000,– DM.

I. Akt: Schriftliche Instruktion der Zeugen des Klägers

(1. Bericht) Der Kläger hat uns gesagt, wir dürfen nicht anfangen *(mit betonieren)*, bevor die Baugrube richtig angelegt ist, sonst lehne er jede Garantie ab. Nachdem diese Leistung seitens des Bauherrn *(Bekl.)* nicht vollbracht wurde, haben wir *(von da an)* nach den Weisungen des Beklagten gearbeitet. Der Kläger lehnte jede Verantwortung ab.

(2. Verhör) Voraussichtliche Fragen des Richters und zu gebende Antworten:

(Richter:) Wieviel Rollierung wurde eingebracht?

(Antwort:) Auf einer Seite mehr auf der anderen weniger. War Wasser in der Grube.

(Richter:) Wieviel war seitlich ausgebaggert?

(Antwort:) Sehr wenig.

(Richter:) Wie haben Sie den Boden *(des Betonbehälters)* eingebracht?

(Antwort:) So wie es uns der Beklagte angeschafft hat.

II. Akt: Bestechung der Zeugen

H. S. und H. J. bekommen von mir je 1000,– DM bei gutem Ausgang der Rechtssache . . .

18. 2. 1975   *(Gez. der Kläger)*

Die Zeugen übergaben die beiden angeführten Dokumente anläßlich ihrer Vernehmung am 31. 3. 1977 dem Gericht. Sie erklärten, daß an den Aussagen, die sie auf Weisung des Klägers hätten machen sollen, kein wahres Wort sei.

III. Akt: Drohung des Klägers gegenüber dem Gericht

Betrifft: Berufungsbeschwerde . . .

Bei der Verhandlung am 31. 3. 1977 sind Sie meinen Ausführungen nicht gefolgt. . . . Ich habe den Eindruck gewonnen, daß ich den Prozeß verlieren werde . . . Sollte bei dem nächsten Termin eine Urteilsverkündung vorgenommen werden, so werde ich die Sache meinem Bekannten übergeben, der in der Bild-Zeitung als Journalist tätig ist . . .

Man darf auch nicht in den Irrtum verfallen, bei mehreren in Einzelhaft untergebrachten Mittätern sei ein feingesponnenes Komplott nicht möglich.

Beispiel: Gefängnismauern sind dünn   858

Adam, Berthold und Caesar haben einen Einbruch verübt. Berthold und Caesar sind geständig. Adam bestreitet, weil er als mehrfacher Rückfalltäter mit Sicherungsverwahrung rechnen muß. Adam, das Haupt der Bande, bereitet das Komplott geradezu generalstabsmäßig vor. Er schickt seinen Mittätern ein Kassiber mit 9 Schreibmaschinenseiten. Hier ein Auszug:

An Berthold *(gleichlautend an Caesar):*
Lies das ganz genau durch, abends in Deiner Zelle. Du mußt Zeile für Zeile ganz genau lesen:
Richter: Herr Berthold, wie war das mit dem Einbruch?
Berthold: Wir drei saßen im „Faulen Pelz". Erst wo Adam weg war, hat Caesar über den Einbruch gesprochen ... es folgen 6 Seiten Details.
Richter: Herr Berthold, warum haben Sie Adam belastet, wenn er doch mit der Sache nichts zu tun hat?
Berthold: Nachdem ich von Caesar gehört habe, daß Adam beim Verkauf mit dabei war, habe ich zu Caesar gesagt, wenn ich meine Hälfte nicht bekomme, zeige ich Adam mit an, weil er sich eingemischt hat, wo ihn nichts angeht, und Adam ja kein Alibi haben konnte ... es folgen 3 Seiten Details.
... Lies alles ganz genau drei- und viermal durch und schreibe mir in Stichworten auf, ob Du auch alles genau verstanden hast, ich muß das lesen, damit Du Deine Aussagen richtig und einwandfrei wiedergibst. Im Grunde war alles gleich, nur eben ohne mich. Wenn Du diese Aussagen nicht machst, muß ich sitzen wegen Dir. Wenn Du nicht bereit bist, lasse ich Dich nach meiner Entlassung durch die Polizei suchen unter irgendeinem Vorwand. Ich finde Dich also.
Aber nicht nur der ist schuld, wo die Anzeige machte, sondern auch der, wo gleich geständig war, ist auch nicht viel besser.
Ich hoffe, daß alles klar geht. Du kannst wegen Falschaussage nicht bestraft werden, weil Caesar *genau die gleichen Aussagen* vor Gericht machen wird. Ich habe ihn genauso informiert und schicke Dir das mit. Es ist das Gleiche, was Du aussagen mußt. Der von Euch, wo mich in die Pfanne haut, dem schneide ich ein Ohr ab, dem Dreckschwein. Ob er auch noch dann der Schönste ist?

4. Die Beeinflussung

859   **Je weniger die Wortwahl der Individualität der Aussageperson entspricht, je mehr der erstattete Bericht ein Sachverständnis voraussetzt, das der Aussageperson nicht zuzutrauen ist, je mehr die Aussageperson Erweiterungen verweigert oder die Erweiterungen qualitativ gegenüber dem Bericht signifikant abfallen** *(Strukturbruch),* **desto mehr sollte man der Aussage mißtrauen.**

a) Vorsorge gegen Beeinflussung

In jedem Falle, in welchem Beeinflussung in Betracht kommt, gilt als selbstverständliche Regel, daß während der Vernehmung der Auskunftsperson alle Personen, die als Einflußausübende in Frage stehen, aus dem Sitzungssaal zu entfernen sind. Oft hilft schon allein diese Maßnahme, um den Einfluß auszuschalten oder jedenfalls erheblich herabzusetzen. Viele Beeinflußte „benötigen" den persönlichen Beistand des Einflußausübenden, um die ihnen zugedachte Rolle planmäßig zu spielen. Dies gilt insbesondere für Kinder.

Allerdings gibt es keine rechtliche Handhabe, vermutbare Einflußnehmende, die nicht Prozeßbeteiligte sind, sondern als „Öffentlichkeit" anwesend sind, aus dem Sitzungssaal zu entfernen *(z. B. die Clique, die hinter einer Prozeßpartei steht)*. Insoweit sollte § 172 GVG erweitert werden.

b) Wie man Beeinflussung erkennt

Es ist erforderlich, sorgfältig auf alle Anzeichen zu achten, die eine verfälschende Einflußnahme signalisieren. Da sind Ausdrücke, die offensichtlich nicht zum Sprachrepertoire der Auskunftsperson gehören, insbesondere, wenn sie stereotyp wiederholt werden, Handlungsabläufe, die offensichtlich den eigenen Verständnishorizont der Aussageperson übersteigen, aber gleichwohl so dargeboten werden, als wenn sie verstanden worden wären. Die meisten Einflußnehmer achten zu wenig darauf, die Einflußnahme auf den Sprachgebrauch der Auskunftsperson und ihren Verständnishorizont abzustimmen. Sie gehen von ihren eigenen Sprachgewohnheiten und ihrem Verständnis aus. Die Beeinflußten wiederum halten sich gern – wenn der Abstand zwischen beiden allzu groß ist – sklavisch an die Form der Beeinflussung.

Die falsche einzelne Aussage eines „Beeinflußten" ist schwerer aufzudecken als das Komplott, weil man dabei nicht mehrere Lügner gegeneinander „ausspielen" kann.

c) Zwei Erscheinungsformen von Beeinflussung

(1) Die unsichere, schwankende Erinnerung der Auskunftsperson, die vom Beeinflussenden in eine bestimmte Richtung präzisiert und stabilisiert wird.

Schon allein die Tatsache, daß der Zeuge von einer Partei für seine Sache benannt ist, ist geeignet, seine Aussage im Interesse „seiner" Partei zu verfälschen. Die Niederlage „ihrer" Partei im Prozeß wird von manchen Zeugen als eigene Niederlage erlebt, das Obsiegen als „belohnend" empfunden.

Hinzu kommt, daß kaum eine Partei es versäumt, vor der Verhandlung das Gedächtnis „ihrer" Zeugen aufzufrischen. Je mehr die Partei für den Zeugen eine „Autorität" ist, je „ranghöher" sie erscheint, desto mehr müssen Sie damit rechnen, daß sich die Auskunftsperson von der – anscheinend überlegenen – Erinnerung der Partei beeinflussen läßt (Rn. 107).

aa) Probevernehmung durch den Anwalt

Auch wenn der Anwalt guten Willens ist und nur testen will, ob der Zeuge etwas taugt; er stellt für die meisten Zeugen eine Autoritätsperson dar, und er wird zwangsläufig dem wenig ergiebigen Zeugen Vorhaltungen machen, ob er sich nicht doch an diese oder jene Einzelheit noch erinnere. Der Zeuge wird ungern widersprechen.

Rückel empfiehlt deshalb eine wörtliche Niederschrift der anwaltlichen Vernehmung, um etwaigen Mißtrauen gegen den „vorvernommenen" Zeugen entgegenzuwirken (Seite 25).

Wenn der Zeuge allzu präzise den Anwaltsschriftsatz wiederkäut, dann darf man ihn ruhig fragen, ob er den Schriftsatz von der Partei zu lesen bekommen hat.

bb) Der Anwalt als „Zeugenstellvertreter"

Erst recht muß im Termin darauf geachtet werden, daß der Anwalt den Zeugen nicht unzulässig beeinflußt. Im Zivilprozeß kommt es tagtäglich vor, daß der Anwalt dem Zeugen die Antwort in den Mund legt; und manche Richter lassen das unbeanstandet durchgehen.

Ja, manche Anwälte geben schon während der richterlichen Vernehmung anstelle der Partei oder sogar des Zeugen die Antwort. Auch dies wird nicht immer deutlich zurückgewiesen – manche Richter scheinen das nicht einmal zu bemerken. Selbstverständlich darf auch der Richter in der Art seiner Befragung nicht durchscheinen lassen, welche Antwort ihm selbst erwünscht ist, denn auch er ist für den Zeugen in der Regel eine Respektsperson (Rn. 106).

Empirischer Beleg: Wie sehr eine sogenannte „Gedächtnisauffrischung" die Erinnerung verfälschen kann, ist empirisch überprüft worden.

Hutchins und *Schlesinger* verlangten von zwei Testgruppen, die einen bestimmten Vorfall erlebt hatten – nach einem gewissen Zeitabstand – dessen Beschreibung. Die eine Testgruppe hatte Gelegenheit, vor der Beschreibung einen sehr ungenauen Zeitungsbericht über diesen Vorfall zu lesen, die andere nicht. Die Testgruppe, die den Bericht gelesen hatte, berichtete den Fall so, wie er darin beschrieben wurde. Die andere Testgruppe berichtete den Vorfall viel genauer aufgrund ihrer „nichtaufgefrischten" Erinnerung (*Hutchins u. Schlesinger*, zitiert in *Marschall*, S. 29, 30).

(2) Die Auskunftsperson, die von gar nichts weiß und der vom Beeinflussenden eine Lügengeschichte eingetrichtert wird. Ebenso wie beim Komplott wird der Beeinflußte zögern, wenn er im Verhör seine Aussage erweitern soll oder sich sogar ganz weigern. Jetzt fehlt ihm ja die Stütze durch den Einflußausübenden, und er selbst weiß oft nicht, welche Erweiterungen mit den bereits feststehenden Tatsachen verträglich sind. Hingegen muß man bei wiederholter Vernehmung damit rechnen, daß nunmehr passende Erweiterungen gebracht werden; denn inzwischen kann die Auskunftsperson auf die Erweiterung ihrer ursprünglichen Aussage präpariert worden sein.

Auch bei der Beeinflussung sollte man stets an die Möglichkeit einer gewollten Verschmelzung (Rn. 272) denken.

5. Wie Beweismittel entstehen

860   Eine Prozeßpartei kann sich zur Stützung ihrer berechtigten oder unberechtigten Ansprüche nicht nur lebendiger Beweismittel bedienen, indem sie ein Komplott schmiedet oder einen einzelnen Zeugen beeinflußt. Die „stummen" Beweismittel sind meist viel überzeugender, sie bekommen keine „kalten Füße", man erspart sich Mitwisser, die einen später erpressen oder verraten könnten.

In Betracht kommen hier alle Sachbeweise, die sich fälschen lassen. Praktisch am wichtigsten ist der falsche Urkundenbeweis und das verfälschte Augenscheinobjekt. Der Bauherr, der mangelhafte Isolierung rügt, kann die betreffenden Räume vorher „anfeuchten", bevor der Sachverständige zur Besichtigung kommt. Der Verkäufer, dem die Bezahlung verweigert wird, weil er nicht mustergetreu geliefert habe, kann falsche Muster hervorzaubern zum Gegenbeweis usw. Am häufigsten freilich ist die Urkundenfälschung und die Falschbeurkundung im Prozeß.

a) Die Urkundenfälschung

Sowohl die Herstellung einer falschen Urkunde, als auch die Verfälschung einer echten Urkunde kommen im Prozeß immer wieder vor. Allerdings wird auch umgekehrt oftmals die Echtheit einer Urkunde grundlos bestritten. Diese Fälle bringen normalerweise keine großen Schwierigkeiten im Prozeß, wenn man einen zuverlässigen Schriftsachverständigen zur Hand hat.

b) Die Urkundenfälschung für den Prozeß

Wenn im Prozeß eigene „Urkunden" vorgelegt werden, die zu Beweiszwecken dienen, dann sollte man stets die Möglichkeit ins Auge fassen, daß die Urkunden erst zu Prozeßzwecken hergestellt worden sind.

(1) Die Urkundenfälschung des „Überzeugungstäters"

Man sollte glauben, daß insbesondere im Zivilprozeß, wo sich häufig charakterlich **861** anscheinend unverdächtige Personen gegenüberstehen, derartige kriminelle Handlungen äußerst selten seien. Dem ist nicht so. Zwar erfordert eine solche Handlungsweise eigentlich mehr kriminelle Energie als eine falsche Aussage oder die Anstiftung dazu. Aber in der „Parallelwertung der Laiensphäre" sieht das alles ganz anders aus. Es handelt sich nämlich oftmals um „Überzeugungstäter" (Rn. 353).

Ob sie nun – materiellrechtlich gesehen – wirklich im Recht sind oder ob sie bloß daran glauben, bleibt für diese Betrachtungsweise gleich. Jedenfalls ist für sie oftmals kaum verständlich, daß vor Gericht „nicht derjenige obsiegt, der Recht hat, sondern nur derjenige, der sein Recht auch beweisen kann". Soll es da ein großes Unrecht sein, wenn man ein Beweismittel schafft, in dem doch nichts steht als die Wahrheit, die reine Wahrheit?

Vielleicht gab es einmal eine solche Urkunde – oder der Täter glaubt, es hätte sie gegeben –, und da soll er den Prozeß nur deshalb verlieren, weil man diese Urkunde jetzt – wo man sie braucht – nicht mehr findet?

Sieht man die Sache so, dann wird verständlich, daß die Hemmschwelle, die von der Herstellung solcher Urkunden abhält, oftmals nicht sehr hoch ist.

Beispiel: Die falsche Urkunde gab es einmal als echte

Der Beklagte war auf Bezahlung einer Balkontüre verklagt. Er wandte Wandelung ein, weil die Türe eine – von ihm nicht gewünschte – Dreh-Kipp-Türe sei und weil sie etwas zu hoch sei, so daß man vom Fußboden etwas wegnehmen müsse.

Die Lieferfirma legte im Termin vor dem Berufungsgericht eine Konstruktionszeichnung vor, die sie erst jetzt aufgefunden habe. In der Zeichnung war die Türe als „Dreh-Kipp-Türe" bezeichnet und waren die – tatsächlich dann gelieferten – Maße der Türe eingetragen. Die Zeichnung war vom Architekten des Beklagten (zum Zwecke der Genehmigung) unterschrieben.

Da der Beklagte Zweifel an der Echtheit der Unterschrift äußerte, wurde der Architekt vernommen. Er sagte aus:

Ich hatte die Fa. XY mit der Lieferung der Türe beauftragt. Die Konstruktionszeichnung wurde mir von der Fa. XY zugesandt und geprüft. Ich habe dann noch den Preis gedrückt und nach Rücksprache mit dem Beklagten die Türe zur Fertigung freigegeben. Ich weiß nicht mehr, ob ich gleich damals, als

ich die Ausführungszeichnung geprüft habe, sie auch unterschrieben und an die Fa. XY zurückgesandt habe.

Auf Frage, ob der Zeuge möglicherweise erst jetzt während des laufenden Rechtsstreites die Ausführungszeichnung unterschrieben habe: **Ich sehe den Sinn der Frage nicht ein. In einer nachträglichen Unterschrift hätte ich keine tiefere Bedeutung gesehen. Darüber, ob eine eventuelle Unterschrift unter die Ausführungszeichnung Auswirkungen in diesem Rechtsstreit haben würde, habe ich mir keine Gedanken gemacht. Meines Wissens habe ich die Ausführungszeichnung vor Beginn des Rechtsstreites unterschrieben.**

Auf Vorhalt: **Wenn ich an wesentlich weiter zurückliegende Vorgänge eine sehr gute Erinnerung habe, dann liegt das daran, daß diese meinen Beruf als Architekt betreffen.** (Die Bauzeichnung etwa nicht?)

Der Inhaber der Fa. XY sagte aus:

Es ist richtig, daß der Zeuge Kaufmann die Zeichnung nachträglich unterschrieben hat. Meines Wissens wurde die Zeichnung vor etwa 2 Monaten von ihm unterzeichnet. Das ist gar nicht so weit aus der Welt. Es tut mir heute leid, daß wir das gemacht haben, aber das ist in der Praxis nicht abwegig, daß nachträglich Pläne unterzeichnet werden.

Auf Frage des Gerichts: **Ich weiß nicht mehr, warum ich die Zeichnung nachträglich habe unterschreiben lassen. Das war ein horrender Blödsinn. Es muß aber noch eine Zeichnung existieren, die Herr Kaufmann schon gleich 1977 unterzeichnet hat. Sonst fangen wir nicht an zu fertigen. Die Zeichnung ist aber nicht auffindbar.**

862   (2) **Die falsche Aktennotiz.** Je mehr eine Aktennotiz sich mit Umständen befaßt, die erst im Prozeß besondere Bedeutung erlangt haben und je mehr Fakten sie enthält, die besser zum Zeitraum passen, in welchem der Prozeß läuft, als zu dem Zeitraum, zu welchem sie gefertigt sein soll, desto mehr Mißtrauen sollte man haben.

Im Zivilprozeß, aber auch z. B. in Wirtschaftsstrafsachen, spielt oftmals die meist streitige Frage eine Rolle, was und wann mitgeteilt oder vereinbart worden ist. Hat man dafür einen Zeugen zur Verfügung, ist es gut, hat man aber eine Aktennotiz zur Hand, dann ist es besser. Deshalb liegt es nicht so fern, eine Aktennotiz nachträglich für Prozeßzwecke herzustellen, wenn man keine „vorrätig" hat.

Die Schwierigkeit besteht nun offensichtlich darin, daß es außerordentlich schwer ist, sich sozusagen „dümmer zu stellen als man ist". Man müßte, wenn man eine glaubhafte Aktennotiz zu Prozeßzwecken erstellen will, deren Errichtungsdatum viele Jahre zurückliegt, sich selber in jenen geringeren Kenntnisstand zurückversetzen können, den man damals bloß hatte. Das heißt, man müßte alles an Kenntnissen aus dem Gedächtnis auslöschen können, was einem in den zwischenzeitlich vergangenen Jahren zugewachsen ist. Außerdem müßte man sich auch hinsichtlich aller äußeren – sich im Laufe der Jahre wandelnden – Umstände in die Zeit der angeblichen Errichtung der Aktennotiz zurückversetzen können. Beides übersteigt offenbar die Fähigkeiten unserer „durchschnittlichen Fälscher".

Beispiel: Ich hatte schon damals alles vorausbedacht

Der Kläger verlangt 78 000,– DM aufgrund eines von der Beklagten unterschriebenen Schuldscheines vom 6. 3. 1972. Der Schuldschein stellt eine Zusammenfassung seiner Geldhingaben in den Jahren 1962–68 dar. Die Beklagte wendet ein, der Kläger habe eine der ihm überlassenen Blankounterschriften mißbraucht; sie schulde ihm nichts. Die Beklagte legte einen Brief des Klägers vom 4. 10. 1968 vor, in welchem er die Trennung der Parteien (die in unehelich zusammengelebt hatten) bestätigt und ferner festgestellt wird, daß am 7. 5. 1968 zwischen ihnen Abrechnung erfolgt und der Endabrechnungsbetrag zugunsten der Beklagten von ihm bezahlt worden sei. Mit Brief vom 8. 10. 1968 hatte die Beklagte den Saldo zu ihren Gunsten dem Kläger bestätigt. Hernach fanden unstreitig keine finanziellen Transaktionen zwischen den Parteien mehr statt.

Auf die Ungereimtheit dieses Schriftwechsels zu der Behauptung, eine Forderung von 78000,– DM gegen die Beklagte zu haben, hingewiesen, legte der Kläger eine auf den 20. 9. 1968 datierte Aktennotiz vor und behauptete, der Schriftwechsel habe lediglich die Auflösung der gemeinsamen Wohnung in Ludwigsburg betroffen.

Die Aktennotiz lautet:

Zwischen Frau M. und Herrn L. in Gegenwart von Frau Hermann, der Büroleiterin (!) kam es zu einem zwanglosen (!) Gespräch. Frau M. erwähnte, daß ja alles Finanzielle, das mit der Wohnung in Ludwigsburg zusammenhing, bereits seit Mai erledigt sei.

Die Tilgung des noch ausstehenden Betrages von 55000,– DM plus Zinsen aus den Jahren 1961 und folgende wird sobald als möglich in Angriff genommen. Herr L. erwähnte, daß der vereinbarte Zinssatz von 7% doch sehr günstig sei, zumal der Bankzins doch das Doppelte betrage. Schon aus diesem Grunde müsse doch eine angemessene Rückzahlung möglich sein.

Es wurde vereinbart, den gesamten Schuldbetrag zu erfassen und in einem Schuldschein festzuhalten, damit die unterschiedlichen Quittungen als erledigt zu betrachten seien und nur noch eine Unterlage bestehen soll. Diese Abmachung soll aber streng vertraulich behandelt werden.   gez.: Hermann

An dieser Aktennotiz fällt auf: Das erst im Prozeß wichtig gewordene Argument des Klägers, die Abwicklung der gemeinsamen Wohnung in Ludwigsburg sei eine – von der Darlehensforderung völlig zu trennende – Angelegenheit, wird gleich zu Beginn der Notiz hervorgehoben, obwohl das damals keine Rolle spielte; eine gemeinsame schriftliche Aufstellung, die hauptsächlich – aber nicht nur – diese Wohnung betraf, lag schon lange vor der Aktennotiz vor. Auch das erst im Prozeß wichtig gewordene Argument des Klägers, warum er keinerlei Belege dafür hat, wie die Schuld entstanden sein soll, sondern nur noch eine Unterlage – den Schuldschein – wird in der Aktennotiz hervorgehoben, ohne einen aus damaliger Sicht einfühlbaren Anlaß.

Vollends entlarvend ist aber, daß der Kläger erwähnt haben soll, der übliche Bankzins betrage 14%. Tatsächlich betrug der Bankzins (Überziehungskredit) in den letzten drei Jahren vor Prozeßbeginn, 1973 bis 1975 zwischen 12% und 16%. Aber im Jahre 1968, aus dem die Aktennotiz stammen soll, betrug der Bankzins (Überziehungskredit) nur zwischen 8% und 9%. Das hatte derjenige, der diese Aktennotiz offenbar erst im Laufe des Prozesses hergestellt hat, nicht überlegt, als er niederschrieb, der Bankzins betrage das Doppelte von 7%.

Formal fällt auf, daß die angebliche Verfasserin, Frau Hermann, sich in der Aktennotiz als „Frau Hermann, die Büroleiterin" bezeichnet. Das deutet darauf hin, daß der Kläger selbst die Aktennotiz verfaßt hat, und das Bedürfnis verspürte, das Gericht darüber aufzuklären, wer Frau Hermann ist. Auch die – aus damaliger Sicht – unmotivierte Bemerkung vom „zwanglosen" Gespräch, läßt sich mit diesem Mitteilungsbedürfnis erklären.

6. Abschnitt: Der psychologische Sachverständige

Arntzen 1977, 391–396, *Blau* 344–373, *Thomas Fischer, Greuel und Müller-Luckmann* 130–147, beide in Gerichtliche Psychologie, Darmstadt 1962, Hrsg. B. u. M.-L., *Geisler* 403–415, *Maisch* 267–277, *Michaelis* (in *Arntzen* 1989) 63–78, *Müller-Luckmann* 1967, 389–391, *Panhuysen* 20–111, *Trankell* 87–94, 105 f., 156–164

Auch wenn Sie die Glaubwürdigkeits- und Vernehmungslehre nicht bloß oberflächlich gelesen, sondern wirklich gründlich durchgearbeitet haben sollten, dürfen Sie sich nicht zuviel zutrauen. Vor allem, solange Sie noch wenig Erfahrung in der Anwendung der einzelnen Kriterien und der „tatbestandstypischen" Indizfamilien (Rn. 410) haben, sollten Sie mit der Gesamtbeurteilung „überzeugend wahr" oder „zweifellos erlogen" vorsichtig sein. Insbesondere dann, wenn Sie „gefühlsmäßig" zu einer gegenteiligen Beurteilung gekommen wären, muß nicht notwendig Ihr Gefühl trügerisch sein; es könnte auch sein, daß Sie nur scheinbar vorliegende Kriterien falsch interpretiert, entgegenstehende Kriterien übersehen haben. Im Zweifelsfalle sollten Sie die Glaubhaftigkeitsfrage eher als „nicht entscheidbar" beurteilen, als daß Sie vorschnell zu irrigen Beurteilungen kommen; eine Beweislastentscheidung ist in solchen Fällen noch „am wenigsten schädlich". Im Laufe der Zeit, nach zunehmender Erfahrung im Umgang mit den Kriterien, wird sich immer häufiger eine weitgehende Parallelität Ihres „Gefühls" mit dem Ergebnis Ihrer Aussageanalyse einstellen. Der Umgang mit der Theorie „färbt ab" auf Ihr „Gefühl", und Ihr „Gefühl" wird Sie „warnen", wenn Sie Gefahr laufen, die Theorie falsch anzuwenden.

In der Regel sollten Sie auf den psychologischen Sachverständigen in solchen Fällen nicht verzichten, in denen Sie ihn bislang eingesetzt hätten. Es wird in Zukunft sogar Fälle geben, bei welchen Ihnen erst durch Ihre Beschäftigung mit der Aussagepsychologie auffällt, daß die entscheidende Aussage im Prozeß, wegen der schwer durchschaubaren Persönlichkeit des Zeugen, doch so bedenklich ist, daß die Zuziehung eines psychologischen Sachverständigen geboten erscheint.

1. Der psychologische Sachverständige verfügt über „überlegene Methoden und Erkenntnismittel"

Auch der im Umgang mit den Kriterien der Aussage – und Vernehmungspsychologie erfahrene Richter kann in der Regel allenfalls die Kriterien der Aussageanalyse und der Aussagesituation einigermaßen mit vergleichbarer Sicherheit anwenden wie der psychologische Sachverständige. Aber schon hier kann es Probleme geben, die der Richter nicht allein zu lösen vermag; so z. B. wenn er den „Persönlichkeitshintergrund" der Auskunftsperson nicht zuverlässig beurteilen kann und deshalb keine Klarheit darüber zu gewinnen vermag, wie bestimmte Kriterien der Aussageanalyse zu gewichten sind (Rn. 270). Erst recht wird der Richter oftmals kaum über plausible Vermutungen hinausgelangen, wenn es auf persönliche Charaktereigenschaften (Rn. 179) oder auf ungewöhnliche Motive (Rn. 181 ff.) ankommt, von denen sich die Aussageperson im konkreten Fall möglicherweise leiten läßt.

a) Eine Exploration durch den psychologischen Sachverständigen ist etwas anderes als eine richterliche Vernehmung

Der Richter sollte zwar immer versuchen, eine ähnlich enthemmende und **863** kontaktfördernde Situation zu schaffen. Trotzdem bleibt er auch insoweit deutlich hinter den Möglichkeiten des Sachverständigen zurück.

Die – für die Wahrheitsfindung oftmals schädliche – Publikumsöffentlichkeit bei der Vernehmung kann der Richter in den seltensten Fällen ausschalten, weil das Gesetz ihn daran hindert.

Der Sachverständige kann erforderlichenfalls die Exploration in das häusliche Milieu des Zeugen verlegen.

Der Sachverständige ist nicht darauf angewiesen, den Sachverhalt als solchen zu erforschen. Er kann deshalb seine Befragung unmittelbar auf die Gewinnung von Glaubwürdigkeitskriterien richten, die Befragung (zu Vergleichszwecken) auf andere Gegenstände ausdehnen usw.

b) Der Sachverständige kann spezielle Tests einsetzen

Man unterscheidet: **864**

(1) Explorative Tests. Dabei verwendet man gezielte Befragungen, die einen ganz bestimmten Bezug zu den zu erforschenden Eigenschaften, Fähigkeiten, Einstellungen, Motiven usw. haben.

Beim psychologischen Sachverständigen kommen insbesondere in Frage:

aa) Vergleichbare Phantasieleistungen des Zeugen

Der Gutachter läßt den Zeugen sowohl wirklich gehabte Erlebnisse als auch Phantasiebegebenheiten erzählen. Beide Geschichten sollten – ihrer Struktur nach – dem relevanten Aussageinhalt vergleichbar sein. In der Testbefragung ergeben sich in der Regel deutliche Unterschiede im Sprachfluß, in der Detailliertheit, in der Spontanität usw. Die relevante Aussage läßt sich dann meist dem einen oder anderen Aussagetypus zuordnen.

bb) Vergleichbare gewollte Verflechtung

Man läßt den Zeugen aus mehreren wirklich gehabten Erlebnissen einen neuen – vergleichbaren – Sachverhalt konstruierten mit bestimmten Abwandlungen. Auf diese Weise kann man prüfen, ob dem Zeugen eine gekonnte „gewollte Verflechtung" (Rn. 272) zuzutrauen wäre. Im Explorationsgespräch kann man herausfinden, ob der Zeuge Erlebnisse gehabt oder fremde Erfahrungen sich zu eigen gemacht haben könnte, die als Material einer gekonnten Verflechtung der relevanten Aussage gedient haben könnten.

cc) Vergleich der Beobachtungs-, Erinnerungs- und Wiedergabetreue

Der Sachverständige hat vielfältigere Möglichkeiten als der Richter in der Verhandlung, z. B. die Beobachtungsfähigkeit des Zeugen an Gegenständen und in Situationen zu testen, die mit der damaligen Beobachtungskonstellation vergleichbar sind. Er kann besser testen, inwieweit der Zeuge in der Lage ist, richtig Beobachtetes auch zutreffend in Worten wieder zu geben. Auch zur Erinnerungstreue kann er geeignete Tests anwenden, wenn er den Zeugen über vergleichbare Erlebnisse aus der damaligen Zeit befragt und wenn er zu dem Testerlebnis zuverlässiges Kontrollmaterial beschaffen kann.

(2) Projektive Tests. Hier wird die Testperson aufgefordert, sich mit Material auseinanderzusetzen oder zu reagieren und zwar völlig frei, ohne daß bestimmte Antworten erwartet werden und ohne daß die Antworten einen unmittelbaren Bezug hätten zu den zu erforschenden Eigenschaften, Fähigkeiten usw. Man hofft, dadurch Aufschluß über die Persönlichkeitsstruktur und die Motive der Testperson zu gewinnen. Der Schluß aber von der Persönlichkeit und von Motiven auf die Glaubhaftigkeit der konkreten Aussage ist – *wie Sie schon wissen* (Rn. 181) – recht spekulativ. Daher sollten Sie Glaubwürdigkeitsgutachten, die sich hauptsächlich auf projektive Tests stützen, immer kritisch gegenüberstehen.

Die bekanntesten projektiven Tests sind der Rorschach-Test, der Wartegg-Test, der TAT-Test und der Thematische Apperzeptionstest mit all ihren vielfältigen Abwandlungen.

c) Grenzen der sachverständigen Beurteilung

Es ist üblich geworden, daß die Sachverständigen ein Urteil darüber abgeben, ob die Aussage des Belastungszeugen (objektiv) glaubhaft sei – und also der Angeklagte (im Umfang der als glaubhaft beurteilten Aussage) schuldig sei. Damit überschreitet der Sachverständige seine Aufgabe und greift in die Kompetenz des Richters ein, insbesondere wenn (wie *Eisenberg* 1993, Rn. 1366 befürchtet) die Hauptverhandlung nur noch zur Formalität wird.

Die Aufgabe des Sachverständigen ist darauf beschränkt, die Anknüpfungstatsachen aus der Exploration dem Gericht mitzuteilen (was nur mittels Tonband oder Stenogramm in einer für den Richter überprüfbaren Weise möglich ist). Er muß daraus – unter Berücksichtigung der früheren Aussagen des Beschuldigten und einer etwaigen Einlassung des Angeklagten (was ist streitig, was unstreitig) – jene Schlüsse ziehen, die dem Stand seiner Wissenschaft entsprechen. Dabei ist er gewiß nicht darauf beschränkt, lediglich die einzelnen Kriterien für oder gegen die Glaubhaftigkeit zu benennen. Er muß vielmehr, wenn er wissenschaftlich vorgeht, nicht nur auch Kombinationen von Einzelkriterien und Globalkriterien (wie z. B. Homogenität, psychologische Stimmigkeit usw.), auch im Lichte seiner Tests zur Persönlichkeit, benennen und bewerten, sowie körpersprachliche (und extralinguistische) Begleitumstände mitteilen und in die Bewertung einbeziehen. Der Sachverständige sollte sich darauf beschränken, darzustellen, was im Einzelnen für – und was gegen – die Glaubhaftigkeit spricht und warum. Dagegen gehört es nicht zu seinen Aufgaben, festzustellen, ob – und gegebenenfalls in welchem Umfang – die Aussage des Belastungszeugen glaubhaft und somit der Angeklagte schuldig sei. Manche mögen dies für eine Formalität halten, wenn wir fordern, daß der Sachverständige dieses letzte Urteil dem Gericht überläßt. Man sollte aber nicht das Gewicht dieses Unterschiedes unterschätzen, den es insbesondere bei den Schöffen haben kann.

Mit *Th. Fischer* (NStZ 1994, 1) sind wir der Meinung, daß Richter nicht so häufig die Verantwortung für das Urteil auf den Sachverständigen abwälzen sollten. Mehr „Mut" zur „ureigenen Aufgabe" des Richters ist aber erst gerechtfertigt, wenn sich die Richter intensiv mit der Aussage- und Vernehmungspsychologie befaßt haben werden, einem Fach, das bis heute in der Juristenausbildung noch nicht einmal vorkommt.

2. Folgen Sie nicht unkritisch dem Gutachten des psychologischen Sachverständigen

Die gründliche Befassung mit der Aussagepsychologie soll Sie nicht nur **865** befähigen, besser zu erkennen, wann Sie einen psychologischen Sachverständigen benötigen und sich mit dem Sachverständigen besser zu verständigen. Sie sollen dadurch ebenfalls fähig werden, das Sachverständigengutachten erforderlichenfalls auch kritisch zu würdigen.

a) Gefahren bei der Begutachtung

(1) Die Exploration, eine Beweisaufnahme ohne Gericht. Es läßt sich nicht bestreiten, daß die Exploration ein Stück – im Zweifel das wichtigste Stück – der Beweisaufnahme darstellt; eine Beweisaufnahme ohne Teilnahme der Verfahrensbeteiligten und insbesondere ohne Teilnahme des Gerichts. Eine derartige Beweisaufnahme sieht die Strafprozeßordnung nicht vor.

„In verfahrensrechtlicher Hinsicht ist zu bedenken, daß die Sachverständigen-Begutachtung eine faktische Einschränkung des Öffentlichkeitsprinzips bedeutet, wenn dadurch das (gleichsam nachgespielte) Verfahren vor dem Gericht zur Formalität wird; dies ist insbesondere dann zu befürchten, wenn es sich um den wichtigsten oder gar den einzigen Zeugen handelt." (*Eisenberg* 1993, Rn. 1366).

(2) Ohne Tonbandaufnahme keine Kontrolle durch das Gericht mög- **866** **lich.** *Eisenberg* empfiehlt deshalb mit Recht das Festhalten der forensisch-psychologischen Exploration auf Tonband, um so wenigstens eine gerichtliche Kontrolle zu ermöglichen (a. a. O. Rn. 1374).

Wenn *Arntzen* (der Leiter des Instituts, dem wohl die meisten der hauptberuflichen Sachverständigen angehören) das Tonbandprotokoll heute noch ablehnt – als Einziger –, weil die Zeugen dadurch zu sehr gehemmt würden, dann übersieht er, daß es heute nicht mehr notwendig ist (wie noch vor 30 Jahren), den Zeugen dauernd ein Mikrofon vor den Mund zu halten. Zahlreiche Vernehmungen mit Tonbandaufnahme mittels moderner Armaturen haben gezeigt, daß sich etwaige anfängliche Hemmungen durch ein einleitendes persönliches Gespräch sehr schnell vollständig abbauen lassen. Deshalb wird sowohl von Sachverständigerseite (*Undeutsch* ZStW 1975, 654; *Lempp* NJW 1968, 2268; *Müller-Luckmann* 1962, S. 141) als auch von juristischer Seite (*Eisenberg* 1990, § 53 Rn. 9, § 56 Rn. 15 und *Schlüter* MKrim 1978, 192f.) die Dokumentation der Exploration auf Tonband gefordert. *Eisenberg* (1993, Rn. 1374) weist darauf hin, daß

„das Mitprotokollieren nicht nur den Kontakt (stört), sondern auch lückenhaft bleibt; das (im Anschluß an die Exploration erstellte) Gedächtnisprotokoll enthält in der Regel Fehlerquellen infolge subjektiver Verzerrungen (oder auch Verleugnungen)

bzw. aufgrund Nicht- oder Minderbeachtung der Placierung der Frage im Zusammenhang der Gesamtexploration".

Müller-Luckmann weist darauf hin, daß (das Tonband) ausschließlich im wissenschaftlichen Verfahren verwendet werden sollte. „Mikrophonhemmungen" bauen sich erfahrungsgemäß schnell ab; die ruhige Erklärung des Psychologen zu Sinn und Zweck einer Tonaufnahme verfehlt nur selten ihr Ziel, und die ständig wachsende Vertrautheit auch schon kleiner Kinder mit den technischen Hilfsmitteln unserer Zeit *(schon 1962!)* tut das ihre. Darüber hinaus ist das Tonband ein ausgezeichnetes Hilfsmittel zur Selbstkontrolle des Psychologen bezüglich seiner Explorationstechnik, die er immer wieder überprüfen sollte. Auch dem Erfahrensten und Diszipliniertesten unterlaufen hier immer wieder einmal Kunstfehler.

(3) In der Exploration fehlt meist die Trennung von Bericht und Verhör. Hinzu kommt, daß aus dem Protokoll der Sachverständigen in aller Regel nicht ersichtlich ist, was der Opfer-Zeuge

„über den Vorgang aus lebendiger Erinnerung zu berichten weiß, und was er erst bekunden kann, nachdem seinem Gedächtnis in irgendeiner Weise nachgeholfen worden ist". (BGHSt 3, 281, 284, Rn. 840).

(4) Die Frage prägt die Antwort. Bekanntlich lassen sich sog. Suggestivfragen nicht stets vermeiden (Rn. 623). Andererseits ist das Eingehen des Opfer-Zeugen auf eine Suggestion ohne jeden Beweiswert. Beweiswert hat allein die sog. „Überhangantwort" (Rn. 623). Überhangantwort sind immer nur die Teile der Antwort, die über die schon in der Frage (oder Vorhalt) liegenden Vorgaben hinausgehen. Wie aber soll der Richter feststellen, wo im Protokoll über die Exploration das – beweismäßig wertlose – Eingehen auf die in der Frage liegende Suggestion aufhört, und wo die Überhangantwort anfängt, wenn die Fragen nicht inhaltlich mitprotokolliert sind?

867   **(5) Mitteilung der Anknüpfungstatsachen und Nachvollziehbarkeit des Gutachtens.** Gleichgültig, ob der Gutachter den Verlauf der Exploration mittels Tonband aufzeichnet, oder etwa mitstenografiert, auf jeden Fall muß das Gutachten die Anknüpfungstatsachen wörtlich mitteilen und ausführen, welche Realitätskriterien (oder Phantasiesignale) der Gutachter darin gefunden hat. Da die Textanalyse der Aussage die beweiskräftigsten Indizien für die Glaubhaftigkeit einer Aussage hergibt, ist dies unverzichtbar, wenn der Richter das Ergebnis des Gutachtens eigenverantwortlich nachprüfen soll. Gerade weil der Richter bei der Exploration nicht dabei ist, führt daran kein Weg vorbei. Mit Recht verlangt der Bundesgerichtshof ganz allgemein, daß der Gutachter die Anknüpfungstatsachen (Befundtatsachen) mitteilt, damit das Gutachten für den Richter nachvollziehbar wird (BGHSt 7, 238; 8, 113, 118; 38, 320, 322).

Wichtig ist in diesem Zusammenhang, daß der Richter (bzw. der Staatsanwalt) bei Erteilung des Gutachtenauftrags schon dem Gutachter mitteilt, welche Anforderungen an das Gutachten gestellt werden müssen, insbesondere Trennung von Bericht und Verhör, Mitprotokollierung von Fragen und Antworten, damit das Gutachten nachvollziehbar wird. Ist nämlich erst einmal ein nicht nachvollziehbares Gutachten erstattet, dann steckt das Gericht in einem Dilemma: Das Gutachten – so wie es heute leider noch immer in der Regel aussieht und nicht beanstandet wird – müßte eigentlich als unverwertbar zurückgewiesen werden. Andererseits ist eine erneute Exploration zwecks Erstellung eines Zweitgutachtens sehr problematisch, ganz abgesehen von der darin liegenden Zumutung für den Opfer-Zeugen.

(6) Nach den überzeugenden Ausführungen des Sachverständigen … Leider machen sich nicht alle Richter die – allerdings aufwendige – Mühe, das Sachverständigengutachten wirklich eigenverantwortlich nachzuvollziehen. Mitverantwortlich für das nicht gerade seltene „Abschieben" der Verantwortung der Entscheidung auf den Sachverständigen ist sicherlich der Umstand, daß die Ausbildung der forensisch tätigen Juristen das Gebiet der Aussage- und Vernehmungspsychologie schlicht ausspart.

b) Kritik der Begutachtung

Abgesehen von den eher formalen Mängeln, auf die oben hingewiesen wurde, sollte der Richter (und auch der Verteidiger des Angeklagten) insbesondere auf folgende Gesichtspunkte achten:

(1) Überbetonung der Argumente zur allgemeinen Glaubwürdigkeit. 868
In der Aussagepsychologie ist längst unstreitig, daß der Beweiswert der allgemeinen Glaubwürdigkeit der Person, ihr guter Ruf, ihre allgemeine Charakterfestigkeit usw. weit zurückbleibt, gegenüber der speziellen Glaubhaftigkeit der einen Aussage, auf die es im Prozeß ankommt.

Gleichwohl gibt es noch immer Gutachten, die sich ausführlich mit der „Geradlinigkeit, Ehrlichkeit, Kirchengebundenheit, Einfachheit usw." der Person befassen, von den sog. „Realitätskriterien" der Aussage in der Textanalyse aber höchstens eines oder zwei erwähnen.

(Vgl. dazu BGH StV 1994, 64, Rn. 227).

Ein solches Gutachten ist schon wegen seiner fehlerhaften Gewichtung zur Überführung des Angeklagten nicht tauglich. Die Überbetonung der allgemeinen Glaubwürdigkeit der Person „färbt" allzu leicht auch auf die Beurteilung der speziellen Glaubhaftigkeit der entscheidenden Aussage ab.

Beispiel:
Für das Schöffengericht X erstattete Prof. Dr. Dr. Y ein Gutachten dahin, daß die Zeugin Z nicht glaubwürdig sei. Aus dem Gutachten:
In charakterlicher Hinsicht findet sich bei Sylvia eine durch die puberale Entwicklungskrise und neurotisch verarbeitetes Kindheitsschicksal bedingte Unzuverlässigkeit, die die allgemeine Glaubhaftigkeit ihrer Aussagen immer dann erheblich einschränkt, wenn persönliche, konfliktsbezogene Motive ins Spiel kommen … Auch die spezielle Glaubwürdigkeit von Sylvia muß … angezweifelt werden. Sylvia bleibt zwar bei der Schilderung des Geschehens in den Kernpunkten bei ihrer Aussage, weicht aber zu verschiedenen Zeiten in den Begleitumständen vom früher Gesagten ab … (deshalb) kann ich ihrer Aussage nicht glauben … Sie lügt, wenn sie dies für notwendig hält …

Aus dem Urteil des Schöffengerichts: ... ist das ... überzeugende Gutachten des Sachverständigen geeignet, die Glaubwürdigkeit der Zeugin Sylvia Z zu erschüttern ...

Der Staatsanwalt hat in der Berufungsinstanz die Einholung eines Zweitgutachtens erreicht. Aus dem Zweitgutachten: Sylvia ist eine bemerkenswert zuverlässige Zeugin. Neurotische Züge, sozial negative Regungen oder schädliche Neigungen sind nicht zu erkennen. Ich halte Sylvia für eine im allgemeinen glaubwürdige Zeugin. Ihr Verhalten während der Exploration, die Analyse des Inhalts ihrer Aussage, der Vergleich ihrer fünf Aussagen und die Betrachtung der Motivlage zwingen dazu, ihre Aussage als glaubwürdig anzusehen.

Nach den Feststellungen des Urteils 2. Instanz hat der Erstgutachter zum Zweitgutachten wie folgt Stellung genommen: Herr Dr. M, der das Gutachten unter meiner wissenschaftlichen Oberleitung angefertigt (und vor dem Schöffengericht vertreten) hat, sei noch sehr unerfahren gewesen ... Er habe das Ergebnis des psychologischen Zusatzgutachtens ungeprüft übernommen. Angesichts der Aussagekonstanz, dem Detailreichtum und der Motivlage bestünden an der speziellen Glaubwürdigkeit von Sylvia keine Zweifel. Von Dr. M sei auch das Verhalten von Sylvia nach der Tat nicht genügend beachtet oder aber fehlinterpretiert worden. Die angeblichen Widersprüche und Unstimmigkeiten in den verschiedenen Aussagen von Sylvia seien auf ungenaue Exploration bzw. bedenkliche Interpretation zurückzuführen. Diese Punkte seien von ihm damals beim Durchlesen des schriftlichen Gutachtens übersehen worden, was er als eine bisher erstmalig ihm unterlaufene Fehlleistung außerordentlich bedauere.

869   **(2) Zirkelschlüsse.** Der Richter sollte ein Glaubwürdigkeitsgutachten auch immer daraufhin prüfen, ob sich darin nicht offensichtliche Zirkelschlüsse befinden.

Manche Gutachter, die den Belastungszeugen – aus welchen Gründen auch immer – für glaubwürdig halten, behandeln vom Zeugen (außerhalb des eigentlichen Beweisthemas) mitgeteilte Fakten so, als wären sie festgestellt, und ziehen daraus dann wieder Rückschlüsse auf die Glaubhaftigkeit der Aussage.

Beispiel:

So erwähnt ein Gutachter z. B., daß die Zeugin immer das Haus abgeschlossen habe, wenn sie den Angeklagten auf ihr Haus habe zukommen sehen. Eine solche Handlungsweise sei nicht verständlich, wenn die Zeugin den schrecklichen Vorfall mit dem Angeklagten nicht erlebt haben würde.

Diese Schlußfolgerung wäre nachvollziehbar, wenn der Sachverhalt (Abschließen der Haustüre) feststünde. In Wirklichkeit hatte der Angeklagte das Gegenteil geschildert, daß er nämlich nach dem behaupteten Vorfall noch mehrfach von der Zeugin sehr freundlich empfangen worden sei. Beweis über die insoweit widerstreitenden Behauptungen ist niemals erhoben worden.

Wenn von einer unbewiesenen Behauptung auf etwas anderes Unbewiesenes – nämlich die Glaubhaftigkeit der Aussage – geschlossen wird, dann ist das ein klassischer Zirkelschluß. Solche Zirkelschlüsse kommen offenbar in Gutachten häufiger vor.

870   **(3) Einseitige Schlußfolgerungen.** Bestimmte Aspekte eines Sachverhalts lassen nicht selten – mit gleicher Plausibilität – geradezu gegenteilige Schlußfolgerungen zu. Wenn ein Gutachter nur die gegen den Angeklagten spre-

chende Interpretation in Erwägung zieht, nicht aber auch die ebenso plausible gegenteilige, dann spricht das nicht gerade für seine Objektivität.

Beispiel:
So hat z. B. ein Gutachter daraus, daß die Zeugin von der behaupteten sexuellen Belästigung niemals ihren Töchtern erzählt habe, geschlossen, daß die Belästigung auch vorgefallen sein müsse. Das Erlebnis mit dem Angeklagten sei für sie so schokkierend gewesen, daß sie gar nicht gewußt habe, wie sie mit einem solchen Fall umgehen sollte. Der Angeklagte hatte behauptet, daß umgekehrt die Zeugin versucht habe, ihn zu verführen. Wenn das aber wahr wäre, hätte die Zeugin erst recht Veranlassung gehabt, darüber niemals ihren Töchtern zu berichten.

(4) Sachliche Kritik

Aussagekonstanz
Was gelegentlich als „Aussagekonstanz" in Gutachten positiv hervorgehoben wird, kann mitunter eher als „mangelnde Varianz" oder „Stereotypie" negativ zu werten sein (vgl. Rn. 334).

Motivation
In manchen Fällen, in denen der Gutachter vermeint, keine Motive für eine Falschaussage finden zu können, ist es in Wirklichkeit naheliegend, daß die – manchmal vorliegende eigene Aktivität des Opfer-Zeugen, die verschwiegen oder verdrängt wird, ein Motiv für eine ungerechtfertigte Mehrbelastung des Angeklagten sein kann.

Verortung der Realitätskriterien
Manchmal lassen sich Gutachter auch dadurch täuschen, daß der Bericht zwar zahlreiche Details enthält, und auch Besonderheiten, aber eben gerade da nicht, wo es juristisch relevant wird, und wo es auch für den Zeugen das Kernerlebnis hätte sein müssen.

Deliktstypik
Seit die Medien (Illustrierte, Fernsehen, Videos usw.) immer zahlreicher und eingehender sich mit dem sexuellen Mißbrauch von Kindern befassen, wird das Realitätskriterium „Deliktstypik" immer fraglicher. Es wird immer schwieriger zu unterscheiden, welche „typischen Einzelheiten" aus eigenem Erleben stammen, und welche aus den Berichten in den Medien herrühren.

Die Schwierigkeiten mit neurotisch-hysterischen Opfer-Zeugen.   871
Solche Zeugen erkennt man am ehesten daran, daß sie gerne, und ohne besonderen Anlaß, mit ihren behaupteten sexuellen Erlebnissen prahlen. Das ist ganz untypisch für Opfer-Zeugen, die tatsächlich mißbraucht wurden. Andererseits sind Zeugen aus diesem Formenkreis besonders gefährlich.

„Ein gutachterliches Durchschauen setzt voraus, daß die ‚pathologische Induktion', der vielfach selbst lebens- und praxiserfahrene, kritische Vernehmungspersonen erliegen und willfährig folgen, unterbrochen wird; dies fällt um so schwerer, als vielfach statt einer gewissen Hektik eine gleichsam ‚hysterische Ruhe' oder die Rolle einer ‚still duldenden' Person hervortritt". (*Eisenberg* 1993, Rn. 1377).
„Vielfach werden sie (neurotisch-hysterische Personen) – zumal sie in der Regel über eine lebhafte Phantasie mit anschaulichen, eingängigen Ausgestaltungen verfügen –

sich so sehr in ihre Schilderung hineinleben, daß sie selbst Mühe hätten, Sein und Phantasiegebilde zu trennen". (vgl. *Langelüddecke/Bresser,* Gerichtliche Psychiatrie Berlin 1976 Seite 44). „Andererseits scheint sich ein Rollenzwang zu entwickeln, d. h. es muß gleichsam ‚weitergespielt' und die aufgebaute Rolle eingehalten werden, um nicht die Fassade zu verlieren". (*Eisenberg* 1993, Rn. 1377).

Realitätsgrundlage
Vielfach haben die Berichte der Opfer-Zeugen eine Realitätsgrundlage mehr oder minder gravierender Art. Die Angeklagten andererseits pflegen beim Vorwurf sexuellen Mißbrauchs Minderjähriger häufig – der Wahrheit zuwider – jede sexuelle Belästigung rundweg zu leugnen. Der Umstand, daß in diesen Fällen jede Gegendarstellung des Angeklagten fehlt, verführt gelegentlich Sachverständige dazu, schlechthin alle von den Opfer-Zeugen behaupteten Tatsachen als glaubhaft zu beurteilen, selbst wenn ein Teil davon zumindest übertrieben ist.

Wer einmal lügt . . .
Andererseits gibt es Sachverständige, die jedenfalls dann, wenn sie in mehreren Punkten feststellen müssen, daß die Opfer-Zeugen gelogen haben, den Zeugen gar nichts mehr glauben, auch dann, wenn ihre Aussagen zu den juristisch relevanten Tatsachen ganz oder teilweise der Wahrheit entsprechen. Wenn eine Zeugin der Wahrheit zuwider behauptet, sie sei nicht freiwillig zu dem Mann ins Auto gestiegen oder sie habe sich nicht z. B. aus Neugier zunächst mit ihm eingelassen oder ihn gar provoziert, so braucht ihr Bericht über den schließlich gegen ihren Willen geschehenen Mißbrauch noch lange nicht unwahr zu sein.

c) Ein Fall und seine Lehren
872   (1) Die ehemalige Geliebte des Angeklagten, die er schnöde verlassen hatte, war mit einer einfachen Frau vom Lande ins Gespräch gekommen, von der sie wußte, daß diese öfters vom Angeklagten aufgesucht worden war. Sie erzählte der Frau, daß der Angeklagte wegen „Weibergeschichten" in Schwierigkeiten gekommen sei. Als Ergebnis dieses Gespräches zeigte die verlassene Geliebte den Angeklagten bei der Polizei an, daß der Angeklagte die Frau vor Jahren mehrfach sexuell schwer belästigt und genötigt habe. Die Frau, dazu von der Polizei vernommen, gab dort an, es habe einen Vorfall gegeben, bei welchem sie den Angeklagten an seinem Glied habe reiben müssen, nachdem dieser sie gewaltsam am Arm gepackt habe.

(2) Das Polizeiprotokoll zu dieser behaupteten gewaltsamen sexuellen Nötigung liest sich, als habe es sich von Anfang bis Ende um eine freie Erzählung der Belastungszeugin gehandelt, keine einzige Frage des Vernehmungsbeamten ist dort vermerkt. Zur Entstehung des Protokolls sagte die Zeugin in der Hauptverhandlung:

„Die Polizeibeamten können so schön reden, daß unsereins nicht mehr mitkommt . . . Der Polizeibeamte hat so gesagt und aufgeschrieben, daß ich gar nicht mitgekommen bin."

(3) In der anschließenden richterlichen Vernehmung hat die Zeugin zunächst anscheinend in wenigen Sätzen abstrakt den Hergang bestätigt. Sodann heißt es dort: Im einzelnen wurde der Zeugin die Niederschrift von . . . bis . . . vorgelesen. Diese Angaben machte sie zum Gegenstand ihrer Vernehmung.

(4) Als die Zeugin in der Hauptverhandlung den Vorfall erzählen soll, hört sich das anders an. Sie beginnt:

„Da war ja gar nichts; ist ja nicht der Rede wert. Das einzige, was wir gemacht haben, daß wir gewichst haben. Ja, ich hab's gemacht, hab's machen müssen. Mit dem Angeklagten ist nichts gewesen: wir haben ein wenig gerangelt, dann ist's ihm gleich gekommen".

Nun beginnt der Richter der Zeugin Vorhalte zu machen:

„An der Hand soll er Sie gefaßt haben?" Zeugin: „Was heißt gefaßt, kann sein, kann auch nicht sein". Richter: „Hat er's gemacht oder haben Sie es gemacht?" Zeugin: „Ich weiß nicht, es hat nicht lange gedauert". Richter: „Hat er Ihre Hand bis zum Schluß festgehalten?" Zeugin: „Ich glaube nicht". Jetzt nimmt der Richter das Protokoll zu Hilfe und zitiert: „Er hat gesagt, dann nimm ihn halt und wichst mir einen?" Zeugin: „Das liest einem der Polizeibeamte so vor". Richter: „Sie müssen doch mehr gesagt haben (als heute), wenn es doch im Protokoll steht". Auch der Staatsanwalt greift ein: „Das müssen Sie doch gesagt haben, wie kommt der Ermittlungsrichter sonst dazu?" Zeugin: „Nein, da war nichts". Staatsanwalt: „Hat er Ihre Hand zu seinem Glied hingezogen?" Zeugin: „Ja". Staatsanwalt: „Waren Sie entsetzt gewesen?" Zeugin: „Ja". Staatsanwalt: „Hat er Sie kräftig angepackt?" Zeugin: „Weiß nicht". Staatsanwalt: „Haben Sie keine Chancen gesehen, ihm zu entgehen?" Zeugin zuckt die Achseln.
(Selbstverständlich erheben diese Ausschnitte aus einer Mitschrift der Hauptverhandlung keinen Anspruch auf Vollständigkeit.)

(5) Der Angeklagte hatte sich dahin eingelassen, daß die Zeugin von sich aus das Gespräch darauf gebracht habe, daß ihr verstorbener Ehemann sexuell sehr aktiv gewesen sei, und daß sie dies jetzt sehr vermisse. Daraufhin habe die Zeugin seinen Hosenladen aufgemacht, sein Glied herausgenommen und daran gerieben. Er habe sich das gern gefallen lassen. Als er kurz vor dem Erguß gewesen sei, habe die Zeugin aufgehört. Daraufhin habe er ihre Hand ergriffen und erneut zu seinem Glied geführt, wobei es alsbald zum Samenerguß gekommen sei.

(6) Auf die Frage des Verteidigers, ob die Zeugin dem Angeklagten erzählt habe, daß sie sich mit ihrem Ehemann sexuell sehr gut verstanden habe, und auch aus diesem Grund unter seinem Weggang sehr gelitten habe, sagt die Zeugin:

„Das kann sein". Darauf der Richter vorwurfsvoll: „Reden Sie über so etwas mit einem Fremden?" Dazu die Zeugin: „Der (Angeklagte) ist doch kein Fremder, der hat mich doch oft besucht".

(7) Das in dieser Sache erstattete Glaubwürdigkeitsgutachten war wertlos. Der Gutachter befaßt sich drei Seiten lang mit der Persönlichkeit der Belastungszeugin, mit ihrer Treuherzigkeit und Offenheit. Der Inhalt der Exploration zum Vorfall wird in einer Zusammenfassung von kaum mehr als einer Seite mit den Worten des Gutachters wiedergegeben. Dann befaßt sich der Gutachter eingehend mit der Frage, ob der Zeugin zuzutrauen ist, daß sie den ganzen Vorfall erfunden haben könnte. Dies verneint der Gutachter, insbesondere auch im Hinblick auf die überzeugende Demonstration, die einem körperlichen Nachvollzug des Vorfalles durch die Zeugin sehr nahegekommen sei.

Indessen liegen alle diese eingehenden – und an sich zutreffenden – Erwägungen neben der Sache, da der Vorfall ja „unstreitig" stattgefunden hatte. Zu der hier einzig relevanten Frage, wer der aktive Teil bei diesem Vorfall war, erwähnt der Gutachter nur ein einziges Realitätskriterium, nämlich die Konstanz der Behauptung der Zeugin in den drei Aussagen vor der Hauptverhandlung, mit welcher sie bekundet habe, daß der Angeklagte gewaltsam ihre Hand zu seinem Glied geführt habe.

Trotz der äußerst mageren Ergebnisse der Hauptverhandlung, in welcher von Konstanz der Aussage nun wirklich nicht mehr die Rede sein konnte, blieb der Sachverständige bei seiner Begutachtung. Und das Gericht verurteilte den Angeklagten – wenn auch nur wegen eines minder schweren Falles.

(8) Das Gericht konnte im Nachvollzug des Gutachtens kein Motiv finden, warum die Zeugin den Angeklagten zu Unrecht belastet haben könnte, obwohl es offen auf der Hand lag, daß sich die Zeugin ansonsten selbst – moralisch – hätte belasten müssen. Zu der naheliegenden Deutung, daß die Zeugin ihre eigenen Aktivitäten weitgehend verdrängt haben könnte, und die vom Angeklagten eingeräumte Aktivität, nämlich sein erneutes Zuführen ihrer Hand zu seinem Glied nachträglich als gewaltsam interpretiert haben könnte, kam das Gericht nicht.

Man geht wohl kaum fehl in der Annahme, daß die anfänglichen Protokolle – trotz ihrer miserablen Qualität – sowohl auf den Sachverständigen als auch auf das Gericht so nachdrücklich eingewirkt haben, daß sie das äußerst magere Ergebnis der Hauptverhandlung dahin interpretiert haben, die Zeugin habe den Angeklagten schonen wollen. Das wäre aber nicht sehr wahrscheinlich, wenn der Angeklagte sie wirklich sexuell genötigt hätte.

4. Kapitel: Der Zeuge

1. Abschnitt: Der Polizeibeamte als Zeuge

Banscherus, Polizeiliche Vernehmung: Formen, Verhalten, Protokollierung, BKA-Forschungsreihe Nr. 7, 1977; *Knuf;* Polizeibeamte als Zeugen vor Gericht, 1982; *Kube/Leineweber,* Polizeibeamte als Zeugen und Sachverständige, 2. Aufl. 1980; *Schmitz,* Tatgeschehen, Zeugen und Polizei, BKA-Forschungsreihe Nr. 9, 1978; *Schubert,* Die Vernehmung im Ermittlungsverfahren, 1983; *Wulf,* Strafprozessuale und kriminalpraktische Fragen der Beschuldigtenvernehmung auf der Grundlage empirischer Untersuchungen, 1984.

Brusten, Strafverfahren gegen Polizeibeamte in der BRD. Empirische Anmerkungen zur Theorie der „schwarzen Schafe", Polizei-Politik, 1992, 84; *Burghard,* Taschenbuch für Kriminalisten, Bd 36, 1986; *ders.,* Zum Verhältnis von Polizeibeamten zu Strafverteidigern, Kriminalistik 1991, 610; *Fischer,* Die polizeiliche Vernehmung, Schriftenreihe des BKA 1975/2–3; *Foth,* Polizeibeamte als Zeugen, DRiZ 1971, 341; *Geerds,* Vernehmungstechnik, 5. Aufl. 1976; *Gerling,* Informatorische Befragung und Auskunftsverweigerungsrecht, 1987; *Grohmann/Schulz,* Polizeibeamte als Zeugen vor Gericht, DAR 1980, 74; *Händel,* Der Polizeibeamte im Gerichtssaal, insbesondere in Verkehrsstrafsachen, Polizei-Praxis 1955, 245; *Haubrich,* Informatorische Befragung von Beschuldigten und Zeugen, NJW 1981, 803; *Helfer/Siebel,* Das Berufsbild der Polizeibeamten, 1975; *Kloos,* Auch ein Zeuge in Uniform sagt manchmal mehr, als er sieht, ADAC-motorwelt 1979, 52; *Körner,* Der Polizeibeamte als Zeuge, Hessische Polizeirundschau 1983, 12; *Kohler,* Zeugenaussagen durch Polizeibeamte, Die Polizei 1970, 237; *Krause,* Die informatorische Befragung, Die Polizei 1978, 305; *Krüger,* Der Polizeibeamte vor Gericht; Kriminalistik 1978, 289; *Kube,* Polizeibedienstete als Zeugen und Sachverständige vor Gericht, DRiZ 1979, 38; *ders.,* Protokollierungsprobleme bei Vernehmungen durch Polizeibeamte, Archiv für Kriminologie 1979, 175; *Löhner,* Kommunikationspsychologie in der Einvernahme – Sprachstudien im Prozeß der Wahrheitsfindung, Kriminalistik 1990, 611; *Maeffert,* „Licht und Schatten". Einzelfragen zur Beurteilung der Glaubwürdigkeit von Polizeibeamten, StV 1982, 386; *ders.,* Polizeiliche Zeugenbetreuung, 1981; *ders.,* Polizeiliche Zeugenbetreuung – was wissen wir heute darüber?, StV 1981, 370; *Mende,* Polizeibeamte als Zeugen vor Gericht, Hessische Polizeirundschau 1977, 12; *Nöldeke,* Polizeibeamte als Zeugen vor Gericht, NJW 1979, 1644; *Rasch/Hinz,* Für den Tatbestand ermitteln . . ., Kriminalistik 1980, 377; *Rieß,* Die Vernehmung des Beschuldigten im Strafprozeß, JA 1980, 293; *Rottenekker,* Modell der kriminalpolizeilichen Vernehmung des Beschuldigten, 1976; *Schermer,* Der Polizeibeamte als Zeuge im Strafverfahren, Deutsche Polizei 1977, 19; *Schmid,* „Dienstliche Äußerung" von Polizeibeamten im Strafverfahren, Das Polizeiblatt 1979, 184; *Schünemann,* „Dienstliche Äußerungen" von Polizeibeamten im Strafverfahren, DRiZ 1979, 101; *Steffen,* Analyse polizeilicher Ermittlungstätigkeit aus der Sicht des späteren Strafverfahrens, BKA-Forschungsreihe Nr. 4, 1976; *Stephenson/Clark/Kniveton,* Collaborative Testimony by Police Officers: A Psycho-legal Issue, in: *Wegener/Lösel/Haisch,* Criminal Behavior and the Justice System, New York u. a. 1989; *Stüllenberg,* Die Vernehmung, Lehr- und Studienbriefe Kriminalistik Nr. 4, 1989; *Thomann,* Der Polizeibeamte als Zeuge, Kriminalistik 1982, 110; *Waldmann,* Organisations- und Rollenkonflikte in der Polizei, MschrKrim 1977, 65, 79; *Weber,* Polizeibeamte als Zeugen und Sachverständige, Deutsche Polizei, 1975, 24; *Weihmann,* Kriminalistik, 1992, S. 118; *Weil,* Der Polizist als Zeuge vor Gericht. Auskunftsperson oder Prügelknabe, Polizeispiegel 1979, 75; *Wetterich,* Der Polizeibeamte als Zeuge, 1970.

A. Polizeibeamter und Strafverteidiger

873   Der ermittelnde Polizeibeamte ist auch in der Hauptverhandlung oft der wichtigste Kontrahent des Verteidigers.

Die Protokolle der von ihm durchgeführten „Ermittlungsvernehmungen" präjudizieren die Würdigung der in der Hauptverhandlung gemachten Aussagen, manchmal so sehr, daß sich die von uns nicht geteilte Ansicht von *Geerds,* die Vernehmung in der Hauptverhandlung diene der Bestätigung der Ermittlungsergebnisse, sie sei daher eine „Bestätigungsvernehmung", bestärkt sehen könnte.

874   Das Verhältnis der Polizeibeamten zu den Strafverteidigern ist nicht ohne Spannungen.

Waldemar Burghard beschreibt es so (diese Sichtweise macht er sich allerdings nicht zu eigen): „Aus der Sicht vieler polizeilicher Ermittlungsbeamter ist der Verteidiger des Beschuldigten oder Angeklagten ein natürlicher Feind, zumindest aber eine Institution, die einer schnellen und ‚gerechten' Bestrafung des Delinquenten irgendwie im Wege steht." Nicht wenige Polizeibeamte sehen in dem Verteidiger den „Bremser am Wagen der Gerechtigkeit"; kein so ganz falsches Bild, denn was wäre ein Wagen ohne Bremse?

875   Die vor etwa 20 Jahren (1972 bis 1975) durchgeführte Meinungsbefragung von *Helfer/Siebel* bei Polizeibeamten zeigt das gespannte Verhältnis der Polizeibeamten zur Justiz und vor allem zum Verteidiger (inwieweit die Ergebnisse heute noch gültig sind, können wir nicht beurteilen):

Meinungsbefragung bei Polizeibeamten

Behauptung	stimme zu	teils-teils
Es kann nichts schaden, wenn manche Straftäter von der Polizei im Ermittlungsverfahren etwas härter angefaßt werden, da sie von den Gerichten mangels Beweisen sowieso freigesprochen werden.	18,9%	17,3%
Die Vernehmung des Beschuldigten durch die Polizei sollte vor allem der Aufklärung der Straftat und nicht so sehr seiner Entlastung dienen.	37,7%	32,2%
Rechtsanwälte tragen nicht zur Verwirklichung des Rechts bei, sondern sehen ihre Aufgabe einseitig im Schutz des Rechtsbrechers.	39,8%	38,6%
Der gerichtliche Freispruch eines Angeklagten ist so gut wie eine Niederlage für die Polizei, die das Belastungsmaterial gegen ihn zusammengetragen hat.	17,9%	26,5%

B. Der Polizeibeamte als Augenzeuge

Der Polizeibeamte ist „Zeuge von Beruf" mit all den Licht- und Schat- 876
tenseiten dieser Sonderstellung. Sachverstand und Übung machen ihn in
mancher Hinsicht zu einem überdurchschnittlich zuverlässigen Zeugen.
Vorverständnis, Berufsehre, Gruppenkonformität und Erfolgsdruck aber
können ihn manchmal zu einem für den Beschuldigten äußerst gefährlichen Zeugen werden lassen.

1. Bonus: Erfahrung, Aufmerksamkeit, Interesse

Wer, wie der Polizeibeamte, von Berufs wegen Beobachtungen machen 877
und sie später wiedergeben muß, beobachtet in der Regel strafrechtlich relevante Umstände genauer als der Laie und nimmt sie deshalb besser wahr.
Der Polizeibeamte lernt aus Erfahrung, worauf es ankommt und richtet
deshalb sein Augenmerk auf solche Dinge, die dem Laien in vergleichbaren
Situationen gar nicht auffallen würden.

Ihm fallen Personen in der Rauschgiftszene auf, die gerade ein Handelsgeschäft
vorbereiten; er beobachtet den Dealer weiter, wenn dieser weggeht, weil er vermutet,
daß dieser das im Park verbunkerte Heroin holen wird.
Bei einem Verkehrsverstoß wird er die insoweit relevanten Umstände schneller
erfassen; er wird auch auf das Kennzeichen achten. Bei einem Gewaltdelikt mit einer
Waffe, wird er wahrscheinlich die Waffe beschreiben können (Pistole oder Revolver?).

Auch sein Gedächtnis und seine Wiedergabefähigkeit sind insoweit trainiert (zur Wiedererkennensfähigkeit siehe Rn. 775). Da er weiß, daß er darüber wird später berichten müssen, prägt er sich die entscheidenden Vorgänge bewußt ein; meistens macht er sich schon gewohnheitsmäßig sofort Notizen, die die relevanten Umstände enthalten.

2. Malus: Vorverständnis, Routinegeschehen, Berufsehre, Grup-
penkonformität

a) Vorverständnis

Berufserfahrung kann die Wahrnehmung verzerren.   878
Informationen werden anhand von im Gedächtnis gespeicherten Mustern
erkannt. Wenn das Netzhautbild an das Gehirn übermittelt wird, versucht
dieses, das Bild mit bereits gespeicherten Mustern zur Deckung zu bringen
(Rn. 6). Der erfahrene Polizeibeamte hat Muster des Ablaufs von typischen
Straftaten gespeichert.

Beobachtet etwa ein Rauschgiftfahnder mehrere „verdächtige" Personen, die an
einem bekannten Umschlagplatz unter „konspirativen" Umständen Gegenstände aus-
tauschen, so wird er vielleicht schlußfolgern, hier werde Rauschgift übergeben, weil er
so etwas schon oft beobachtet hat. Das „nimmt er dann auch wahr". In Wirklichkeit
wird vielleicht Hehlerware übergeben oder der Vorgang ist ganz harmlos.

Da wir einerseits dazu neigen, nur Bruchstücke wahrzunehmen, andererseits aber in Ganzheiten denken, glauben wir, Ganzheiten wahrgenommen

zu haben. Lücken werden ausgefüllt, und mit Schlußfolgerungen – wobei gerade Erfahrung die Wahrnehmung verzerren kann – ergänzt. Dazu gehört auch der Hofeffekt (Rn. 94), der besagt, daß wir dazu neigen, einer Person, von der wir eine Eigenschaft kennen, auch eine andere – dazu passende – Eigenschaft zuzuschreiben. Auch Vorurteile (Rn. 87) und die Gruppenkonformität (Rn. 108) haben Einfluß auf die Wahrnehmung. Bei der Ausfüllungsneigung (Rn. 60) bestimmen die sog. Gestaltgesetze (Rn. 68), wie Merkmale der Wahrnehmung zu Einheiten organisiert werden, z. B. das Gesetz der Ähnlichkeit, bei dem auch der Kontext das Mustererkennen beeinflussen kann (Beispiel mit dem Rauschgiftfahnder). Die Wahrscheinlichkeitsregel besagt, daß gewisse Gegenstände nur in bestimmten Kontexten anzutreffen sind.

879   **Berufserfahrung kann auch die Speicherung im Gedächtnis und die Erinnerung verzerren.**
Nach der derzeit gängigsten Auffassung werden Informationen in Form von sog. Propositionen gespeichert, dabei werden die Einzelinformationen in einer Art Netzwerk strukturiert. Beispiel: Bei dem Satz „Bankräuber sind maskiert" ist die Information „Bankräuber" direkt zusammen mit der Information „maskiert" abgespeichert, quasi mit ihr „verdrahtet".
Komplexere Informationen scheinen durch Schemata repräsentiert zu werden, die zahlreiche Propositionen umfassen; z. B. das Schema „Bankraub". Ebenso wie Gegenstände und Begriffe werden auch Ereignisse in Schematas gespeichert, deren einzelne Handlungsabläufe auch als Skripte bezeichnet werden. So hat der Polizeibeamte ein Skript im Kopf, das beschreibt, wie ein Rauschgiftdeal oder ein Bankraub normalerweise abläuft (jeder Bankräuber bringt eine Plastiktüte mit). Experimente haben gezeigt, daß sich das allgemeine Schema stark auf das Gedächtnis für Ereignisse auswirkt, es besteht eine starke Tendenz zum allgemeinen Skript (Rn. 120).

b) Routinebegebenheiten

880   **Die Erinnerung an Routinebegebenheiten wird selten konkret sein. Das ist bei der Beweiswürdigung zu beachten.**
Vieles von dem, was der Polizeibeamte als Zeuge beobachtet, sind für ihn Routinebegebenheiten (Rn. 136). Wenn er darüber – oft nach längerer Zeit – wieder befragt wird, kann er sich in der Regel an den konkreten Fall ohne Gedächtnisstütze (Rn. 887) nicht mehr erinnern. Mehrere ähnliche Vorgänge überlagern sich im Gedächtnis, sie verschmelzen miteinander, zwischen ihnen gibt es Interferenzen und sie werden dem im Gedächtnis gespeicherten Skript (Rn. 879) angeglichen.
Zu der Frage, wie die Zeugenaussage eines Polizeibeamten, er könne sich an den Vorgang zwar nicht mehr erinnern, würde diesen aber nicht so aufgenommen haben, wenn es nicht so gewesen wäre, zu würdigen ist, sagt der BGH (BGHSt 23, 213):

„In der Würdigung einer solchen Aussage des Polizeibeamten ist der Tatrichter grundsätzlich ebenso frei wie in der Würdigung jeder anderen Zeugenaussage. Er darf sie insbesondere als Beweisanzeichen (Indiz) dafür werten, daß die Anzeige des Beamten auf einer zuverlässigen Beobachtung der tatsächlichen Vorgänge beruht. Ob er im

Einzelfall die Möglichkeit eines Beobachtungsfehlers ausschließen kann und ob er sich darlegen lassen muß, von welcher Stelle aus und in welcher Weise der Beamte seine Feststellung getroffen hat, muß er nach pflichtgemäßem Ermessen unter Berücksichtigung der Aufklärungspflicht entscheiden. Auf irgendwelche allgemeingültigen Sätze kann er dabei nicht zurückgreifen. Die Entscheidung hängt von den Umständen, insbesondere von der Art der angezeigten Zuwiderhandlung, von dem besonderen Auftrag des Polizeibeamten, auch von der Art der Einlassung des Betroffenen, von sonstigen Beweisanzeichen und nicht zuletzt davon ab, wie der Richter die Persönlichkeit des Polizeibeamten allgemein beurteilt. Ist ihm dieser als zuverlässig und gewissenhaft bekannt, so darf er um so eher davon ausgehen, daß er in Zweifelsfällen keine Anzeige erstattet."

c) Berufsehre

Keine überzogenen Rollenerwartungen an den Polizeibeamten stellen. 881
In den Polizeibeamten als Zeugen werden oft Erwartungen gesetzt, die auch er nicht erfüllen kann. Er soll alles gesehen oder gehört haben, was relevant ist und wenn er etwas nicht gesehen oder gehört hat, obwohl er dabei war, dann „hat es auch nicht stattgefunden". Es fällt manchem Polizeibeamten schwer, diese Erwartung zu enttäuschen.

Deshalb ist es falsch, dem Polizeibeamten Vorhalte zu machen, wenn er sich tatsächlich nicht mehr erinnert oder irgendwelche Beweise nicht aufgenommen hat. Sie könnten ihn damit in seiner Berufsehre kränken und eventuell dazu verleiten, mehr zu sagen, als er eigentlich verantworten kann.

Vielleicht hat der Beamte damals Wichtigeres zu tun gehabt, z. B. den Verletzten zu bergen. Vielleicht hat er inzwischen so viele andere ähnliche Fälle aufzunehmen gehabt, daß er sich beim besten Willen nicht mehr erinnern kann.

Berücksichtigen Sie die Berufsehre des Polizeibeamten: Manchmal faßt 882
er einen Freispruch als Niederlage auf.
Es ist empirisch belegt, daß nicht wenige Polizeibeamte – menschlich durchaus nachvollziebar – den gerichtlichen Freispruch als persönliche Niederlage, als Beeinträchtigung ihrer Berufsehre, empfinden (Rn. 875); wir haben allerdings auch viele Polizeibeamte kennengelernt, die ohne weiteres akzeptieren, wenn der Richter sich nicht ebenso wie sie von der Schuld überzeugen kann. Hat der Beamte erst einmal Anzeige erstattet oder, wenn andere Anzeigen erstattet haben, aufgrund seines Ermittlungsergebnisses den Beschuldigten der Tat dringend verdächtig befunden, dann kann es manchmal vorkommen, daß er (fast) alles daransetzt, recht zu behalten; in extremen Fällen kann sich dies bis zum „Jagdfieber" steigern (Beispiel Rn. 356).

d) Gruppenkonformität und Gruppenvorurteile

Das Gefühl der Kollegialität ist beim Polizeibeamten meist weit stärker 883
entwickelt als unter den Juristen oder anderen Professionen.
Das hängt einmal damit zusammen, daß der Berufsstand des Polizeibeamten sich einheitlicher darstellt und deutlicher von anderen Bevölkerungsgruppen abgrenzt. Zum anderen ist der Polizeibeamte mit den Kollegen seiner beruflichen Umgebung dienstlich viel enger verbunden – und im

Ernstfall auf gegenseitige Hilfe angewiesen – als der Jurist, der weit mehr als einzelner tätig wird.

Sie werden deshalb mit einer stark positiven Einstellung (Rn. 184) des Polizeibeamten rechnen müssen, wenn es um behauptete Unkorrektheiten oder gar Verfehlungen von Kollegen geht, insbesondere von Kollegen seiner engeren beruflichen Umwelt, aber auch von anderen Polizeibeamten schlechthin. Das positive Gefühl der Solidarität (Rn. 108) kann das negative Gefühl überwiegen, nicht (ganz) bei der Wahrheit geblieben zu sein.

3. Gruppen-Erinnerung

884   **Besonders zu beachten ist die Gruppen-Erinnerung; die Gruppe hat erheblichen Einfluß auf die Erinnerung des Gruppenmitglieds.**

Stephenson u. A. haben untersucht, wie sich Gespräche von Polizeibeamten über einen Vorfall auf deren Erinnerungsleistung auswirken („group remembering"):

Die Aussage eines Zeugen, der das Ereignis zuvor in der Gruppe besprochen hat, ist weniger zuverlässig. Zwar werden mehr Einzelheiten (etwa doppelt so viele) richtig wiedergeben. Die Mitglieder sind dann aber bei ihren Antworten, auch bei den falschen Antworten, wesentlich sicherer als bei individueller Erinnerung. Gruppenerinnerung tendiert mehr zu extremen Urteilen als die individuelle Erinnerung (group polarisation). In Gruppen werden die Informationen mehr selektiert. Sind sich die Gruppenmitglieder nicht einig, „gewinnt" der Meinungsführer. Vor allem vier Fehlerquellen sind bedeutsam:

(1) Die individuelle Erinnerung an einzelne Informationen wird überlagert („conventionalisation").

(2) Gruppenvorurteile werden verstärkt. Die selektive Erinnerung bezieht sich bei Polizeibeamten vor allem auf die belastenden Momente.

(3) Die Übereinstimmung der Gruppenmitglieder bestimmt die Sicherheit der eigenen Erinnerung.

(4) Der Inhalt von schriftlichen Aufzeichnungen, die vor der Aussage zur Gedächtnisstütze durchgelesen werden, kann anstelle der individuellen Erinnerung treten, sie also ersetzen, vor allem dann, wenn die Aufzeichnung von der Gruppenerinnerung geprägt ist.

C. Vernehmung des Ermittlungsbeamten

1. Befragungstaktik

885   **Vermeiden Sie – vor allem zu Beginn – vorwurfsvolle Fragen.**

Wenn der Strafverteidiger den Polizeibeamten befragt, erwartet dieser nicht selten – er hat diese Erfahrung schon öfter gemacht – vorwurfsvolle Fragen. Man kann dies mitunter schon an seiner Körpersprache erkennen; er wendet sich Gericht oder Staatsanwalt zu und vom Strafverteidiger ab.

In älteren Polizeilehrbüchern kann man noch folgende Verhaltensratschläge für Polizeibeamte lesen:

„Das betrifft schon das äußere Auftreten. Der Schutzpolizeibeamte sollte – da seine Aussage ja Dienst ist! – tunlichst in Uniform auftreten. Andere Polizeibeamte sollten sich befleißigen in geordneter, angemessener Kleidung vor Gericht zu erscheinen. In einer Zeit, in der es Mode wird, die Mißachtung jeder staatlichen Autorität auch durch Auftreten in salopper, oft sogar ausgesprochen schmutziger Kleidung auszudrücken, wird vom Polizeibeamten erwartet, daß er ein gutes Beispiel ordentlichen Benehmens gibt. Dazu gehört auch, daß er selbst dann, wenn er angegriffen wird oder seine Aussage nicht das von ihm erwartete Echo findet, ruhig und gesetzt bleibt – ein zwar sachlich engagierter, aber persönlich über den Dingen stehender Mann.

Auch an die Form der Aussage werden Anforderungen gestellt: Der Polizeibeamte soll seine Wahrnehmungen zusammenhängend und wohlgeordnet schildern. . . . Dies schränkt die Notwendigkeit nachheriger Berichtigungen weitgehend ein. Solche Berichtigungen sind für die ‚Gegner‘ in gefundenes Fressen: Sie werden ausgeschlachtet . . . Erfahrene Polizeibeamte wissen, daß nichts besser ist, denn als Zeuge erschöpfend, aber knapp auszusagen. Wer zuviel Worte macht, gibt zuviel Angriffsfläche."

Vorwurfsvolle Fragen bauen eine Konfrontationsstellung auf, von der 886
der Polizeibeamte kaum noch abrücken wird.

Der Verteidiger sollte – wie übrigens jeder andere Vernehmer und das auch bei jedem anderen Zeugen – nach Möglichkeit vorwurfsvolle Fragen vermeiden. Sein häufig anzutreffendes Verständnis von Berufsehre macht es dem Polizeibeamten schwer, Vorwürfe – auch wenn sie berechtigt sind – hinzunehmen und Fehler einzugestehen. Darauf sollte sich der Verteidiger einstellen, wie das nachfolgende Beispiel von *Kube/Leineweber* zeigt.

Es geht um die Befragung eines Ermittlungsbeamten, dem der Richter Fragen (übrigens eine ganze Fragenbatterie mit problematischen Auswahlfragen) stellt, die der Beamte als Vorwurf auffaßt, und den der Verteidiger dann aus der Sicht des Beamten noch verstärkt:

Richter	Herr Z, könnten Sie uns bitte schildern, wie das Protokoll aufgenommen worden ist. Haben Sie Fragen gestellt und der Angeklagte geantwortet mit ja oder nein, oder beruht das Protokoll auf einer zusammenhängenden Schilderung des Angeklagten? Ich möchte Ihnen gleich vorhalten, der Angeklagte hat gesagt, Sie hätten ihm alles in den Mund gelegt und er hätte bloß immer genickt und ja oder nein gesagt, weil ihm gedroht worden wäre, weil . . .
Polizist	Das gibt's bei mir nicht. Gedroht, wie soll ihm denn gedroht worden sein?
Verteidiger	Haben Sie ihm denn nicht einen roten Zettel vorgehalten, der wie ein Haftbefehl ausgesehen hat?
Polizist	Haben wir ja gar nicht. Wir haben nicht solche Formulare.
Richter	Sie hätten ihm versprochen, wenn er einräumt, würde er nicht eingesperrt werden!
Polizist	Nee, ich habe ja schon gesagt, das gibt's bei mir nicht. (Erregt) Das ist . . .
Richter	So, jetzt mal Ruhe. Herr Z, können sie nochmals zu dem Vorwurf (!) Stellung nehmen?
Polizist	Hm. Das war genauso, wie ich es gesagt habe. Das kann ich auf meinen Eid nehmen. Wenn der Angeklagte das behauptet, so ist das einfach nicht wahr.
Verteidiger	Wieso kennen Sie denn diese Vernehmung so ganz genau? Sie machen doch sicher häufig Vernehmungen!

Polizist Was mir vorgeworfen (!) wird, kommt bei mir nicht vor. Im übrigen habe ich eine Kopie des Vernehmungsprotokolls vor der Verhandlung durchgelesen.

Kube/Leineweber analysieren diese Vernehmung zurecht dahin, daß der Polizist nicht mehr in der Lage ist, seine unkooperative Gegenposition zu verlassen. Er interpretiert jede Äußerung des Verteidigers als Affront, gegen den er sich zu rechtfertigen hat. Er kann sein Verhalten auch nicht mehr umstellen, als ihm lediglich Informationsfragen gestellt werden.

2. Filterfragen stellen

887   **Der Verteidiger sollte danach fragen, ob der Polizeibeamte seine Aufzeichnungen vor der Aussage durchgelesen hat. Dabei kann er sich dazu auf den BGH berufen.**
Der Verteidiger – aber nicht nur er – sollte zu Beginn seiner Befragung durchaus abklären (eine wichtige Filterfrage, Rn. 597), ob der Ermittlungsbeamte sich „sein" Vernehmungsprotokoll vorher durchgelesen hat; zur Notwendigkeit dieser Frage kann er sich auf den BGH (BGHSt 3, 281) berufen. Vermieden werden sollte aber ein damit verbundener Vorwurf, diese Vorbereitung auf die Zeugenvernehmung sei unzulässig. Zum einen stimmt das nicht, denn es ist das Recht des Beamten, manchmal sogar seine Pflicht (BGHSt 1, 5), sich früherer Aufzeichnungen als Gedächtnisstütze zu bedienen. Zum andern lenkt ein solcher Streit von dem eigentlichen Problem ab: Der Frage nämlich, was Beweisgrundlage ist. Der Inhalt des Vernehmungsprotokolls oder die vom Polizeibeamten nach Kenntnis des Protokolls abgegebene Erklärung. Darüber darf kein Zweifel bestehen, weil davon der Beweiswert der Aussage abhängt (BGHSt 3, 281, eine für den Verteidiger besonders wichtige Entscheidung; vgl. auch BGHSt 23, 213).
Der Verteidiger sollte auch fragen, ob sich der Polizeibeamte mit seinen Kollegen über den Vorgang unterhalten hat; denn die Gruppe kann seine Erinnerung beeinflußt haben (Rn. 884).

3. Der Staatsanwalt ist für Ermittlungsfehler verantwortlich

888   **Nicht den Polizeibeamten wegen Ermittlungsfehlern kritisieren; der richtige Adressat ist der Staatsanwalt.**
Der Verteidiger braucht auf Kritik an den Ermittlungen nicht zu verzichten. Er sollte seine Kritik aber hauptsächlich an den Staatsanwalt richten, etwa indem er von seinem Erklärungsrecht nach der Vernehmung (§ 257 Abs. 2 StPO) des Polizeibeamten oder des Zeugen, dem seine polizeiliche Aussage vorgehalten wurde, Gebrauch macht oder darauf im Plädoyer eingeht. Der Staatsanwalt ist die richtige Adresse für Kritik an Ermittlungsfehlern.

889   Der Verteidiger darf darauf bestehen, daß der Staatsanwalt Fehler der Polizei im Ermittlungsverfahren nicht auf seine Hilfsbeamten „abwälzt".
Der Staatsanwalt trägt die gesetzliche Verantwortung für sein (!) Ermittlungsverfahren. Auch wenn – was der Regelfall ist – der Staatsanwalt nach

§ 161 StPO die Ermittlungen durch Polizeibeamte vornehmen läßt, trägt er doch aufgrund seines Weisungsrechts (§§ 161 Satz 2 StPO, 152 Abs. 1 GVG) die Verantwortung für die Durchführung des Verfahrens in rechtlicher und tatsächlicher Hinsicht. Noch konkreter sind die Richtlinien für das Straf- und Bußgeldverfahren, sie sind für den Staatsanwalt und seine Hilfsbeamten bindendes Recht:

„Das vorbereitende Verfahren liegt in den Händen des Staatsanwalts. . . . (Er) . . . *leitet verantwortlich* die Ermittlungen der sonst mit der Strafverfolgung befaßten Stellen." (Nr. 1 RiStBV)

Schwache polizeiliche Vernehmungsprotokolle kann, oder besser: muß der Staatsanwalt vermeiden, denn

„Der Staatsanwalt soll in bedeutsamen oder rechtlich oder tatsächlich schwierigen Fällen den Sachverhalt vom ersten Zugriff an selbst aufklären, namentlich den Tatort selbst besichtigen, die *Beschuldigten und die wichtigsten Zeugen selbst vernehmen.*" (Nr. 3 Abs. 1 RiStBV)

Überläßt der Staatsanwalt der Polizei die Ermittlungen, so hat er die Ermittlungen weiter zu leiten und zwar konkret:

„Auch wenn der Staatsanwalt den Sachverhalt nicht aufklärt, sondern seine Hilfsbeamten (§ 152 Abs. 1 GVG), die Behörden und Beamten des Polizeidienstes (§ 161 StPO) oder andere Stellen damit beauftragt, hat er die Ermittlungen zu leiten, mindestens ihre Richtung und ihren Umfang zu bestimmen. Er kann dazu auch *konkrete Einzelweisungen* zur Art und Weise der Durchführung einzelner Ermittlungshandlungen erteilen." (Nr. 3 Abs. 2 RiStBV)

Er soll konkrete Ermittlungsaufträge erteilen:

„Den Behörden und Beamten des Polizeidienstes und den anderen Stellen, die zu den Ermittlungen herangezogen werden, ist *möglichst genau anzugeben, welche Erhebungen* sie vornehmen sollen; Wendungen wie ‚zur Erörterung', ‚zur weiteren Aufklärung' oder ‚zur weiteren Veranlassung' sind zu vermeiden." (Nr. 11 Abs. 1 RiStBV)

Auch muß er die Ermittlungen überwachen und koordinieren:

„Ist zu erwarten, daß die Aufklärung der Straftat schwierig sein wird oder umfangreiche Ermittlungen erforderlich werden, empfiehlt es sich, die durchzuführenden Maßnahmen und deren Reihenfolge mit den beteiligten Stellen zu *besprechen.*" (Nr. 11 Abs. 2 RiStBV)

D. Worauf sollte der Verteidiger achten?

Die Vernehmung in der Hauptverhandlung darf keine Bestätigungs- 890
vernehmung (Rn. 670) sein.
Zwischen den Bekundungen des Angeklagten und der Zeugen vor der Polizei und deren Aussagen in der Hauptverhandlung bestehen nicht selten erhebliche Unterschiede. Wie kann der Verteidiger dem Gericht klarmachen, den Beweiswert der polizeilichen Ermittlungen kritisch zu würdigen und

nicht an jedem Wort des Vernehmungsprotokolls zu „kleben" – eben keine reine Bestätigungsvernehmung durchzuführen?

891   Auf die korrekte Durchführung der Ermittlungen achten und mit Rechtsvorschriften argumentieren.

Es wird dem Verteidiger selten etwas nützen, die polizeiliche Ermittlungsarbeit pauschal zu kritisieren oder den Ermittlungsbeamten aggressiv zu befragen. Wir empfehlen, die Ermittlungen und die Vernehmungsprotokolle darauf zu überprüfen, ob sie lege artis durchgeführt wurden. Mit dem Hinweis auf die Nichtbeachtung von Rechtsvorschriften bei den Ermittlungen – selbst wenn darauf die Revision regelmäßig nicht gestützt werden kann – wird er beim Richter am ehesten Erfolg haben, denn der Richter ist nun einmal gewöhnt, in rechtlichen Kategorien zu denken. Und er braucht beim Richter ja nur Zweifel zu wecken, denn „der Zweifel ist der Freund des Verteidigers."

Bei den nachfolgenden Vorschlägen zur Prüfung von Fehlern im Ermittlungsverfahren geht es nicht darum, die Arbeit der Polizei zu kritisieren. Das wäre auch unfair, wenn man weiß, unter welch schwierigen Bedingungen die Polizei arbeiten muß. Fehler passieren nun einmal, die Durchführung der Ermittlungen ist oft nicht optimal – nicht nur bei der Polizei. Aber der Verteidiger kann verlangen, daß sich solche Fehler und Unzulänglichkeiten – für die der Staatsanwalt die Verantwortung trägt – nicht zu Lasten seines Mandanten auswirken.

1. Gründliche und ausgewogene Tatsachenermittlung

a) Hat die Ermittlungshypothese zu einem Pygmalioneffekt geführt?

892   Zunächst sollte geklärt werden, von welcher Hypothese der Ermittlungsbeamte ausgegangen ist. Dazu ist auch der Frage nachzugehen, ob der Staatsanwalt einen konkreten Ermittlungsauftrag iSd Bestimmungen der RiStBV erteilt hat und wie dieser gelautet hat. Das ist wichtig unter dem Gesichtspunkt eines möglichen Pygmalioneffektes (Rn. 106). Dieser besagt, daß eine schon zu Beginn der Ermittlungen aufgestellte eingleisige Ermittlungshypothese die Gefahr in sich birgt, daß sich das Ermittlungsergebnis, insbesondere die Aussagen, tendenziell der Hypothese anpassen und diese schließlich bestätigen (Rn. 106).

b) Sind alle Ermittlungsvorgänge aktenkundig gemacht worden?

893   Nach § 168b Abs. 1 StPO ist – im Sinne von müssen – das Ergebnis staatsanwaltschaftlicher Untersuchungshandlungen aktenkundig zu machen. Das gilt selbstverständlich auch für die polizeilichen Ermittlungen. Nach § 163 Abs. 2 Satz 1 StPO ist die Polizei verpflichtet, alle ihre Verhandlungen (also alle bei ihr entstandenen Ermittlungsvorgänge) dem Staatsanwalt vorzulegen – und zwar ohne Verzug. Der Staatsanwalt hat die Akten dem Gericht vorzulegen (§ 199 Abs. 2 Satz 2). Der Grundsatz der Aktenvollständigkeit ist von elementarer Bedeutung für das Akteneinsichtsrecht des Verteidigers nach § 147 StPO. Begründeten Zweifeln, daß die Akten unvollständig sind, hat auch das Gericht nachzugehen (BVerfGE 63, 45).

c) Entlastende Tatsachen ermittelt?

Hat der Polizeibeamte auch entlastende Tatsachen ermittelt, wozu er nach **894**
§ 160 Abs. 2 StPO verpflichtet ist?

d) Rechtsfolgen im Ermittlungsverfahren aufgeklärt?

Wurden die für die Rechtsfolgen bestimmenden Umstände schon im Er- **895**
mittlungsverfahren aufgeklärt? Nach § 160 Abs. 3 StPO sollen sich die Ermittlungen auch auf die Umstände erstrecken, die für die Bestimmung der
Rechtsfolgen der Tat von Bedeutung sind. Noch konkreter sind auch hier
die RiStBV:

„Alle Umstände, die für die Strafbemessung, die Strafaussetzung zur Bewährung,
die Verwarnung mit Strafvorbehalt, das Absehen von Strafe, die Nebenstrafe und
Nebenfolgen oder die Anordnung von Maßnahmen (§ 11 Abs. 1 Nr. 8 StGB) von
Bedeutung sein können, sind *schon im vorbereitenden Verfahren* aufzuklären . . ." (Nr. 15
Abs. 1 RiStBV)

Ein Verteidiger, der wegen unzureichender Ermittlungen dazu die nötige
Aufklärung verlangt, braucht sich nicht vorhalten lassen, er verzögere die
Hauptverhandlung, denn:

„Der Sachverhalt, die *Einlassung des Beschuldigten* und die für die *Bemessung der Strafe*
oder für die Anordnung einer *Maßnahme* (§ 11 Abs. 1 Nr. 8 StGB) wichtigen Umstände sind so *gründlich* aufzuklären, *daß die Hauptverhandlung reibungslos* durchgeführt
werden kann." (Nr. 5 Abs. 3 RiStBV)

2. Sachleitung durch den Staatsanwalt

Auf die persönliche Verantwortung des Staatsanwalts für das Ermittlungsverfahren wurde bereits hingewiesen. Prüfen Sie deshalb folgende Punkte:

a) Persönliche Ermittlungen des Staatsanwalts

Hat der Staatsanwalt vom ersten Zugriff an und selbst ermittelt (Nr. 3 **896**
Abs. 1 RiStBV)? Das soll er in bedeutsamen oder rechtlich oder tatsächlich
schwierigen Fällen tun.

b) Konkreter Ermittlungsauftrag?

Hat der Staatsanwalt die Ermittlungen wenigstens geleitet (Nr. 3 Abs. 2 **897**
RiStBV) und ist (aus den Akten) erkennbar, wie er dies getan hat? Wie
lautete der Ermittlungsauftrag (§ 161 Satz 2 StPO; Nr. 11 RiStBV) des
Staatsanwalts?

c) Ermittlungsrichter eingeschaltet?

Hat der Polizeibeamte bzw. der Staatsanwalt den Ermittlungsrichter – **898**
insbesondere bei einem Geständnis oder der Aussage von zeugnisverweige-
rungsberechtigten Personen – eingeschaltet (§ 162 StPO; Nr. 10 RiStBV)?

d) Sind die Akten vollständig?

Hat der Polizeibeamte alle Akten ohne Verzug an die Staatsanwaltschaft **899**
übersandt (§ 163 Abs. 2 Satz 1 StPO) und hat der Staatsanwalt alle Akten
dem Gericht vorgelegt (§ 199 Abs. 2 StPO)?

3. Vernehmungen de lege artis

Nur wenn die Vernehmung so durchgeführt werden, wie es dem Gesetz und den Erkenntnissen der Vernehmungslehre entspricht, kommt der Aussage ein optimaler Beweiswert zu. Verstöße dagegen müssen sich folgerichtig auf den Beweiswert – gelegentlich auch auf die Verwertbarkeit – auswirken.

a) Vernehmung ist jede amtliche Befragung

900   Die Rechtsvorschriften zur Wahrung der Beschuldigtenrechte (Rn. 657 ff.) gelten für alle amtlichen Befragungen in einem Ermittlungsverfahren, wobei es unerheblich ist, ob die Aussage protokolliert wird. Nach § 168 b Abs. 2 StPO soll über die Vernehmung allerdings ein Protokoll nach den §§ 168 und 168 a StPO aufgenommen werden (vgl. auch Nr. 5 a RiStBV). Die Rechtsvorschriften können auch bei vernehmungsähnlichen Situationen zur Anwendung kommen. Zwischen den in § 136 StPO normierten Belehrungspflichten und der polizeilichen Vernehmungspraxis gibt es allerdings große Unterschiede (Rn. 665).

b) Auch die informatorische Befragung ist eine Vernehmung

901   Auch die „formlose", sog. informatorische Befragung ist eine Vernehmung, für die die Vorschriften zur Vernehmung gelten (Rn. 659). Das wird immer wieder übersehen. Und: Über das Ergebnis der Erörterung ist ein Vermerk niederzulegen (Nr. 3 Abs. 3 RiStBV). Davon zu unterscheiden ist die – meist ganz zu Beginn stehende – Befragung zur Klärung der Frage, wer als Tatverdächtiger in Betracht kommt. Als Konsequenz aus dem formellen Beschuldigtenbegriff (Rn. 658) folgt, daß es nicht nur zulässig – sondern oft sogar notwendig – ist, eine Person, die zum Kreis der Tatverdächtigen gehört, zunächst zur Klärung der Frage anzuhören, ob gegen sie als Beschuldigter zu ermitteln ist und ob sie dann weiter in diesem Rechtsstatus zu vernehmen ist.

c) Darauf sollte der Verteidiger achten:

902   **(1) Fand eine „informatorische Anhörung" statt?** Sie ist nur in engen Grenzen zulässig, muß Förmlichkeiten (Belehrungen) beachten und ist aktenkundig zu machen. Einschlägig ist Nr. 3 Abs. 3 RiStBV:

> „Bei formlosen mündlichen Erörterungen mit dem Anzeigenden, dem Beschuldigten oder mit anderen Beteiligten sind die Vorschriften der §§ 52 Abs. 3 Satz 1, 55 Abs. 2, 163 a Abs. 3 Satz 2 StPO zu beachten. Über das Ergebnis der Erörterung ist ein Vermerk niederzulegen."

903   **(2) Wurde rechtzeitig belehrt?** Wurde der Beschuldigte vor seiner ersten Vernehmung belehrt (§ 163 a Abs. 3 Satz 2 iVm § 136 StPO) und, wichtig, wurde die (korrekte) Belehrung auch aktenkundig gemacht (Nr. 45 Abs. 1 RiStBV)? Wurde der Zeuge nach §§ 52, 55 StPO belehrt (§ 163 a Abs. 5 StPO) und wurde die Belehrung gleichfalls aktenkundig gemacht (Nr. 65 RiStBV; Sachverständiger: Nr. 70 Abs. 5 RiStBV)?

(3) Wie hat der Beschuldigte reagiert? Aus dem Vernehmungsprotokoll **904** sollte aber nicht nur die Belehrung erkennbar sein, sondern auch die Reaktion des Beschuldigten darauf, insbesondere seine Anträge nach § 136 Abs. 1 Satz 3 StPO auf Erhebung entlastender Beweise und die von ihm vorgebrachten entlastenden Tatsachen (§ 136 Abs. 2 StPO).

(4) Persönliche Verhältnisse ermittelt? Enthält das Protokoll auch Fragen **905** zu den persönlichen Verhältnissen des Beschuldigten (§ 136 Abs. 3 StPO); wichtig auch für eventuelle Haftgründe?

(5) Korrekte Gegenüberstellung? Besonders bedeutsam ist die Identifizie- **906** rungs-Gegenüberstellung (Rn. 763). Wenig bekannt ist, daß es dafür in Nr. 18 RiStBV eine präzise Vorschrift gibt:

> Soll durch eine Gegenüberstellung geklärt werden, ob der Beschuldigte der Täter ist, so ist dem Zeugen nicht nur der Beschuldigte, sondern zugleich auch eine Reihe anderer Personen gleichen Geschlechts, ähnlichen Alters und ähnlicher Erscheinung gegenüberzustellen, und zwar in einer Form, die nicht erkennen läßt, wer von den Gegenübergestellten der Beschuldigte ist (Wahlgegenüberstellung). Entsprechendes gilt für die Vorlage von Lichtbildern. Die Einzelheiten sind aktenkundig zu machen.

Es kommt also darauf an, daß die Gegenüberstellung de lege artis erfolgt ist und daß deren Einzelheiten (!) aktenkundig gemacht werden. Identifiziert der Zeuge den Beschuldigten lediglich anhand von Photos, so muß darauf geachtet werden, daß auch insoweit die Einzelheiten (mehrere Photos ähnlicher Personen, welche Photos?) aktenkundig gemacht worden sind.

(6) Wurde ein Dolmetscher zugezogen? Bei Ausländern ist Nr. 181 **907** RiStBV einschlägig; es ist aktenkundig zu machen, ob der Beschuldigte die deutsche Sprache soweit beherrscht, daß ein Dolmetscher nicht hinzugezogen zu werden braucht.

Beispiel bei *Wulf:* Der Beamte will wissen, woher der Beschuldigte die bei ihm gefundene Waffe hat. Dessen Antwort übersetzt der Dolmetscher so: „Die hat er in einem Keller gefunden." Beamter: „Was hat er in dem Keller zu suchen gehabt? Er hat die Waffe dort gestohlen." Als der Dolmetscher übersetzt, protestiert der Beschuldigte auf deutsch: „Ich habe nicht gestohlen!" Der Dolmetscher führt ein längeres Gespräch mit dem Beschuldigten und erklärt: „Er macht einen Unterschied zwischen stehlen und finden." Der Beamte: „Wir können schreiben ‚gefunden und gestohlen'. Das kann er alles dem Richter erzählen."

(7) Kinder als Zeugen. Für die Vernehmung von Kindern als Zeugen **908** enthalten die Nr. 19, 222 RiStBV Vorschriften, insbesondere wenn es um deren Glaubwürdigkeit geht (psychologischer Sachverständiger).

4. Vernehmungsprotokoll

Prüfen Sie unbedingt, ob das Vernehmungsprotokoll de lege artis zustande gekommen ist.

Alle Vernehmungen sind aktenkundig zu machen (§ 168b Abs. 1 StPO). **909** In der Regel soll auch ein förmliches Protokoll aufgenommen werden (§ 168b Abs. 2 StPO). Das Protokoll muß angeben und ersehen lassen, ob die wesentlichen Förmlichkeiten des Verfahrens (z. B. Belehrungen) beobachtet sind (§ 168a Abs. 1 StPO).

a) Am besten ist das Tonbandprotokoll

910   § 168a Abs. 2 S. 1 StPO gestattet, den Inhalt des Vernehmungsprotokolls mit einem Tonaufnahmegerät aufzuzeichnen. Das kann auch gegen den Willen des Beschuldigten geschehen; die Tatsache des Mitschnitts darf ihm nur nicht verheimlicht werden (BGHSt 34, 39, 52). Die Tonbandaufzeichnung ist allerdings noch nicht das Protokoll („vorläufig"), sondern bildet nur dessen verbindliche Grundlage. Es kann aber in der Hauptverhandlung zum Zwecke des Vorhalts (gegenüber dem Beschuldigten oder dem Vernehmungsbeamten) und als Augenscheinsobjekt abgespielt werden, wobei auch die Art und Weise der Aussage gewürdigt werden darf (BGHSt 14, 339). Nach Nr. 5a RiStBV „soll vom Einsatz technischer Hilfsmittel (insbesondere von Tonaufnahmegeräten) möglichst weitgehend Gebrauch gemacht werden". Zitieren Sie diese Bestimmung der RiStBV, wenn Fragen der korrekten Protokollierung im Streit sind. Unklarheiten sollten zu Lasten der Ermittlungsbehörden gehen, die die wörtliche Protokollierung bewirken können und auch sollen.

b) Praxis der Protokollierung

911   **Nur wenn man weiß, wie polizeiliche Vernehmungsprotokolle zustande kommen, kann man ihren Beweiswert zutreffend beurteilen.**
Banscherus und *Schmitz* haben anhand von Experimenten die Protokollierungspraxis der Polizei untersucht. *Schmitz* hat die Fehlerquoten ausgewertet: Durch das Verhör wird in der Tat – wie von § 69 Abs. 2 StPO vorgeschrieben – die Aussage vervollständigt. Es bleiben aber immer noch ca. 25% der notwendigen Items unerwähnt. Über 60% der notwendigen Items werden richtig beschrieben, falsch beschrieben werden ca. 13% und teilweise falsch ca. 7%. Das zeigt, daß die Zeugenaussagen durchaus zuverlässig sein können; vor allem, wenn sie von anderen Beweismitteln gestützt werden. Lange Protokolle enthalten im Durchschnitt mehr richtige und weniger falsche Protokollaussagen als kurze Protokolle.
Die Beamten neigen dazu, ihre Protokollierungen zu idealisieren. 71% nehmen an, sie protokollieren getane Aussagen wörtlich. Tatsächlich aber formulieren sie den größten Teil der Protokollaussage selbst. Im Polizeilehrbuch von *Fischer* heißt es: In der Regel muß der Beamte die Erklärungen des Vernommenen zum Diktat in protokollgerechte Sätze umwandeln. So sei es förmlich zur Gewohnheit geworden, daß der Vernehmende aus den Worten des Vernommenen sinnvolle, dem Inhalt der Aussage entsprechende Sätze formuliere, die dann in die Vernehmungsniederschrift aufgenommen werden.
Vor allem erfahrene Beamte machen sich sehr früh im Verlauf der Vernehmung ein Bild über den Tathergang. Passen die Aussagen in das Bild, werden sie in das Protokoll übernommen. Passen sie nicht, werden sie unter Umständen modifiziert, in geringerem Maße einfach weggelassen. Gelten zwei sich widersprechende Versionen einem Beamten als nicht gleichermaßen erwartbar, dann wird die Tathergangsbeschreibung in dem entsprechenden Punkte von dem Beamten in seine Rekonstruktion aufgenommen, die

seinem Erfahrungsbild entspricht. Weniger erfahrenen Beamten unterlaufen bei der Protokollierung vor allem Auslassungen.

So werden die Erwartungen des Gerichts, aus den Aussagen des Angeklagten und der Zeugen eine möglichst glatte, widerspruchsfreie Darstellung der Tatgeschehnisse zusammenfügen zu können, durch die Vernehmungen der Polizei vorbereitet.

Um dem Anspruch auf möglichst wortgetreue Protokollierung zu genügen – auch um Zweifeln des Verteidigers vorzubeugen –, wird die Aussage zumeist in direkter Rede festgehalten. In der polizeilichen Literatur wird empfohlen, jede Aussage nur in direkter Rede zu protokollieren, denn bei indirekter Rede „gibt man dem Angeklagten und seinem Verteidiger die beste Möglichkeit, die Aussage als in dieser Form abgegeben zu bezweifeln und die sachliche Richtigkeit des Inhalts der Niederschrift in Frage zu stellen."

Selbst wenn eine Aussage des Zeugen in Anführungszeichen gesetzt wird, ist das keine Gewähr dafür, daß sie auch so vom Zeugen gemacht wurde. Auch der vom Beamten häufig gegebene Hinweis, „unterbrechen Sie mich sofort, wenn ich etwas Falsches protokolliere", kann Fehlern nicht vorbeugen, weil sich die Zeugen daran nicht halten bzw. keine Verbesserung durchsetzen können. Die wichtigsten Protokollierungsfehler sind Auslassungen, Modifikationen und falsche Paraphrasierungen (Beispiele Rn. 839).

c) Zweiteilung der Vernehmung

Von entscheidender Bedeutung ist die Zweiteilung der Vernehmung in 912
Bericht und Verhör (Rn. 696ff.).

Die Zweiteilung ist von § 69 StPO vorgeschrieben – ausdrücklich nur für den Zeugen, sie sollte aber auch bei Beschuldigtenvernehmungen zur Anwendung kommen. Sie gilt auch für polizeiliche Vernehmungen, auch wenn die Vorschrift für polizeiliche Vernehmungen in § 163a Abs. 5 StPO nicht ausdrücklich in Bezug genommen ist. § 69 StPO bestimmt in Abs. 1 – vernehmungspsychologisch völlig richtig –, daß der Zeuge zunächst zu veranlassen ist, das, was ihm von dem Gegenstand seiner Vernehmung bekannt ist, *im Zusammenhang* anzugeben. Erst dann setzt das Verhör ein, von dem Abs. 2 bestimmt, daß zur Aufklärung und *zur Vervollständigung* der Aussage nötigenfalls weitere Fragen zu stellen sind. Fragen können auch zur Erforschung des Grundes, auf dem das Wissen des Zeugen beruht, gestellt werden (Filterfragen, Rn. 597). Die Bedeutung dieser Zweiteilung der Vernehmung hat auch der BGH hervorgehoben (BGHSt 3, 281, 284, Rn. 696).

d) Fragetechnik

Vor allem geschlossene Fragen (Rn. 602ff.) haben erheblichen Einfluß 913
auf die Antwort.

Wie wichtig diese Erkenntnis ist, zeigen Erstvernehmungsprotokolle zu Mordmerkmalen bei Tötungsdelikten (ohne Anwesenheit eines Verteidigers), die *Rasch/Hinz* ausgewertet haben (Rn. 701). Sie kommen zu dem Ergebnis, daß bei den vernehmenden Beamten eine Tendenz bestehe, einen eindeutigen Sachverhalt herauszuarbeiten. Die Asymmetrie der Vernehmungssituation biete eine hohe Wahrscheinlichkeit dafür, daß sich der Beamte mit seinen Deutungsmustern durchsetze. Die Auswertung ergab eine Vernehmungstaktik der Kriminalpolizei, die auf die Belastung des Beschuldigten hinauslief. Die Erwartungen des Gerichts, aus den Aussagen des Beschuldigten eine möglichst glatte, widerspruchsfreie Darstellung der Tatgeschehnisse zusammenfügen zu können, würden durch die Vernehmungen der Polizei vorbereitet. Die Protokolle belegen eindrucksvoll die Problematik von geschlossenen Fragen.

914   Fragen und Vorhalte mitprotokollieren. Der Beweiswert eines Protokolls hängt daher entscheidend davon ab, daß Fragen und Vorhalte mitprotokolliert sind. Die Antwort wird maßgeblich davon beeinflußt, welche Frage gestellt und wie die Frage formuliert worden ist; dies wird zumeist unterschätzt. Deswegen bestimmt Nr. 45 Abs. 2 RiStBV völlig zurecht, daß – bei der Vernehmung des Beschuldigten – Fragen und Vorhalte und Antworten möglichst wörtlich in die Niederschrift aufzunehmen sind. Das sollte entsprechend für Zeugenvernehmungen gelten.

e) Geständnis

915   Die Protokollierung des Geständnisses sollte den RiStBV entsprechen. Für die Protokollierung eines Geständnisses (Rn. 702ff.) enthält Nr. 45 Abs. 2 Satz 2 bis 4 besonders wichtige Bestimmungen, auf deren Einhaltung der Verteidiger unbedingt achten sollte. Sie kommen vor allem bei einem Widerruf zum Tragen (Rn. 733).

Legt der Beschuldigte ein Geständnis ab, so sind die Einzelheiten der Tat *möglichst in seinen eigenen Worten* wiederzugeben. Es ist darauf zu achten, daß besonders solche *Umstände aktenkundig* gemacht werden, die *nur der Täter wissen kann.* Die Namen der Personen, die das Geständnis mit angehört haben, sind zu vermerken.

Wichtig ist also zum einen, daß das Protokoll die Aussage des Beschuldigten in dessen eigenen Worten wiedergibt; dazu sollten Fragen und Vorhalte mitprotokolliert werden. Zum zweiten sollte das Geständnis Täterwissen (Rn. 730) enthalten. Dies bedeutet auch, daß nach dem Geständnis die Ermittlungen weitergeführt werden müssen, um das Täterwissen abzusichern (Rn. 731). Schließlich sollten im Vernehmungsprotokoll die Geständnismotive erkennbar sein (Rn. 729). „Musterbeispiel" dafür, wie ein Geständnisprotokoll nicht aussehen sollte:

„Nach Abschluß der ersten Vernehmung wurde mit mir ein intensives Gespräch geführt (*Inhalt?*). Mir wurden die belastenden Momente vorgehalten (*Wortlaut?*), insbesondere die zeitliche und räumliche Nähe hinsichtlich des Brandausbruches und des Brandortes. Ich bin nun freiwillig (*Geständnismotiv?*) zum Entschluß gekommen, diese Brandstiftung zuzugeben. Es wurden mir keinerlei Versprechungen gemacht."

f) Darauf sollte der Verteidiger bei einem Protokoll achten:

916   „Checkliste" für Vernehmungsprotokolle:
(1) Fand ein Vorgespräch statt und ist dieses protokolliert?
(2) Ist aus dem Protokoll die Zweiteilung der Vernehmung in Bericht und Verhör erkennbar?

(3) Warum wurde kein Tonbandprotokoll gefertigt?
(4) Ist der Bericht knapp und wird sehr schnell in das Verhör übergeleitet?
Sind die Angaben des Vernommenen in dessen eigenen Worten abgefaßt?
(5) Sind beim Verhör Fragen, Vorhalte und Antworten mitprotokolliert?
Sind die Antworten sog. Überhangantworten (Rn. 623), d. h. geht der Inhalt
der Antwort über die Frage oder den Vorhalt hinaus?
(6) Wurde das Verhör mit offenen Fragen eingeleitet?
(7) Wie ist die Befragungstechnik? Wurde sehr oft mit geschlossen Fragen
gearbeitet? Sind die Auswahlfragen richtig formuliert (immer eine offene
Alternative mit angeben und die vermutlich richtige Antwort nicht mit vorgeben, Rn. 603)?
(8) Wie wurde das Geständnis festgehalten? In den eigenen Worten des
Beschuldigten (dazu können auch andere Vernehmungsprotokolle auf Strukturgleichheit überprüft werden)? Enthält das Geständnis Täterwissen? Ist das
Geständnismotiv erkennbar und dokumentiert? Wurde nach dem Geständnis
weiterermittelt, insbesondere im Hinblick auf das Täterwissen?
(9) Warum wurde das Geständnis nicht vom Ermittlungsrichter festgehalten (Nr. 10 RiStBV, Rn. 734)?

2. Abschnitt: Der anonyme Zeuge

Koriat, Straftaten bei verdeckten Ermittlungen, Kriminalistik 1992, 370;
Krey, Rechtsprobleme des strafprozessualen Einsatzes Verdeckter Ermittler,
BKA-Forschungsreihe, Sonderband, 1993; *Lammer,* Verdeckte Ermittlungen
im Strafprozeß, Schriften zum Strafrecht Heft 94, 1992; *Scherp,* Die polizeiliche Zusammenarbeit mit V-Personen, 1992.
Arloth, Geheimhaltung von V-Personen und Wahrheitsfindung im Strafprozeß,
1987; *ders.*, Neue Wege zur Lösung des strafprozessualen V-Mann-Problems, NStZ
1993, 467; *Creutz,* Verfassungsrechtliche Probleme des Lockspitzeleinsatzes, ZRP
1988, 415; *Deutsch,* Die heimliche Erhebung von Informationen und deren Aufbewah-
rung durch die Polizei, 1992; *Diercks,* Die Zulässigkeit des Einsatzes von V-Leuten,
Undercover-Agents und Lockspitzeln im Vorverfahren, AnwBl 1987, 154; *Drywa,*
Die materiellrechtlichen Probleme des V-Mann-Einsatzes, 1987; *Füllkrug,* Identitäts-
schutz im Strafverfahren, Kriminalistik 1990, 662; *Geißdörfer,* V-Personen und Verdeckte Ermittler, Kriminalistik 1993, 679; *Geppert,* Der Zeuge vom Hörensagen, Jura
1991, 538; *ders.*, Die höchstrichterliche Rechtsprechung zu beweisrechtlichen Fragen
bei behördlich geheimgehaltenem V-Mann, Jura 1992, 244; *Haas,* V-Leute im Ermitt-
lungs- und Hauptverfahren, 1986; *Hertlein,* Kriminalisten im Tarngewand, Kriminalistik 1987, 5; *Hoffman,* Der unerreichbare Zeuge im Strafverfahren..., 1991; *Joachim,*
Anonyme Zeugen im Strafverfahren – Neue Tendenzen in der Rechtsprechung, StV
1992, 245; *Körner,* Die Glaubwürdigkeit und Strafbarkeit von V-Personen, StV 1982,
382; *Krainz,* Über den Zeugen vom Hörensagen. Zur strafprozessualen Problematik
im Lichte kriminalistischer Erkenntnisse, GA 1985, 402; *Krüger,* Beweisführung durch
vertrauliche Hinweise, Die Polizei 1983, 77; *Küchenhoff,* Drogenstraftäter als V-Mann,
RuP 1988, 15; *Lisken,* Neue polizeiliche Ermittlungsmethoden im Rechtsstaat des
Grundgesetzes, DRiZ 1987, 184; *Lüderssen,* Die Falle im Rechtsstaat, 1985; *Müller,*
Behördliche Geheimhaltung und Entlastungsvorbringen des Angeklagten, 1992;

Prantl, Bekämpfung der organisierten Kriminalität – Polizei und Tarnkappe, DRiZ 1991, 69; *Rebmann,* Der Zeuge vom Hörensagen im Spannungsverhältnis zwischen gerichtlicher Aufklärungspflicht, Belangen der Exekutive und Verteidigungsinteressen, NStZ 1982, 315; *Riehle,* Verdeckte Polizeiarbeit – nur eine weitere polizeiliche Befugnis? Zur Problematik von V-Leuten und „under coveragents", Polizei-Politik 1992, 60; *Ring,* Die Befugnis der Polizei zur verdeckten Ermittlung, StV 1990, 372; *Rogall,* Strafprozessuale Grundlagen und legislative Probleme des Einsatzes Verdeckter Ermittler im Strafverfahren, JZ 1987, 847; *Scherp,* Die polizeiliche Zusammenarbeit mit V-Personen. Ergebnisse einer empirischen Untersuchung, Kriminalistik 1993, 65; *Schomburg,* V-Personen – ein heißes Eisen. Zur Alltagsproblematik des Einsatzes von V-Personen, Kriminalistik 1992, 679; *Seebode/Sydow,* „Hörensagen ist halb gelogen". Das Zeugnis von Hörensagen im Strafprozeß, JZ 1980, 506; *Sielaff,* „Aussageverbot" vom Täter – zur Notwendigkeit des Schutzes gefährdeter Zeugen, Kriminalistik 1986, 58; *Steinke,* Wirksamer Zeugenschutz de lege ferenda, ZRP 1993, 253; *Strate,* Zur Kompetenzordnung im Hauptverfahren, StV 1985, 337; *Taschke,* Die behördliche Zurückhaltung von Beweismitteln im Strafprozeß; *Weider,* Anforderungen an die Beweiswürdigung bei Zeugen vom Hörensagen, StV 1988, 238.

So die Zeugen aber vonn frembden hören sagen würden, das soll nit genugsam geacht werden (*Carolina* Art 65).

A. Die anonyme Zeugenaussage in der Rechtsprechung

Vor allem im Bereich der Organisierten und der Rauschgiftkriminalität ist es inzwischen Gerichtsalltag geworden, daß Belastungszeugen (Hinweisgeber, Informanten, V-Leute und Verdeckte Ermittler; zum Begriff siehe Anlage D zu den RiStBV) analog § 96 StPO bzw. nach 110b Abs. 3 StPO für die Hauptverhandlung gesperrt werden. Die Bekundungen dieser in der Beweisaufnahme anonym bleibenden Zeugen werden dann durch Beweissurrogate eingeführt; insbesondere durch die Vernehmung eines Polizeibeamten als Zeugen vom Hörensagen (*Adolf Arndt* bezeichnet ihn treffend als „künstlich geschaffenen Zeugen vom Hörensagen"), der berichtet, was die anonymen Zeugen ihm gegenüber ausgesagt haben. Hier sollen die Rechtsfragen, die mit der Sperrung, der Zulässigkeit und der Verwertbarkeit solcher Aussagen verbunden sind, nicht erörtert werden. Uns geht es hier um den des Beweiswert der durch Beweissurrogate eingeführten Aussagen der anonymen Zeugen.

1. Rechtsprechung des BGH

917   **Der BGH hat in der Grundsatzentscheidung BGHSt 17, 382 strenge Anforderungen für den anonymen Zeugen aufgestellt.**

Es scheint manchmal so, als ob die alte Forderung des BGH in der Grundsatzentscheidung aus dem Jahre 1962 (BGHSt 17, 382) – ebenso wie die sie tragenden Gründe – in Vergessenheit geraten sind.

Zum Beweiswert und zur persönlichen Glaubwürdigkeit sagt der BGH:

„Bei einem Zeugen vom „Hörensagen" besteht zunächst ganz allgemein die erhöhte Gefahr der Entstellung oder Unvollständigkeit in der Wiedergabe von Tatsachen, die ihm von demjenigen vermittelt worden sind, auf den sein Wissen zurückgeht. Je größer die Zahl der Zwischenglieder, desto geringer ist der Beweiswert der Aussage. Schon dieser Gesichtspunkt mahnt zur Vorsicht … Wenn aber der Gewährsmann des Zeugen vom „Hörensagen" im Dunkel bleibt, ergeben sich ganz besondere, weit schwerer wiegende Gefahren … die Verfahrensbeteiligten sowohl wie das Gericht, können sich kein Bild machen von Persönlichkeit, Lebenslauf, Charakter, Beweggründen, kurz von der persönlichen Glaubwürdigkeit des im Dunkel bleibenden Gewährsmannes und damit vom Beweiswert seiner Bekundungen."

Dann folgt die wichtige „Segelanweisung" für den Tatrichter zur Beweiswürdigung:

„Es bedarf daher *sorgfältigster* Überprüfung der von den Vernehmungsbeamten wiedergegebenen Aussagen solcher Gewährsleute. Auf sie kann eine Verurteilung regelmäßig *nur* gestützt werden, wenn diese Bekundungen *durch andere wichtige Gesichtspunkte bestätigt* worden sind."

An dieser Rspr hat der BGH stets festgehalten: **918**

„Nach ständiger Rechtsprechung des Bundesgerichtshofs ist bei der Beurteilung der Aussage eines solchen Zeugen besondere Vorsicht am Platze; handelt es sich bei den Angaben, die er bezeugt, um diejenigen eines anonymen Gewährsmanns, so darf darauf eine Feststellung regelmäßig nur dann gestützt werden, wenn diese Angaben durch andere wichtige Beweisanzeichen bestätigt worden sind (BGHSt 17, 382, 385 f; 33, 83, 88 f; 33, 178, 181 f; 36, 159, 166 f). Ob dieser Grundsatz in gleicher Weise Geltung beansprucht, wenn – wie hier – der Gewährsmann namentlich bekannt und identifizierbar ist, erscheint zweifelhaft, wiewohl diese Annahme einigen neueren Entscheidungen des Bundesgerichtshofs zugrundezuliegen scheint (vgl. BGH StV 1988, 237; 1989, 518; 1991, 101). Dagegen ließe sich immerhin einwenden, daß derjenige Gewährsmann, der mit Namen und Person für seine Äußerung einsteht, unter sonst gleichen Umständen eher glaubwürdig ist als jemand, der – da seine Identität verborgen bleibt – nicht zu besorgen braucht, beim Wort genommen und für die Richtigkeit seiner Angaben verantwortlich gemacht zu werden. … Stimmen die Angaben zweier Zeugen überein, so könnte der Beweiswert dieses Umstands allerdings zweifelhaft sein, wenn sich ihre Bekundungen nicht auf unmittelbare Wahrnehmung des in Rede stehenden Geschehens gründen ließen, sondern ihrerseits wieder auf eine dritte, für beide gemeinsame Informationsquelle zurückgingen." (BGH, Urt. v. 6. 11. 91 – 2 StR 342/91 –)

Diese strengen Beweisanforderungen gelten vor allem für Kaufverhandlungen über Betäubungsmittel mit gesperrten Zeugen, wenn keine Betäubungsmittel sichergestellt werden oder das Geschäft nicht zustande kommt („Software-Geschäfte"):

„Nach der Rechtsprechung des Bundesgerichtshofs ist bei der Beurteilung der Aussage eines „Zeugen vom Hörensagen" besondere Vorsicht geboten. Handelt es sich bei den von ihm bezeugten Angaben um diejenigen eines anonymen Gewährsmannes, so darf darauf eine Feststellung regelmäßig nur dann gestützt werden, wenn diese Angaben durch andere wichtige Beweisanzeichen bestätigt worden sind (BGHSt 17, 382, 385 f; 33, 83, 88 f; 33, 178, 181 f; 36, 159, 166 f; 39, 141, 145 f; BGH, Urteil vom 6. November 1991 – 2 StR 342/91)." (BGH, Beschl. v. 8. 2. 1994 – 5 StR 10/94 –)

2. Rechtsprechung des BVerfG

919   **Auch das Bundesverfassungsgericht hat dieselben strengen Maßstäbe aufgestellt.** In der Entscheidung vom 26. 5. 1981 (BVerfGE 57, 250, 283) sagt das BVerfG zum Beweiswert der anonymen Zeugenaussage:

„Der persönliche Eindruck vom Zeugen entfällt. Seine Glaubwürdigkeit kann nicht umfassend beurteilt werden; Gesichtspunkte, die zu Zweifeln Anlaß geben könnten, bleiben möglicherweise unentdeckt. Es ist zudem möglich, daß Näheres über den Zeugen überhaupt nicht zu erfahren ist, weil Vernehmungsbeamte, die ihn kennen, nicht aussagen dürfen. In derartigen Fällen liefe mithin das Recht des Angeklagten leer, Erkundigungen über den Zeugen einzuholen mit dem Ziel, dessen Glaubwürdigkeit zu erschüttern."

Und zu den Anforderungen an die Beweiswürdigung heißt es (S. 292; wiederholt in NStZ 1991, 445):

„Die Rechtsprechung ... verlangt, daß der Beweiswert derartiger Bekundungen besonders kritisch zu überprüfen ist. Dabei genügen die Angaben des Gewährsmannes regelmäßig nicht, wenn sie nicht durch andere, nach der Überzeugung des Fachgerichts wichtige Punkte bestätigt werden; das Gericht muß sich der Grenzen seiner Überzeugungsbildung stets bewußt sein und dies in den Urteilsgründen zum Ausdruck bringen ... Der *in aller Schärfe* gehandhabte Grundsatz der freien Beweiswürdigung ist – auch im Blick auf das Prinzip „*im Zweifel für den Angeklagten*" – regelmäßig ausreichend, um die besonderen Gefahren der beweisrechtlichen Lage aufzufangen ..."

B. Beweiswürdigung bei anonymen Zeugenaussagen

Beim anonymen Zeugen, dessen Aussage durch den Vernehmungsbeamten als Zeugen vom Hörensagen in den Prozeß eingeführt wird, handelt es sich um eine komplexe Beweiskette (Rn 432); so sieht es auch der BGH (Rn. 917). Bei solchen „Kettenaussagen" verdoppeln sich die Fehlerquellen aber nicht nur, sie vervielfachen sich aufgrund von möglichen Übertragungs- und Verständigungsfehlern.

1. Bestätigung durch andere Beweismittel

920   **Allein auf die vom Vernehmungsbeamten als Zeuge vom Hörensagen wiedergegebene Aussage des anonymen Zeugen darf eine Verurteilung nicht gestützt werden.**
Das entspricht der gefestigten höchstrichterlichen Rspr. Es müssen noch andere – von der anonymen Zeugenaussage unabhängige – Beweisquellen hinzu kommen, die zum einen *gewichtig* sein und darüberhinaus die Bekundungen des anonymen Zeugen *bestätigen* müssen. Die Rspr hat jedoch nicht näher konkretisiert, welche Voraussetzungen notwendig sind, damit eine solche Aussage „bestätigt" wird.

2. Vernehmung und Protokoll de lege artis

Ob die Aussage des anonymen Zeugen durch andere Beweismittel be- 921 stätigt wird, läßt sich nur dann zuverlässig beantworten, wenn dessen Vernehmung durch den Vernehmungsbeamten de lege artis durchgeführt wurde.

Der Vernehmungsbeamte gibt als Zeuge wieder, was ihm der Gewährsmann bei seiner Vernehmung bekundet hat; das macht er in der Regel anhand der Niederschrift der von ihm durchgeführten Vernehmung. Hier sind zwei Forderungen zu erheben: (1) Diese Vernehmung muß den Grundsätzen entsprechen, die an eine ordnungsgemäße Vernehmung zu stellen sind. Dazu gehört in erster Linie die Zweiteilung der Vernehmung in Bericht und Verhör (Rn. 696 ff.) und die Eröffnung des Verhörs mit offenen Fragen (Rn. 598 ff.). (2) Die Protokollierung muß so optimal wie möglich sein (Rn. 759 ff). Das bedeutet, daß aus dem Protokoll die Entstehung der Aussage erkennbar sein muß, vor allem, wo der Bericht endet und wo das Verhör beginnt. Entsprechend Nr. 45 Abs. 2 S. 1 RiStBV (gilt ausdrücklich nur für den Beschuldigten) sollten Fragen, Vorhalte und die Antworten möglichst wörtlich in die Niederschrift aufgenommen werden.

Empfehlenswert ist eine Tonbandaufnahme; besser ist eine Videoauf- 922 nahme und am besten ist eine Vernehmung per Videoübertragung mit akustischer und optischer Abschirmung.

Soweit dies mit dem Schutz der Anonymität des Zeugen vereinbar ist, sollte nach Möglichkeit ein Tonbandprotokoll gefertigt werden (Rn. 762; siehe auch Nr. 5a RiStBV), bei dem selbstverständlich der Sprecher nicht erkannt werden darf; so hätten die Verfahrensbeteiligten eine wesentlich bessere Beurteilungsgrundlage. Noch besser wäre – jedenfalls de lege ferenda – eine Videoaufnahme, bei der man selbstverständlich Vorkehrungen gegen die Identifizierung des Zeugen treffen müßte.

Unter dem Gesichtspunkt der Zuverlässigkeit wäre am besten eine Vernehmung in der Hauptverhandlung, bei der der anonyme Zeuge an einem sicheren Ort vor einer Videokamera – Aussehen und Stimme dürfen nicht zu seiner Identifizierung führen – sitzt und von den Verfahrensbeteiligten „live" befragt werden kann. Ähnliche Vorschläge zur optischen und akustischen Abschirmung hatte schon *Rebmann* gemacht („bestmögliche Beweisgrundlage"); der Große Senat für Strafsachen hat indes ein solches Verfahren für unzulässig gehalten (BGHSt 32, 115, 124). Wir meinen, daß die Vorschläge *Rebmanns* wieder aufgegriffen werden sollten, weil damit für die Verfahrensbeteiligten in der Tat eine wesentlich zuverlässigere Beweisgrundlage zur Verfügung stünde als bei dem gegenwärtig praktizierten Verfahren. Die Einführung eines solchen Verfahrens würde allerdings wenigstens eine Änderung der Rechtsprechung des Großen Senats für Strafsachen bedingen; möglicherweise bedarf es dazu sogar einer Gesetzesänderung.

3. Prüfung der Glaubhaftigkeit der Aussage

a) Aussageanalyse

923   **Der Inhalt der Aussage des anonymen Zeugen sollte einer Aussageanalyse zugänglich sein.**

Wenn der Richter überprüfen soll, ob die Aussage des Gewährsmannes durch andere Beweismittel „bestätigt" wird, muß der Inhalt der Zeugenaussage der Aussageanalyse (Rn. 226 ff.) zugänglich sein. Glaubhaftigkeit setzt dann zumindest voraus, daß die Aussage auch Realitätskriterien (Rn. 231 ff.) enthalten muß; insbesondere konkrete Details.

Enthält die Aussage im Bericht – also ohne daß dies auf einem Vorhalt beruht – sehr orignielle Details, dann kann eine Bestätigung sogar durch eine andere anonyme Aussage erfolgen, wenn diese insoweit gleichfalls ungesteuert zustande gekommen ist, aber nur, wenn sichergestellt ist, daß das Detail nicht auf einer gemeinsamen Quelle beruht (vgl. die BGH-Entscheidung Rn. 918).

Die von einem Kriminalbeamten wiedergegebenen Hinweise einer amtlich anonym gehaltenen „Quelle" reichen als Bestätigung grundsätzlich nicht aus (BGH StV 1987, 237):

„Es bleibt schon ungeprüft, woher die „Quelle" ihr Wissen hat. Selbst bei einem unmittelbar vernommenen Zeugen ist die Frage nach der Grundlage seines Wissens eines der entscheidenden Kriterien für die Zuverlässigkeitsbeurteilung; Wissen aufgrund bloßen Hörensagens vermindert den Beweiswert. Das muß umso mehr gelten, wenn es sich um die Wiedergabe – wie hier – bloßen Wissens einer „Quelle" handelt, die nicht für eine unmittelbare Beurteilung ihrer Zuverlässigkeit zur Verfügung gestellt wird. Die möglicherweise wiederholte Wiedergabe von Wissen kraft Hörensagen vermindert diesen Beweiswert umso mehr."

Die Aussageanalyse sollte zusätzlich anhand von Kontrollkriterien (Rn. 476 ff.) überprüft werden; namentlich das Vergleichskriterium (Rn. 477) ist für eine „Bestätigung" unerläßlich: Inwieweit stehen die vom anonymen Zeugen bekundeten Tatsachen mit den schon sicheren unter den Gesichtspunkten der Logik, der Naturgesetze und der sonstigen Stimmigkeit im Einklang?

924   **Die Bekundung des Vernehmungsbeamten, er selbst halte den Zeugen für glaubwürdig, darf die eigene Würdigung des Richters nicht ersetzen.**

Mit der Bekundung des Vernehmungsbeamten, er selbst halte den anonymen Zeugen für glaubwürdig und dieser habe sich bisher stets als zuverlässig erwiesen, darf sich der Richter nicht begnügen; er muß sich selbst von der Glaubhaftigkeit der Aussage überzeugen. Allenfalls dann, wenn konkrete Umstände genannt werden, können diese dem Richter bei seiner Beurteilung helfen; sie können ihm aber das eigene Urteil nicht abnehmen.

Ein solcher Umstand kann etwa sein, daß dem Richter der VM-Führer und dessen Arbeitsweise bei der Auswahl und Führung der V-Personen als zuverlässig bekannt sind. Wichtig in diesem Zusammenhang ist insbesondere, daß die V-Person bei der Ausübung der Tätigkeit im Zusammenhang mit der Straftat fortlaufend überwacht und „an der kurzen Leine geführt" wird.

b) Persönlichkeit, Motivation und Aussagesituation

Wenn der Zeuge anonym bleibt kann man in der Regel keine Feststel- 925
lungen zu seiner Persönlichkeit und Motivation sowie zur Aussagesitua-
tion treffen.

Gerade die Angaben zur Person des Zeugen nach § 68 StPO dienen ja dem
Zweck, den Beteiligten die Einholung von Erkundigungen zur Persönlich-
keit des Zeugen für die Beurteilung der Glaubwürdigkeit zu ermöglichen
(BGHSt 23, 244; 32, 115, 128; 33, 83, 87; BGH NJW 1989, 237; siehe auch
§ 246 Abs. 2 StPO). Das gilt im übrigen auch für die Geheimhaltung der
Personalien nach § 68 Abs. 3 StPO.

Skepsis gegenüber Persönlichkeit und Motivation ist vor allem gegen- 926
über V-Leuten angebracht.

Scherp hat sämtliche Polizeidienststellen in Hessen über die „eingesetzten"
V-Leute (70% davon in der Rauschgiftszene) befragt. Man liegt sicher nicht
ganz falsch, wenn man annimmt, daß die Anworten Polizeibeamten zur
Beurteilung ihrer V-Leute eher optimistisch ausgefallen sind. Die Befragung
erbrachte aber dennoch das Ergebnis, daß Persönlichkeit und Motivation
von V-Leuten äußerst skeptisch zu beurteilen sind.

71% der V-Leute waren vorbestraft (38% wegen Betäubungsmitteldelikten, 28%
wegen Eigentumsdelikten und Hehlerei). 89% der VP-Führer berichteten über eine
reibungslose Zusammenarbeit mit der VP. Bei den 11% mit Fehlverhalten waren am
häufigsten falsche oder fingierte Angaben im Ermittlungsverfahren. Auch versuchten
Vps mitunter, ihr Wissen mehreren Dienststellen gleichzeitig zu verkaufen.

Nach der Einschätzung der VP-Führer war Geld das überragende Motiv der Vps
(40%); das deckte sich mit den Angaben der VPs gegenüber den Beamten. Ein weiteres wichtiges Motiv waren „Hilfestellung formeller und informeller Art", wie Besser-
stellung im laufenden Strafverfahren (besonders zum Zeitpunkt der vorläufigen Festnahme), Unterstützung bei Aufenthaltserlaubnissen oder Gaststättenkonzessionen.
Auch aggressive Motivationen kamen vor, wie „Rache an der Szene" oder „Haß auf
den Dealer".

4. Auswirkungen des Zweifelssatzes

Grundsätzlich sollte man unterstellen, daß Persönlichkeit, Motivation 927
und Aussagesituation negativ zu bewerten sind.

Da man idR nichts über die Persönlichkeit, Motivation und Aussagesituation des konkreten anonymen Zeugen weiß, stellt sich die Frage, wie man
diese Umstände bei der Glaubwürdigkeitsbeurteilung bewerten soll. Sicher
ist, daß sie nach der höchstrichterlichen Rspr für die Beurteilung der Glaubhaftigkeit der Aussage – zurecht – für wichtig gehalten werden. Auch wird
man – wie die Untersuchung von *Scherp* zeigt – gerade Persönlichkeit und
Motivation sehr skeptisch beurteilen müssen. Was bedeutet das für die
Forderung des BVerfG, den Zweifelssatz *in aller Schärfe* zu handhaben?

Wir meinen, daß man im Zweifel zugunsten des Beschuldigten davon
ausgehen muß, daß Persönlichkeit, Motivation und Aussagesituation, über
die man – von den Ermittlungsbehörden im Interesse einer wirksamen Ver-
brechensbekämpfung veranlaßt – nichts weiß, negativ zu beurteilen sind.

Dies sollte schon wegen des fairen Verfahrens – unbeschadet der Frage, ob der Zweifelssatz auch für entlastende Indizien gilt – so gehandhabt werden, weil aufgrund der staatlich veranlaßten Sperrung des Zeugen die Verteidigungsmöglichkeiten des Angeklagten eingeschränkt sind.

Dennoch können auch bei dem anonymen Zeugen Umstände vorgebracht werden, die für die Beurteilung von Persönlichkeit, Motivation und Aussagesituation verwertbar sind; sie müssen allerdings schon sehr konkret sein.

928 **Wenn die Aussageanalyse qualitativ gute Realitätskriterien erbringt und wenn diese durch andere Beweisanzeichen bestätigt werden, dann kann auch ein sonst negativ zu beurteiltender anonymer Zeuge glaubhafte Aussagen machen.**
Die negative Bewertung von Persönlichkeit, Motivation und Aussagesituation muß nicht dazu führen, daß die Aussage des anonymen Zeugen unglaubhaft wird. Ergibt nämlich die Aussageanalyse gewichtige Realitätskriterien und werden diese diese durch andere Beweismittel bestätigt, dann kann die Aussage trotz einer negativen Bewertung von Persönlichkeit, Motivation und Aussagesituation durchaus zuverlässig sein.

3. Abschnitt: Der Tatbeteiligte

Grünwald, Die Verfahrensrolle des Mitbeschuldigten, FS Klug, 1983, 493; *Prittwitz,* Der Mitbeschuldigte – ein unverzichtbarer Belastungszeuge?, NStZ 1981, 463; *ders.,* Der Mitbeschuldigte im Strafprozeß, 1984; *Rehberg,* Aussagen von Mitbeschuldigten als Beweismittel, FS zum 50jährigen Bestehen der Schweizerischen Kriminalistischen Gesellschaft, 1992, 186; *Schöneborn,* Das Problem der Rollenvertauschung und des Zeugnisverweigerungsrechts bei mehreren Beschuldigten in rechtsvergleichender Betrachtung, ZStW 86 (1974), 921.

Arm in Arm mit Dir zum Blutgerüst! Arm in Arm mit Dir zur Hölle! Es soll mich kitzeln Bube, mit Dir verdammt zu sein! (*Schiller*)

Bei gemeinschaftlich verübten Taten bzw. Teilnahmehandlungen sind idR auch die Aussagen der Tatbeteiligten zu würdigen. Der Tatbeteiligte wird meist Mitbeschuldigter bzw. Mitangeklagter sein. Er kann aber auch zum Zeugen gegen den anderen werden, etwa bei getrennten Verfahren.
Der Tatbeteiligte befindet sich in einer zwiespältigen Situation, die in verschiedener Hinsicht zu falschen Aussagen führen kann. Am häufigsten dürfte die Überwälzung der Hauptverantwortung auf den anderen sein, auch wenn das notwendig mit einem (Teil-) Eingeständnis verbunden ist. Aber auch das Gegenteil kommt vor. Der weniger Schuldige, ja sogar ganz Unschuldige, nimmt die Tat allein auf sich.

1. Das „Gefangenen-Dilemma"

929 **Die zwiespältige Situation, in der sich die Tatbeteiligten befinden – eine Situation der Entscheidung unter Ungewißheit –, zeigt das „Gefangenen-Dilemma" auf.**

Es ist eine Standardfigur der sogenannten Spieltheorie (vgl. *Luce/Raiffa,* Games and Decisions, 1957, 94 ff.). Sie geht von folgender „Spiel"-Situation aus (die wir auf die kleine Kronzeugenregelung des § 31 BtMG übertragen haben):

Zwei Männer (A und B) sind – von Bogotá kommend – bei der Einreise am Frankfurter Flughafen festgenommen worden, weil sich in einem Koffer ihres gemeinsam aufgegebenen Reisegepäcks drei kg Kokain befunden haben. Beide werden getrennt untergebracht. Der Staatsanwalt glaubt zwar, daß beide das Kokain gemeinschaftlich eingeführt haben. Dafür hat er jedoch keine ausreichenden Beweise, weil A und B bestreiten, daß der besagte Koffer ihnen gehört. Der Staatsanwalt bietet deshalb jedem Gefangenen über deren Verteidiger einen auf § 31 BtMG gestützten Deal an (die Frage, ob eine solche Absprache zulässig ist, wollen wir hier nicht erörtern, weil es uns hier nur um die Erläuterung des Gefangenen-Dilemmas geht):

Wenn der Beschuldigte den gemeinschaftlichen Tatplan gesteht und als Kronzeuge den anderen belastet, bekommt er ein Jahr Freiheitsstrafe (wegen unerlaubter Einfuhr im minder schweren Fall). Dem anderen kommt kein Milderungsgrund zugute, er erhält wegen unerlaubter Einfuhr einer nicht geringen Menge eine Strafe von zehn Jahren.

Jeder Gefangene weiß auch: Schweigen beide, so können sie allenfalls wegen Beihilfe zur unerlaubten Einfuhr des anderen zu zwei Jahren verurteilt werden. Gehen jedoch beide auf das Angebot des Staatsanwalts ein und gestehen, so werden sie jeweils wegen unerlaubter Einfuhr einer nicht geringen Menge zu acht Jahren verurteilt.

Jeder der Gefangenen will sich so einlassen, daß er am besten wegkommt. Aber wie soll er sich verhalten? Er weiß ja nicht, ob der andere gesteht oder bestreitet. Das ist das Gefangenen-Dilemma. Es läßt sich wie folgt darstellen:

	Gefangener B	
Gefangener A	Bestreiten	Gestehen
Bestreiten	2 Jahre für jeden	10 Jahre für A 1 Jahr für B
Gestehen	1 Jahr für A 10 Jahre für B	8 Jahre für jeden

Der Ausweg, den jeder aus Gefangenen-Dilemma wählt, wird sein, daß beide gestehen und jeweils acht Jahre bekommen. Dabei kämen sie (mit je zwei Jahren) wesentlich besser weg, wenn sie *beide* die Tat bestreiten würden. Selbst dann, wenn beide Gefangene miteinander über die richtige Strategie sprechen könnten, käme wohl kein anderes Ergebnis heraus, weil sie sich gegenseitig mißtrauen.

Zu diesem ohnehin plausiblen Ergebnis kommt man auch, wenn man untersucht, wie der Gefangene sich bei strikt „rationalem" Verhalten im Sinne der ökonomischen

Entscheidungstheorie entscheiden würde. Danach wählt jeder diejenige Alternative, bei der er für sich den höchsten Nutzen „errechnet". Das ist nicht allein die Strafhöhe, berücksichtigt werden muß auch die Wahrscheinlichkeit der Alternative. Dazu werden die Erwartungswerte der Alternativen mit ihrer Wahrscheinlichkeit multipliziert (der andere wird z. B. mit 50% Wahrscheinlichkeit gestehen) mal Ergebnis (10 Jahre für den Bestreitenden).

Der Ausweg aus dem „Gefangen-Dilemma" ist ein scheinbar irrationales Verhalten trotz einer „rationalen Strategie".

Das sogenannte Gefangenendilemma zeigt uns also einen nicht unrealistischen Ausschnitt aus der Grundsituation des Mitbeschuldigten. Da Menschen aber keineswegs die rational handelnden Wesen sind, für die sie von Richtern häufig gehalten werden, muß man noch ein erheblich komplexeres Beziehungsfeld in Erwägung ziehen.

Hat sich der Mitbeschuldigte zum (Teil-) Geständnis entschlossen, sei es, weil er dem Mittäter nicht traut, sei es, weil die Beweissituation überwältigend ist oder warum auch sonst, dann handelte er „rationaler", wenn er die Umstände des Geschehens in dem für beide Mittäter günstigsten Licht erscheinen ließe. Erst in diesem günstigen Rahmen für beide dürfte er dem Mitbeschuldigten die Hauptverantwortung zuschieben und auch das nur in einem für den anderen noch erträglichen Umfang, um bei ihm keine Vergeltungsaktionen hervorzurufen.

Tatsächlich jedoch führen vielfältige Motive häufig zu teils wahren, teils unwahren Belastungen des Mitbeschuldigten (Rache für vermeintliche – vor allem ungerechtfertigte – Belastungen durch diesen, Bedürfnis nach Entlastung auch vor dem eigenen Gewissen, Bedürfnis, einen Mitleidenden zu gewinnen usw.).

Das führt bei Gelegenheitsdelinquenten häufiger, bei „Profis" seltener dazu, daß die Mitbeschuldigten selber das Beweismaterial gegen sich herbeischaffen, wobei es freilich oft schwierig ist, die Tatsachen von der falschen Beschuldigung zutreffend zu trennen. In Fällen besonders enger Beziehungen, kommen aber auch falsche Selbstbeschuldigungen vor, die den Mitbeschuldigten entlasten sollen (zu den Geständnismotiven siehe Rn. 746 ff.).

2. Aussagebewertung nach der BGH-Rechtsprechung

930   Die höchstrichterliche Rspr ist zurecht sehr skeptisch bei der Beweisführung mit Aussagen der Tatbeteiligten und verlangt vom Tatrichter in solchen Fällen eine qualifizierte Beweiswürdigung. Bei Tatbeteiligten spielt die Motivation (Rn. 183 ff.) der Auskunftsperson mehr als sonst eine wichtige Rolle für die Aussagebeurteilung.

Die Aussageanalyse (Rn. 226 ff.) ist hier besonders schwierig, weil auch der Tatbeteiligte den Vorgang – bei dem er ja selbst dabei war – detailreich schildern kann. Und selbst da, wo er die Art der Tatbeteiligung verfälscht, braucht er ja nur die Beteiligten auszutauschen (siehe das Beispiel Rn. 858) und kann immer noch dieselben Realitätskriterien schildern (gewollte Verflechtung Rn. 272).

a) Prozessuale Rolle

Der Beweiswert einer Aussage hängt nicht maßgeblich davon ab, ob 931
sich die Auskunftsperson als Zeuge oder als (Mit-) Angeklagter äußert
(BGHSt 18, 238). Grundsätzlich hat es auf die Zuverlässigkeit der Aussage keinen Einfluß,
ob der Tatbeteiligte in der Rolle als Beschuldigter oder als Zeuge aussagt.
Unabhängig von seiner Rolle wird stets die besondere Motivationslage des
Tatbeteiligten zu berücksichtigen sein (siehe auch Rn. 746 ff). Zurecht sagt
der BGH (BGHSt 18, 238, 241):

„Den tatsächlichen Beweiswert von Aussagen bestimmen nicht die verfahrensrecht-
liche Stellung der Auskunftsperson, sondern deren persönlicher Gesamteindruck, die
Art und Weise ihrer Bekundung, die innere Wahrscheinlichkeit ihrer Schilderung und
zahlreiche andere Umstände ...“

Anders kann es sein – aber das muß nicht so sein –, wenn der Tatbeteiligte
als Zeuge befürchten muß, wegen einer Falschaussage belangt zu werden
(vgl. BGH NStZ 1000, 603; OLG Bremen NStE Nr. 104 zu § 261 StPO).
Hier ist seine Motivationslage eine andere als die eines Beschuldigten.

b) Aussage gegen Aussage

Steht Aussage gegen Aussage, verlangt der BGH eine besondere Würdi- 932
gung in den Urteilsgründen:
BGH StV 1991, 451 (vgl. auch BGHR StPO § 261 Mitangeklagte 2; BGH StV
1992, 98; BGHR BtMG § 29, Beweiswürdigung 7):

„Der Angeklagte hat einen strafbaren Umgang mit Heroin in Abrede gestellt und
den Mitangeklagten der Tatbegehung beschuldigt. Das Landgericht hat jedoch die
Einlassung des Angeklagten im wesentlichen auf Grund der Angaben des Mitangeklagten als widerlegt angesehen. Da die vorhandenen Sachbeweise sowohl mit der
Einlassung des Angeklagten als auch mit der Darstellung des Mitangeklagten in Einklang gebracht werden können, hängt der Schuldnachweis gegen den Angeklagten
entscheidend von der Beurteilung der Glaubwürdigkeit des Angeklagten einerseits
und des Mitangeklagten S. andererseits sowie der Glaubhaftigkeit ihrer Angaben ab.
In einem solchen Falle, in dem Aussage gegen Aussage steht, müssen die Urteilsgründe aber erkennen lassen, daß der Tatrichter alle Umstände, welche die Entscheidung
zu Gunsten des einen oder anderen zu beeinflussen geeignet sind, erkannt und in seine
Überlegungen einbezogen hat (BGHR StPO § 261 Beweiswürdigung 1; vgl. dazu
auch BGH StV 1990, 99; Beschluß vom 9. April 1991 – 4 StR 132/91).“

c) Glaubwürdigkeitskriterien

Die Rspr hat einige Kriterien für die Bewertung der Aussage des Tatbe- 933
teiligten herausgearbeitet, die der Tatrichter grundsätzlich besonders zu
würdigen hat:
(1) Hat der Tatbeteiligte den Angeklagten teilweise zu Unrecht belastet, so
ist das ein gewichtiges Indiz gegen die Glaubhaftigkeit.
(2) Es wird häufig naheliegen, daß der Tatbeteiligte sich durch die den
anderen belastende Aussage selbst entlasten will. Das kann er auch deshalb
tun, weil er befürchtet, andernfalls selbst in den Verdacht zu geraten.
(3) Die Selbstbelastung (Rn. 199) als Kriterium der Glaubhaftigkeit wird
dann relativiert, wenn die Aussicht, den Verdacht von sich abzuwenden, von

Anfang an gering war. Der Tatbeteiligte kann dann gewissermaßen die „Flucht nach vorne" antreten und wenigstens eine Beihilfe „einräumen" und dem anderen die Hauptschuld zuschieben.

(4) Die Modalitäten beim Zustandekommen der falschen Aussage und der Umfang der bisherigen Falschbelastung sind zu prüfen: Ob die Falschbelastung vorsätzlich oder fahrlässig erfolgte; ob der Tatbeteiligte unter Druck gesetzt wurde oder ob ihm Vergünstigungen zugesagt wurden.

(5) Gleiches gilt für die Umstände, unter denen eine Berichtigung der Aussage erfolgte, etwa die Angst vor Nachteilen oder das Bestreben nach Vorteilen.

(6) Ferner ist zu prüfen, ob die Angaben des Tatbeteiligten zu dem Verhalten der anderen Personen zutreffend sind. Die Wiedergabe von Gerüchten reicht nicht aus (BGH NStE Nr. 32 zu § 261 StPO).

934   Zitate aus der Rechtsprechung:

BGH NStZ 1990, 603:

„Erweist sich, daß ein Zeuge, auf dessen Aussage die Verurteilung eines Angeklagten gestützt werden soll, den Angeklagten jedenfalls *teilweise zu Unrecht belastet hat,* dann ist das in der Regel zunächst ein gewichtiges Indiz gegen die Glaubwürdigkeit des Zeugen (vgl. auch BGH, Urt. v. 4. April 1990 – 2 StR 466/89). Das gilt in verstärktem Maß für die Aussage eines Mitangeklagten, der bei einer Falschaussage *nicht mit einer Sanktion nach §§ 153, 154 StGB zu rechnen* hat. Bedeutsam sind in diesem Zusammenhang die *Modalitäten beim Zustandekommen der falschen Aussage und der Umfang der bisherigen Falschbelastung,* die erwiesenen oder zugunsten des Angeklagten anzunehmenden Gründe des Zeugen (Mitangeklagten) hierfür, insbesondere die Frage, ob die Falschbelastung *vorsätzlich oder nur fahrlässig* geschah, sowie die Umstände, *unter denen eine Berichtigung der Aussage* erfolgte (vgl. auch BGH, Beschl. v. 18. April 1990 – 2 StR 99/90; Urt. v. 4. April 1990 – 2 StR 466/89). Mit diesen Fragen setzt sich das Landgericht nicht ausreichend auseinander. Es verläßt sich auf die Erklärung des Mitangeklagten, der angegeben hatte, er sei damals auf den Angeklagten zornig gewesen. Der Angeklagte hat hingegen den Verdacht geäußert, der Mitangeklagte belaste ihn zu Unrecht, weil er von der Polizei *„unter Druck gesetzt wurde".* Der Mitangeklagte hat dazu angegeben, der ermittelnde Polizeibeamte habe ihn in der Haft aufgesucht und zu erkennen gegeben, daß sich (der Wahrheit entsprechende) belastende Aussagen gegen den Angeklagten *günstig auf seine Strafe auswirken könnten.* Sein Aussageverhalten sei hierdurch aber nicht beeinflußt worden. Auch hier folgt das Landgericht allein den Angaben des Mitangeklagten, obgleich dieser im Ermittlungsverfahren den Angeklagten in nicht unerheblichem Umfang zu Unrecht belastet hatte. Die nicht fernliegende Möglichkeit, daß der Mitangeklagte in größerem Umfang die Unwahrheit sagte, als er dies in der Hauptverhandlung zugegeben hat, und daß er – *auf seinen eigenen Vorteil bedacht* – frühere Falschangaben aus *Angst vor Nachteilen* in der Hauptverhandlung aufrechterhielt, hat das Landgericht nach den bisherigen Feststellungen nicht mit hinreichender Begründung ausgeschlossen."

BGH StV 1991, 452:

„Vernünftige Zweifel können besonders dann auftreten, wenn ein Angeklagter allein oder überwiegend durch Angaben eines Mitangeklagten belastet wird, zumal wenn es – wie hier – naheliegt, daß der Mitangeklagte sich durch die den anderen belastende Aussage *selbst entlasten will* (vgl. hierzu BGH, Beschl. v. 3. Mai 1991 – 3 StR 112/91; Urt. v. 13. September 1988 – 1 StR 435/88; 2 StR 324/90 = BGHR StPO

§ 261 Mitangeklagte 1; 2 StR 99/90 = StV 1990, 533; 1 StR 573/88 = BGHR StPO § 261 Zeuge 5)."

BGHR BtMG § 29, Beweiswürdigung 7:

„Für die Beurteilung seiner Glaubwürdigkeit war wesentlich, ob er hinsichtlich der Tatbeteiligung dieser Personen *zutreffende Angaben gemacht* hat."

BGH StV 1991, 451:

„So kann der Mitangeklagte wegen des in seinem Fahrzeug und in seiner Wohnung vorgefundenen Heroins sowie des dort sichergestellten Verpackungsmaterials – zu Recht – *befürchtet haben, daß er selbst in den Verdacht geraten würde,* Besitzer des Heroins gewesen zu sein und es zum von ihm beabsichtigten Verkauf abgepackt zu haben. Um einem solchen Verdacht von vornherein zu begegnen, bestand für ihn im Falle eigener Täterschaft aller Anlaß, den Angeklagten zu Unrecht zu belasten. Mit dieser Möglichkeit, die trotz der freundschaftlichen Verbundenheit des Mitangeklagten zum Angeklagten nicht fernliegt, hätte sich das Landgericht im Urteil auseinandersetzen müssen. Unter dem Gesichtswinkel einer möglichen eigenen Täterschaft des Mitangeklagten S., die wegen seiner – allerdings nicht näher mitgeteilten – Vorverurteilungen wegen Vergehens nach dem Betäubungsmittelgesetz nicht von vornherein ausgeschlossen werden kann, verliert auch der als Indiz für seine Glaubwürdigkeit gewertete Umstand, daß er *sich zugleich selbst belastet* hat, an Gewicht und Überzeugungskraft. Das Landgericht hätte in diesem Zusammenhang bedenken müssen, daß angesichts der sichergestellten Sachbeweise die Aussicht für den Mitangeklagten S., den Verdacht jeglicher Tatbeteiligung von sich abwenden zu können, von Anfang an gering war. Diese Einsicht kann ihn dazu gebracht haben, gleichsam die *Flucht nach vorne anzutreten* und die Tatbeteiligung im Sinne bloßer Beihilfe der Sache nach als das geringere Übel einzuräumen und die „Hauptschuld" dem Angeklagten zuzuschieben. Bei dieser Sachlage kann aber in der gleichzeitigen Selbstbelastung, will man nicht der Gefahr eines Zirkelschlusses erliegen, kein überzeugendes Indiz für die Glaubhaftigkeit der den Angeklagten belastenden Angaben des Mitangeklagten gesehen werden."

BGH, Beschl. v. 14. 1. 1992 – 4 StR 639/91:

„Im übrigen beruht die Überzeugung der Strafkammer von der Mittäterschaft des Angeklagten bei allen 32 abgeurteilten Taten allein auf den Angaben des Zeugen B. Diesen war aber – wie das Landgericht an sich nicht verkannt hat – mit besonderer Vorsicht zu begegnen, weil er, der den Angeklagten erst „*auf wiederholtes Fragen der Polizeibeamten unter Vorhalt von Verdächtigen*" als seinen Mittäter benannt hatte, damals unter einem „sensitiven Beziehungswahn" litt, „der zu einer verzerrten Wahrnehmung der Realität, zu Wahnideen, zu falschen Interpretationen von Umweltgegebenheiten sowie Sinnestrug führte". Bei der Notwendigkeit einer besonders sorgfältigen Prüfung, wem zu glauben sei, wenn Aussage gegen Aussage steht und die Entscheidung davon abhängt, welchen Angaben das Gericht folgt (vgl. Kleinknecht/Meyer StPO 40. Aufl. § 261 Rdn. 11), hätte es – gerade auch in Anbetracht der besonderen Persönlichkeit des als Belastungszeugen auftretenden früheren Mitangeklagten – näherer Feststellungen bedurft . . ."

d) „Kleiner Kronzeuge" nach § 31 BtMG

Besonders problematisch sind die Aussagen von Zeugen, die den Ange- 935
klagten belasten und dabei in den Genuß der Strafmilderung nach § 31 BtMG kommen.

Das an sich taugliche Glaubwürdigkeitskriterium der Selbstbelastung (Rn. 199) hilft hier wenig, denn es ist typisch für die Situation, in der sich der

„kleine Kronzeuge" befindet. Auch wird die Schilderung des Tathergangs von Betäubungsmittelgeschäften meist sehr detailarm ausfallen; im übrigen wäre es dem Zeugen ein leichtes, den Schuldumfang zu verändern, indem er die Mengenangaben der Betäubungsmittel erhöht. Der Tatrichter wird deshalb besonders auf den bekundeten Schuldumfang und die Motivation (zum Aufdeckungs-Geständnis siehe Rn. 752) des Zeugen zu achten haben. Dazu sagt der BGH;

BGH StV 1992, 98:

"In einem solchen Fall, in dem nach den Urteilsgründen Aussage gegen Aussage steht, müssen diese erkennen lassen, daß der Tatrichter alle für die Beurteilung der Glaubwürdigkeit wesentlichen Umstände erkannt und – auch soweit es die Feststellungen zum Schuldumfang betrifft – in seine Überlegungen einbezogen hat (vgl. BGHR StPO § 261 Beweiswürdigung 1, Mitangeklagte 2; BGH StV 1990, 99). . . . Die Erwägung des Landgerichts, dem Zeugen L. sei deswegen uneingeschränkt Glauben zu schenken, weil er sich selbst belastet habe und auch zu einer Freiheitsstrafe verurteilt worden sei, läßt besorgen, es habe den naheliegenden, für die Glaubwürdigkeitsbeurteilung wesentlichen Gesichtspunkt, daß der Zeuge L. sich dadurch in dem gegen ihn gerichteten Verfahren im Hinblick auf § 31 BtMG entlasten wollte, außer acht gelassen. Mit der eigenen Verstrickung des Zeugen L. in Betäubungsmitteldelikte und den für ihn möglicherweise günstigen Auswirkungen seiner andere belastenden Aussagen hätte das Landgericht sich . . . auseinandersetzen müssen."

BGH StV 1992, 149:

„Wenn ein Angeklagter allein oder überwiegend durch die Angaben eines Mitangeklagten belastet wird, bedarf es einer sorgfältigen Prüfung der Umstände, die Zweifel an der Zuverlässigkeit dieser den Angeklagten belastenden Beweismittel wecken können (vgl. BGHR StPO § 261 Überzeugungsbildung 15 m. w. N.). Dies gilt insbesondere dann, wenn es – wie hier – naheliegt, daß der Mitangeklagte sich durch die den anderen belastende Aussage selbst entlasten will oder durch die Offenbarung der – Tatbeteiligung des anderen Strafmilderung nach § 31 BtMG erlangt (vgl. Senatsbeschluß vom 23. Oktober 1991 – 5 StR 455/91)."

BGH, Beschl. v. 8. 1. 1992 – 2 StR 588/91:

„Für den Angeklagten zu stark belastende frühere Angaben der jetzigen Zeugen – als damals Beschuldigte – ist hingegen ein einleuchtendes Motiv vorhanden. Sie mußten erklären, woher sie die von ihnen verkauften 10 kg Haschisch bezogen hatten, zumal dann, wenn sie die Vergünstigung des § 31 BtMG erhalten wollten. Es ist möglich, daß sie – um andere Lieferanten zu decken – den Angeklagten zu stark belasteten (vgl. BGH, Beschl. v. 12. Dezember 1990 – 2 StR 298/90; vom 18. Dezember 1991 – 5 StR 494/91)."

4. Abschnitt: Betroffener und Opfer

A. Betroffener als Zeuge

936   Der von einem Delikt unmittelbar Betroffene oder der vom Ausgang eines (zwischen anderen Parteien stattfindenden) Zivilprozesses zentral Betroffene gilt in der gerichtlichen Praxis als besonders schlechter Zeuge. Das ist in dieser Allgemeinheit nicht richtig.

1. Interesse am Prozeßausgang

Nicht die formelle Betroffenheit, sondern nur die tatsächliche Einstel- **937**
lung zum Prozeßausgang vermag hinreichend sichere Indizien zur Mo-
tivlage des Betroffenen als Zeuge zu geben.
Der Betroffene als Zeuge ist Angriffen auf seine Aussage und psychischen
Belastungen, von der Erlebnisseite und von der Verantwortung für den
Prozeßausgang her, in so besonderem Maße ausgesetzt, daß gewisse Unsicherheiten und Widersprüche in Nebenpunkten nicht gegen seine Glaubwürdigkeit zu sprechen brauchen. Die Alltagstheorie, wonach der Betroffene
hinsichtlich Wahrnehmung, Erinnerung und Bereitschaft zur Lüge sich wei-
testgehend von seinem offensichtlichen Interesse am Prozeßausgang leiten
lasse, bedarf erheblicher Einschränkungen.

Im Strafprozeß liegt es manchesmal offen auf der Hand, daß der Bauer dem Brand-
stifter niemals gram, sondern höchstens dankbar sein kann, daß er statt einer baufälli-
gen Scheune jetzt eine fette Brandversicherungssumme in Händen hat. Der Ehegatte
muß keineswegs immer aus Liebe zugunsten des anderen aussagen; er könnte ihm
auch schaden wollen.
Aber auch im Zivilprozeß kann der Schein trügen. Der betroffene Zeuge, dessen
Forderung gegen den Beklagten der Kläger gepfändet hat und gerichtlich geltend
macht, würde zwar seine Schuld an den Kläger los, wenn dieser obsiegte. Vielleicht ist
ihm aber die ungestörte Geschäftsbeziehung zum Beklagten genauso wichtig oder gar
noch wichtiger als der Prozeßsieg des Klägers.

Wenn man schon aus der Motivlage Rückschlüsse ziehen will, dann muß
man auch versuchen, die Motivlage möglichst zweifelsfrei festzustellen.
Aber auch in anderer Hinsicht tun wir dem Betroffenen oftmals unrecht.
Es gibt immer noch genügend Leute, die nicht bereit sind, einen Prozeßbetrug zu begehen oder einen Meineid zu leisten, nur um eines finanziellen
Vorteils willen. Ja, es gibt plausible Gründe für die Annahme, daß der Inhaber selbst eher bereit ist, der Wahrheit zuliebe auf eine Forderung zu verzichten als der von ihm abhängige Zeuge (Rn. 176).
Deshalb hat der BGH (NJW 1988, 566) auch der sog. „Beifahrerrechtspre-   **938**
chung" eine Absage erteilt:

„Es verstößt gegen den Grundsatz der freien Beweiswürdigung, den Aussa-
gen von Insassen unfallbeteiligter Kraftfahrzeuge (sog „Beifahrerrechtspre-
chung") oder von Verwandten oder Freunden der Unfallbeteiligten nur für
den Fall Beweiswert zuzuerkennen, daß sonstige objektive Gesichtspunkte für
die Richtigkeit der Aussagen sprechen.
Die Beweiswürdigung des Berufungsgerichts hält der revisionsrechtlichen Überprüfung nicht stand. Sie beruht auf einer Billigung der sog. Beifahrerrechtsprechung
des Landgerichts und deren Erstreckung auch auf Verwandte und Freunde in einem
nachfolgenden Fahrzeug. Diese „Beifahrerrechtsprechung" besagt, daß – wie in dem
landgerichtlichen Urteil formuliert wird – den Aussagen von Insassen unfallbeteiligter
Fahrzeuge „nur dann Beweiswert zuerkannt werden kann, wenn sonstige objektive
Anhaltspunkte für ihre Richtigkeit sprechen". Eine solche Behandlung der Zeugenaussagen von Fahrzeuginsassen stellt jedoch, wie die Revision zu Recht rügt, schon im
Ansatz einen Verstoß gegen § 286 Abs. 1 ZPO dar. Danach hat das Gericht unter
Berücksichtigung des gesamten Inhalts der Verhandlungen und des Ergebnisses der

Beweisaufnahme nach freier Überzeugung zu entscheiden, ob eine tatsächliche Behauptung für wahr oder für unwahr zu erachten ist. Damit ist es nicht zu vereinbaren, wenn den Aussagen von Insassen unfallbeteiligter Kraftfahrzeuge nur für den Fall Beweiswert beigemessen wird, daß sonstige objektive Anhaltspunkte für ihre Richtigkeit sprechen. Bei einer solchen Handhabung wird die Entscheidung nicht, wie es nach § 286 Abs. 1 ZPO geboten ist, auf eine individuelle Würdigung des gesamten Inhalts der Verhandlungen und des Ergebnisses der Beweisaufnahme, sondern in verfahrensrechtlich unzulässiger Weise auf eine abstrakte Beweisregel gegründet, die das Gesetz nicht kennt (vgl. auch § 286 Abs. 2 ZPO). Eine derartige Beweisregel kann sich auch nicht auf einen allgemeinen Erfahrungssatz stützen. Es gibt keinen Erfahrungssatz des Inhalts, daß die Aussagen von Insassen unfallbeteiligter Kraftfahrzeuge von einem – wie es das Berufungsgericht ausdrückt – „Solidarisierungseffekt" beeinflußt und deshalb grundsätzlich unbrauchbar sind (zu einer vergleichbaren Fallgestaltung: BGH, Urteil vom 30. September 1974 – II ZR 11/73 – VersR 1974, 1196, 1197 = NJW 1974, 2283). Ebensowenig können Aussagen von Unfallzeugen, die mit einem Unfallbeteiligten – wie hier die Zeuginnen He. und A. Str. mit dem Beklagten – verwandt oder verschwägert sind, als von vornherein parteiisch und unzuverlässig gelten (s. z. B. OLG Köln MDR 1972, 957). Zwar sind bei der Würdigung der Zeugenaussagen Umstände wie die verwandtschaftliche oder freundschaftliche Verbundenheit mit einem Beteiligten jeweils gebührend zu berücksichtigen. Auch auf die Möglichkeit, daß sich ein Zeuge, der Insasse eines unfallbeteiligten Kraftfahrzeuges war, bewußt oder unbewußt mit dem Fahrer solidarisiert, ist Bedacht zu nehmen. Es geht jedoch nicht an, einer Zeugenaussage aus solchen Gründen ohne weitere Würdigung von vornherein jeglichen Beweiswert abzusprechen, wenn ihre Richtigkeit nicht durch sonstige Umstände bestätigt wird (BGH aaO). "

2. Anforderungen an die Qualität der Aussage

939   **Richter stellen manchmal an die Aussage des Betroffenen qualitative Anforderungen hinsichtlich Widerspruchsfreiheit, Geschlossenheit und Sicherheit, die gerade dieser billigerweise nicht erbringen kann.**

Der Betroffene ist, eben wegen dieser Eigenschaft, aber auch weil er in der Regel die umfänglichste und relevanteste Tatsachenkenntnis hat, der am meisten angegriffene Zeuge. Der Gegenanwalt oder der Verteidiger wird selten einmal versäumen, ihn „in die Zange" zu nehmen und er müßte ein schlechter Anwalt sein, wenn es ihm nicht gelänge, den prozeßungewohnten Zeugen so zu verwirren, daß er sich schließlich doch in (echte oder auch nur scheinbare) Widersprüche verwickelt oder unsicher wird. Manchmal fragen dann solche Zeugen im oder nach dem Termin den Richter: „Ja, darf denn der Anwalt das?" Er darf, solange er sachliche Fragen stellt und nicht zu ausgesprochen unlauteren Tricks greift.

Aber der Richter andererseits ist nicht verpflichtet, aus dem (scheinbaren) Erfolg eines solchen anwaltlichen Verwirrspieles zu weitgehende Schlüsse gegen die Glaubwürdigkeit des Zeugen zu ziehen.

Und noch eines kommt hinzu: Der Betroffene als Zeuge hat nicht nur (ebenso wie der unbeteiligte Zeuge) die Aussagesituation zu bewältigen, sondern meist auch noch gleichzeitig das Nacherleben der Tatsituation, was in vieler Hinsicht eine große seelische Belastung sein kann, ganz abgesehen von der häufig noch hinzukommenden Verantwortungslast für den Prozeßausgang, die mit seiner meist zentralen Aussage verbunden zu sein pflegt. Kein Wunder, wenn viele Menschen dieser dreifachen Belastung – vollends in öffentlicher Verhandlung – nicht so gewachsen sind, daß sie ihre Aussage ohne Unsicherheiten und Widersprüche in weniger wesentlichen Punkten hinter sich brächten. Der Richter muß in solchen Fällen seine Überzeugung aus anderen Symptomen, insbesondere aus der Aussageanalyse schöpfen.

B. Opfer als Zeuge

1. Stärken und Schwächen des Opfer-Zeugen

Beim Opfer einer Straftat kommt zu dieser spezifischen Motivlage und zur **940** besonderen Belastungssituation bei der Aussage hinzu, daß auch Wahrnehmung und Erinnerung von der Opfersituation geprägt sind. Einerseits wird gerade das Opfer die selbst erlebte Tat besonders anschaulich und detailreich schildern können, auch wird häufig ein gefühlsmäßiger Nachklang des Ereignisses (Rn. 217) in der Aussagesituation erkennbar sein. Andererseits kann das Opfer aufgrund des erhöhten Stresses bei der Tat in der Wahrnehmung Einschränkungen unterliegen (zur Identifizierungsleistung, etwa dem Waffenfokus, siehe Rn. 763 ff.). Der Verdrängungsprozeß kann die Erinnerungsleistung beeinträchtigen.

Die Rechtsprechung verlangt – auch deshalb – vom Richter eine qualifizierte Beweiswürdigung, vor allem, wenn Aussage gegen Aussage steht.

2. Qualifizierte Aussagewürdigung

Nach der ständigen Rechtsprechung des Bundesgerichtshofs müssen die **941** **Urteilsgründe in einem Fall, in dem Aussage gegen Aussage steht und die Entscheidung allein davon abhängt, welcher Aussage das Gericht Glauben schenkt, erkennen lassen, daß der Tatrichter alle Umstände, die die Entscheidung zu Gunsten oder zu Ungunsten des Angeklagten beeinflussen können, erkannt und in seine Überlegungen einbezogen hat.**

BGH StV 1992, 261; NStZ 1992, 347; BGH, Beschl. vom 21. 09. 93 – 4 StR 413/ 93 –; BGH, Urt. vom 5. 10. 93 – 1 StR 547/93 –; BGH, Urt. vom 24. 11. 93 – 3 StR 517/93 – (jew. m. w. N.).

Das kann bedeuten, daß alle relevanten Zeugenaussagen in die Gesamtabwägung einzubeziehen sind:

BGH, Beschl. vom 21. 09. 93 – 4 StR 413/93:

„Die Überzeugung des Gerichts ist nach § 261 StPO aus dem ‚Inbegriff der Verhandlung' zu gewinnen. Dazu gehört, daß Zeugenaussagen im Zusammenhang mit den übrigen Beweismitteln einer Würdigung unterzogen werden. Diesem Erfordernis widerstreitet es, wenn eine oder mehrere Zeugenaussagen – wie hier geschehen – von vornherein ,eliminiert' und somit nicht in die Gesamtabwägung einbezogen werden."

Der Tatrichter muß zwischen der allgemeinen Glaubwürdigkeit und der speziellen Glaubwürdigkeit (der Glaubhaftigkeit der konkreten Aussage) unterscheiden:

BGH, Urt. vom 5. 10. 93 – 1 StR 547/93:

„Die neu zur Entscheidung berufene Strafkammer wird gegebenenfalls zu bedenken haben, daß Anlaß bestehen kann, zwischen der allgemeinen und der speziellen Glaubwürdigkeit eines Zeugen zu unterscheiden. Während die letztere die Frage der Glaubwürdigkeit im Hinblick auf die Aussage zum jeweiligen Verfahrensgegenstand betrifft, betrifft die allgemeine Glaubwürdigkeit die Frage, ob man dem Zeugen hinsichtlich sonstiger Angelegenheiten außerhalb des Verfahrens grundsätzlich Glauben schenken kann. Die Klärung der allgemeinen Glaubwürdigkeit läßt nach den Erkenntnissen der forensischen Psychiatrie noch nicht ohne weiteres generelle Schlüsse auf die spezielle Glaubwürdigkeit zu (vgl. hierzu eingehend Leferenz, Die Beurteilung der Glaubwürdigkeit, in Göppinger/Winter ⟨Hrsgb⟩, Handbuch der forensischen Psychiatrie, Bd. II S. 1314 ff, 1317, 1325 f., 1341 f.; Undeutsch, Forensische Psychiatrie, in Elster/Lingemann/Sieverts ⟨Hrsgb⟩, Handwörterbuch der Kriminologie, 2. Aufl. Bd. 1 S. 205 ff., 212 f.; vgl. auch Herdegen in KK 3. Aufl. § 244 Rdn. 31; Maiwald in Kommentar zur Strafprozeßordnung ⟨AK-StPO⟩ § 261 Rdn. 24).“

Auch ein wechselndes Aussageverhalten ist zu würdigen, insbesondere bei der Zeugnisverweigerung:

BGH NStZ 1992, 347:

„Diesen Anforderungen genügt das angefochtene Urteil nicht. Es geht bei der Würdigung der Aussage der Geschädigten nicht auf den in anderem Zusammenhang, nämlich bei der Erörterung eines Glaubwürdigkeitsgutachtens, mitgeteilten Umstand ein, daß die Geschädigte, nachdem sie in der Hauptverhandlung zunächst ausgesagt hatte, von ihrem Aussageverweigerungsrecht als Angehörige des Angeklagten Gebrauch gemacht hat. Die Urteilsgründe verhalten sich insbesondere nicht dazu, in welchem Stadium ihrer Vernehmung und in welchem Zusammenhang die Zeugin den zunächst erklärten Verzicht auf ihr Zeugnisverweigerungsrecht widerrufen hat. Dessen hätte es aber bedurft. Denn dieses Aussageverhalten konnte möglicherweise zu Zweifeln an der Glaubwürdigkeit der Geschädigten Anlaß geben, so etwa, wenn sie lediglich eine vorbereitete Erklärung wiedergegeben und deren Überprüfung durch Nachfragen verhindert hätte, oder wenn sie nach Vorhalten von Widersprüchen in ihrer Aussage oder zu den Bekundungen anderer Beweispersonen in die Zeugnisverweigerung ‚geflüchtet‘ wäre.“

3. Qualifiziertes Begründungserfordernis

942   **Neben der qualifizierten Beweiswürdigung verlangt der BGH, daß der Tatrichter den wesentlichen Inhalt der Bekundungen des Zeugen im Urteil wiedergibt.**

BGH StV 1993, 235:

„Was die Zeugin jeweils ausgesagt hatte und welche Details sie insbesondere mitgeteilt hat, wird nicht wiedergegeben. Dies genügt bei einer Sachverhaltsgestaltung, in der Aussage gegen Aussage steht und zur Widerlegung der Einlassung des Angeklagten nur die Bekundungen des Tatopfers zur Verfügung stehen, das bei Beginn der Handlungen sechs, bzw. sieben und in der Hauptverhandlung erst 14 Jahre alt war, nicht (vgl. BGH NStZ 1985, 563).“

BGH, Urt. vom 24. 11. 93 – 3 StR 517/93:

„Die Strafkammer hält die Aussage der geschädigten Zeugin U. bezüglich des abgeurteilten Sachverhalts für wahr und die Zeugin selbst für glaubwürdig. Was die

Geschädigte zu dem festgestellten Geschehen in seiner Entstehung und in seinem Verlauf im einzelnen berichtet hat, wird im Urteil jedoch nicht wiedergegeben. ... Das Landgericht war um so mehr gehalten, die Aussage der geschädigten Zeugin detailliert wiederzugeben und zu werten, als es ihr in einem wesentlichen Punkt nicht gefolgt ist."

Bei einem Glaubwürdigkeitsgutachten sind die wesentlichen Anknüpfungstatsachen im Urteil wiederzugeben.

BGH StV 1993, 235:

„Es war auch nicht ausreichend, daß das Landgericht lediglich das Ergebnis des über die Zeugin eingeholten Glaubwürdigkeitsgutachtens pauschal mitteilt, wonach die Zeugin uneingeschränkt glaubwürdig und ihre Aussagen glaubhaft seien, ohne die wesentlichen Anknüpfungstatsachen und Ausführungen des Sachverständigen wiederzugeben (BGHSt 12, 311, 314, 315; BGH NStZ 1985, 206)."

4. Bekundungen von Opfer-Zeugen

Das Gebot der umfassenden Gesamtwürdigung und das Begründungs- 943 erfordernis gilt namentlich dann, wenn die Aussage des Opfer-Zeugen gegen die Aussage des Angeklagten steht.

BGH, Beschl. vom 9. 9. 92 – 3 StR 364/92:

„Denn gerade in einem Fall, in dem – wie hier – die Überführung des bestreitenden Angeklagten allein von der Glaubwürdigkeit der einzigen Belastungszeugin abhängt und keine objektiven, die Richtigkeit ihrer Aussage erhärtenden Umstände vorliegen, bedarf es einer sorgfältigen Würdigung aller für und gegen den Angeklagten sprechenden Umstände in einer auch für das Revisionsgericht nachvollziehbaren Weise. So genügt es nicht, pauschal von unwesentlichen dem Randbereich der Aussage zuzuordnenden Widersprüchen zu sprechen, ohne diese im einzelnen darzustellen und abzuhandeln."

BGH StV 1993, 176:

„Wird die Überführung des Angeklagten allein auf die Aussage des Tatopfers gestützt, so müssen die Urteilsgründe erkennen lassen, daß das Tatgericht alle Umstände, die die Glaubhaftigkeit der Aussage – wenn auch nur in Teil- oder Randbereichen – bestätigen oder infrage stellen können, bei der Glaubwürdigkeitsprüfung in seine Überlegungen einbezogen hat. ... In der Beweiswürdigung werden die Bekundungen dieser beiden Zeuginnen weder mitgeteilt noch – auch nicht summarisch – gewertet. ... Die Strafkammer hätte vielmehr in Erwägung ziehen müssen, daß die Zeugin gegenüber der Sachverständigen zum Randgeschehen ... tatsächlich andere Angaben als jetzt gemacht hat. Mindestens aber hätte mitgeteilt werden müssen, ob und ggf. in welcher Form die Sachverständige die Möglichkeit von Mißverständnissen eingeräumt hat."

Enthalten die Bekundungen wichtiger Zeugen in wesentlichen Punkten Widersprüche, so muß der Tatrichter diese wiedergeben und sich damit im Urteil auseinandersetzen.

BGH StV 1992, 555:

„Je nach den Besonderheiten des Einzelfalles setzt eine rechtsfehlerfreie Beweiswürdigung auch voraus, daß sich die Urteilsgründe mit widersprüchlichen, ungenauen oder aus sonstigen Gründen nicht ohne weiteres glaubhaften Zeugenaussagen zu einer erheblichen Beweisfrage in einer für das Revisionsgericht überprüfbaren Weise auseinandersetzen (vgl. BGH NStZ 1981, 271; BGH, Beschluß vom 17. April 1991 – 3 StR 107/91; Hürxthal aaO Rdn. 50). Diesen Anforderungen genügt das angefochtene Urteil nicht.... Was die Zeugin früher oder in der Hauptverhandlung konkret ausgesagt hat, in welchen Punkten ihre Aussagen im einzelnen konstant, widersprüchlich oder ungenau waren, was das Landgericht als Kernbereich der Aussage oder lediglich das Randgeschehen betreffend und deshalb als wesentlich oder unwesentlich bewertet hat, teilen die Urteilsgründe indes an keiner Stelle mit. Dessen hätte es jedoch bedurft, um den Senat in die Lage zu versetzen, zu überprüfen, ob die Erwägungen und Bewertungen des Landgerichts hinsichtlich der Bedeutung und des Gewichts einzelner Aussageinhalte und darin möglicherweise enthaltener Widersprüche oder Ungenauigkeiten rechtsfehlerfrei sind und die Wertung der Aussage der Zeugin B. als glaubwürdig und zuverlässig tragen."

Hält der Tatrichter nur einem Teil der Bekundungen des Zeugen für glaubhaft, so muß er darlegen, warum er gerade diesem Teil glaubt, dem anderen hingegen nicht.

BGH NJW 1993, 2451:

„Da eine andere Tatzeugin als S. nicht vorhanden ist, muß die Strafkammer Angaben des Kindes, die sich auf die anderen Mißbrauchshandlungen bezogen, für nicht überzeugend gehalten haben. Da die Urteilsgründe sich hierzu nicht näher verhalten, kann der Senat nicht nachprüfen, ob der Tatrichter die belastenden Aussagen des Kindes, die der Verurteilung zugrunde liegen, in umfassender Weise gewürdigt hat (vgl. BGHR StPO § 261 Beweiswürdigung 2; Beweiswürdigung, unzureichende 1). Zu dieser umfassenden Würdigung gehört regelmäßig auch die Auseinandersetzung mit dem Umstand, daß ein Teil der belastenden Aussagen eines Zeugen für glaubhaft erachtet wird, ein anderer Teil dagegen nicht."

BGH, Beschl. vom 7. 7. 93 – 5 StR 369/93:

„Diese Beweisführung läßt nicht erkennen, ob sich der Tatrichter mit der besonderen Problematik auseinandergesetzt hat, die im vorliegenden Fall bei der Aussage der kindlichen Zeugen besteht: Beide Kinder sind noch sehr jung. Die Kinderaussagen über den Geschlechtsverkehr mit S. und die Filmbetrachtung mit C. haben sich nicht als zuverlässig erwiesen.... Unter diesen Umständen hätte der Tatrichter näher darlegen müssen, woraus sich ergibt, daß die Kinder gerade zu diesem Punkt zuverlässig ausgesagt haben."

5. Kinder als Zeugen

944   **Die Beurteilung der Glaubhaftigkeit von Zeugenaussagen wird von der Rechtsprechung seit jeher als die ureigenste Aufgabe des Tatrichters verstanden** (ausführlich dazu *Fischer* NStZ 1994, 1; BGHSt 3, 52; 8, 130). **Grundsätzlich darf sich der Richter eigene Sachkunde auch bei der Beurteilung der Aussagen von Kindern und Jugendlichen zutrauen, insbesondere gilt das für den Jugendrichter.**

BGH, Urt. vom 21. 09. 93 – 1 StR 384/93:

„Der Hinzuziehung eines Sachverständigen bedarf es nur, wenn die Eigenart und besondere Gestaltung des Einzelfalles eine Sachkunde erfordern, die ein Richter (auch mit spezifischen forensischen Erfahrungen) normalerweise nicht hat (vgl. Herdegen in KK 2. Aufl. § 244 Rdn. 30 m. w. Nachw.). Der Grundsatz, daß nur besondere Umstände sachverständige Hilfe erforderlich machen, gilt auch bei Würdigung der Aussage von Kindern und Jugendlichen. Aber auch bei solchen Aussagen treten die Besonderheiten in der Person der Zeugen in ihrer Bedeutung zurück, wenn zusätzliche nachgewiesene Tatsachen für oder gegen die Richtigkeit einer Aussage sprechen (BGHR StPO § 244 Abs. 4 Satz 1 m. w. Nachw.)."

BGH, Urt. vom 25. 08. 93 – 5 StR 334/93:

„Grundsätzlich darf sich eine erfahrene Jugendkammer eigene Sachkunde auch dann zutrauen, wenn ein Kind über geschlechtliche Vorgänge aussagt (vgl. BGHR StPO § 244 Abs. 4 Satz 1 Glaubwürdigkeitsgutachten 2; BGHR aaO Sachkunde 4)."

6. Beeinträchtigung der Aussagetüchtigkeit

Besonderheiten können dann gelten, wenn die Wahrnehmungs- und 945 **Erinnerungsfähigkeit über das übliche Maß hinaus beeinträchtigt sein kann.**

BGH, Beschl. vom 12. 11. 93 – 2 StR 594/93:

„Die Hinzuziehung eines Sachverständigen ist aber dann geboten, wenn der Sachverhalt solche Besonderheiten aufweist, daß Zweifel daran aufkommen können, ob die Sachkunde des Gerichts auch zur Beurteilung der Glaubwürdigkeit im Hinblick auf diese Besonderheiten ausreicht (BGHR StPO § 244 Abs. 4 Satz 1 Glaubwürdigkeitsgutachten 2). ... Im vorliegenden Fall war nicht allein die gegenwärtige Glaubwürdigkeit des Mädchens, sondern auch seine Wahrnehmungsfähigkeit, sein Erinnerungsvermögen und seine Zuverlässigkeit für den Tatzeitraum zu beurteilen, in dem das Kind zwischen 5 und 13 Jahre alt war."

Der Richter kann dann gehalten sein, sich sachverständiger Hilfe zu bedienen, wenn bei dem Zeugen psychische Auffälligkeiten bestehen.

BGH, Urt. vom 11. 05. 93 – 1 StR 896/92:

„Die Strafkammer hat bei der Würdigung der Aussagen des Geschädigten erwogen, daß bei diesem früher in Zusammenhang mit einem schizophrenen Schub wahnhafte Verfolgungsideen aufgetreten waren. Sie ist jedoch, hauptsächlich gestützt auf die Ausführungen zweier Diplom-Psychologinnen, zu dem Ergebnis gekommen, daß der Geschädigte 'weder im Tatzeitraum noch danach unter der Einwirkung eines schizophrenen Schubs stand und eine progredient verlaufende Schizophrenie gleichfalls nicht vorlag'. Dementsprechend hat sie einen Beweisantrag auf Einholung eines psychiatrischen Sachverständigengutachtens unter Hinweis auf ihre eigene Sachkunde abgelehnt ... Grundsätzlich verlangt die Beurteilung der Frage, ob eine geistige Erkrankung vorliegt, und gegebenenfalls die Beurteilung von deren Auswirkungen auf die Aussagetüchtigkeit medizinische und nicht aussagepsychologische Kenntnisse (vgl. BGHSt 23, 8, 12f.), so daß die Vermittlung medizinischer Sachkunde durch psychologische Gutachten in der Regel nicht in Betracht kommt."

BGH StV 1993, 567:

„Falls die Zeugin jedoch, wie von der Verteidigung behauptet, an Magersucht leidet – dies wird gegebenenfalls durch Vernehmung des Hausarztes aufzuklären sein –, dürfte sich im Hinblick auf die psychosomatischen Ursachen dieser Krankheit die Einholung eines Glaubwürdigkeitsgutachtens empfehlen."

Eine infolge Alkoholisierung reduzierte Wahrnehmungsfähigkeit ist zu beachten.

BGH StV 1992, 547:

„Weiter hat das Tatgericht der Frage, ob die Wahrnehmungsfähigkeit K.s durch den vorausgegangenen Alkoholgenuß beeinträchtigt gewesen sein kann, keine Beachtung geschenkt. Es hat deshalb zum Grad der Alkoholisierung dieses Zeugen keine Feststellungen getroffen. . . . Je nach Sachlage kann bei K. eine die Wahrnehmungsfähigkeit erheblich beeinträchtigende Blutalkoholkonzentration vorgelegen haben."

5. Abschnitt: Der betäubungsmittelabhängige Zeuge

Glatzel, Zur Vernehmungsfähigkeit beschuldigter Drogenabhängiger, StV 1981, 191; *ders.,* Zur Vernehmungsfähigkeit Drogenabhängiger, StV 1994, 46; *Täschner,* Zur Beurteilung der Wahrnehmungsfähigkeit und Aussagetüchtigkeit bei Drogenabhängigen, NJW 1987, 2911; *ders.,* Probleme der Aussagetüchtigkeit bei Drogenabhängigen, NStZ 1993, 322.

Vor allem in Verfahren wegen Verstößen gegen das Betäubungsmittelgesetz erfolgt die Beweisführung vielfach mit Zeugen, die zur Drogenszene gehören und selbst betäubungsmittelabhängig sind. Deren Bekundungen sind selten konkret und meist detailarm („der Beschuldigte hat mir in den letzen Monaten mehrmals ein paar Gramm Heroin verkauft"). Hinzu kommt, daß der Zeuge – der sich selbst strafbar gemacht hat – aufgrund der kleinen Kronzeugenregelung des § 31 BtMG (Rn. 752) eine Strafmilderung erhalten kann, wenn er zur Aufdeckung von Straftaten anderer beiträgt. Hier soll die Zuverlässigkeit der Bekundungen solcher Zeugen unter dem Aspekt der Beeinträchtigung der Zeugentüchtigkeit infolge der Betäubungsmittelabhängigkeit erörtert werden.

1. Wahrnehmungsfähigkeit

946   **Quantitative Einschränkungen der Wahrnehmungsfähigkeit treten nur während der Intoxikation und bei akuten Entzugserscheinungen auf.**
Bei einem Betäubungsmittelabhängigen ist das Regelsystem des Organismus gegen die Wirkung der Droge auf einem veränderten Niveau eingestellt worden. Nimmt er eine „angemessene" Dosis ein, ist er in einem „subjektiven Normalzustand", den man ihm kaum anmerkt, weil kaum sichtbare Ausfälle (vgl. BGH NStZ 1984, 178) vorhanden sind.
Die Zeugentüchtigkeit wird vor allem von harten Drogen beeinflußt. Heroin wirkt auf die tieferliegenden Hirnabschnitte ein. Im „subjektiven Normalzustand" bis vor dem akuten Entzug treten kaum Wahrnehmungsbeeinträchtigungen auf. Anders ist es bei der Intoxikation unmittelbar nach der Injektion und bei akuten Entzugserscheinungen.

Diese beiden Zustände sind auch äußerlich an typischen Leistungsausfällen erkennbar.
Während der Intoxikation ist der Abhängige „zu", „stoned" und schläfrig. Es kommt zu Gangstörungen und einer allgemeinen Schwerfälligkeit. Der Abhängige neigt zu Fehleinschätzungen und seine Kritikschwelle ist gesenkt. Bei Kokain und

amphetaminähnlichen Stoffen führt die Euphorisierung zu einer Überschätzung der eigenen Leistungsfähigkeit.
Beim akuten Entzug hat der Abhängige Schmerzen. Er ist unruhig, hat Konzentrationsstörungen, kann nicht mehr laufen, er zittert, seine Nase läuft. Sein Denken ist auf die unmittelbaren eigenen Interessen eingeengt; die Existenz schrumpft gewissermaßen punktförmig.

Bei einer Überdosierung wird auch die Rindenaktivität des Gehirns beeinflußt. Es kommt zu einer Herabsetzung der Reizempfindlichkeit und damit der Wahrnehmung. Ist die Dosierung extrem, kommt es im Stadium der Intoxikation und bei akuten Entzugserscheinungen zu Wahrnehmungsstörungen. Die Umgebung wird zwar immer noch im wesentlichen wahrgenommen, der Abhängige nimmt aber weniger die Einzelheiten auf, sondern reagiert fast nur noch auf deutliche und klare Sinnesreize. Es scheint aber nicht zu Sinnestäuschungen zu kommen, sondern allenfalls zu einer reduzierten Wahrnehmung.

Glatzel (StV 1981, 191) geht davon aus, daß Cannabiskonsum zu traumhaften Erlebnissen und zu Sinnestäuschungen halluzinatorischen Typs führt, wobei er sich aber nicht zu der spezifischen Wahrnehmungsfähigkeit als Zeuge äußert.

2. Speicherungsfähigkeit

Bei Bewußtseinstrübungen kann es zu einer verminderten Speiche- 947
rungsfähigkeit kommen.
Auch hier gilt, daß dies im wesentlichen nur für die Stadien der Intoxikation und des akuten Entzuges gilt. Vor allem beim Entzugssyndrom kann es vorkommen, daß selbst die ohnehin schon verminderte Wahrnehmung nicht dauerhaft im Gedächtnis gespeichert wird.

3. Wiedergabefähigkeit

Die Wiedergabefähigkeit ist im „subjektiven Normalzustand" am be- 948
sten.
Wenn der Abhängige unter der Wirkung der für ihn „angemessenen" Menge des Betäubungsmittels steht, dann kommt es kaum zu Ausfallerscheinungen.

Das führt zu dem Dilemma, daß die Aussagetüchtigkeit des Abhängigen zwar unter der Einwirkung von „angemessenen" Mengen von Drogen am besten ist, während es andererseits aus rechtlichen und ethischen Gründen nicht hingenommen werden kann, den Zeugen in diesem Zustand zu vernehmen, erst recht nicht, ihn in diesen Zustand zu versetzen. Dieses Dilemma darf nur normativ aufgelöst werden: Der Zeuge darf nicht – für den Vernehmer erkennbar – im Zustand der Drogeneinwirkung vernommen werden; schon gar nicht darf er Drogen erhalten, um seine Aussageleistung zu verbessern.

Während der Intoxikation und bei schweren körperlichen Entzugserscheinungen ist auch die Wiedergabefähigkeit des Zeugen – ebenso wie die Wahrnehmungs,- und Speicherungsfähigkeit – eingeschränkt. Die allgemeine Persönlichkeitsveränderung aufgrund langjähriger Betäubungsmittelabhängigkeit scheint nach den bislang vorliegenden Erkenntnissen die Aussagetüchtigkeit nicht einzuschränken. Kommt es hingegen zu einer Psychose oder zu hirnorganischen Veränderungen, ist die Zuziehung eines Sachverständigen dringend anzuraten.

4. Aussagewilligkeit

949   **Die Hoffnung auf kurzfristige Vorteile ist bei Drogenabhängigen ein starkes Motiv, mit den Ermittlungsbehörden zu „kooperieren".**
Abhängige stehen unter einem wesentlich stärkeren Druck, in der Hoffnung auf kurzfristige Vorteile (Beendigung der Vernehmung, Entlassung aus der U-Haft, Therapieplatz), mit den Ermittlungsbehörden zu „kooperieren". Zukünftige gravierende Nachteile werden dagegen „bedenkenlos" inkauf genommen. Das gilt nicht nur für Aussagen, mit denen sie sich selbst belasten, sondern auch für die Kronzeugenregelung des § 31 BtMG.

Darauf hat auch der BGH (NStZ 1984, 178, mit Anm. *Glatzel* StV 1984, 62) hingewiesen: „... kann ein Drogenabhängiger in der Entzugsphase auch ohne sichtbare körperliche Entzugserscheinungen vernehmungsunfähig sein. Gerade wenn er sich kooperationsbereit zeigt, kann dies Ausfluß der Unfähigkeit sein, seine Interessen vernünftig wahrzunehmen. Denn es besteht die Möglichkeit, daß er unter dem Leidensdruck der Entzugserscheinungen durch seine Aussage nur einer Erwartungshaltung des Vernehmenden entsprechen wollte, um die Vernehmung so schnell wie möglich hinter sich zu bringen und dann in Ruhe gelassen zu werden."

Glatzel (StV 1981, 191) stellt die Faustregel auf, daß der Abhängige umso kooperations- und aussagebereiter ist, je mehr seine Vernehmungsfähigkeit abnimmt. Er weist zurecht darauf hin (StV 1994, 46), daß sich die normativen Fragen zur Vernehmung und Vernehmungsfähigkeit von Drogenabhängigen anders und kritischer stellen, wenn es um dessen Vernehmung als Beschuldigter geht.

Stichwortverzeichnis

Die Zahlen verweisen auf die Randnummern

Randnummern 1–491 = Band I

Randnummern 492–949 = Band II